Das Alfred Döblin Lesebuch

Das Alfred Döblin Lesebuch

Ausgewählt von Wolfgang Minaty

Walter-Verlag Olten und Freiburg im Breisgau

Quellenhinweise am Schluß des Bandes

Alle Rechte, auch die der Auswahl, vorbehalten
© Walter-Verlag, Olten 1985
Gesamtherstellung in den grafischen Betrieben
des Walter-Verlags
Printed in Switzerland

ISBN 3-530-16693-6

Inhalt

7 Einleitung
25 Mein Vater
28 Meine Mutter
30 Jüdische Erziehung
32 Die Schule
34 Die Ermordung einer Butterblume
49 Die drei Sprünge des Wang-lun
81 An Romanautoren und ihre Kritiker
86 An Herwarth Walden
89 Es ist Zeit!
94 Wallenstein
117 Abmarsch aus dem Elsaß
120 Architektur
121 Die Drahtzieher
133 Berge Meere und Giganten
144 Eugene O'Neill
148 An die Schulaufsichtsbehörden!
151 Reise in Polen
159 Schullesebücher
161 Döblin über Döblin
165 Berlin Alexanderplatz
201 Katastrophe in einer Linkskurve
208 Wissen und Verändern!
218 Als ich Abschied nahm…
222 Babylonische Wandrung
244 Pardon wird nicht gegeben
252 An Thomas Mann
257 Amazonas
275 Kleines Märchen
280 Schicksalsreise
298 An Hermann Kesten

300 November 1918
381 Hamlet
396 Wieder zurück
400 An Bertolt Brecht
402 Wiedersehen mit Berlin
408 An Theodor Heuss
410 Der Baum
412 An Walter von Molo
415 Das Ende

417 Editorischer Hinweis
419 Quellenverzeichnis

Einleitung

Hat es ihn überhaupt gegeben? War alles nur ein Gerücht? Haben wir da irgend etwas vergessen? Staunend lasen wir 1978 in den Feuilletons vom hundertsten Geburtstag Döblins. Wir griffen wieder oder erstmals zum «Berlin Alexanderplatz». Es ist nicht bekannt, wie viele die fünfhundert Seiten wirklich zu Ende gelesen haben. Dann war wieder Ruhe. Bis Rainer Werner Fassbinder uns via ARD Döblin ins Haus schickte, 1980, in dreizehn Folgen und einem Epilog. Wer wollte, konnte berauschende Bilder sehen vom «Alexanderplatz», schmerzliche, schöne, auch viele dunkle Bilder. (Kaschemmen und Hinterhöfe sind nun einmal dunkel.) Aber es war nicht Döblin, was wir da sahen, es war Fassbinder. Es war ehrgeizig, einfühlsam und einprägend. Es war opulentes, orgiastisches Kino, aber nicht Döblins Roman.

Literatur muß man – gewiß, es klingt banal – lesen. Man hat ein Recht auf seine eigenen Bilder. Fassbinders Film hat nebenbei – sicher völlig unbeabsichtigt – einen entsetzlichen Irrtum befestigt. Man könnte ihn mit dem Motto umschreiben: Wer Döblin sagt, muß auch Alexanderplatz sagen. Das ist leider ebenso verbreitet wie falsch. Es suggeriert, als habe man mit diesem Roman auch den ganzen Döblin. Die Umkehrung ist vielmehr richtig: Wer Alexanderplatz sagt, muß auch Döblin sagen. Oder anders ausgedrückt: mit der Geschichte von Franz Biberkopf geht es erst richtig los. Da fängt es erst an, Spaß zu machen, Verdruß zu bereiten, nachdenklich zu stimmen, Widerspruch herauszufordern, Komplizenschaft zu erzeugen, kurz: spannend zu werden. Als ob man ein vielbändiges Gesamtwerk auf ein Opus zusammenschnurren, ein verwickeltes Leben auf eine Jahreszahl, 1929, herunterdestillieren könnte.

Ich habe lange Zeit einen großen Bogen um Döblin gemacht. Ich wußte, er gehörte zur Generation der Expressionisten. Und ich liebte die Expressionisten. Aber die waren in erster Linie und vom Wesen her Lyriker. Döblin aber schrieb Prosa. In meinem Bücherregal stand der «Alexanderplatz». Er stand da wie ein grämlicher Heiliger. Immer wieder nahm ich den Band in die Hand, blätterte unschlüssig in ihm. Ich erinnere mich noch genau, wie ich zögerte. Das war ein Fehler. Ich hätte beherzt zugreifen, hätte mich in eine Ecke drücken sollen, um ihn in aller Ruhe zu lesen. Er wäre durch mich hindurchgegangen. (So wie es dann später der Fall war!) Oder ich hätte mit dem «Wang-lun» beginnen sollen, Döblins erstem Roman. Er liest sich fast wie von selbst. Ich kannte ihn damals noch nicht. Gewiß, auch das ein Fehler. Aber es gab lange Zeit keine erschwingliche Taschenbuchausgabe.

So machte ich immer wieder einen großen Bogen um Döblin. Bis ich dann schließlich doch auf ihn stieß, allerdings über den merkwürdigen Umweg einer Sammlung mit expressionistischer Prosa (die es ja eigentlich gar nicht gab). Karl Otten hatte die Anthologie «Ahnung und Aufbruch» 1957 herausgegeben. Döblin war darin mit einer seiner köstlichsten Geschichten vertreten, mit «Die Ermordung einer Butterblume». Dieser Gang durch den Wald, durch die Seele und die Sprache wirkte wie eine Alarmglocke. Man wurde hellwach und war doch wie betäubt. Das war Prosa von peinigender Erregung, von finsterer Schönheit. Hier war Döblin schon ganz ein früher Meister. Mehr noch: dieses Psychogramm eines wildgewordenen Kleinbürgers ist ein Juwel deutscher Literatur.

Die Erzählung ist um 1905 entstanden. Zu dieser Zeit studierte Döblin Neurologie und Psychiatrie an der Universität in Freiburg im Breisgau, wo er auch zum Dr. med.

promoviert wurde. Von seinen Geschwistern war er der einzige, dem seine Mutter ein Studium ermöglichen konnte. Sie war alleinstehend, allein gelassen. Ihr Mann, der in Stettin, wo Alfred Döblin am 10. August 1878 geboren wurde, eine kleine Zuschneidewerkstatt besaß, hatte die Familie wegen einer jüngeren Frau im Stich gelassen. Döblin war damals zehn Jahre alt. Dieses Erlebnis steckte ihm in den Knochen. Er hat später immer wieder darüber berichtet. Die Mutter mußte die Familie durchbringen. Sie wollte weg von Stettin. Man zog nach Berlin. Dort besuchte Döblin 1900 die Universität, um Arzt zu werden, wohl auch deshalb, weil eine solche Existenz finanziell rasch ertragreich zu werden versprach.
Aber schon vor seinem Studium begann Döblin zu schreiben. Und in Berlin noch gewann er Kontakt zu Künstlerkreisen, insbesondere zu Herwarth Walden, dem späteren Herausgeber der wichtigen Zeitschrift «Der Sturm». Dort erschien dann auch 1910 «Die Ermordung einer Butterblume». Im «Sturm» wurde der Modernismus gepflegt. Der italienische Futurist Marinetti war «die große Nummer». Döblin war begeistert. Man arbeitete am Neuen. Aber das Neue war bald nicht mehr neu genug oder auch nur zu wenig alt. «Man kann», schrieb Döblin 1913 in einem offenen Brief an Marinetti, «Ihre Schlacht noch viel besser machen. Ihre Schlacht ist von Anfang bis Ende vollgestopft mit Bildern, Analogien, Gleichnissen.» Döblin befand dagegen, man müsse sich die Bilder verkneifen: «Ein Bauch ist ein Bauch und keine Gießkanne.» Und er empfahl dem Mann aus Mailand: «Pflegen Sie Ihren Futurismus. Ich pflege meinen Döblinismus.»
Döblin war – vergessen wir das nicht – im Hauptberuf Arzt. Er war es gern. Ebenso gern schrieb er, in jeder freien Minute, manchmal zwischen den Visiten. Nach der Tätigkeit in verschiedenen psychiatrischen Krankenhäusern eröffnete er 1911 in Berlin eine Kassenpraxis. Es begannen

die entscheidenden Jahre. Als Schriftsteller lernte er vom Wissenschaftler, insbesondere von der Psychiatrie. Diese «beschränkt sich auf die Notierung der Abläufe, Bewegungen», wie er in seinem «Berliner Programm» an die Romanautoren schrieb. Unterdessen hatte er selbst einen Roman geschrieben, «Die drei Sprünge des Wang-lun», 1912/13. Er erschien 1915, ausgeliefert wurde er, kriegsbedingt, erst 1916. Es ist eines seiner besten Bücher.
Wang-lun, das war ein geschmeidiger, gerissener, ängstlicher und ungeduldiger Fischerssohn, er lebte im kaiserlichen China des 18. Jahrhunderts. Ein Halunke vor dem Herrn, wenn es denn einen gab. Es gab deren mehrere, er näherte sich ihnen abwartend und willfährig. Er war ein leiderprobter, leidensfähiger junger Mann, empfindsam und gewaltsam. Er hatte einen Menschen umgebracht, er hatte ihn erdrosselt. Ohne sich zu besinnen, war er auf den Soldaten zugestürzt und hatte ihm die Kehle zugedrückt, bis er tot war. Er war ein Mörder, nicht aus Habgier, Zufall oder Mordlust, sondern aus Rache. Der Soldat hatte zuvor einen guten Freund von ihm niedergesäbelt. Wanglun war traurig, ihm war elend, aber er konnte hassen, und er konnte zupacken, solange bis ein anderer tot auf der Straße lag. Er wurde zum Doppelgänger. Er war durchtrieben und wurde ehrfürchtig. Er war ruhelos und wurde tüchtig. Er war aufbrausend und wurde einsichtig: «Die Welt erobern wollen durch Handeln, mißlingt. Die Welt ist von geistiger Art, man soll nicht an ihr rühren. Wer handelt, verliert sie; wer festhält, verliert sie.»
Wang-lun scharte – das ist sein erster Sprung – die Entrechteten und die Zerlumpten, die Ausgestoßenen und die Davongelaufenen um sich. Es waren Frauenschänder, Strolche, Haderlumpen und Strauchdiebe, zerzauste, geschundene, aufgescheuchte Gestalten, für die es keinen Platz mehr auf dem Ofenbett gab. Sie bildeten den Bund der «Wahrhaft Schwachen». Es waren Tausende, die er

dann plötzlich verließ. Es war sein zweiter Sprung. Ein Sprung zurück? Jedenfalls tauchte er unter (oder: wieder ein) ins namenlose Leben, aus dem er hervorgekommen war: er wurde Fischer. Bis man ihn eines Tages erneut holte, nachdem sich die Bündler – getreu ihrem Spruch – schicksalsergeben und wehrlos hatten niedermetzeln lassen. Er riß das Steuer herum. Der Brutalität der kaiserlichen Staatsgewalt sollte frontal begegnet werden. Aufruhr war das Reizwort, aber auch das erlösende Machtwort der Schwachen. Es war Wang-luns Ansatz zu seinem dritten Sprung, seinem letzten – dieser garantiert nach vorn. In den Tod springt man – wissentlich – nur vorwärts.

Döblin schildert eine menschliche Gesellschaft mit all ihren Lastern, Freuden, Ängsten und Qualen. Es sind liebenswürdige, vernaschte Existenzen, kapriziös, tapsig, blutrünstig, schweinisch. Eine Welt der Zeremonien, der Todesschreie und des Grillengezirps. Luftgeister kurven um die Dächer, Dämonen blähen das Gedärm. Stöhnende, schnaubende Massen, japsende, grunzende Männer, kichernde, schwatzende Frauen. Aber was, wenn sie in Bewegung kamen! Wehe, wenn sie gegeneinander gerieten, Volksmassen und Soldatenwalze!

Döblin hat keinen historischen Roman geschrieben. Wenn es ein historischer Roman hätte werden sollen, dann hätten die Geröllmassen der Fakten und Zahlen präziser geformt werden müssen; dann wäre die Architektur einer kunstvollen Geschichtserzählung entstanden. So aber ist nur Kunst daraus geworden. Ein Fluten und Abebben von Zeit und den Menschen in dieser Zeit. Döblin hat sich mit dem «Wang-lun» eine Vision vom Leib geschrieben. Obwohl ihm von den Sinologen gute Noten ausgestellt wurden, was die korrekte Wiedergabe des chinesischen Zeitkolorits des 18. Jahrhunderts angeht, so hat der getreuliche Umgang mit den Fakten den Autor nicht ge-

hemmt, sondern im Gegenteil seine Phantasie eher beflügelt. Döblin durfte, ganz unhistorisch, träumen, und er tat es ungeniert, ausgiebig, ja, hemmungslos.
So wie im «Wallenstein» auch. Wiederum ein schier unübersteigbares Geschütt an historischem Material. «Man fragt», schrieb Döblin 1921, «wen kümmert der Dreißigjährige Krieg? Ganz meine Meinung. Ich habe mich bisher auch nicht um ihn gekümmert. Ich erinnere mich dunkel aus der Schulzeit, vom Dreißigjährigen Krieg gehört zu haben, es war einige Zeit nach Luther, genaueres habe ich nicht behalten; er soll mit dem Westfälischen Frieden geendigt haben; eine trostlos öde Sache mit vielen Schlachten, vielen Gegnern: ich wußte niemals, welche Gegner immer an einer Schlacht beteiligt waren. Im Jahre 1916 aber kam mir, als ich in Kissingen war, plötzlich angesichts einer Zeitungsnotiz – ich glaube der Anzeige eines Gustav-Adolf-Festspiels – das Bild: Gustav Adolf mit zahllosen Schiffen von Schweden über die Ostsee setzend. Es wogte um mich, über das große grasgrüne Wasser kamen Schiffe; durch die Bäume sah ich sie aus Glas fahren, die Luft war Wasser. Dies bezwingende, völlig zusammenhanglose Bild verließ mich nicht. Es nötigte mich, trotz meiner Abneigung gegen das Wirrsal dieser Zeit, einige historische Bücher der Periode zu lesen. Nein, wieder nicht zu lesen, und dies ist das Wesentliche, vielmehr festzustellen, was ich eigentlich von ihnen wollte und warum mich diese Vorstellung, diese blendende Vision von meerüberfahrenden Koggen und Korvetten, nicht verließ. Ich wollte dieses Wogen, das um mich ging, dieses unablässige Fahren, Sprache werden lassen; Gestalten drängten heraus.»
Und wie sie herausdrängten! Da ist zunächst die Figur des Wallenstein selbst. Was Wallenstein in die Finger geriet, betrieb er geschäftsmäßig, auf eine beängstigende Art geschäftsmäßig. Wäre er nur Bankier gewesen, er hätte die

Gelder präzise und perfekt verwaltet, vermehrt und gehortet. Wäre er Architekt gewesen, er hätte Großes in Prag geleistet. Wäre er Diplomat geworden, er hätte überlegt und überlegen Politik gemacht. Hätte er einzig als Feldherr seinen Dienst getan, er wäre ein Meister des Kriegshandwerkes geworden. Wäre er nur das geblieben, was er durch Rangerhöhung geworden ist, Herzog, er wäre auch das auf eine ausgefallen effektive Art gewesen. So aber war er keines von all dem allein, er war alles zusammen. Das machte ihn wirklich groß. Sieg und Niederlage, gleichgültig in welchem Metier, notierten als variable Posten in der Gewinn- und Verlustrechnung. Er war Geschäftsmann über die Graden, «der sein Geld an die Sache setzte». Ein Supermanager. Mit Geld, Talent und Leidenschaft ließ sich Krieg führen. Quer durch Europa, jahrein, jahraus, mit aufreizender Selbstverständlichkeit.

Über, neben und unter dem Friedländer gibt es aber noch eine Unzahl anderer Figuren: Kaiser, Soldaten, Bauern und Bürger, Schmeichler, Freunde, Verräter und Schaulustige. Sie alle treten untereinander in Beziehung, knüpfen Fäden und Netze, zappeln darin, werden hochgespült, ersaufen wenig später. Man verhandelt, feiert Feste, belauert sich, betet, und an den Obstbäumen baumeln die Leichen.

So handfest und rauschhaft, so märchenhaft historisch es beim «Wallenstein» zugeht, so gläsern, chemisch und elektrisch lebt man in «Berge Meere und Giganten». Da gibt es Menschenversuche mit Scheinspeisen und Scheingetränken; die Probanden müssen Luft atmen, die von einer geheimen, infizierenden Gassubstanz durchwirkt ist. Es sind Todgeweihte. Ein futuristischer Krieg mit Feuerwalzen, irgendwelchen geheimnisvollen Strahlenwaffen, mit künstlich erzeugten Wasserlöchern, in denen Schiffe verschluckt werden, ist freilich weder besonders geheimnisvoll noch beeindruckend, auch nicht oder schon gar

nicht, wenn dieser Krieg, der als Uralischer Krieg im fünfundzwanzigsten Jahrhundert tobt, zwischen den westlichen Industriestaaten und den zurückgebliebenen Asiaten ausgetragen wird.
Dieser Zukunftsroman ist Döblin nicht geglückt. Er hat sich am falschen Metier erprobt. Er hat Phantasie, Artistik und Autorität am untauglichen Objekt eingesetzt. Science fiction ist nicht Döblins Domäne. Zugegeben – ich selbst halte von SF-Literatur nicht viel. Vielleicht war von dieser Einstellung, dieser Voreingenommenheit auch Döblins Werk betroffen. Mit dieser Bewertung stehe ich nicht allein. Döblin selbst hat sein Unbehagen über diesen Roman geäußert. Ihm sei das Buch, schrieb er später, «durch immer neue Einfälle, Erfindungen, Episoden, Ausmalungen ganz aus den Fugen und auseinander geraten». Jedenfalls hat er nach Erscheinen des Erstdruckes (1924) bald eine zweite Fassung geschrieben. Sie wurde nicht besser, und was das Publikumsinteresse anbelangt: Sie verkaufte sich noch schlechter.
Einzig faszinierend an diesem Zukunftsgemälde: die Gewinnung und Konservierung des vulkanischen Feuers auf Island, die geothermische Umstülpung einer ganzen Insel, nur zu einem einzigen Zweck: der Enteisung Grönlands. Zwei technische Vorhaben von gigantischen, maßlosen, aberwitzigen Dimensionen. Bezeichnend für die Attraktivität dieses Teils des Buches ist nicht die technizistische Herausforderung, sondern – viel elementarer – das Verhältnis von Mensch und Natur. Der technische Apparateaufwand ist groß, spielt aber nur eine untergeordnete Rolle. Entscheidend ist die Auseinandersetzung des Menschen mit den Elementen. Hier gelingen Döblin bezwingende Phantasmagorien.
Und dann kam der «Alexanderplatz». Kaum zu glauben, daß das noch ein Buch ist. Es ist ein Ereignis. War es damals, 1929, schon und ist es heute noch. Da springt einen

das Leben an. Das kommt über einen, kalt und heiß, heiß und kalt. Es ist das schiere Leben, auf brutale Weise nackt, auf scheue Weise schön. Und alles simultan, alles simultan. Da grölen die Nazis und krakeelen die Roten. Der Wetterbericht steht neben baubehördlichen Anordnungen, die Beschreibung des Straßenbahnnetzes neben der Auffächerung der AEG in Abteilungen und Werke. Dazwischen treffen sich ein Mann und eine Frau. Sie hebt widerstrebend – aber schließlich doch – die Schürze hoch. Liebe zwischen Tür und Angel. Danach Kneipendunst. Oder alles zur selben Zeit.
In diesem Buch steckt vieles: Expressionismus, Futurismus, Dadaismus, Naturalismus und Realismus und vermutlich noch einiges mehr. Vor allem aber: viel Realismus, ungebärdiger, unflätiger, dumpfer, krachender Realismus. Berlin 1928: eine Welt voll hektischer Gegensätze, zwischen links und rechts, arm und reich, Freiheit und Unfreiheit, Liebe und Gemeinheit, Zucker und Dreck. In diese Welt gerät der Transportarbeiter Franz Biberkopf, als er nach verbüßter Strafe aus dem Gefängnis entlassen wird, mit dem Vorsatz, «anständig (zu) sein», aber auch mit der Absicht, «vom Leben mehr zu verlangen als das Butterbrot». So weiß man schon von Beginn, wie es mit Franz sein sollte, doch nicht kommen wird. Es schwant einem. Nur zu bald gerät Franz Biberkopf auf die schiefe Bahn. Es ist eine Welt von Schiebern, Nichtsnutzen, Halunken, Hurenböcken und Halsabschneidern. Das sagt eigentlich schon alles. Nein, noch nicht alles. Neben Niedertracht, Haß und Mord gibt es auch Zuneigung, Zärtlichkeit, Versöhnung, Freundschaft und Liebe.
Und das alles eingespannt in einem System von Straßenbahnen, Stadtbahnen und Untergrundbahnen. Wie in einem Netz, das alles überzieht, das alles zusammenhält, auf dessen Fäden die Nachrichten laufen, wo Leben statt-

findet, wo aufgelauert, eingefangen und verdaut wird. Schnittpunkt ist der Alex, dort, wo bei Schachtarbeiten die berühmte Dampframme die Eisenträger in den Boden wuchtet. «Ein Mann oben zieht immer eine Kette, dann pafft es oben, und ratz hat die Stange eins auf den Kopf. Da stehen die Männer und Frauen und besonders die Jungens und freuen sich, wie das geschmiert geht: ratz kriegt die Stange eins auf den Kopf.»
Es läuft alles wie geschmiert, es läuft alles wie am Schnürchen: wie der Franz Biberkopf vom Gefängnis ins Leben zurückkehrt, wie er sich auf beide Beine stellt, wie er ein ums andere Mal Schläge einsteckt, offene und versteckte, die von der heimtückischen Sorte. Er rappelt sich immer wieder hoch, er kommt immer wieder auf die Beine. Zwischendurch freilich, wenn er auch sonst nicht viel merkt, meint er, die Dächer könnten sich bewegen. Er hat Angst, die Dächer könnten herunterrutschen. Erschlagen wird er von etwas anderem. Beinahe erschlagen. Es hatte einem geschwant.
Die «Babylonische Wandrung» ist Döblins krausestes, spaßigstes Buch. (Es erschien 1934 im Exil.) Der Unsinn schlägt eine Volte nach der anderen. Es ist nicht entschieden, ob er liebenswürdig oder bösartig ist. Er ist wohl eher liebenswürdig. Da gibt es einen verlotterten, struppigen alten Gott aus dem babylonisch-chaldäisch-assyrischen Lager mit dem ganz unbabylonischen, ganz unchaldäischen, ganz unassyrischen Decknamen Konrad. Seine himmlischen Heerscharen sind auch nicht besser dran. Mit Ach und Krach kommt das vergammelte Lumpenpack seinen göttlichen Verpflichtungen nach. Es ist zum Gotterbarmen. Der göttliche Konrad muß runter zu den Menschen, Abbitte leisten, Buße tun, zusammen mit Georg, dem Untergott. Um nicht erkannt und verprügelt zu werden, mischen sie sich unters Volk, Gemeine unter Gemeinen, zuerst bei den Beduinen, in Babylon und in Bagdad,

später in Konstantinopel und schließlich – ein Hinweis auf Döblins Exilstationen – in Zürich und Paris. Statt Reue und Buße zu zeigen, ergeht man sich in Erlebnis und Lust, Frohlocken und Laster. Würde ist keine zeitgemäße Zier. Statt dessen fährt man Eisenbahn. «Es war das Gefühl meiner eigenen verlorenen Situation», die er da in die Figuren eingebaut hat, wie sich Döblin später erinnerte.
Verloren war die Situation im Grunde bereits vor 1933. Zunächst einmal war Alfred Döblin Jude. Allein das wog schon. Zudem hatte er sich politisch exponiert. Er gehörte, zusammen mit Heinrich Mann, zum linken Flügel der «Sektion für Dichtkunst» innerhalb der Preußischen Akademie der Künste, in die er 1928 gewählt worden war. Dort rief er «zum Kampf für die Denkfreiheit und zum Zurückschrecken der Finstermänner» auf. Er empfand leidenschaftlich sozialistisch – als bürgerlicher Intellektueller. Er warnte, er wollte kurieren.
In seinen Antworten an den ratsuchenden Bonner Studenten Gustav René Hocke, die, zusammengefaßt, 1931 in dem Buch «Wissen und Verändern!» erschienen sind, machte Döblin klar, was Standort und Pflicht des deutschen Intellektuellen der beginnenden 30er Jahre waren: sich einzusetzen für die Befreiung des Menschen. Das war, nach Döblin, unerreichbar im Bündnis mit dem Kapitalismus. Denn der sei nur «auf Warenproduktion, Gewinn und Anhäufung von Geld, ohne den geringsten allgemein menschlichen Zweck (aus)». Der Klassenkampf schien ihm allerdings ebensowenig tauglich, die gesellschaftlichen Verhältnisse zum besseren zu verändern. Am Ende stünde die Diktatur der Kleinbürger oder, wie in der Sowjetunion, die Despotie des Staatskapitalismus. «Freiheit, spontaner Zusammenschluß der Menschen, Ablehnung jedes Zwanges, Empörung gegen Unrecht und Zwang, Menschlichkeit, Toleranz, friedliche Gesinnung» würden dabei auf der Strecke bleiben.

Döblins Sache war dagegen der echte, ethische, vormarxsche Sozialismus, die Parteinahme für den geistig freien Menschen. Mißtrauisch gegenüber jeder Form totaler Vereinnahmung durch organisierte, anmaßende, einzwängende, verräterische Parteidisziplin, lautete sein praktischer Rat: raus aus der SPD (Döblin selbst war 1928 ausgetreten) und erst gar nicht rein in die KPD. Die Position des individuellen Intellektuellen sei «neben» der Arbeiterschaft. Wo dieser Ort nun genau sei, vermochten manche seiner Leser nicht auszumachen. So kritisierte Siegfried Kracauer diesen Nebenschauplatz als undialektisch. Zudem könne die Intelligenzija dazu verleitet werden, «im Namen des Sozialismus sich nicht um den Sozialismus zu kümmern». Der jugoslawische Kommunist Oto Bihalji-Merin war weitaus weniger zimperlich. Er nannte Döblin einen Kleinbürger, einen Spießer und – noch schlimmer – einen Ideologen der kapitalistischen Welt. Daß derartige Anwürfe auf Döblin keinen Eindruck machten, versteht sich von selbst. Aber wohin gehörte Döblin nun wirklich? Im Grunde war er ein liberaler, sozialistischer Demokrat. Damit stand er zwischen allen Fronten. 1931 konnte man sich darüber wenigstens noch ereifern. Zwei Jahre später, 1933, gab es diese Front nicht mehr. Am 28. Februar 1933 floh Döblin aus Deutschland, mit dem Nachtzug in Richtung Schweiz.

Die in wenigen Tagen gleichgeschaltete Preußische Akademie verschickte eine zu unterschreibende Loyalitätsadresse für das braune Regime: «Sind Sie bereit, unter Anerkennung der veränderten geschichtlichen Lage weiter Ihre Person der Preußischen Akademie der Künste zur Verfügung zu stellen? Eine Bejahung dieser Frage schließt die öffentliche politische Betätigung gegen die Regierung aus...» Döblin antwortete am 18. März mit dem Austritt. Zwei Monate später brennen seine Bücher. «Der Jude meines Namens ist auch dabei... So ehrt man mich.»

Noch im selben Jahr siedelte Döblin mit seiner Familie von Zürich nach Paris um. André François-Poncet, der französische Botschafter in Berlin, hatte dazu die entscheidenden Weichen gestellt, wie er auch später, 1936, maßgeblich daran beteiligt war, daß Döblin die französische Staatsbürgerschaft erhielt, nachdem – als eine Art Vorbedingung – zwei seiner Söhne, Wolfgang und Klaus, als militärdiensttauglich befunden worden waren.
Es war im Exil, dieser für Schriftsteller in jeder Hinsicht so anstößigen Zeit, daß Döblin daranging (von 1937–1943), noch einmal ein großes, mit zweitausend Druckseiten sein umfangreichstes Werk zu schreiben: «November 1918», die Geschichte der deutschen November-Revolution in vier Bänden. Wir wissen, diese Revolution ist eine gescheiterte Revolution. Döblin verzichtet auf den Kunstgriff, so zu tun, als sei beim Gang der Dinge noch alles möglich. Schon das Vorspiel besorgt den Rest: das sind die letzten Kriegstage im Elsaß und die Wirrnis nach dem Waffenstillstand. Das sind die Tode und Rückgratverkrümmungen im Lazarett von Hagenau. (Döblin hatte 1918 Kriegsende und Revolution als Militärarzt im elsässischen Unterland miterlebt.) Das sind die Aufläufe in den Straßen von Straßburg, das sind die aus Wilhelmshaven herangepreschten und kläglich auftrumpfenden Matrosen und Soldatenräte, das ist – wie ein Symbol der Unlust – die verloren wirkende rote Fahne auf dem Münsterturm.
In Berlin, dem Zentrum der Macht, dem Zentrum der Revolution, ist alles viel härter, brutaler, radikaler. Aber auch alles viel trister und trostloser. Der November ist erwartungsgemäß grau, der von achtzehn ist noch grauer. Farben – wenn es denn Farben sind – repräsentieren (oder ersetzen) die Gesinnung. Schwarz-Weiß-Rot, das sind die Monarchisten. Rot, das sind die Spartakisten. Und dazwischen gibt es die Frontheimkehrer, die Schieber und

Schweine, die Patrioten und Proleten, die Parasiten, Spekulanten, Sozis, Republikaner, Witwen und Bräute, die Kommunisten, Kapitalisten, Krüppel, Krautjunker, Kostgänger, Kameraden. Das Resümee kennen wir schon aus dem Präludium: die Revolution ein Spuk. Man wollte, aber man konnte nicht. Vielleicht war es auch umgekehrt: Man hätte gekonnt, doch eigentlich wollte man gar nicht. Am Ende besorgt man's denen. Karl Liebknecht schlägt man zusammen, und Rosa Luxemburg schmeißt man in den Kanal.
Döblin ist mit dem Revolutionsroman ein ganz großer Wurf gelungen. Ein «politisches und ästhetisches Unikum», wie Brecht meinte, «ein Nachschlagewerk für alle Schreibenden». Es gibt eine Unzahl offener, kraftvoller Szenarios ebenso wie versteckte, aber aufgebrochene, seelische Schrecken und Beschädigungen. Wir tun Einblicke in das Getriebe politischer Möglichkeiten und Notwendigkeiten, Einblicke in die Struktur sozialer Hilflosigkeiten und Verwerfungen. Es wird mitgeteilt, wie Militär, Medizin und Mystik funktionieren. Wir erleben Neurosen und Euphorien, seelische Verkrampfungen und Erlösungen, bis hin zur Strangulation. Man erlebt und erkennt. Es ist ein rechtes Nachschlagewerk. Aber Döblin doziert nicht. Er ist kein Historiograph. Im Unterschied zu diesem läßt er sich nicht vom Drang nach Objektivität leiten, sondern «von der Parteilichkeit des Tätigen». Dennoch verabreicht Döblin keine stabilen Ideologien. Er ist mitten im Geschehen (er war es auch damals als Augenzeuge: «Ich bekenne als Farbe blutrot bis ultra-violett!»), doch er steht ebenso darüber, er hat Abstand gewonnen. So halten sich Sympathie und Skepsis spannend die Waage.
1945 durfte Döblin wieder heim. Zwölf Jahre lang hatte er sich im Ausland durchschlagen müssen, zunächst in Frankreich, von 1940 an in den Vereinigten Staaten. Er hauste in Hollywood auf kümmerliche, beschämende

Weise. Freunde gab es nur wenige, Geld gab es gar nicht. Döblin konnte schreiben, aber veröffentlicht wurde nichts. Es war eine miserable Existenz. 1945 also sah er seine Heimat wieder. Von Baden-Baden aus hatte er dafür zu sorgen, in der französischen Besatzungszone die deutsche Kultur zu reorganisieren, was ihn allerdings zunehmend isolierte, da er dabei – Döblin war französischer Staatsbürger – als Offizieller (im Offiziersrang) einer Siegermacht auftrat und diese Position nutzte, um öffentlich gegen seinen (vermeintlichen) Widersacher Thomas Mann Front zu machen. In dieser Zeit schrieb Döblin den letzten seiner großen Romane: «Hamlet oder Die lange Nacht nimmt ein Ende». Er kreist «um ein dunkles Thema ... um die Schuld am Kriege». An allen Kriegen, in Sonderheit aber an der «Massenschlächterei und dem Unglück» des letzten Weltkrieges. Was sich dann rasch verzweigt und ausweitet in die Themen Liebe und Wahrheit, Lust und Lüge. Es wird noch einmal der ganze Kosmos der Döblinschen Erzählkunst abgeschritten. Schächte und Stollen werden getrieben in den historischen, mythologischen und biblischen Urgrund, dazwischen streckt Döblin immer wieder den Kopf raus in die Gegenwart über Tage. Geschichten werden erzählt. Sie machen im Hause der Allisons die Runde, um den versehrten und verstörten Kriegsheimkehrer Edward, einen Verwandten des verkrüppelten Friedrich Becker aus dem achtzehner Roman, von seinem Schock zu heilen, ihn wieder einzugliedern. Das klappt zu Anfang. Aber unversehens wendet sich die Fiktion gegen ihre Produzenten. Die Geschichten enthüllen nicht nur ihre Traumgestalten, sondern auch ihre Erzähler. Die Familie prallt aufeinander. Die Wirklichkeit erzählt die Geschichten mit Pein weiter und zu Ende.

Der «Hamlet» ist so etwas wie Döblins Altersvermächtnis. Mitleidend an den Gebrechen der Personen, den körperli-

chen, stärker noch den seelischen Gebresten, aber mitleidlos bei deren Niederschrift und noch unbarmherziger im Plan, die Wahrheit aufzudecken, eine christliche, katholisch fundamentierte Wahrheit. Das ist ein Herzensanliegen des Konvertiten Döblin. (Er war im amerikanischen Exil zum Schrecken vieler Freunde zum katholischen Glauben übergetreten.) Hier steht keineswegs Döblins Frömmigkeit auf dem Prüfstand. Er hat ausführlich in dem erstmals 1946 erschienenen Diskurs «Der unsterbliche Mensch» über seine religiösen Überzeugungen und Zweifel Auskunft gegeben. Wer will, mag sich an dem konfessionell grundierten «Hamlet»-Buch stoßen. Doch man kann darin auch einen Bilderbogen von verblüffender Vitalität entdecken. Voll Saft sind diese Geschichten. Es sind kostbare Gleichnisse, die anrühren, traurig stimmen, aufregen und begeistern. Meisterhafte Medaillons, erschreckende Spiegelbilder, hinreißend erzählt.
Es gilt für seinen «Hamlet» wie für das Gesamtwerk: Döblin sah Bilder. Aus den Bildern wurden Bücher, Bilderbücher. Bücher mit geistigen, intellektuellen, sinnlichen und märchenhaften Bildern. Aus der Sprache sprang die Farbe heraus. Die konnte verlaufen oder auch explodieren. Döblin hantierte mit der Sprache wie ein Feuerwerker: umsichtig, aber voll geheimer Lust. Er entzündete lieber, als daß er entschärfte. Er zauberte mit der Sprache. Sie kommt dramatisch daher, roh, gewagt, sachlich, listig, bleiern, ungeschützt. Aber immer überrascht sie. Nie genügt sie sich selbst, nie ist sie um ihrer eigenen Kunst willen da. Natürlich hat sie eine ästhetische, eine unterhaltende Funktion. Doch Döblin ist nicht bloß Magier. Die Sprache soll auch erklären helfen, aufklären, aufrütteln. Sie ist immer im Dienst. «Ein Kunstwerk tut zweierlei: erkennen (jawohl erkennen, allen ‹Philosophen› zum Trotz) und erzeugen... Die Kunstwerke haben es mit der

Wahrheit zu tun.» Und die Wahrheit ist wie ein Spiel. Sie will erprobt werden. Es ist nicht neu, aber auch nicht verbreitet genug: Alfred Döblin ist im zwanzigsten Jahrhundert einer der produktivsten Schriftsteller deutscher Sprache. Wer ihn liest, wird reich.

Bonn, im März 1985   Wolfgang Minaty

Mein Vater

In Stettin an der Oder lebte einmal mein Vater. Der hieß Max Döblin und war seines Zeichens ein Kaufmann. Da das aber eigentlich kein Zeichen ist, so war er Inhaber eines Konfektionsgeschäftes, welches nicht ging. Worauf er eine Zuschneidestube eröffnete, die einen guten Verlauf nahm. Dieser Mann war verheiratet und hatte es im Laufe der Jahre, wenn auch nicht zu Geld, so doch zu fünf Kindern gebracht. Auch ich war darunter. Er war mit vielen Neigungen und Begabungen gesegnet, und man kann wohl sagen: was ihm seine Begabungen einbrachten, nahmen ihm seine Neigungen wieder weg. So daß also die Natur in diesem Mann ein merkwürdiges Gleichgewicht hergestellt hat. Eines Tages nun wurde dieses Gleichgewicht auf eine besonders heftige Weise gestört; wie und wodurch, das werde ich gleich erzählen. Jedenfalls beschloß der Mann in seiner Unruhe, nach Mainz zu fahren. Dies wird alle Kenner Stettins in Erstaunen versetzen. Denn wenn man in Stettin aus dem Gleichgewicht gerät, fährt man nicht nach Mainz. Bisweilen nach Gotzlow oder Podejuch oder, wenn es schlimm wird, in die nahegelegene Klapsmühle. Aber Mainz ist ungewöhnlich. Und es war in der Tat ein Haken dabei, den niemand merkte, nicht einmal ich, obwohl ich schon über neun Jahre war. Der Haken war: wie mein Vater nach Mainz fuhr, kam er da nicht an. Das lag an der Richtung seines Zuges. Der nämlich nach Hamburg fuhr.
Und als der Zug in Hamburg hielt, ging die Bewegung in meinem Vater noch weiter. Auch Hamburg war nicht das Richtige. Nicht Mainz, nicht Hamburg, es sollte und mußte noch weiter sein. Es war Amerika. Das Wasser liegt zwischen Hamburg und Amerika. Neunundzwanzig Ozeanflieger sind schon in dem Wasser ertrunken. Mein

Vater wollte und mußte herüber, der Drang in ihm war zu groß. Er nahm sich ein Schiff. Obwohl das Gleichgewicht in meinem Vater gestört war, war er doch so besonnen, kein Flugzeug zu nehmen, – vielleicht darum nicht, weil es damals keine Flugzeuge gab. Jedenfalls: er fuhr zu Schiff, wie schon Kolumbus, und darum kam er an. Ob die Freiheitsstatue schon 1888 im Hafen von New York stand, weiß ich nicht. Bestimmt richtete sie mein Vater damals in Gedanken auf. So weit also hatte der Stettiner fahren müssen, um sein Gleichgewicht wieder herzustellen. So sonderbar war das Schicksal. Er hatte gesagt, er wolle nach Mainz fahren, aber schon das Billett stimmte nicht, der Zug fuhr anders, das Wasser kam, und nun saß er in Amerika.
Und er war auch nicht allein gefahren. Er hatte sich einen Mechaniker, einen Doktor, zur Herstellung seines Balancements mitgenommen, einen Leibdoktor, Leibmechaniker. Es tut nichts zur Sache, daß es ein junges Mädchen war. Frauen eignen sich ja für viele Berufe, sie werden Juristen, Abgeordnete, Minister, warum nicht auch Mechaniker. Ja, man erkennt die Besonnenheit unseres Amerikareisenden auch daran, daß er sich ein Mädchen und keinen Mann mitnahm. Denn wer versteht sich besser auf Herstellung des Gleichgewichts, auf alle Schwankungen der horizontalen und vertikalen Lage, als junge, unschuldige Mädchen. Das Mädchen, das mit ihm über den gewaltigen Ozean fuhr und von ihm erkoren war, hieß Henriette, und mit Nachnamen – sagen wir – Hecht. Es war merkwürdigerweise ein Fischname, wie das die Wasserkante mit sich bringt. Aber sie war – ein rätselhaftes Spiel der Natur, eine Paradoxie – vollkommen Fleisch. Offenbar hatten die Hechte im Laufe der Generationen ihre Natur verändert, und so stand sie lieblich vor dem Mann, der mein Vater war, und er fand Wohlgefallen an ihr.
Mein Vater hatte zwei Augen, ein linkes und ein rechtes.

Mit dem rechten Auge blickte er immer auf seine Famili
Das linke aber war bei ihm weitgehend selbständig. Während das rechte Auge stets von Sorgen getrübt war, schwer bewölkt und zu Regengüssen geneigt, freute sich und lachte das linke, und das Hochdruckgebiet war weit entfernt. Damit man nicht die sonderbare Verschiedenheit seiner beiden Augen erkannte, trug er eine goldene Brille. Die deckte alles, und dadurch wurde er ein ernster Mann, der er ja auch war, ein vielseitiger Mann. Meine Mutter war eine einfache Frau. Und da sich ihr Mann zu Hause öfters die Brille abnahm, so wußte sie, daß er schielte. Und sie war, wie das nun einmal Frauen sind, neugierig, wohin er schielte. Für das rätselhafte Naturspiel an sich hatte sie gar kein Interesse. Die reine Wissenschaft war ihr egal. Wie sie auch später gar kein Organ dafür hatte, den wunderbaren, schon erzählten Vorgang zu ergründen, der darin bestand, daß ihr Mann nach Mainz fuhr, aber es kam ein Zug auf dem Bahnhof an, der fuhr nach Hamburg an der Elbe – blinde Gewalt der technischen Kraft –, und kaum war der Zug dort angelangt, wird der Mann von einem Ungestüm erfaßt, muß nach St. Pauli an den Hafen, wird in ein Schiff verstaut und soll und muß über den Ozean, obwohl dieser so tief ist und später viele darin ertranken. Nichts davon interessierte meine Mutter. Sie blieb bis an ihr Ende dabei: der Mann ist mit einem Weib ausgerückt. Eine schrecklich einfache Formulierung. Mein Vater hat später sehr darunter gelitten. Sagen wir: etwas gelitten. Sagen wir: gar nicht. Er ist vorsichtigerweise nämlich nicht wiedergekommen. 1928

Meine Mutter

Meine Mutter hatte nicht viel Respekt vor ihm. Sie nannte ihn: «gebildeter Hausknecht». Ein böses Wort. Ein schlimmes Kapitel, dieser Kaufmanns- und Geldstolz in der Familie meiner Mutter. Das waren alles sehr lebhafte, aktive, praktische Leute, Verdiener und einige auch Genießer. Was darüber lag, war unbekannt! Nein, nicht bloß unbekannt, sondern lächerlich! Es war Anlaß zum Höhnen, zum Ironisieren. Wie wenn Indianer oder Neger zu uns kommen und die Kinder sie ausspotten. Eine fürchterliche Sache. Von dieser Seite her kam eine der Minen, über der die Ehe meiner Mutter mit diesem vielbegabten weichlichen Mann aufflog.
[...]
Meine Mutter habe ich in der Erinnerung als eine Frau, die bis in ihr Alter ansehnlich war. Sie gab viel auf ihr Äußeres, ließ sich noch in ihrer letzten Krankheit frisieren, liebte Schmuck und Putz. Sie war von großer Wärme für ihre Kinder und später für ihre Enkel. Das Besorgen von Wäsche und Unterzeug war ihr eine Herzenssache. Sie war nicht sehr klug, ihre Schwester war viel klüger. Das schulmäßige Bildungsniveau ihrer Familie stand im allgemeinen nicht hoch. Sie war in Samter, in der Provinz Posen, geboren, wo ihr Vater, den ich als kleinen Mann mit einer weißen Halsbinde in Erinnerung habe, kleiner Kaufmann war, Dorfkaufmann mit Materialwaren. Seine Kinder sprachen Deutsch, aber auch Polnisch und schon etwas abgeschwächt Jiddisch. Wenn meine Mutter an Verwandte schrieb, schrieb sie gern in jiddischen Buchstaben, die an Türkisch oder Arabisch erinnern; von meinem Vater ist mir das nicht bekannt. Übrigens stammte auch er aus Posen, aus der Stadt Posen selbst. In Samter war meine Mutter aufgewachsen, ihre Brüder waren schon früh, um

1865, nach Breslau und Berlin gezogen, sind begüterte Holzhändler geworden, die Firmen florieren noch heute. Meine Mutter, im Exil in Berlin, war mit uns und dem Haushalt von morgens bis abends beschäftigt. Eine Zeitlang vermietete sie Zimmer. Sie wusch selbst, ein Mädchen konnte sie sich nicht halten. Sie war tapfer und rüstig. Man ist nicht lange Zeit sehr unglücklich. Sie hatte eine eigentümlich skeptische und resignierte Lebensauffassung. Ihre Kernsprüche verraten eine bedauerlich gute Bekanntschaft mit dem Dasein: «Wie einem ein Haus einfällt, fällt's mir auf den Kopf» und die mehr beruhigenden Sätze: «Wie einer will» und: «Es ist schon immer wie geworden, es wird auch weiter wie werden...» 1928

Jüdische Erziehung

Ich hörte zu Hause, schon in Stettin, meine Eltern wären jüdischer Abkunft und wir bildeten eine jüdische Familie. Viel mehr merkte ich innerhalb der Familie vom Judentum nicht. Draußen begegnete mir der Antisemitismus, wie selbstverständlich, und da erging es mir nicht anders wie andern Schulkameraden, denen man zu Hause dasselbe erzählt hatte. Am protestantischen Religionsunterricht nahm man also nicht teil, der jüdische Religionsunterricht war unsicher und mehr freiwillig. Man hatte keine Schule an den christlichen Feiertagen und dazu frei an zwei oder drei jüdischen. Dies also sah und beobachtete man. Zwei große Feste hielten die Eltern, das Neujahr- und Versöhnungsfest. Da zogen sie gut gekleidet in die Tempel, meist abends und vormittags, und arbeiteten nicht. Sie nahmen in die Tempel Bücher mit, die Gebete und Auszüge aus dem alten Testament, auch Psalmen, in einem doppelsprachigen Text enthielten, im deutschen und im hebräischen. In den (recht gelegentlichen) Religionsstunden lernte ich auch etwas hebräisch, kam aber nicht über die Anfangsgründe hinaus. Welches Interesse sollte ich auch daran haben, außer Latein, griechisch, französisch noch hebräisch zu lernen, wo mich die Beschäftigung mit den leeren Sprachgehäusen schon immer abstieß? Ich hatte zwischen Ilias und Odyssee, zwischen Edda, Nibelungen und Gudrunlied wenig Sinn für die Frühgeschichte des Volkes Israel, das später zerstreut und aufgelöst wurde. Und die Lehre, das eigentlich Religiöse, – ich las sie und hörte sie. Es war und blieb eine oberflächliche Lektüre. Keinerlei Gefühl kam dabei auf, keine Bindung stellte sich ein.
Meine Mutter konnte hebräisch lesen, und es war ein rührendes Bild, diese Frau, die schwer arbeitete und sich um

uns mühte und die kaum die Zeitung las, an den hohen Feiertagen still abseits irgendwo in einer Stube sitzen zu sehen. Da hielt sie eines ihrer Bücher in der Hand und las eine Weile darin, hebräisch mit halblauter Stimme. Manchmal war es nur ein Gemurmel. Wenn ich an Jüdisches denke, steht dieses Bild meiner Mutter vor mir.

1940/41

Die Schule

Ich – träume von der Schule wie ein anderer nach einem Unfall! 1928

*

Ich erinnere mich an den höchst originellen, gradezu witzigen Schaukelunterricht, den wir, folgend unserm Stundenplan, jahraus, jahrein, genossen haben.
Wir beteten evangelisch, dann zogen wir, mehr oder weniger jüdisch, katholisch oder gar nichts, in den entsprechenden allein seligmachenden Spezial-Religionsunterricht. Dann kam Deutsch. Wie lasen Tasso, Iphigenie und da waren wir neuheidnisch. Dadurch in keiner Weise befleckt und entwürdigt, stürzten wir uns in die Physikstunde. Da saß nun auf dem Katheder ein Mann, der nicht einmal den Begriff «Kraft» duldete, weil das an überirdische Mächte erinnere. Es kamen Haeckelsche Gedanken(stuhl)gänge, – Turnen zwischendurch: das allein seligmachende Preußentum, die Monarchie und Zollern über alles, Wotan im Hintergrund. Gesangstunde, Chorstunde: frisch nach Haeckel die «Schöpfung» von Haydn, oder Gesänge, die «bloß schön» waren.
Wir waren aber jung, unverdorben und merkten gar nichts. Die ganze Sache interessierte uns nicht. Wir waren vollkommen beschäftigt mit der Notwendigkeit, versetzt zu werden, und mit dem Kampf gegen die Tyrannei der Lehrer. Wie wir dann aus der Schule heraus waren (Gott straft uns mit Erinnerungsträumen an die Bastille unsrer Jugend), waren wir frei, ledig und ungebunden! Und wußten gar nichts! Wie sollten wir auch irgendwas wissen, da wir 10 Jahre vollauf beschäftigt waren mit dem Versetztwerden und dem heroischen Rebellen- und Makkabäerkampf gegen die Machthaber auf dem Kathe-

der. (Nie in meinem Leben werde ich diese Knaben vergessen! Und sie haben mich doch nicht untergekriegt! Mein Haß gegen sie wird unauslöschlich sein! Wenn ich einmal dazu komme, mir meine Biographie vom Leibe zu schreiben, werde ich ihre Gesichter zeichnen: die «Simultanschule» in Preußen, die Schule in der Hand der «Fachlehrer», der «neutralen Pädagogen», ein Ministerium auf jedem Katheder, das Zarentum der Subalternen.) 1927

Die Ermordung einer Butterblume

Der schwarzgekleidete Herr hatte erst seine Schritte gezählt, eins, zwei, drei, bis hundert und rückwärts, als er den breiten Fichtenweg nach St. Ottilien hinanstieg, und sich bei jeder Bewegung mit den Hüften stark nach rechts und links gewiegt, so daß er manchmal taumelte; dann vergaß er es.
Die hellbraunen Augen, die freundlich hervorquollen, starrten auf den Erdboden, der unter den Füßen fortzog, und die Arme schlenkerten an den Schultern, daß die weißen Manschetten halb über die Hände fielen. Wenn ein gelbrotes Abendlicht zwischen den Stämmen die Augen zum Zwinkern brachte, zuckte der Kopf, machten die Hände entrüstete hastige Abwehrbewegungen. Das dünne Spazierstöckchen wippte in der Rechten über Gräser und Blumen am Wegrand und vergnügte sich mit den Blüten. Es blieb, als der Herr immer ruhig und achtlos seines Weges zog, an dem spärlichen Unkraut hängen. Da hielt der ernste Herr nicht inne, sondern ruckte, weiter schlendernd, nur leicht am Griff, schaute sich dann, am Arm festgehalten, verletzt um, riß erst vergebens, dann erfolgreich mit beiden Fäusten das Stöckchen los und trat atemlos mit zwei raschen Blicken auf den Stock und den Rasen zurück, so daß die Goldkette auf der schwarzen Weste hochsprang.
Außer sich stand der Dicke einen Augenblick da. Der steife Hut saß ihm im Nacken. Er fixierte die verwachsenen Blumen, um dann mit erhobenem Stock auf sie zu stürzen und blutroten Gesichts auf das stumme Gewächs loszuschlagen. Die Hiebe sausten rechts und links. Über den Weg flogen Stiele und Blätter.
Die Luft laut von sich blasend, mit blitzenden Augen ging der Herr weiter. Die Bäume schritten rasch an ihm vor-

bei; der Herr achtete auf nichts. Er hatte eine aufgestellte Nase und ein plattes bartloses Gesicht, ein ältliches Kindergesicht mit süßem Mündchen.

Bei einer scharfen Biegung des Weges nach oben galt es aufzuachten. Als er ruhiger marschierte und sich mit der Hand gereizt den Schweiß von der Nase wischte, tastete er, daß sein Gesicht sich ganz verzerrt hatte, daß seine Brust heftig keuchte. Er erschrak bei dem Gedanken, daß ihn jemand sehen könnte, etwa von seinen Geschäftsfreunden oder eine Dame.

Er strich sein Gesicht und überzeugte sich mit einer verstohlenen Handbewegung, daß es glatt war.

Er ging ruhig. Warum keuchte er? Er lächelte verschämt. Vor die Blumen war er gesprungen und hatte mit dem Spazierstöckchen gemetzelt, ja, mit jenen heftigen aber wohlgezielten Handbewegungen geschlagen, mit denen er seine Lehrlinge zu ohrfeigen gewohnt war, wenn sie nicht gewandt genug die Fliegen im Kontor fingen und nach der Größe sortiert ihm vorzeigten.

Häufig schüttelte der ernste Mann den Kopf über das sonderbare Vorkommnis. «Man wird nervös in der Stadt. Die Stadt macht mich nervös», wiegte sich nachdenklich in den Hüften, nahm den steifen englischen Hut und fächelte die Tannenluft auf seinen Schopf.

Nach kurzer Zeit war er wieder dabei, seine Schritte zu zählen, eins, zwei, drei. Fuß trat vor Fuß, die Arme schlenkerten an den Schultern. Plötzlich sah Herr Michael Fischer, während sein Blick leer über den Wegrand strich, wie eine untersetzte Gestalt, er selbst, von dem Rasen zurücktrat, auf die Blumen stürzte und einer Butterblume den Kopf glatt abschlug. Greifbar geschah vor ihm, was sich vorhin begeben hatte an dem dunklen Weg. Diese Blume dort glich den andern auf ein Haar. Diese eine lockte seinen Blick, seine Hand, seinen Stock. Sein Arm hob sich, das Stöckchen sauste, wupp, flog der Kopf ab.

Der Kopf überstürzte sich in der Luft, verschwand im Gras. Wild schlug das Herz des Kaufmanns. Plump sank jetzt der gelöste Pflanzenkopf und wühlte sich in das Gras. Tiefer, immer tiefer, durch die Grasdecke hindurch, in den Boden hinein. Jetzt fing er an zu sausen, in das Erdinnere, daß keine Hände ihn mehr halten konnten. Und von oben, aus dem Körperstumpf, tropfte es, quoll aus dem Halse weißes Blut, nach in das Loch, erst wenig, wie einem Gelähmten, dem der Speichel aus dem Mundwinkel läuft, dann in dickem Strom, rann schleimig, mit gelbem Schaum auf Herrn Michael zu, der vergeblich zu entfliehen suchte, nach rechts hüpfte, nach links hüpfte, der drüber wegspringen wollte, gegen dessen Füße es schon anbrandete. Mechanisch setzte Herr Michael den Hut auf den schweißbedeckten Kopf, preßte die Hände mit dem Stöckchen gegen die Brust. «Was ist geschehen?» fragte er nach einer Weile. «Ich bin nicht berauscht. Der Kopf darf nicht fallen, er muß liegen bleiben, er muß im Gras liegen bleiben. Ich bin überzeugt, daß er jetzt ruhig im Gras liegt. Und das Blut ––. Ich erinnere mich dieser Blume nicht, ich bin mir absolut nichts bewußt.»
Er staunte, verstört, mißtrauisch gegen sich selbst. In ihm starrte alles auf die wilde Erregung, sann entsetzt über die Blume, den gesunkenen Kopf, den blutenden Stiel. Er sprang noch immer über den schleimigen Fluß. Wenn ihn jemand sähe, von seinen Geschäftsfreunden oder eine Dame.
In die Brust warf sich Herr Michael Fischer, umklammerte den Stock mit der Rechten. Er blickte auf seinen Rock und stärkte sich an seiner Haltung. Die eigenwilligen Gedanken wollte er schon unterkriegen: Selbstbeherrschung. Diesen Mangel an Gehorsam würde er, der Chef, energisch steuern. Man muß diesem Volk bestimmt entgegentreten: «Was steht zu Diensten? In meiner Firma ist solch Benehmen nicht üblich. Hausdiener, raus mit dem Kerl.»

Dabei fuchtelte er, stehen bleibend, mit dem Stöckchen in der Luft herum. Eine kühle, ablehnende Miene hatte Herr Fischer aufgesetzt; nun wollte er einmal sehen. Seine Überlegenheit ging sogar soweit, daß er oben auf der breiten Fahrstraße seine Furchtsamkeit bespöttelte. Wie würde es sich komisch machen, wenn an allen Anschlagsäulen Freiburgs am nächsten Morgen ein rotes Plakat hinge: ‹Mord begangen an einer erwachsenen Butterblume, auf dem Wege vom Immental nach St. Ottilien, zwischen sieben und neun Uhr abends. Des Mordes verdächtig› et cetera. So spöttelte der schlaffe Herr in Schwarz und freute sich über die kühle Abendluft. Da unten würden die Kindermädchen, die Pärchen finden, was von seiner Hand geschehen war. Geschrei wird es geben und entsetztes Nachhauselaufen. An ihn würden die Kriminalbeamten denken, an den Mörder, der sich schlau ins Fäustchen lachte. Herr Michael erschauerte wüst über seine eigne Tollkühnheit, er hätte sich nie für so verworfen gehalten. Da unten lag aber sichtbar für die ganze Stadt ein Beweis seiner raschen Energie.

Der Rumpf ragt starr in die Luft, weißes Blut sickert aus dem Hals.

Herr Michael streckte leicht abwehrend die Hände vor. Es gerinnt oben ganz dick und klebrig, so daß die Ameisen hängen bleiben.

Herr Michael strich sich die Schläfen und blies laut die Luft von sich. Und daneben im Rasen fault der Kopf. Er wird zerquetscht, aufgelöst vom Regen, verwest. Ein gelber stinkender Matsch wird aus ihm, grünlich, gelblich schillernd, schleimartig wie Erbrochenes. Das hebt sich lebendig, rinnt auf ihn zu, gerade auf Herrn Michael zu, will ihn ersäufen, strömt klatschend gegen seinen Leib an, spritzt an seine Nase. Er springt, hüpft nur noch auf den Zehen.

Der feinfühlige Herr fuhr zusammen. Einen scheußlichen

Geschmack fühlte er im Munde. Er konnte nicht schlukken vor Ekel, spie unaufhörlich. Häufig stolperte er, hüpfte unruhig, mit blaubleichen Lippen weiter.
«Ich weigere mich, ich weigere mich auf das entschiedenste, mit Ihrer Firma irgendwelche Beziehung anzuknüpfen.»
Das Taschentuch drückte er an die Nase. Der Kopf mußte fort, der Stiel zugedeckt werden, eingestampft, verscharrt. Der Wald roch nach der Pflanzenleiche. Der Geruch ging neben Herrn Michael einher, wurde immer intensiver. Eine andere Blume mußte an jene Stelle gepflanzt werden, eine wohlriechende, ein Nelkengarten. Der Kadaver mitten im Walde mußte fort. Fort.
Im Augenblick, als Herr Fischer stehen bleiben wollte, fuhr es ihm durch den Kopf, daß es ja lächerlich war, umzukehren, mehr als lächerlich. Was ging ihn die Butterblume an? Bittere Wut lohte in ihm bei dem Gedanken, daß er fast überrumpelt war. Er hatte sich nicht zusammengenommen, biß sich in den Zeigefinger: «Paß auf, du, ich sag dir's, paß auf, Lump, verfluchter.» Zugleich warf sich hinterrücks Angst riesengroß über ihn.
Der finstere Dicke sah scheu um sich, griff in seine Hosentasche, zog ein kleines Taschenmesser heraus und klappte es auf.
Inzwischen gingen seine Füße weiter. Die Füße begannen ihn zu grimmen. Auch sie wollten sich zum Herrn aufwerfen; ihn empörte ihr eigenwilliges Vorwärtsdrängen. Diese Pferdchen wollte er bald kirren. Sie sollten es spüren. Ein scharfer Stich in die Flanken würde sie schon zähmen. Sie trugen ihn immer weiter fort. Es sah fast aus, als ob er von der Mordstelle fortliefe. Das sollte niemand glauben. Ein Rauschen von Vögeln, ein fernes Wimmern lag in der Luft und kam von unten herauf. «Halt, halt!» schrie er den Füßen zu. Da stieß er das Messer in einen Baum.

Mit beiden Armen umschlang er den Stamm und rieb die Wangen an der Borke. Seine Hände fingerten in der Luft, als ob sie etwas kneteten: «Nach Kanossa gehn wir nicht.» Mit angestrengt gerunzelter Stirn studierte der todblasse Herr die Risse des Baumes, duckte den Rücken, als ob von hinten etwas über ihn wegspringen sollte. Die Telegrafenverbindung zwischen sich und der Stelle hörte er immer wieder klirren, trotzdem er mit Fußstößen die Drähte verwirren und zudrücken wollte. Er suchte es sich zu verbergen, daß seine Wut schon gelähmt war, daß in ihm eine sachte Lüsternheit aufzuckte, eine Lüsternheit nachzugeben. Ganz hinten lüsterte ihn nach der Blume und der Mordstelle.

Herr Michael wippte versuchend mit den Knien, schnupperte in die Luft, horchte nach allen Seiten, flüsterte ängstlich: «Nur einscharren will ich den Kopf, weiter nichts. Dann ist alles gut. Rasch, bitte, bitte.» Er schloß unglücklich die Augen, drehte sich wie versehentlich auf den Hacken um. Dann schlenderte er, als wäre nichts geschehen, geradeaus abwärts, in gleichgültigem Spaziergängerschritt, mit leisem Pfeifen, in das er einen sorglosen Ton legte, und streichelte, während er befreit aufatmete, die Baumstämme am Wege. Dabei lächelte er, und sein Mäulchen wurde rund wie ein Loch. Laut sang er ein Lied, das ihm plötzlich einfiel: «Häschen in der Grube saß und schlief.» Das frühere Tänzeln, Wiegen der Hüften, Armschlenkern machte er nach. Das Stöckchen hatte er schuldbewußt hoch in den Ärmel hinaufgeschoben. Manchmal schlich er bei der Biegung des Weges rasch zurück, ob ihn jemand beobachte.

Vielleicht lebte sie überhaupt noch; ja woher wußte er denn, daß sie schon tot war? Ihm huschte durch den Kopf, daß er die Verletzte wieder heilen könnte, wenn er sie mit Hölzchen stützte und etwa ringsherum um Kopf und Stiel einen Klebeverband anlegte. Er fing an schneller zu gehen,

seine Haltung zu vergessen, zu rennen. Mit einmal zitterte er vor Erwartung. Und stürzte lang an einer Biegung hin gegen einen abgeholzten Stamm, schlug sich Brust und Kinn, so daß er laut ächzte. Als er sich aufraffte, vergaß er den Hut im Gras; das zerbrochene Stöckchen zerriß ihm den Ärmel von innen; er merkte nichts. Hoho, man wollte ihn aufhalten, ihn sollte nichts aufhalten; er würde sie schon finden. Er kletterte wieder zurück. Wo war die Stelle? Er mußte die Stelle finden. Wenn er die Blume nur rufen könnte. Aber wie hieß sie denn? Er wußte nicht einmal, wie sie hieß. Ellen? Sie hieß vielleicht Ellen, gewiß Ellen. Er flüsterte ins Gras, bückte sich, um die Blumen mit der Hand anzustoßen.
«Ist Ellen hier? Wo liegt Ellen? Ihr, nun? Sie ist verwundet, am Kopf, etwas unterhalb des Kopfes. Ihr wißt es vielleicht noch nicht. Ich will ihr helfen; ich bin Arzt, Samariter. Nun, wo liegt sie? Ihr könnt es mir ruhig anvertrauen, sag ich euch.»
Aber wie sollte er, die er zerbrochen hatte, erkennen? Vielleicht faßte er sie gerade mit der Hand, vielleicht seufzte sie dicht neben ihm den letzten Atemzug aus.
Das durfte nicht sein.
Er brüllte: «Gebt sie heraus. Macht mich nicht unglücklich, ihr Hunde. Ich bin Samariter. Versteht ihr kein Deutsch?»
Ganz legte er sich auf die Erde, suchte, wühlte schließlich blind im Gras, zerknäulte und zerkratzte die Blumen, während sein Mund offen stand und seine Augen gradaus flackerten. Er dumpfte lange vor sich hin.
«Herausgeben. Es müssen Bedingungen gestellt werden. Präliminarien. Der Arzt hat ein Recht auf den Kranken. Gesetze müssen eingebracht werden.»
Die Bäume standen tiefschwarz in der grauen Luft am Wege und überall herum. Es war auch zu spät, der Kopf gewiß schon vertrocknet. Ihn entsetzte der endgültige To-

desgedanke und schüttelte ihm die Schultern. Die schwarze runde Gestalt stand aus dem Grase auf und torkelte am Wegrand entlang abwärts.
Sie war tot. Von seiner Hand.
Er seufzte und rieb sich sinnend die Stirn.
Man würde über ihn herfallen, von allen Seiten. Man sollte nur, ihn kümmerte nichts mehr. Ihm war alles gleichgültig. Sie würden ihm den Kopf abschlagen, die Ohren abreißen, die Hände in glühende Kohlen legen. Er konnte nichts mehr tun. Er wußte, es würde ihnen allen einen Spaß machen, doch er würde keinen Laut von sich geben, um die gemeinen Henkersknechte zu ergötzen. Sie hatten kein Recht, ihn zu strafen, waren selbst verworfen. Ja, er hatte die Blume getötet, und das ging sie gar nichts an, und das war sein gutes Recht, woran er festhielte gegen sie alle. Es war sein Recht, Blumen zu töten, und er fühlte sich nicht verpflichtet, das näher zu begründen. Soviele Blumen, wie er wollte, könnte er umbringen, im Umkreise von tausend Meilen, nach Norden, Süden, Westen, Osten, wenn sie auch darüber grinsten. Und wenn sie weiter so lachten, würde er ihnen an die Kehle springen. Stehen blieb er; seine Blicke gifteten in das schwere Dunkel der Fichten. Seine Lippen waren prall mit Blut gefüllt. Dann hastete er weiter.
Er mußte wohl hier im Wald kondolieren, den Schwestern der Toten. Er wies darauf hin, daß das Unglück geschehen sei, fast ohne sein Zutun, erinnerte an die traurige Erschöpfung, in der er aufgestiegen war. Und an die Hitze. Im Grunde seien ihm allerdings alle Butterblumen gleichgültig. Verzweifelt zuckte er wieder mit den Schultern: «Was werden sie noch mit mir machen?» Er strich sich mit den schmutzigen Fingern die Wangen; er fand sich nicht mehr zurecht.
Was sollte das alles; um Gotteswillen, was suchte er hier!
Auf dem kürzesten Wege wollte er davonschleichen,

querabwärts durch die Bäume, sich einmal ganz klar und ruhig besinnen. Ganz langsam, Punkt für Punkt.
Um nicht auf dem glatten Boden auszugleiten, tastet er sich von Baum zu Baum. Die Blume, denkt er hinterlistig, kann ja auf dem Wege stehen bleiben, wo sie steht. Es gibt genug solch toten Unkrauts in der Welt. Entsetzen packt ihn aber, als er sieht, wie aus einem Stamm, den er berührt, ein runder blaßheller Harztropfen tritt; der Baum weint. Im Dunkeln auf einen Pfad flüchtend, merkt er bald, daß sich der Weg sonderbar verengt, als ob der Wald ihn in eine Falle locken wolle. Die Bäume treten zum Gericht zusammen.
Er muß hinaus.
Wieder rennt er hart gegen eine niedrige Tanne; die schlägt mit aufgehobenen Händen auf ihn nieder. Da bricht er sich mit Gewalt Bahn, während ihm das Blut stromweise über das Gesicht fließt. Er speit, schlägt um sich, stößt laut schreiend mit den Füßen gegen die Bäume, rutscht sitzend und kollernd abwärts, läuft schließlich Hals über Kopf den letzten Abhang am Rand des Waldes herunter, den Dorflichtern zu, den zerfetzten Gehrock über den Kopf geschlagen, während hinter ihm der Berg drohsam rauscht, die Fäuste schüttelt und überall ein Bersten und Brechen von Bäumen sich hören läßt, die ihm nachlaufen und schimpfen.
Regungslos stand der dicke Herr an der Gaslaterne vor der kleinen Dorfkirche. Er trug keinen Hut auf dem Kopf, in seinem zerzausten Haarschopf waren schwarze Erde und Tannennadeln, die er nicht abschüttelte. Er seufzte schwer. Als ihm warmes Blut den Nasenrücken entlang auf die Stiefel tropfte, nahm er langsam mit beiden Händen einen Rockschoß hoch und drückte ihn gegen das Gesicht. Dann hob er die Hände an das Licht und wunderte sich über die dicken blauen Adern auf dem Handrücken. Er strich an den dicken Knollen und konnte

sie nicht wegstreichen. Beim Ansingen und Aufheulen der Elektrischen trollte er weiter, auf engen Gäßchen, nach Hause.

Nun saß er ganz blöde in seinem Schlafzimmer, sagte laut vor sich hin: «Da sitz ich, da sitz ich», und sah sich verzweifelt im Zimmer um. Auf und ab ging er, zog seine Sachen aus und versteckte sie in einer Ecke des Kleiderspindes. Er zog einen andern schwarzen Anzug an und las auf seiner Chaiselongue das Tagblatt. Er zerknäulte es im Lesen; es war etwas geschehen, es war etwas geschehen. Und ganz spürte er es am nächsten Tage, als er an seinem Pulte saß. Er war versteinert, konnte nicht fluchen, und mit ihm ging eine sonderbare Stille herum.

Mit krampfhaftem Eifer sprach er sich vor, daß alles wohl geträumt sein müsse; aber die Risse an seiner Stirn waren echt. Dann muß es Dinge geben, die unglaublich sind. Die Bäume hatten nach ihm geschlagen, ein Geheul war um die Tote gewesen. Er saß versunken da und kümmerte sich zum Erstaunen des Personals nicht einmal um die brummenden Fliegen. Dann schikanierte er die Lehrlinge mit finsterer Miene, vernachlässigte seine Arbeit und ging auf und ab. Man sah ihn oft, wie er mit der Faust auf den Tisch schlug, die Backen aufblies, schrie, er würde einmal aufräumen im Geschäft und überall. Man würde es sehen. Er lasse sich nicht auf der Nase herumtanzen, von niemandem.

Als er rechnete, bestand er am nächsten Vormittag unerwartet etwas darauf, daß er der Butterblume zehn Mark gutschrieb. Er erschrak, verfiel in bitteres Sinnen über seine Ohnmacht und bat den Prokuristen, die Rechnung weiterzuführen. Am Nachmittag legte er selbst das Geld in einen besonderen Kasten mit stummer Kälte; er wurde sogar veranlaßt, ein eigenes Konto für sie anzulegen; er war müde geworden, wollte seine Ruhe haben. Bald drängte es ihn, ihr von Speise und Trank zu opfern. Ein kleines Näpfchen wurde jeden Tag für sie neben Herrn Michaels Platz gestellt. Die Wirtschafterin hatte die Hände zusammengeschlagen, als er ihr dies Gedeck befahl; aber der Herr hatte sich mit einem unerhörten Zornesausbruch jede Kritik verbeten.

Er büßte, büßte für seine geheimnisvolle Schuld. Er trieb Gottesdienst mit der Butterblume, und der ruhige Kaufmann behauptete jetzt, jeder Mensch habe seine eigene Religion; man müsse eine persönliche Stellung zu einem unaussprechlichen Gott einnehmen. Es gebe Dinge, die nicht jeder begreift. In den Ernst seines Äffchengesichts war ein leidender Zug gekommen; auch seine Körperfülle hatte abgenommen, seine Augen lagen tief. Wie ein Gewissen sah die Blume in seine Handlungen, streng, von den größten bis zu den kleinsten alltäglichen.

Die Sonne schien in diesen Tagen oft auf die Stadt, das Münster und den Schloßberg, schien mit aller Lebensfülle. Da weinte der Verhärtete eines Morgens am Fenster auf, zum ersten Male seit seiner Kindheit. Urplötzlich, weinte, daß ihm fast das Herz brach. All diese Schönheit raubte ihm Ellen, die verhaßte Blume, mit jeder Schönheit der Welt klagte sie ihn jetzt an. Der Sonnenschein leuchtet, sie sieht ihn nicht; sie darf den Duft des weißen Jasmins nicht atmen. Niemand wird die Stelle ihres schmählichen Todes betrachten, keine Gebete wird man dort sprechen: das durfte sie ihm alles zwischen die Zähne werfen, wie lachhaft es auch war und er die Hände rang. Ihr ist alles versagt: das Mondlicht, das Brautglück des Sommers, das ruhige Zusammenleben mit dem Kuckuck, den Spaziergängern, den Kinderwagen. Er preßte das Mündchen zusammen; er wollte die Menschen zurückhalten, als sie den Berg hinaufzogen. Wenn doch die Welt mit einem Seufzer untergegangen wäre, damit der Blume das Maul gestopft sei. Ja, an Selbstmord dachte er, um diese Not endlich zu stillen.

Zwischendurch behandelte er sie erbittert, wegwerfend, drängte sie mit einem raschen Anlauf an die Wand. Er betrog sie in kleinen Dingen, stieß hastig, wie unabsichtlich, ihren Napf um, verrechnete sich zu ihrem Nachteil, behandelte sie manchmal listig wie einen Geschäftskonkurrenten. An dem Jahrestag ihres Todes stellte er sich, als ob er sich an nichts erinnerte. Erst als sie dringender auf eine stille Feier zu bestehen schien, widmete er ihrem Andenken einen halben Tag.

In einer Gesellschaft ging einmal die Frage nach dem Leibgericht herum. Als man Herrn Michael fragte, was er am liebsten esse, fuhr er mit kalter Überlegung heraus: «Butterblumen; Butterblumen sind mein Leibgericht.» Worauf alles in Gelächter ausbrach, Herr Michael aber sich zusammenduckte auf seinem Stuhl, mit verbissenen Zähnen das Lachen hörte und die Wut der Butterblume genoß. Er fühlte sich als scheusäliger Drache, der geruhsam Lebendiges herunterschluckt, dachte an wirr Japanisches und Harakiri. Wenngleich er heimlich eine schwere Strafe von ihr erwartete.

Einen solchen Guerillakrieg führte er ununterbrochen mit ihr; ununterbrochen schwebte er zwischen Todespein und Entzücken; er labte sich ängstlich an ihrem wütenden Schreien, das er manchmal zu hören glaubte. Täglich sann er auf neue Tücken; oft zog er sich, hoch aufgeregt, aus dem Kontor in sein Zimmer zurück, um ungestört Pläne zu schmieden. Und so heimlich verlief dieser Krieg, und niemand wußte darum.

Die Blume gehörte zu ihm, zum Komfort seines Lebens. Er dachte mit Verwunderung an die Zeit, in der er ohne die Blume gelebt hatte. Nun ging er oft mit trotziger Miene in den Wald nach St. Ottilien spazieren. Und während er sich eines sonnigen Abends auf einem gefallenen Baumstamm ausruhte, blitzte ihm der Gedanke: hier an der Stelle, wo er jetzt saß, hatte seine Butterblume, Ellen,

gestanden. Hier mußte es gewesen sein. Wehmut und ängstliche Andacht ergriff den dicken Herrn. Wie hatte sich alles gewendet! Seit jenem Abend bis heute. Er ließ versunken die freundlichen, leicht verfinsterten Augen über das Unkraut gehen, die Schwestern, vielleicht Töchter Ellens. Nach langem Sinnen zuckte es spitzbübisch über sein glattes Gesicht. Oh, sollte seine liebe Blume jetzt eins bekommen. Wenn er eine Butterblume ausgrübe, eine Tochter der Toten, sie zu Hause einpflanzte, hegte und pflegte, so hatte die Alte eine junge Nebenbuhlerin. Ja, wenn er es recht überlegte, konnte er den Tod der Alten überhaupt sühnen. Denn er rettete dieser Blume das Leben und kompensierte den Tod der Mutter; diese Tochter verdarb doch sehr wahrscheinlich hier. Oh, würde er die Alte ärgern, sie ganz kaltstellen. Der gesetzkundige Kaufmann erinnerte sich eines Paragraphen über Kompensation der Schuld. Er grub ein nahes Pflänzchen mit dem Taschenmesser aus, trug es behutsam in der bloßen Hand heim und pflanzte es in einen goldprunkenden Porzellantopf, den er auf einem Mosaiktischchen seines Schlafzimmers postierte. Auf den Boden des Topfes schrieb er mit Kohle: ‹§ 2403 Absatz 5.›
Täglich begoß der Glückliche die Pflanze mit boshafter Andacht und opferte der Toten, Ellen. Sie war gesetzlich, eventuell unter polizeilichen Maßregeln zur Resignation gezwungen, bekam keinen Napf mehr, keine Speise, kein Geld. Oft glaubte er, auf dem Sofa liegend, ihr Winseln, ihr langgezogenes Stöhnen zu hören. Das Selbstbewußtsein des Herrn Michael stieg in ungeahnter Weise. Er hatte manchmal fast Anwandlungen von Größenwahn. Niemals verfloß sein Leben so heiter. Als er eines Abends vergnügt aus seinem Kontor in seine Wohnung geschlendert war, erklärte ihm seine Wirtschafterin gleich an der Tür gelassen, daß das Tischchen beim Reinemachen umgestürzt, der Topf zerbrochen sei. Sie hätte die Pflanze, das

gemeine Mistzeug, mit allen Scherben in den Mülleimer werfen lassen. Der nüchterne, leicht verächtliche Ton, in dem die Person von dem Unfall berichtete, ließ erkennen, daß sie mit dem Ereignis lebhaft sympathisiere.
Der runde Herr Michael warf die Tür ins Schloß, schlug die kurzen Hände zusammen, quiekte laut vor Glück und hob die überraschte Weibsperson an den Hüften in die Höhe, so weit es seine Kräfte und die Deckenlänge der Person erlaubten. Dann schwänzelte er aus dem Korridor in sein Schlafzimmer, mit flackernden Augen, aufs höchste erregt; laut schnaufte er und stampften seine Beine; seine Lippen zitterten. Es konnte ihm niemand etwas nachsagen; er hatte nicht mit dem geheimsten Gedanken den Tod dieser Blume gewünscht, nicht die Fingerspitze eines Gedankens dazu geboten. Die Alte, die Schwiegermutter, konnte jetzt fluchen und sagen, was sie wollte. Er hatte mit ihr nichts zu schaffen. Sie waren geschiedene Leute. Nun war er die ganze Butterblumensippschaft los. Das Recht und das Glück standen auf seiner Seite. Es war keine Frage. Er hatte den Wald übertölpelt.
Gleich wollte er nach St. Ottilien, in diesen brummigen, dummen Wald hinauf. In Gedanken schwang er schon sein schwarzes Stöckchen. Blumen, Kaulquappen, auch Kröten sollten daran glauben. Er konnte morden, so viel er wollte. Er pfiff auf sämtliche Butterblumen.
Vor Schadenfreude und Lachen wälzte sich der dicke, korrekt gekleidete Kaufmann Herr Michael Fischer auf seiner Chaiselongue.
Dann sprang er auf, stülpte seinen Hut auf den Schädel und stürmte an der verblüfften Haushälterin vorbei aus dem Hause auf die Straße.
Laut lachte und prustete er. Und so verschwand er in dem Dunkeln des Bergwaldes. um 1905

*Es ist uns klar, Marinetti, Ihnen wie mir:
wir wollen keine Verschönerung, keinen Schmuck,
keinen Stil, nichts Äußerliches, sondern Härte,
Kälte und Feuer, Weichheit, Transzendentales
und Erschütterndes, ohne Packpapier...
Aber vergessen Sie nie, daß es keine Kunst,
sondern nur Künstler gibt, daß jeder auf
seine Weise wächst, daß einer behutsam mit dem
andern umspringen muß. Es gibt keine
literarischen Massen- und Universalartikel.
Was man sich nicht selbst erobert,
bleibt verloren. Gehen Sie nicht weiter auf
Herdenzüchtung aus; es gibt viel Lärm
dabei und wenig Wolle. Bringen Sie Ihr Schaf
ins Trockene. Pflegen Sie Ihren Futurismus.
Ich pflege meinen Döblinismus.*

1913

Die drei Sprünge des Wang-lun

Der Mann, von dem die Stadt schnarrte, kletterte um diese Mittagsstunde träge ein paar Felswege in den Bergen. Dann lag er jenseits einer unzugänglichen Schlucht auf dem Gneisschutt ausgestreckt auf dem Rükken, ohne Gefühl für die spitzen kantigen Steine. Er lag regungslos, ohne die schweren Hände zu heben, in dem Sonnenbrand. Im Grunde wartete er und befühlte sich innerlich, ob nun alles gut sei, ob er nun alles gut gemacht hätte.

Die Pein der letzten Woche war unertragbar gewesen. Es trieb ihn umher von einer Hütte auf den nächsten Kamm; vier Tage aß und trank er nichts: er vergaß das Essen über dem Laufen, Augenschließen, Herumwälzen. Wenn das Durstgefühl zunahm, merkte er nicht, daß es Mangel an Wasser war, was ihn lechzen ließ; er glaubte, das Unglück in ihm wuchs und sengte. Es kam ihm oft vor, als ob er sich neue Sachen kaufen müsse, weil man ihm Kleider und Haut abgerissen hatte. Daß er auf einmal furchtbar schwer und furchtbar groß war. Es quälte ihn außerordentlich, daß er so unbeweglich war, sich gar nicht von der Stelle schieben ließ, wälzen ließ. Nicht anders war ihm, als wenn er badete an dem fernen Strand von Hun-kang-tsun bei Beginn der Ebbe: eben trugen ihn noch die starken Wellen, dann schleiften sie ihn wiegend über den Sand; mehr und mehr trat das durchsichtige Wasser zurück; seine braungelbe Brust lag trocken, die Zehenspitzen sahen aus dem Wasser. Das Meer schälte seine Arme und Schenkel bloß: er lag tropfend schwergewichtig auf dem feuchten Boden und mußte sich stemmen, um nicht in die Flut zu rollen.

Ihn trug nichts mehr. Er hob hundertmal wiegend die Arme; sie ließen sich nicht schwingen.

Dazwischen kam das Glitzern der Säbel, war so intensiv, daß er mit den Augen zwinkerte.
Er versteckte sich vor den Bettlern, Dieben und Hehlern. Er konnte mit ihrem Anblick nichts anfangen.
Su-koh war erschlagen: das hatte man ihm angetan.
Dabei fühlte er den überwältigenden Druck des Leidens, im Hinterkopf, auf der Zunge, in der Höhlung der Brust. Und es war eine gewaltsam freiwillige Richtung, die er seinen Gedanken gab, als er sich auf Rachevorstellungen versetzte, Vorstellungen ohne Leidenschaft, erfunden, um ihn zu heilen, zu befreien. Er jammerte sich vor: es wäre Grund sich zu rächen. Aber er glaubte sich nicht, und konnte sich nicht glauben.
Und die Verzweiflung bei diesem Ringen wurde immer mehr zu einer Wut auf den Tou-ssee, der das alles angerichtet hatte. Er fürchtete den Tou-ssee, wie er sich ängstigte vor dem Blitzen seines Säbels. Aber die Wut auf den Tou-ssee setzte sich siegreich durch, gewaltsam durch, setzte von Stunde zu Stunde mehr über die Angst weg. Das Stöhnen des sinnlosen Leidens verwandelte sich in ein Stöhnen des tastenden, suchenden, sicheren Hasses.
Die endlosen Tage wurden kürzer, und eines Nachts lief er durch die stummen Straßen Tsi-nan-fus und saß bei Toh in der Kammer. Dachte noch nicht an sein Hirschgeweih, als er an die Kammer pochte. Aber wie er die Schwelle überschritt, wurde ihm warm. Die lustige Maske fiel ihm ein, und daß dies alles vorbei sei; und im selben Moment hatte er eine Bewegung in seinen Muskeln gefühlt: die Maske gefaßt und über den Kopf des Tou-ssee gestülpt, erdrosselt, weggeworfen. Dies war gut. Er war glücklich. Über den Kopf stülpen die Maske dem Toussee, und dann weg. Über den Kopf des Tou-ssee gestülpt, dann weg, weg.
So war der Mord geschehen unter seinen freudigen, delirierenden Händen und Armen.

So lag er auf dem Gneisschutt, befühlte sich mißtrauisch und abgekühlt, ob nun alles gut sei, ob nun genug geschehen sei.
Als er nach Stunden aufstand, fand er sich ruhig. Wie wenn in seinem Brustkorb irgend etwas eingeschlafen sei, umstellt von hohen Spinden und Tischen.
Es dunkelte. Die Mondsichel stand über den scharfen Klippen der Schlucht. Da trabte er aufwärts und saß in einer Halunkenhütte, ein halb umgesunkenes Holzwerk unter einem überhängenden Felsen. Die Hütte war leer.
Bald kamen fünf mit Laternen angeschlichen. Sie wußten von der Tat Wangs, waren stolz, daß er zu ihnen zurückkehrte. Ein krummbeiniger Strauchdieb bot ihm den ganzen Krug des herzerfreuenden Ginseng an, der ihm um den kropfigen Hals hing. Sie krähten von dem hageren Tou-ssee, mimten Wang mit Sprüngen vor, wie sie sich die Erdrosselung dachten. Er trank mit verstopften Ohren. Dann überschrie er sie und bat ihm zu helfen. Sein Blutsbruder Su-koh sei nicht beerdigt worden, sein Leib in Stücke zerschlagen. Er, Wang, müsse in der nächsten Frühe weg; sie sollten ihm helfen, noch jetzt in der Nacht eine Beerdigung für seinen ruhelosen Blutsbruder zu feiern.
Sie liefen in Gruppen, es kamen neue Vagabunden von tieferen Hütten herauf. Huschen der weißen Papierlaternen. Sie benahmen sich leise, als wären sie in einem Totenhause und geboten sich Ruhe. Dazwischen tranken sie. Mit eingesunkenem Rücken, starren Blicken, wie eine Witwe, saß Wang auf dem Lehmboden neben dem niedrigen Holzgestell, einer Bahre, auf der ein zusammengebundener Zeugklumpen, eine rohe Puppe lag. Wang hielt sein Messer in der Hand, schnitt sich aus dem aufgelösten Zopf eine Strähne ab, legte sie auf den Zeugklumpen. Der älteste der Strolche, ein schwachsinniger gutmütiger Taps ohne Zähne, ein Ausbund von Schmierigkeit, trippelte aus

dem Haufen an die Bahre, legte ein Teeblatt in einem Stückchen roten Papier der Puppe auf den Mund. Er wikkelte einen langen Schal aus einer zerrissenen Hose um die Beine der Leiche, damit sie nicht aufspringen möge und ruhen bleibe. Von draußen hörte man in dieser Stille ein Knarren, Scharren und Rauschen; vor der Hütte schwang einer ein riesiges Sacktuch an einer Latte wild und unaufhörlich durch die warme Luft, das Seelenbanner; er lockte den Geist des Toten aus der nächtlichen Luft her.
Der kleine dumme Taps verneigte sich zahllose Male nach den vier Himmelsrichtungen, rief unter Sprüngen und Händeaufheben Kuei-wang, den König der Unterwelt, an, empfahl ihm den neuangekommenen Geist. Und alle zusammengewürfelten jungen und alten Landstreicher dachten in dem Augenblick an das Fest am fünften Tag des siebenten Monats, an dem ein kleines Schiff mit dem Kuei-wang den Fluß herunterzieht, der Dämonenherr in schwarzer Jacke mit dem Kragen aus Tigerfell, dem Schurz und den Stiefeln aus Tigerfell, den Dreizack in der Hand; seine schwarzen Haarbüschel wulsten sich unter dem Diadem weit hervor. Und hinter ihm stehen steif die kleinen drolligen Dämonen, der mit der viereckigen Mütze, der mit dem Rindskopf, der mit dem Pferdemaul und die zehn pausbäckigen, puterroten Höllenfürsten, und lassen sich angucken.
Sie trugen vorsichtig zu vieren die Bahre mit der Puppe heraus, Wang voran; die andern torkelnd, umschlungen hinterher, mit den Laternen über einen kurzen Weg zu dem steinigen Acker, nach rechts und links Mehlkügelchen streuend für die hungernden Geister. Versenkten die Figur in ein flaches Grab. Kleine Papierstückchen glimmten auf, Geld für den Toten; übel qualmten Lumpen und Lappen, seine Anzüge.
Mit leeren Holzbrettern zogen sie grunzend aufwärts. Die Laternen schwankten. Der Morgen graute über Tsi-nan-

fu. Als sie oben in die Hütte stampften, war Wang verschwunden.

Aus Furcht vor den Häschern und aus Furcht vor den Schrecknissen von Tsi-nan-fu floh Wang-lun nach Norden. Er überschritt die Grenzen von Schan-tung, durchquerte die Ebene von Tschi-li im Herbst und erreichte, dem schmalen Hun-ho folgend, unter heftigen Schneestürmen den Schutz der Nan-ku-Berge im nordwestlichen Tschi-li. Er mied jede Stadt. Meist war er allein. Er hungerte viel; verdiente, wenn die Not groß wurde, durch Lastentragen, Kohleschleppen, ein paar Cent; aber er hielt es nirgends aus. Auch widerte ihn jede längere Arbeit an. Er kannte von Haus aus nicht die pflanzliche Geduld seiner Landsleute. Er bettelte.
Als es kalt wurde und der Herbstregen durch seinen zerfetzten Kittel sickerte, tat er sich mit zehn Wegelagerern zusammen; sie warteten drei Tage und Nächte vor der Kreisstadt Tu-ngan, bis eine wenig bedeckte Karawane mit Ziegeltee ganz in der Frühe ankam. Sie zogen den brüllenden Kaufleuten die wattierten Überjacken aus, ließen sie sonst mit höflichem Spott weiterziehen.
Den ganzen Winter verlebte er auf diesem Gebirge. Es wimmelte von Einsiedeleien, kleinen und größeren Klöstern; der heilige Berg Wu-tai-schan war nahe. Den ganzen Winter über herrschte ein lärmendes Treiben auf den breiteren Straßen und den schmalen Wegen. Von den nördlichen Pässen strömten die Menschen mit Pferden, Packeseln, Kamelen. Sie brachten Geschenke, Opfergaben nach dem südlicher gelegenen Berg, dessen Klöster sich auf gewaltigen kahlen Felsmauern erhoben; die gelben Steinwände fielen schroff ab; auf ausgehauenen Serpentinen wanden sich die Züge hinauf in die dünne Luft.
An einem nicht breiten Fluß mit tobenden Schnellen hielt sich Wang-lun die harten Monate auf. Der Fluß durch-

brach die Granitmassen, ungeheure braune Flächen stiegen senkrecht nieder; vor dem gebieterischen Wasser legten sie sich in sanfter Neigung um. Wenig Geröll ragte über der schwarzen Fläche hervor; darum kreiselten die Wellen weiß mit Gischt. Weiter nach Osten, wo der Fluß der empfangenden Ebene zudrang, wichen die Felsen auseinander, mit neuen Vorlagerungen; ganz fern senkte sich alles.
An einer Felsstraße, unter einem überhängenden Block, dessen Rücken mit immergrünen Tannen bestanden war, wohnte Wang-lun bei einem Einsiedler. Kein Regen, kein Schnee fiel in ihre geschützte Hütte; die eisigen Winde glitten pfeifend aus den Schlünden vorbei. An wärmeren Tagen ging er tiefer herunter, wo an dem Fluß die kleinen Wassermühlen arbeiteten, Pochwerke, in denen Sandsteinhämmer in feste Mörser fielen, um das Holz und den Talkstein für Kerzen zu pochen. Da unten saßen Bettler, entlaufene Verbrecher, Faulenzer, Wegelagerer. Wang führte ein Doppelleben. Er ging unruhig hin und her und saß, auf irgend etwas wartend, bald hier, bald da. Nur sekundenweise, mit einem Zusammenpressen des breiten Mundes, einem Runzeln der niedrigen Stirn, dachte er an Tsi-nan-fu, an die mauerumzogene Stadt der Tausende. Nur in dem eindringlichen Blick, der oft ganz inhaltslos haftete, stand etwas von einer kleinen getünchten Mauer, einem Säbelblitzen, einem langen, langen Sitzen in einem finsteren Wegeschrein für obdachlose Geister. Sein rechtes Auge, das sich unter einem auffällig tief hängenden Oberlid bewegte, drehte sich in leichten Zukkungen und schielte nach außen.
Im übrigen hatte er schon in der Ebene seine freche, unbehinderte Lustigkeit wiedergewonnen. Er trug sich vorübergehend mit dem Plan, in die Gilde der Dachdecker einzutreten. Er erlangte bei seinen Gefährten am Pochwerk leicht die Oberhand. Daß er kräftig und unverbraucht war, hätte ihm in diesem gewalttätigen Kreise al-

lein nicht viel geholfen. Den Ausschlag gab seine spielende Art, Menschen zu behandeln. Er hatte dies bei seinem alten Toh gelernt: demütig und schmeichelnd zuzuhören, unaufdringlich auszuforschen, leicht schon im Wiederholen das Gehörte zu retuschieren, unmerklich und mit wunderlicher Offenheit, die eine Ehrlichkeit vortäuschte, eigene Wünsche zu unterschieben.

Die Strolche, mit denen er tagelang hockte, schwankten in ihrer Auffassung über ihn. Ein paar jüngere nahmen ihn nicht für voll; sie hielten ihn für einen Halbnarren mit entsetzlicher Gewandtheit, eine Art Affenmenschen. Wang wurde bösartig, wenn man seine Späße mißverstand, ließ seine Liebenswürdigkeit wie eine Maske fallen, stieß schlimme Drohungen aus; daß er aber dann sich finster zurückzog, tagelang die Gesellschaft mied, bewies ihnen seine Verworrenheit. Die älteren scheuten ihn. Sie nörgelten nicht an seiner kindischen Verspieltheit; ihnen fielen die nicht seltenen Minuten seiner unheimlichen Entrücktheit auf. Sie hatten ein Gefühl von Ehrfurcht vor solchen Dingen. Sie spürten ein schweres Leiden in ihm, und sie hielten Leiden für eine Fähigkeit, eine Gabe. In den niedrigen Leuten schwang der alte Geist des Volkes; mehr als in den Literaten strömte in den Gestrandeten, viel Erfahrenen das tiefe Grundgefühl: «Die Welt erobern wollen durch Handeln, mißlingt. Die Welt ist von geistiger Art, man soll nicht an ihr rühren. Wer handelt, verliert sie; wer festhält, verliert sie.» Wang bot ihnen ein heimatliches Gefühl. Sie hingen ihm auf ihre Art an, besorgten sich um ihn brüderlich, um den Stärksten unter ihnen fast mütterlich.

Das feine Klappern der Pochhämmer, das gleichmäßige Gischen des Flusses scholl zu der Einsiedelei hinauf. An der Bergstraße, in deren Wand bei jeder Biegung des Weges eine fromme Inschrift eingegraben war, saß Wang-lun bei Ma-noh.

Zu Ma-noh war er eines Tages betteln gegangen. Wang hatte geglaubt, einen bärtigen Mann in Nachsinnen zu finden, der ihm mit sanften Worten von seinen Vorräten abgab. Statt dessen prallte eine hohe Stimme gegen ihn, wie er die Stiege betrat. Am Eingang der Hütte riß eine Hand an seinem Ärmel, zog ihn herum. Ein spitzes Gesicht fuhr dicht an seines, in einem schwer verständlichen Dialekt wurde gefragt, was er wolle. Seine scharfen Augen konnten sich inzwischen an das Halbdunkel gewöhnen. Ma-noh trug einen Mantel aus kleinen bunten Flicken, die wie Fischschuppen übereinander standen. Es war ein kleiner, etwas gebückter Mann, der sich wie ein verschrobener Alter gebärdete, ein verblüffend junges frisches Gesicht zeigte, schlanke gebogene Nase, feiner Mund mit Rednerfalten, unsichere Augen, die vor jedem Gegenstand zurückwichen wie aufschlagende Gummibälle. Er pfiff mehr als er sprach. Beim Anblick der Umgebung klopfte Wang das Herz; sie erinnerte ihn an den dunklen Tempel des Musikfürsten Hang-tsiang-tse in einer fernen Stadt. Als er ein paar demütige Phrasen leierte, Ma-noh ihm ein Stück Ziegenkäse in die Hand drückte, stand er noch gefesselt herum, tat Fragen nach den Götterbildern, die auf einem kleinen Regal standen. Ma stellte sich mit dem Rücken vor sie, sprach hastig, was Wang nicht verstand. Der neugierige höfliche Bettler fragte gelassen weiter, erzählte eine erlogene Geschichte von einem Priester in Ki; der Einsiedler sprang, machte eine verwunderte Miene über die Kenntnisse des Strolches. Schließlich erzählte Wang, er sei eine Stunde von hier ansässig, bei einem Pochwerk beschäftigt, bat den weisen Herrn, ihm von der Kraft seiner Götter Kunde geben zu wollen, denn er sei mit seinen Göttern unzufrieden. Widerwillig lud Ma-noh den ungewöhnlichen Gast zum Teetrinken ein.
Und dies war der Anfang ihrer Bekanntschaft.
Der unruhige Mann, der später mit dem Flüchtling aus

Schan-tung sein Haus teilte, war ein Mönch, aus Pu-toschan entwichen, jener herrlichen Insel im Süden.
Stumm und mild saßen seine Buddhas im Hintergrund der Hütte. Die Ohrlappen bis auf die Schultern gezogen, unter dem blauen aufgeknoteten Haar die runde Stirn mit dem dritten Auge der Erleuchtung, weite Blicke, aufgehelltes, fast verdunstendes Lächeln über dem vollen glatten Gesicht, über den aufgeworfenen Lippen, feine Hände preziös zur Brust erhoben, hockend auf runden schlanken Schenkeln, Fußsohlen nach oben gedreht wie das Kind im Mutterleib. Ma gab den Buddhas, oder wie Wang sagte, den Fos verschiedene Namen; sie sahen sich alle ähnlich. Nur ein Buddha war anders, dessen Name schon nach Schan-tung gedrungen war, eine Göttin, die Kuan-yin. Aus Bergkristall stand sie inmitten der andern, mit unzähligen Armen, die sich wie Schlangen aus den Schultern rangen und einem Mund, der sich so zart verzog, wie wenn ein leichter Wind über eine Weidenpflanzung fegt.
Und mit einer aufschließenden Erschütterung hörte Wang, was diese Fos lehrten: daß man keinen Menschen töten dürfe. Ma-noh war verblüfft über Wang; er lachte über ihn; dies lehrten doch eigentlich schon die Richter. Wang, betreten, sagte ja; aber dann schossen seine Brauen hoch, das rechte Auge drehte sich in Zuckungen und schielte nach außen. Er nickte mit dem Kopf: «Die Fos lehren gut. Die Richter lehren gut. Aber nur deine Fos haben recht, Ma.»
Ma liebte ohnmächtig die Buddhas. Zu einer Zeit schrie er ihnen seine ehrgeizigen Wünsche, und was sie ihm nicht erfüllt hatten, in die riesigen Schalltrichter ihrer Ohren und stellte sich bläkend vor sie. Zu anderer Zeit überwältigte ihn die Hoffnungslosigkeit, ohne Sinn streckte er sich auf dem blanken Steinboden. Sie blickten über ihn weg mit dem Lächeln, das fast verwehte. Er mühte sich um sie,

fühlte sie als Herren; und sie wurden ihm nichts, wie er sich um sie bemühte.
Und doch war ihm zu keiner Zeit der Gedanke gekommen, den Wang einmal vorschlug, als er wieder dicken Staub auf den Gesichtern der Allerherrlichst-Vollendeten fand: die Bildsäulen auf einen Karren zu laden, nach der Nordseite der Straße zu fahren und vorsichtig die Fos einen nach dem andern in die Stromschnellen zu schütten.
Ma haßte seinen Gast wegen dieses Gedankens. Er fühlte sich durchschaut, weil Wang zu wissen schien, daß er es nicht konnte. Und ganz inwendig war er neidisch auf diesen Gast, der so einfach einen ungeheuren Plan hinwarf und bereit schien, das Unerhörte sofort auszuführen. Er verfluchte Wang laut vor dem Regale, auf der Kniematte liegend, daß der Amithaba es hörte: wie Schlimmes jener geredet hatte und wie er sich jetzt bezwang, sich niederzwang, und seine Zuflucht nahm zu dem Gesetz, zur Lehre, zur großen frommen Genossenschaft, wie die Formel lautete. Er stellte sich ein, unaufhörlich den Namen Omito-fo murmelnd, und ging entzückt über sich wie eine Schleichkatze den Pfad; er sah den Pfad dünn sich hinschlängeln, einen Faden, der ihn nachzog, über die ersten Erhebungen, dann über die vier Stufen zur Seligkeit. Nun in die Strömung eingegangen, nun einmal wiederkehrend, nun keinmal wiederkehrend, nun Archat, Lohan, sündenlos Würdiger, der mit demselben Blick Gold und Lehm, den Katalpabaum und die Mimose, den Sandelbaum und die Axt betrachtet, mit der er gefällt wird. Und oben die Freudenhimmel, wo sich voneinander trennen, wie durch Strahlung voneinander weichen, die sonst zusammenfließen würden: Geister des begrenzten Lichts, die Bewußtlosen, die Schmerzlosen, die Bewohner des Nichts und schließlich jene, welche da sind, wo es weder Denken noch Nichtdenken gibt.
[...]

Morgen wird man den Tag der Vollendung des herrlichen Cakya-muni feiern. Ma bewegte sich nicht. Hier hielt man sich an ihn, vertraute ihm. Ihr Wohl lag in seinen Händen. Er schmeckte eine Bitterkeit an seinem Gaumen und schluckte. Es wird alles rudern, schwimmen, fliegen zu den Inseln im großen Ozean, es wird alles gut geraten und ist alles gut geraten: die Boote gerichtet, die Ruder bereit, das Steuer fest eingespannt. Kuan-yin hieß die Schiffergöttin, die die Überfahrt leitete, am Bug stehend, dem Wind die Richtung weisend. Sie lasen vor ihren Zelten, die Frauen sangen, lagen alle gut im Schatten der Kuan-yin. Er der Bootsknecht, der treue Steuermann. Sein Wohl lag in ihren Händen; er suchte sich zwischen ihren Handflächen, wie er zermalmt, zerrieben, ins Gras gestreut würde. Der weise Prior von Pu-to hatte ihm einmal die Schule nicht gegeben, den Unterricht der Novizen, den er wünschte; es war ein weiser Prior; jetzt hatte er Novizen, so viel er wollte, sie gingen mit ihm, wohin er wollte, und er war schon nicht mehr stolz.

Ma-noh verbarg, über sich gebückt, sein kaltes Gesicht in den Händen. Und er verbarg sich auch, daß er sie leise, scharf haßte, in einem tuckenden unheimlichen Schmerz, den er hinter dem Brustbein spürte. «Wang-lun», seufzte er. Ma-noh sah ihn schon wie die andern, mythisch groß. «Wang-lun, Wang-lun», wimmerte Ma-noh; er fühlte in sich unklare Dinge regsam, Wang-lun konnte alles schlichten. Was war dies für eine grausame Reise nach Schan-tung zu der Weißen Wasserlilie, und er kam nicht, und er kam nicht zurück.

Und er kam zu spät zurück. Wohin sollte das gehen? Sie wurden alle still und klar, hoffnungsfreudig auf eine besondere Art. Nichts wurde aus ihm. Seine goldenen Buddhas, die kristallene tausendarmige Göttin fuhr man im Karren hinter ihm her als eine Speise, von der er nie aß. In der täglichen Arbeit für die Brüder gab es keine Versenkung, keine Überwindung. Die vier heiligen Stufen berührte er mit keinem Fuß mehr: nun in die Strömung eingegangen, einmal wiedergeboren, keinmal wiedergeboren, Archat, Lohan, sündenlos Würdiger, ja, der mit demselben Blick Gold und Lehm betrachtet, den Sandelbaum und die Axt, mit dem er gefällt wird. Nichts, nichts mehr von den Freudenhimmeln, wo sie auseinander weichen, die Geister des begrenzten Lichts, die Bewußtlosen, die Schmerzlosen, die Bewohner des Nichts und jene, die sind, wo es weder Denken noch Nichtdenken gibt. Mild und stumm saßen auf dem Nan-ku-Passe die goldenen Buddhas vor ihm, die Ohrlappen bis auf die Schultern gezogen, unter dem blauen aufgeknoteten Haar die runde Stirn mit dem dritten Auge der Erleuchtung, weite Blicke, ein aufgehelltes, verdunstendes Lächeln über den aufgeworfenen Lippen, auf den runden schlanken Schenkeln hockend, die Fußsohlen nach oben gerichtet wie die Kinder im Mutterleib. Nichts mehr von dem. Und auch nichts von Wang, von Stille, Gleichmut; er nahm nicht teil an dem wachsenden Ring der Frommen. Und nichts von anderem, anderem.

Morgen wird man den Tag der Vollendung des herrlichen Cakya-muni feiern.

Ma-noh nahm seine zitternden heißen Finger vom Gesicht, legte die Hände vor der Brust aneinander, brachte die Finger in die heilige Mudrastellung, bannte sich in der dunklen süßen Sommerluft.

Er erhob sich, schlug für seine Papierlaterne Licht, ging in die Hütten einiger Männer, denen er mit einer starren Ruhe sagte, daß morgen der Tag der Vollendung des Allerherrlichsten Buddhas wäre; sie sollten zur Feier eine Barke der Glücklichen Überfahrt bauen. Als er zum Lager der Frauen hinüber ging, bewegten sich rasch und durcheinander die bunten Laternen nach dem andern Hügel hinauf, wo die Bretterstapel der Brüder lagen, die zum

Hüttenbau nicht benützt waren. Zwanzig Schritt vor dem ersten Zelt der Frauen blieb Ma-noh am Abhang stehen, schwang seine Laterne, sagte sehr leise, als drei Frauen zu ihm liefen, morgen wäre der Tag von Cakyas Vollendung; die Brüder würden eine Barke der Glücklichen Überfahrt zimmern; er bäte die Schwestern, an die hilfreiche Göttin der Überfahrt zu denken.

Am Morgen tuteten Muscheltrompeten vom Hügel der Brüder, fünf Stöße. An dünnen Tauen zogen die Männer eine lange rohgezimmerte Barke aus dem Dunkel der Katalpen hervor, schoben sie sachte, seitwärts und hinten stützend, herunter mitten zwischen die Mikanthusstauden, die das Schiff wie Wellen teilte. Eine lange Reihe von Mädchen und Frauen tauchte in den scharf scharrenden Halmen auf; voran gingen junge Weiber, auf deren ausgestreckten Armen eine riesige bunte Zeugpuppe lag. Sie drangen vor Ma-nohs Zelt.

Ma-noh stand im Freien, sehr schweigsam, im vollen priesterlichen Ornat, mit der schwefelgelben Kutte und prächtiger roter Schärpe, die schwarze vierzipflige Mütze auf dem Schädel; den Kopf gesenkt, die Hände in Mudrastellung. Die Frauen mit der Puppe knieten hin. Es bedurfte einer langen Zeit, bis er sie ansah. Sie baten, ihrer Puppe vom Geist seiner Göttin aus Bergkristall abzugeben, ihrer Göttin das Licht zu öffnen. Ma-noh schien übernächtig; er sprach matt. Er lag geraume Weile im Zelt, wo man die Puppe neben die Kuan-yin an die Erde gestellt hatte; es schien, daß er betete. Dann kamen die Frauen herein; eine hielt eine kleine Holzschale mit einem roten Saft, in dem ein Stengel schwamm. Ma nahm den Stengel, zeichnete der Puppe rote Klexe: Augen, Mund, Nasenlöcher, Ohren; nun konnte die Puppe sehen, schmecken, riechen, hören, hatte eine Seele, war eine Kuan-yin, Göttin der Barke.

Zehn Männer und zehn Frauen gingen an diesem Tage in

die Nachbarschaft zu heilen, zu arbeiten, zu helfen, zu betteln. Man betete lange Stunden auf dem Mikanthusfelde, in einer Reihe die Männer, in einer Reihe die Frauen; vor dem Schiff Ma-noh. Eine Handglocke klingelte, man fiel auf die Stirn; der Priester las eintönig vor; von Zeit zu Zeit fielen die Hörer ein. Als die Sonne nicht mehr senkrecht strahlte, setzten sich Männer und Weiber gemeinsam um das Schiff, an dessen Mast die bunte Göttin angelehnt stand, zum Mittagessen hin.

Geschichtenerzähler gingen herum, Springer und Gaukler zeigten Künste, ein paar ehemalige Kurtisanen, die an verschiedenen Teilen des Tales musizierten, taten sich zusammen, sangen, auf die Barke tretend, um die Kuan-yin ziehend Hand in Hand, das Freudenlied von dem grünen Felsen; vielstimmig tönte das süße feine Lied, oft wiederholt, über die niedrigen Hügel, von den Bäumen zurückgeworfen.

Man glättete einen aufgeworfenen Erdhaufen auf der Höhe des Frauenhügels, indem man rasch mit Brettern auf den Boden schlug, lud einen jungen Eunuchen und eine großäugige schlanke Kurtisane ein, zu tanzen. Dann trat zuerst der junge Eunuch auf den Platz, allen im Mikanthusfeld und auf dem Abhang des Männerhügels sichtbar, mit den Gliedern einer Gazelle, aus stolzen schwärmerischen Augen um sich blickend. Er trug einen gewöhnlichen losen Kittel und lockere Hosen von schwarzer Farbe; jeder wußte, daß er eine große Kleiderkiste aus Pe-king nahm, als er zu Ma-noh floh. In seinem schwarzen lockeren Anzug, den Zopf im Knoten aufgebunden und nun die leichten Arme angehoben, tanzte er.

Er ging, zappelnd im Kniegelenk, auf und ab, knixte langsam ein, bis er auf seinen Hacken saß, zog sich ruckweise hoch und schlug die Arme, mit den Handflächen nach außen, dichter und dichter über dem Kopf zusammen. Dann stand er still, drehte das Gesicht zur Seite, so daß man sein strahlendes Lächeln sah, und fing an, ein Bein vor das andere gestellt, sonderbare Bewegungen mit Rumpf und Armen auszuführen. Er beugte sich weit nach rechts, legte die Arme vor die Brust zusammen, beugte sich weit nach links, führte den Rumpf im Kreis herum; löste nun, den Rumpf festgestellt, die Arme, ließ sie seitlich flattern, ringeln, haschen. Er schwang die Arme scharf herum, und wieder flatterten sie sanft, ringelten, haschten. Nun stellte sich rasch ein kleiner Fuß vor den andern, trippelte auf der Stelle, dabei flogen die Arme nach einer Seite, und bis in die gestreckten Finger hinein folgte die Bewegung; es sah aus, als wäre der Körper gebannt und suchte vergeblich, den Händen, Fingern nachzulaufen. Die Bewegung der Füßchen wurde immer wilder, zuckend, springend, bis es dem Tänzer gelang, sich in einem großen Satz nach rechts, in einem großen Satz nach links vom Fleck zu lösen, und bis er in glücklicher Raserei hoch- und niederhüpfte, seitlich ganz auf den Boden umsinkend, und sich in einem Tremolieren wieder zurückzwang auf den Fleck. Schon glitt die großäugige Kurtisane neben ihn, die niedrige runde Stirn frei, die schwarzen Haare im Chignon der dreizehn Windungen aufgebunden, ein fettes wohlmodelliertes Gesicht; ein hemdartiger langer Kittel von hellgrauer Farbe über der kleinen Figur; aus den violetten Beinkleidern quollen an den Knöcheln weiße Spitzen hervor. Den grasgrünen Gürtel hielt sie in der linken Hand. Sie fing mit kurzen Kopfbewegungen nach beiden Seiten an, dann kam ein Nicken, Heben, behaglich langsames Kreiseln des Kopfes. Als das Rucken wieder losging, traten die Hände in Tätigkeit, die schlaff an angepreßten Armen hingen, sie klappten vor den violetten Beinen erst unmerklich, dann heftiger auf und ab, rissen die Unterarme hoch. Beide Arme ausgestreckt; unter wirbelnden Handdrehungen zuckte sie schroff seitlich mit den Hüften; und die Bewegung übertrug sich abwärts

in die Beine. Erst wurden sie von dem Hüftenschwung mitgezogen, dann schwangen sie, angesteckt, gereizt, enthusiasmiert, mit ihrer Zuckung mit nach rechts, nach links und traten, schlenkerten, zitterten in eigener Weise. Die starken Oberschenkel preßten sich zusammen; die Unterschenkel rührten sich umeinander, schnellten in den Knien auseinander, klappten zusammen. So sprang das Mädchen, den Gürtel auf beiden Armen balancierend, um den abgegrenzten Platz und den jungen Eunuchen herum, der sie in einem unübersehbaren Rhythmus mit Kopf- und Handbewegungen begleitete. Sie tanzten beide umeinander, nebeneinander. Der Eunuch sank auf die Erde und schob, die Arme im Rhythmus hochgeschleudert, langsam und gewaltsam seinen zarten Körper aus dem Boden auf; die Kurtisane stand steif über ihm, die Arme quer vor die Stirn gelegt. Als er zum letzten Wurf die Arme schwang, stürzte sie auf ihre Fersen nieder, und nun lockte er, mit den gespreizten Fingern ihren begegnend von oben, sie hoch. Als wenn sie Fische wären, schwammen sie mit ausgebreiteten Armen, geraden Fingern gegeneinander.
Sie tanzten vor den unersättlichen Zuschauern in den Maskenkostümen des jungen Eunuchen den Tanz der Pfauenfedern, der roten und schwarzen Bandstreifen. Man unterschied nicht Mann und Frau. Mit Anbruch des Abends belebten sich alle. Die Barke mußte mit der scheidenden Sonne ihre Fahrt antreten. Die Frauen hockten beratend zusammen; sie hatten lange bunte Papierstreifen über ihren Knien; sie kritzelten ihre Namen und die geliebter Seelen darauf; malten Bannformeln gegen Gespenster, Krankheiten, liefen nach der Barke und warfen die Zettel vor die Puppe. Die Barke hatten Männer am späten Nachmittag prächtig mit rotem Papier geschmückt, lange Wimpel an den Mast gesetzt, kleine Segel an Schnüre gezogen, sie mit tausend roten Augen besetzt. In dichtem

Haufen umstanden alle das Schiff; die Handglocke klingelte. Jetzt blitzte Feuer auf, brennende Papierstreifen flogen auf die Planken, über Deck. Man wich zurück. Das Schiff fing an Steuer und Bug Feuer; eine hellrote Flamme huschte über Segelleinen, fraß Segel, und im Nu brannte die ganze Takelung unter blendendem Licht auf. Ein ‹Ahi› des Entzückens; sie hoben die Hände. Das Licht erlosch. Die Göttin stand; die Bodenbretter, auch das Seitenholz brannte qualmend, knackend, Funken spritzend. Man warf sich hin, unablässig ängstlich betend, daß die Göttin die Wünsche auf ihre Reise mitnehmen möchte. Der Qualm wurde dichter, das Krachen des Holzes lauter; die Flamme arbeitete tüchtig. Ein weißlicher Schein, der an Helligkeit rasch zunahm, manchmal verschwand, um zaghaft wieder aufzutauchen, durchbrach den Qualm. Schon stand der Mast und die Göttin im Rauch; man erkannte noch etwas Stilles, Braunschwarzes. Breiter und höher wuchsen die Flammen; wühlten wolkenartig ineinander. Sie traten wie dünner Sand zwischen den Fugen der seitlichen Bretter heraus, griffen mit tropfenden Händen nach den schön geschnittenen Rudern, rührten sie als muskulöse Bootsleute. Prächtiger als rotes Papier wehten die feurigen Wimpel. Dann verlor der Schein alles Rötliche; ein weißes gleichmäßiges Licht blendete, und nun –. Alle fuhren zurück. Zischen, bläuliches Dampfen mitten in dem weißen Meer; lange bewegungslose Rauchlinie über den Gluten.
Als das Geheul der Flammen nachließ, war Kuan-yin verschwunden. Durch den schweren Rauch drangen sie von allen Seiten an die Barke. Es verbrannte die Oberschale mit den Zetteln; sie stocherten glücklich, vergeblich nach Papier auf dem glimmenden Holz; die Göttin hatte eine freudenreiche Überfahrt angetreten. Mit leisem Plaudern ging man auseinander.
[...]

Die Gebrochene Melone verließ das Kloster, die Bevölkerung dieser Distrikte erhob sich gegen die kaiserlichen Beamten. Stürme auf die Gefängnisse, Vertreibung der Magistrate folgten, von den ungeheuren Liegenschaften verjagte man die Besitzer, verbrannte ihre Häuser. Tagelang stapelte dicker Rauch über den Gütern. Es wurden weder die Gräber noch Ehrenbogen noch Pagoden geschont.

Die ersten Manifeste ergingen von einem Komitee, dem der Salzpfänner präsidierte. Man erklärte darin die vertriebenen Besitzer ihres Eigentums für verlustig; die Herrschaft der fremden Mandschudynastie, der Tai-tsing, nannte man erschlichen, nicht volkstümlich und darum abgeschafft.

Nach Nordost dehnte sich der Aufstand rapid aus. Von hier stießen zwei Haufen von je dreihundert Mann, welche zu den Wahrhaft Schwachen Wang-luns gehörten, zu den Aufständischen, suchten nach den Brüdern, denen sie helfen wollten.

Von der zweiten Woche ab unterzeichnete Ma-noh alle Proklamationen, Anschläge und so weiter. Er schickte Boten in die nächstliegenden Städte, die nachts an die äußeren Mauern einen Brief Mas an den Kaiser Khien-lung anhefteten. Darin erklärte sich Ma-noh bereit, die Herrschaft der Reinen Dynastie anzuerkennen, sofern das gesamte im Aufstand befindliche Gebiet von der Zentralverwaltung gelöst und durch einen eigenen Fürsten verwaltet würde.

Nach einer weiteren Woche erfolgte der wichtigste Schritt: die besetzten Distrikte wurden zu einem geistlichen Land mit dem Namen ‹Insel der Gebrochenen Melone› umgewandelt nach dem Vorbild von Tibet. Die Pflege der paradiesischen Hoffnungen wurde als die Aufgabe des neuen Staates bezeichnet. Ma-noh ernannte sich zum Priesterkönig dieses geistlichen Landes; eine Kommission von drei Männern stand ihm unter dem Namen der Gesetzeskönige zur Seite. In der einzigen mittelgroßen

Stadt der besetzten Distrikte residierte Ma-noh. Hier wurden Pläne zur Befestigung der Insel entworfen, die Anlegung großer Doppelmauern mit Wachtürmen um das gesamte Gebiet, etappenweise Wachtürme auf allen größeren Landstraßen. Etwa tausend Mann der Ortsansässigen blieben unter Waffen, für die übrigen lagerten in der Hauptstadt Waffen.

Es gab zweierlei Bevölkerung auf der Insel: die alten Bewohner in ihren Häusern, Läden, auf den Äckern, Bergen, in den Obstgärten; und die Brüder und Schwestern, bei Tag tätig unter ihnen, im übrigen abgeschlossen von ihnen, viele in Hütten, die meisten auf den Feldern in der Nähe der kräftigen Bodengeister. Die Bündler erwarben keinerlei Besitz, schoben jeden Gewinn, der nicht dem Augenblick diente, der königlichen Kasse zu.

Die Zeit am Sumpfe von Ta-lou hatte an Reiz, Erregung und Glück das Erdenkbare gegeben. Hier auf der Insel war man geborgen. Es war ein Meisterstück Ma-nohs. Alle und jegliche Last hatte er der Gebrochenen Melone abgenommen; die Mauer, die er gewünscht hatte, umgab die Brüder und Schwestern lebendig. Der Weg der äußeren Befreiung seiner Anhänger, den er am Sumpf von Ta-lou eingeschlagen hatte, war zu Ende gegangen. Sie waren sicher vor Zerschmetterung durch das blinde Schicksal.

Ma-nohs Härte in dieser Zeit wuchs. Von dem Augenblick an, wo er Priesterkönig des Gebietes war, umgab ihn eine Strenge, die an Grausamkeit grenzte und den erfahrenen Schüler der asketischen Mönche erkennen ließ. Ma verwandelte sich nicht, sondern fand sich in dem Augenblick wieder, wo nur sein Wort galt. Das Feuer des Klosters, in dem Brüder und Schwestern vor seinen Augen verkohlt lagen, brannte in ihm nicht aus. Er empfand kein Rachegefühl, sondern nur die Empfindung, daß Dinge, die so eingeleitet waren, nicht läppisch enden durften. Er nahm keinen Rat seiner Vertrauten mehr entgegen. Das

Mitleid für die Halbtoten, Angespießten auf den Höfen, in allen Korridoren tötete ihn fast. Er sank von dem Gipfel herunter, stand unter den armseligen, verwirrten, abergläubischen seiner Menschen, wand sich unter ihren Qualen, und war eins mit diesem Volk.
Keinen seiner Vertrauten kannte er mehr. Auf dem raschesten Wege strebte er danach, die Herrschaft an sich zu reißen, weil er fühlte, sonst der Verantwortung zu erliegen. Das Schicksal des ganzen Bundes war gleichgültig, wenn er erst alles für den Bund geleistet hatte, dann stand und fiel er gleichmütig mit den andern. Kein Feuer berührte ihn dann mehr.
Ma-noh, ein unkenntlicher Mann, saß auf dem Thron der Insel. Kein Götze konnte blinder blicken als er. Sein Glaube an das Westliche Paradies war vorher eingewickelt in ein Entrückungsgefühl, ein überschwengliches Sehnen; jetzt saß Ma ernüchtert da, hielt den Glauben mit eisernen Griffen gepackt vor sich hin. Er sehnte sich nicht nach diesem Paradies, er begehrte, heischte kalt den Eintritt für sich und seine Bündler. Es handelte sich nicht mehr um ein traumhaftes Gut, dem man sich langsam stufenweise entgegenhob, sondern um etwas Nahes, wie die enge Holzbrücke, über die er jeden Tag ging, zu der er ging, wann es ihm beliebte, etwas Erkauftes, etwas Gekauftes und zehnfach Überbezahltes, das ihm keiner vorenthalten konnte. Es war nicht mehr diskutabel, ob das Westliche Paradies real existierte oder nicht; die Ereignisse hatten es mit den notwendigsten greifbarsten Zeichen der Wirklichkeit ausgestattet.
In ihm aber irrte manchmal eine Angst auf und ab, daß er noch einen Preis draufzahlen müßte, daß durch irgendeinen Umstand noch ein Preis wie der vorige verlangt werden könnte, und darum verlangte er keine lange Dauer des Lebens mehr, sondern einen kurzen dringenden Beschluß, ja den raschen Untergang dieser Insel, die er mit

dem Namen seiner Brüder und Schwestern geschmückt hatte. Er war durch seine Klugheit, Entschlossenheit, kraft der unheimlichen Einflüsse, die man ihm zuschrieb, Herrscher dieses Landes geworden, dessen Bewohner er verachtete, deren Berührung ihn anwiderte. Es bedeutete ihm eine Qual, daß er sich schmutziger Dinge bedienen mußte, um der Gebrochenen Melone zu helfen. In keiner Zeit war sein Haß auf Wang-lun so ständig gewesen, der dies alles hatte geschehen lassen und mit einer kleinen Bewegung seines Willens hätte verhindern können.
[...]

Als ein Monat nach der Errichtung des Königtums verstrichen war, veranstaltete man in der Hauptstadt ein Fest. Dieses Fest ist vielfach beschrieben worden; es wurden Gedichte darüber gemacht, auch Khien-lung nahm in einigen späteren Versen Bezug darauf. Es liegen fast nur phantastische Entstellungen des Vorgangs vor.
Die Arbeit, bis auf den Kriegsdienst an der Grenze, ruhte sechs Doppelstunden. Auf den Straßen der Hauptstadt bliesen morgens die Posaunen. Es waren tiefe grauenvolle erschütternde Töne, jedes musikalischen Klanges bar, drängende Schreie geängstigter Schatten, Hilferufe von Verstorbenen an Lebende, mit einer zunehmenden Wucht vorgetragen, daß es schien, als würde sich das Rufende in jedem Augenblick verkörpern und feucht den Vorüberlaufenden um die Schultern hängen. Die Töne kamen näher, gingen ferner, stiegen aus allen Orten auf, es schien, als ob die Stadt von ihnen umstellt sei.
Aus den Seitengassen schlichen sonderbar vermummte Wesen an. Sie tauchten mit einmal, aus dem Boden gewachsen, mitten unter den geputzten Spaziergängern auf, huschten an den Häusern entlang, kauzten vor den Sänften nieder, stumm den Durchgang verwehrend. Es gab plötzlich ein Gelächter, wenn die affenartigen braunen

und schwarzen Geschöpfe ernsten Männern auf die Schultern sprangen, die dürren Beine ihnen vor der Brust kreuzten und mit einem lauten Blöcken befriedigt nach einem niedrigen Dachfirst griffen und sich schaukelten.
Auf der großen Straße, welche die Gelbbalkenstraße hieß, promenierten die Bürger. Brüder und Schwestern nahmen die Mitte des leeren Marktplatzes ein und fingen ein sanftes Musizieren an. Das feine kreischende Geräusch der Juchkinsaiten klang mit einer hypnotisierenden Süßigkeit und Monotonie in der Herbstluft; das Suan-kin, die achteckige Gitarre, fiel ein; ein Zirpen, dann gleichmäßig abgerissene Akkorde, die wie dünne Goldspangen eine Kette schlossen, wie lose Reiskörner auf den weichen Boden flatterten.
Während die Schwestern vielstimmig an- und abschwellend dazu sangen, verwandelten sich ernste Spaziergänger, die grüßend aus Sänften stiegen, in spielerische blaue und rote Löwenhunde, liefen vierbeinig die andern an, balgten sich auf den Fahrdämmen und jaulten komisch zu der festlichen Musik. Irgendwo standen eben noch zwei zusammen und unterhielten sich höflich, lehnten Schulter an Schulter vor einem Laden; da sank einer plötzlich zusammen, überzog sich mit einer Schildkrötenschale und watschelte davon. Unbeirrt klang die Musik. Die Bambusflöten bliesen; im Liede heißt es: «Die Töne zogen sich gedehnt, schmiegsam wie Seidenfäden.»
Auf den Straßen quirlten umeinander Jongleure, Athleten, Zauberkünstler, groteske Masken. Klappern, Knarren, näselnde Hörner. Ein zopfloser hagerer Mann, ganz weiß geschminkt, in einem langen enganliegenden weißen Mantel mit schwarzer Schärpe, hockte versunken auf seinem Schemel. Um ihn kauerten drei weiße ausgewachsene Tiger, die er an bloßen bunten Leinen hielt. Die Bestien räkelten sich, scharrten den Boden mit den Pranken. Plötzlich gab es einen Schrei, ein Auseinanderstürmen der

Menschen. Die Tiger fuhren in großen Sätzen davon, zogen den weißen Mann an ihren Leinen hinter sich her. Er schwankte halb durch die Luft und machte vor Angst einen kreisrunden Mund. Vor einer Tigersäule an einer Straßenecke kletterten sie an, schnüffelten, saßen eins neben dem andern nieder, blieben ruhig sitzen, als ein paar mutige Burschen sich anschoben, platteten sachte Rücken und Bauch ab, ihre Beine schnurrten ein, bis sie eine breite weiße schwarzgetüpfelte Lage bildeten – aus Papier von ihrem weißgeschminkten Herrn mit der schwarzen Schärpe, der sein umheimlich bewegliches Maul ganz allmählich zu einem schiefen Rüssel drechselte und mit einer Backe heftig zuckte, so daß es wie ein Gelächter in Fleisch aussah.

Während die Jongleure sich um Stangen wanden, die frei in der Luft standen, Athleten glockenbehängte Banner auf den Zähnen balancierten, Schwertkämpfer in Spiegelbuden aufeinander losgingen, sich Hände und Köpfe abschlugen, mit zappelnden Händen im Mund blutgierig herumliefen und draußen unter zärtlichen Verneigungen Geld einsammelten, blickte ein pfiffiger Knabe mit hohem rotem Käppi in sein Holzbauer, zeigte unentwegt auf den kleinen polierten Kasten drin, vor dem ein Kanarienvogel trillerte und auf Anruf seines Herrn eine winzige Schatulle mit dem Schnabel aufschloß, Briefchen herausholte und brachte.

Die Hampelmännchen, Marionetten tanzten auf glatten Brettchen vor den harmlosen Landleuten, welche mit unförmigen Fächern und Bambusschirmen in die Stadt hereinspaziert waren. Sie gafften vor den fähnchenbehangenen Gestellen, auf denen dressierte Mäuse und Ratten über teppichbelegte Treppen, Leiterchen krochen, sich im Drehrad zu zweien schwangen, durch Schaukelringe sprangen, Klöppel gegen Blechgongs rührten.

Ein wildes Getümmel herrschte um abgezäunte Räume

auf den Märkten; hinter den Seilen standen Haufen kleiner irdener Töpfe mit Schlitzen; in der Mitte solcher Stapelplätze wurden Grillenkämpfe vorgeführt, erregte Wetten auf die Tierchen abgeschlossen.

Allen Geistern, von denen man sich Gutes versprach, opferte und räucherte man in den Häusern und kleinen Tempeln; drohend schmetterten die Gongs, krachten die Trommelwirbel; die Stadt blähte sich auf, blies die bösen Geister und hungrigen Dämonen mit einem Hauch von sich weg. Vor den Türen hingen die langen roten Zettel mit beschwörenden Figuren, Boten trugen Glückwünsche von Sippe zu Sippe. Endloses, unruhiges, aufgejagtes Treiben. Ernste Komödien wurden in den großen Tee- und Freudenhäusern gespielt.

Den Brüdern und Schwestern war für diesen Tag jede Freude und Üppigkeit gestattet. Sie tafelten bei den Familien in vielen Häusern; die gewandteren unter ihnen saßen auf den öffentlichen Plätzen, vor den Tempeln, hatten neben sich große Mengen schneeweißen Reis in Schalen, Tee, Ginseng, Nudeln, Pasteten, erzählten ihren Zuhörern wunderbare Geschichten und bewirteten sie. Die jüngeren wohlgeformten Schwestern legten bunte und kostbare Seidenbrokatstoffe an, die ihnen begüterte Städter schenkten; ihre Gesichter waren herrlich geschminkt; sie spielten in den Theatern, führten fremde Tänze auf, in den bemalten Häusern gingen sie freiwillig herum zwischen ihren dienenden Schwestern.

Es wurde Nachmittag. Da räumten die Budenbesitzer, Gaukler, Straßenhändler die Märkte. Auf dem Tsu-Platz an der Peripherie der Stadt, wo innerhalb der Mauern ein Fichtenwald gegen die Häuser vorrückte, war eine viereckige Hügelfläche abgeerdet. Hier, wo ein dunkles Tempelchen für einen alten tüchtigen Mandarin verfiel, wollten sich die Brüder und Schwestern der Gebrochenen Melone zusammenfinden. Wieder schrieen die Posaunen, immer lauter, immer dringender. Die Straßen wurden leer, die schrecklichen Töne verhallten im Winde, keine Rettung, kein Mitleid; in starre Steinwände die Stadt eingemauert.

Vor dem schwarzen Hintergrund der Nadelbäume spielte sich die Zusammenkunft der Brüder und Schwestern ab. An der Lehne der Stadt, das Gesicht den Bäumen zugewandt, saßen in langen Reihen die Bündler; hinter, über ihnen die Bürger und die zahllosen Bauern. Auf den platten Dächern drängten sie sich; ihre Fächer und Schirme winkten aus den hochgelegenen Fenstern und Türen. Wirres Rufen, dichtes Summen; von der Stadt her vereinzelte grelle Gongschläge; vor allem die schwarze Verschwiegenheit des Fichtenwaldes. Über den grauen Himmel weiße Wolkenzüge.

Der Boden fing an zu schwingen. Zwischen den Bäumen brachen in langer Linie Berittene hervor; sie näherten sich, in brausendem Galopp aufwachsend, einem flachen Hügel vor der Stadtlehne, teilten sich in zwei Haufen, sprengten gegeneinander. Man erkannte rasch unter den Zuschauern, daß die eine Truppe die Staffierung und Waffen einer kaiserlichen Bannerschaft trug; die Farben Gelb mit Bordüre, von einem hohen Offizier geführt, Lanzenträger mit meterhohen Bambuslanzen und dreieckigen Feldfähnchen. Man zeigte sich auf den Dächern die echten Brustschilde der Offiziere, Leoparden und Bären; einige riefen sich zu, es seien erbeutete Waffen und Kleider, viele jauchzten, sogar die Träger selbst seien erbeutet; es seien allesamt Gefangene von der Grenze; man erregte sich über das Schicksal dieser Männer. Es war in der Tat eine gefangene kaiserliche Kompagnie. Die andern Berittenen in simpler Bauernkleidung; Strohhüte von ungeheurem Umfang, Strohsandalen, graue Kittel; durcheinander trugen sie Schwerter, Sensen, Dreschflegel. Die Zahl dieser Reiter war wohl zehnmal größer als die der Man-

dschuren. Erst mischten sie sich lautlos durcheinander, trennten sich, sprengten drohender aufeinander, schmähten sich im Vorüberreiten, dann trieben in einem plötzlichen Ansturm die Bauern ihre Feinde nach dem Wald, der auch von rückwärts mit berittenen Bauern umstellt war. Aufgelöst schwärmten die erhitzten Reiter über das Feld, schwangen ihre Schwerter, liefen neben ihren Pferden her und warfen sich mit einem überschlagenden Luftsprung auf die Sättel.
Mitten in ihr buntes Treiben hinein platzten die mandschurischen Gefangenen. Jetzt sprangen von den Sitzen der Brüder zwanzig, dreißig, fünfzig dünn bekleidete Männer auf, schienen den versunkenen Ma-noh etwas zu bitten, der sie nicht anhörte, dann die Gesetzeskönige, die ihnen nach ein paar Worten zunickten. Es waren Brüder, die sich inbrünstig zum Opfer anboten, die ihre Seelen nicht mehr halten konnten. Sie wanden blitzschnell ihre Zöpfe auf, liefen zwischen die Bauern; an dem Zaumzeug der Pferde hielten sie sich fest. Wieder mischten sich berührungslos die Truppen, aber die Brüder rissen schon an den Lanzen der Mandschuren; einige von den Laufenden wurden durch Hufschläge niedergeschmettert und lagen verzuckend auf dem Feld. Ein gelles Rufen aus den Fenstern und von den Dächern schaukelte über das Feld und kam im Echo von dem Wald zurück; Schirme, Mützen, Gürtel, Schärpen wurden geschwenkt; man hörte den entsetzten Aufschrei von Männern, die in ihrer Erregung fehltraten und Treppen herunterstürzten. Frauen kreischten, verlangten nach den Feinden. Das Lärmen der Masse verdichtete sich zu einem wirren Gebrüll, das wie ein betäubender Nebel in das Feld herunterwallte.
Jetzt hielten an beiden Seiten des Karrees die Haufen. Die Bannerschaft hatte sich in einem Kreis formiert; die Mandschuren gestikulierten wild und schrien sich an; höhnisches Lachen und Streitworte; man sah, wie zwei

ihre Pferde nebeneinanderdrängten, ihre Lanzen hinwarfen, über die Sättel weg rangen, herunterkrachend sich auf dem Boden wälzten. Als die brüllenden Schmährufe von der Stadt herunterklangen wie Eisenstangen, mit denen man in Käfige langt, drehten einzelne ihre wutgedunsenen Gesichter nach der Stadt, steiften sich in den Steigbügeln auf, schüttelten die Lanzen zum Wurf.

Die Brüder liefen über das Feld, schleppten rasch die Zertrümmerten rückwärts in den Hintergrund, tanzten unbewaffnet barhäuptig, barfüßig unter dem regnenden abwehrenden: «Nein, nein, nein!» der Zuschauer gegen die wartenden Mandschuren. Die ersten der Brüder sprangen auf die Pferde, suchten den Menschenbestien oben die Lanzen zu entwinden; man knallte sie mit Fußstößen und Fausthieben beiseite. Als sie an dem Zaumzeug zerrten, so daß die Pferde sich bäumten, gaben die beiden Offiziere kurze Kommandos; das gedrängte Karree löste sich. Riesenstarke Mandschus hoben Brüder an den Hälsen hoch wie Eimer am Henkel, schleuderten sie im Trab vor sich hin und überritten sie. Keiner von diesen anbrausenden Männern kannte jetzt den andern; sie warfen, hingen sich mit ihren Lanzen weit über Köpfe und Mähnen der weit ausgreifenden Pferde.

Eine tobende, blutdürstige, mordlustige Horde, Mäuler, Lungen, Kehlen, Arme, aufgerissene Augen, Pferdegeifer wälzte sich ihnen entgegen; das tausendfache fieberhafte Geheul der Stadt brach erstickend über ihre Schultern. Blitzen von Schwertern, krachende Dreschflegel, langgezogenes Stöhnen der Gespießten, Beile, die durch die Luft flogen, schon träumende Brüder, Bauern bei der Arbeit, Röcheln, Wiehern, stumme Grimassen, eiserne Hände von Sattel zu Sattel, Schweiß, Staub, nasses Blut vor geblendeten Augen, Pfeile von der Stadt her. An den Fenstern der Häuser, auf den Dächern, an der Stadtlehne willenloses Schluchzen, atemloses Keuchen, Wutausbrüche,

Umarmungen, Hinsinken. Dann saß keiner der Mandschuren mehr auf seinem Pferd.
Einer der Gesetzeskönige, über seine Knie gebeugt, gab ein Zeichen. Trommeln wirbelten vor seinem Platze; aus dem schwarzen Hintergrund schwollen die Posaunentöne; große Massen Ochsenwagen fuhren knarrend über das Feld heran. Der Kampf war zu Ende. Man räumte auf, trieb die Pferde zusammen.
Eine Stunde verstrich; man atmete ruhiger. Auf den Gesichtern der Bürger lag Befriedigung. Da begann auf dem flachen Hügel, der wie eine Bühne inmitten des Feldes lag, eine friedliche stille Musik zu spielen; eine Melodie, die frei ausgesponnen immer wiederkehrte. Bambustuben und Pansflöten trugen sie ernst vor, öfter rauschten Zimbeln dazwischen und schlug die Bronzeglocke an; Schlaghölzer begleiteten. Ein langer Zug Schwestern nach einer Weile, kostbar geschmückt, mit weit flatternden roten Schnüren an den enganliegenden Zeugmützen, trat zwischen den Männern hervor; die Seide ihrer Oberkleider scharrte; sie schwangen Rosenkränze, Zauberschwerter und besänftigten die rasenden Geister des Feldes. Vor dem Hügel stellten sie sich auf; die Gesichter der Stadt abgewandt, sangen sie zu dem Orchester.
Hingerissen hörten alle Brüder, Schwestern und Städter auf den Gesang und ließen die Seelen von der süßen Schwermut glätten. Man lauschte gespannt der Musik; wenigen fiel, während sie entzückt die Augen senkten, der dröhnende vorige Tumult ein. Man ließ die Hände voneinander, setzte sich hin, den Rücken gegen das Feld, stützte die Köpfe. Weich schlug die Bronzeglocke an.
Ein Rufen gab es; die Versunkenen richteten sich auf. Dem Hügel näherten sich Masken. Ein neues Spiel begann. Unter den Brüdern und Schwestern auf der Stadtlehne entstand Murmeln; die Worte wurden nach oben getragen. Es waren die acht Genien, die heranschritten.

Die Brüder, die die Rollen spielten, hatten sich nicht umständlich vermummt; einige trugen zu der Gesichtsmaske und den Emblemen ihre verschlissenen Kittel und gingen barfuß. Es waren alte Männer, die den Hügel erstiegen, mit einer blechernen Spange um die Stirn statt des Heiligenscheins.

Chung-li-küan, der weißbärtige, hielt ein ungeheures Holzschwert, dessen Ende zwei kleine Knaben schleppten; ein altes buckliges Weib wehte ihm Luft mit einem Fächer, der so groß war wie ein geöffneter Schirm. Der alte Mann hatte das Elixier der Unsterblichkeit erlangt, in vielen Gestalten erschien er, er konnte über Wasser laufen; seinen Fächer und sein Schwert ließ er nicht.

Da ging der alte Herr Lü, genannt der Gast der Höhle; seine Maske ein wohlwollendes lächelndes Gesicht; er zog einen Karren hinter sich her, auf dem ein niedriger Stuhl stand und ein Gestell mit einem roten Handtuch, einem schaukelnden Porzellanbecken, einem breiten Schabemesser.

Tsao-kuo-kiu und die übrigen folgten; die beiden letzten ritten seitlich auf Maultieren.

Sie stellten sich auf der Ebene des Hügels im Kreise auf, winkten der Musik und den Brüdern und Schwestern zu; einige der zitternden alten Männer rutschten in den Sand.

Ein freudiges Gemurmel von der Stadt. In schlankem Galopp setzte aus dem Wald ein Füllengespann an; in dem zweirädrigen Wagen, der wie ein ausgehöhlter grüner Jadestein aussah, saß ein bärtiger Zwerg mit der Lenkleine; und hinter ihm trabte ein zweites Füllengespann, das langsam fuhr; aus dem Muschelwagen blickte ein kleines Mädchen, das sorglos einen hohen Stengel, einen Halm wie grüner Seetang, hochhielt, eine lange Blattscheide senkte sich nach unten.

Bei diesem Anblick brauste das Gemurmel auf, ein lautes Rufen, ein ‹Ah›, das über die Sitzreihen lief, sich in die

Fenster schwang, über den Dächern rollte; das war das Chikraut, das die Unsterblichkeit verlieh. Die Städter und Bauern schwankten aufgestachelt hin und her zwischen dem Schauspiel und dem Anblick der Bündler unten; sie begriffen, daß deren eigenste Sachen auf der hügeligen Fläche sich abspielten; sie suchten sich das Gefühl der Heiligkeit durch den Anblick der Brüder und Schwestern zu verstärken.

In denen ging alles gegenwärtig und ohne Spiel vor. Sie lachten und streckten die Hände aus; sie schmachteten, die Tränen standen in ihren Augen. Die Genien winkten von dem Hügel herüber.

Jetzt hörte die Musik auf; gleich darauf begann sie mit einer eigentümlich springenden, jubelnden Weise; Tamtam und Becken traten hinzu. Und unter dieser Musik näherte sich vom Walde ein feierlicher Aufzug. Zahllose gelbjakkige Vorläufer, Tafelträger, Gongschläger. Auf den Schultern von acht Trägern ruhte eine drachengeschmückte bannerprunkende Sänfte, die gelben Vorhänge fest geschlossen; zwei kleinere Sänften und ein Nachtrab folgten. Die Königliche Mutter des Westlichen Gebirges trug man in ihr Reich.

Auf dem Hügel, an den Sitzreihen herrschte tiefstes Schweigen; dann ein allgemeines Scharren und Rauschen; die Rücken und Zöpfe der zahllosen Menschen, die mit ihren Stirnen zwölfmal den Boden berührten.

Kein Ende nahm der Zug der Königlichen Mutter. Hinter der Sänfte jubelten Männer, Frauen; sie schwangen rote Schnüre, barfuß liefen sie herum ohne Ordnung, sprangen durcheinander, tanzten, wälzten sich übermütig in dem Sand, trugen einander auf Schultern, Männer umschlangen Frauen, Männer trugen Knaben auf den Armen. Erst schien der Gesang unregelmäßig, durcheinander; dann erkannte man, als er näher kam, daß es Dirnenlieder waren, die die Schwestern oft lockend zum Juchkin trällerten.

Man sprang von den Sitzen der Brüder und Schwestern auf, man stieß sich an, rief sich zu mit überschlagenden Stimmen, zeigte mit den Händen, rief Namen, Namen von toten Bekennern, Bekennerinnen, die bei den Überfällen, beim Klosterbrand umgekommen waren. Diese waren es, ihre Masken, man erkannte sie alle und einzelne; man jauchzte ihnen zu, die zurückjauchzten, rief sie an, lockte sie. Die Schwestern lösten ihre Haare auf und winkten mit den Büschen. Die Brüder, außer sich, schlugen die Hände vor die Gesichter, weinten umschlungen, schleuderten ihre Kittel, ihre Sandalen, ihre Hüte herunter, um jene zu erreichen. Unten die Masken der toten Brüder und Schwestern sammelten sich um die Sänfte der gelben Königin des Westlichen Paradieses, die die Vorhänge zurückgezogen hatte, nach allen Seiten das bemalte hoheitsvolle Gesicht zeigte.

Ein ungeheurer Schrei von Zehntausenden riß sich aus der Stadt los; die Augen aller oben sperrten sich auf, man suchte mit den fuchtelnden Händen den purpurroten Schleier abzureißen, den die Erregung blendend über die Blicke legte. Man seufzte angstvoll auf.

Da schleppten die letzten Brüder unten etwas auf den Armen, was lange schwarze Blutspuren hinter sich ließ, andere Brüder jagten zurück in den Wald; auf den Armen neue reglose steife Menschenkörper; sie taumelten mit ihrer furchtbaren Last den Hügel herauf. Es waren die sterbenden und toten Brüder, die sich eben freiwillig geopfert hatten.

Und als sie singend zur Musik im Gedränge ihre grauenvolle todessüchtige Last vor der Sänfte der herrlichen Königin niederlegten, die sich von ihrem Sitz erhoben hatte, als die Musikanten fassungslos ihre Instrumente hinwarfen und sich zu Boden streckten, da konnte sich Ma-noh nicht halten. Laut weinte er auf, öffnete die Fäuste nach dem Hügel, lief den Hang zu der Ebene herunter. Die

Brüder und Schwestern erhoben sich von ihren Sitzen, im Nu waren die Sitze, die Fenster, Türen, Dächer der Stadt leer. Man stürmte den Abhang herunter, riß sich um und ließ sich treten, ohne es zu merken. Sie sprengten das eiserne Gitter, in voller Breite hoben sie es aus; losgelassen fluteten die Brüder, Schwestern und Städter über die blutgesättigte Ebene hin zu dem Hügel, den sie unter besinnungslosem Rufen umgaben; wie Ertrinkende zogen sie sich an ihm in die Höhe, wie Ertrinkende, die aus dem Meere noch auftauchen wollten zu dem milden Lächeln der Königin des Westlichen Paradieses. 1912/13

An Romanautoren und ihre Kritiker

Berliner Programm

Der Künstler arbeitet in seiner verschlossenen Zelle. Sein Persönliches ist zwei Drittel Selbsttäuschung und Blague. Die Tür zur Diskussion steht offen.
Gewisses ist unverrückbar in der Zeit; Homer läßt sich noch genießen: Kunst konserviert; aber die Arbeitsmethode ändert sich, wie die Oberfläche der Erde, in den Jahrhunderten; der Künstler kann nicht mehr zu Cervantes fliehen, ohne von den Motten gefressen zu werden. Die Welt ist in die Tiefe und Breite gewachsen; der alte Pegasus, von der Technik überflügelt, hat sich verblüffen lassen und in einen störrischen Esel verwandelt. Ich behaupte, jeder gute Spekulant, Bankier, Soldat ist ein besserer Dichter als die Mehrzahl heutiger Autoren.
Die Prosaautoren, am ehesten zum Mitgehen-Mitwagen verpflichtet, erschließen die Welt nicht mittels neuer, strenger, kaltblütiger Methoden, sondern kauen unentwegt an «Stoffen» und Problemen ihrer inneren Unzulänglichkeit. Man soll seine vermeintlichen inneren Notwendigkeiten zügeln und die Zügel der Kunst in die Hand geben. Dichten ist nicht Nägelkauen und Zahnstochern, sondern eine öffentliche Angelegenheit.
Ein Grundgebrechen des gegenwärtigen ernsten Prosaikers ist seine psychologische Manier. Man muß erkennen, daß die Romanpsychologie, wie die meiste täglich geübte, reine abstrakte Phantasmagorie ist. Die Analysen, Differenzierungsversuche haben mit dem Ablauf einer wirklichen Psyche nichts zu tun; man kommt damit an keine Wurzel. Das «Motiv» der Akteure ist im Roman so sehr ein Irrtum wie im Leben; es ist eine poetische Glosse. Psychologie ist ein dilettantisches Vermuten, scholastisches Gere-

de, spintisierender Bombast, verfehlte, verheuchelte Lyrik. Immer war der Rationalismus der Tod der Kunst; der zudringlichste, meist gehätschelte Rationalismus heißt jetzt Psychologie. Viele als «fein» verschrieene Romane, Novellen – vom Drama gilt dasselbe – bestehen fast nur aus Analyse von Gedankengängen der Akteure; es entstehen Konflikte innerhalb dieser Gedankenreihen, es kommt zu dürftigen oder hingepatzten «Handlungen». Solche Gedankengänge gibt es vielleicht, aber nicht so isoliert; sie besagen an sich nichts, sie sind nicht darstellbar, ein amputierter Arm; Atem ohne den Menschen, der atmet; Blicke ohne Augen. Die wirklichen Motive kommen ganz anderswoher; dieses da, der lebendigen Totalität ermangelnd, ist Schaumschlägerei, ästhetisches Gequirle, Geschwafel eines doktrinären, gelangweilten Autors, dem nichts einfällt, zu Gebildeten, die sich belehren lassen wollen.

Man lerne von der Psychiatrie, der einzigen Wissenschaft, die sich mit dem seelischen ganzen Menschen befaßt: sie hat das Naive der Psychologie längst erkannt, beschränkt sich auf die Notierung der Abläufe, Bewegungen, – mit einem Kopfschütteln, Achselzucken für das Weitere und das «Warum» und «Wie». Die sprachlichen Formeln dienen nur dem praktischen Verkehr. «Zorn», «Liebe», «Verachtung» bezeichnen in die Sinne fallende Erscheinungskomplexe, darüber hinaus geben diese primitiven und abgeschmackten Buchstabenverbindungen nichts. Sie geben ursprünglich sichtbare, hörbare, zum Teil berechenbare Abläufe an, Veränderungen der Aktionsweise und Effekte. Sie können nie und nimmermehr als Mikroskope oder Fernrohre dienen, diese blinden Scheiben; sie können nicht zum Leitfaden einer lebennachbildenden Handlung werden. An dieses ursprünglich Gemeinte, dieses Simple muß man sich streng halten, so hat man das Reale getroffen, das Wort entzaubert, die unkünstlerische

Abstraktion vermieden. Genau wie der Wortkünstler jeden Augenblick das Wort auf seinen ersten Sinn zurück-«sehen» muß, muß der Romanautor von «Zorn» und «Liebe» auf das Konkrete zurückdringen.
Damit ist der Weg aus der psychologischen Prosa gewiesen. Entweder offenes, nicht mehr verschämtes Lyrisma mit seiner Unmittelbarkeit; Sichergehen in Gehobenheiten und Niederungen; Ichreden, wobei das naive Räsonnement zulässig ist. Ich zweifle freilich, ob man diese Form Roman, Novelle nennen kann. Oder die eigentliche Romanprosa mit dem Prinzip: der Gegenstand des Romans ist die entseelte Realität. Der Leser in voller Unabhängigkeit einem gestalteten, gewordenen Ablauf gegenübergestellt; er mag urteilen, nicht der Autor. Die Fassade des Romans kann nicht anders sein als aus Stein oder Stahl, elektrisch blitzend oder finster; sie schweigt. Die Dichtung schwingt im Ablauf wie die Musik zwischen den geformten Tönen.
Die Darstellung erfordert bei der ungeheuren Menge des Geformten einen Kinostil. In höchster Gedrängtheit und Präzision hat «die Fülle der Gesichte» vorbeizuziehen. Der Sprache das Äußerste der Plastik und Lebendigkeit abzuringen. Der Erzählerschlendrian hat im Roman keinen Platz; man erzählt nicht, sondern baut. Der Erzähler hat eine bäurische Vertraulichkeit. Knappheit, Sparsamkeit der Worte ist nötig; frische Wendungen. Von Perioden, die das Nebeneinander des Komplexen wie das Hintereinander rasch zusammenzufassen erlauben, ist umfänglicher Gebrauch zu machen. Rapide Abläufe, Durcheinander in bloßen Stichworten; wie überhaupt an allen Stellen die höchste Exaktheit in suggestiven Wendungen zu erreichen gesucht werden muß. Das Ganze darf nicht erscheinen wie gesprochen, sondern wie vorhanden. Die Wortkunst muß sich negativ zeigen in dem, was sie vermeidet, ein fehlender Schmuck: im Fehlen der Absicht, im Fehlen des bloß

sprachlich Schönen oder Schwunghaften, im Fernhalten der Manieriertheit. Bilder sind gefährlich und nur gelegentlich anzuwenden; man muß sich an die Einzigartigkeit jedes Vorgangs heranspüren, die Physiognomie und das besondere Wachstum eines Ereignisses begreifen und scharf und sachlich geben; Bilder sind bequem.

Die Hegemonie des Autors ist zu brechen; nicht weit genug kann der Fanatismus der Selbstverleugnung getrieben werden. Oder der Fanatismus der Entäußerung: ich bin nicht ich, sondern die Straße, die Laternen, dies und dies Ereignis, weiter nichts. Das ist es, was ich den steinernen Stil nenne.

Fortgerissen vom psychologischen Wahn hat man in übertriebener Weise den einzelnen Menschen in die Mitte der Romane und Novellen gestellt. Man hat Tausende besondere, höchst outrierte Personen erfunden, an deren Kompliziertheit der Autor sich sonnte. Hinter dem verderblichen Rationalismus ist die ganze Welt mit der Vielheit ihrer Dimensionen völlig versunken; diese Autoren haben wirklich in einer verschlossenen Kammer gearbeitet. Der Künstler hat sich zum Handlanger dürftiger Gelehrten degradiert, sich geblendet, den Kunstfreund und Leser entwöhnt, in den Reichtum des Lebens zu blicken. Man hat eine Atelier-Schriftstellerei gezüchtet, eine systematische Verarmung der Kunst betrieben. Hier konnte sich der zweite Wahn, der erotische, etablieren. Die schriftstellerische Welt ist successive vereinfacht auf das geschlechtliche Verhältnis; ein Prozeß, der durch das beifällige Interesse eines schlechten oder schlechtgeleiteten Publikums begünstigt wurde. Diese Verwässerung, Verdünnung des bißchen Lebens, das in die Schreibstuben drang.

Der Naturalismus ist kein historischer Ismus, sondern das Sturzbad, das immer wieder über die Kunst hereinbricht und hereinbrechen muß. Der Psychologismus, der Erotismus muß fortgeschwemmt werden; Entselbstung, Entäußerung des Autors, Depersonation. Die Erde muß wieder dampfen. Los vom Menschen! Mut zur kinetischen Phantasie und zum Erkennen der unglaublichen realen Konturen! Tatsachenphantasie! Der Roman muß seine Wiedergeburt erleben als Kunstwerk und modernes Epos.

1913

An Herwarth Walden

DR. MED. ALFRED DÖBLIN
Meine Adresse ist:
Feldpost, geschlossener Brief, unfrankiert.
Dr. A. D., Arzt an der Infanteriekaserne Saargemünd, Hotel Royal

Saargemünd 3.I.15 Son[n]tag

Lieber Walden,
Du wirst vermutlich diesen Brief erst am 6. bekommen, die Sachen gehen drei Tage, sonderbarerweise, obwohl mehrere Schnellzüge täglich mit 16 Stunden Fahrt laufen.
Nun sitze ich in diesem lothringischen Nest. Ich sehe keine Autos, keine Droschke; ab und zu einen Handwagen, bäurische Leute mit schiefen schwarzen Filzhüten, den langen Shawl halbitalienisch um Hals und Schulter. Kapläne mit dem breiten Jesuitenhut und langem faltigen Rock. Rotbäckige Kinder auf den Plätzen; der breite tonvolle Dialekt, der sich viel Zeit läßt. Ich wohne in einem der drei Hotels an der Bahn; fünfzehn Minuten gradeaus von hier ist das Städtchen ganz durchschritten; draußen liegt unser Lazarett.
Es ist die bayrische Infanteriekaserne, vier längliche Gebäude, weiß getüncht; dazwischen im Carré die Baracken. Diese Kaserne ist für die inneren Kranken (Gelenkrheuma, Lungenentzünd[un]g, besonders Infektionen, Typhus, Ruhr). Alles kommt aus dem Argonnerwald. Metz liegt nicht weit von hier, wir sind in großer Nähe des Operationsgebietes; es heißt alle Augenblicke, es werden für die Stadt hier die Bestimmungen des Operationsgebietes gelten. Geht man in die Umgebung, so hört man die Kanonen sehr deutlich, wie Schläge auf ein Sofa ein pa[a]r Stock über einem bei offenem Fenster; das Schießen kommt wohl aus dem Oberelsaß.

Meine Uniform ist in zwei Tagen fertig, sie ist obligatorisch hier. Ich bin ordinierender Arzt, habe drei Baracken zu je 20 schweren schweren Fällen. Wir sind 12 Ärzte, an der Spitze ein Chefarzt (Stabsarzt); zwei Berliner Ärztinnen sind drolliger Weise auch hier, freiwillig mit besonderem Vertrag, haben auch Stationen wie wir; also die Ärztenot. Man ißt in einem bestimmten Hotel gemeinsam, – ich mache nicht mit, oder nur gelegentlich. Wer soll diese Gesellschaft in der Nähe aushalten. Sie ist grausig; Kleinbürger, die sich gegenseitig beklatschen, Geschwätz unter einander her tragen. Du weißt, daß das Furchtbarste die Gesinnungsschnüffelei ist; das findet man hier aufs Schönste rechts und links; wie soll ich mit meiner Frivolität und Leichtigkeit in diesen Sachen da aushalten.
Auch in anderer Hinsicht ist es nicht sonderlich schön; Militär. Da müßtest Du drunter stecken, dann würdest Du etwas sehen. Unterordnen, aber wem, und worin, und oft wie entwürdigend. Das klingt schön in den Zeitungen; der und der Professor oder Rechtsanwalt tut Dienste als Pferdeknecht, – alles fürs Vaterland. Man sehe sich aber in der Nähe die Motive an, aus denen jene oder diese «Unterordnung» verlangt wird. Diese Eitelkeit, diese unverhohlene Freude am Ducken. Wir Civilärzte oder Landsturmärzte spielen eine scheußliche Rolle; unsere Situation ist ungeklärt. Sechs sind wir hier; das Schimpfen ändert nichts. Aber warne jeden, der sich etwa freiwillig als Arzt melden will, ohne gerufen zu sein. Ich bekomme Einblick in – militärische Naturen –.
[…]
Besten Gruß, auch Deiner Frau!

Dr Döblin

*Ich bekenne
als Farbe blutrot bis
ultra-violett!*

1918

Es ist Zeit!

In den beiden letzten Jahren liefen ohne Unterbrechung die Gerüchte von großen ungeheuren Ereignissen zu mir. Ich las davon, von dieser Schlacht, von jenem Durchbruch, von dem Fall der Hauptstadt, jener Festung als von elementaren dumpfen Dingen, deren Wirkung ich nicht erkennen konnte. Ich mußte abwarten, sehen, wie dieses Erdbeben und welche Wellen bis an mein Haus rollen würden. Manchmal regten die Dinge tief auf; es blieb eine unklare Spannung; das Finstere hatte keine Stimme, suchte keine Stimme. Was draußen und dicht bei mir vorging, ähnelte der uralten Moira, dem Geschick über Göttern und Menschen, dachte nicht an mich und dich, donnerte seinen unbegreiflichen, ja grauenerregenden Weg.
Das ging zwei Jahre. Von all dem Warten, Hoffen, Fragen, Lauschen wurde einem die Brust wie geknetet, das Herz gewalkt. Das alte Ich wurde einem in wüsten Rauch gehüllt; was wußte man noch, was wollte man noch. Schrecklich zehrten die Monate an den Nerven, man konnte wie Merlin einschlafen –, tags darauf hundert Jahre älter erwachen. Und immer ging dies Fremdartige, die Moira draußen weiter; es steigerte von Moment zu Moment seine Wut, vulkanische Explosionen auf Explosionen, und immer dringender, hoffnungsloser die Frage: was ist dies? Was geht vor? Was geschieht mir?
Ich habe nichts mehr erwartet. Besser, ich habe nichts erwartet, als daß es eines Tages, eines Monats zu Ende sein wird; eine Eruption, noch eine, nun bleibt es still, man kann hinausgehen.
Die Zeitungen sprachen von der Petersburger Revolution: Ein Gezanke entstand rechts und links: wem wird diese russische Unruhe gut bekommen. Es soll die Engländer

stärken, es soll das russische Heer schwächen; also weiter, weiter, Schicksal, wir werden sehen. Ein paar Telegramme über Anarchie, dann dies Programm, dies Programm, Arbeiterrat, Soldatenrat, Sturz Miljukows, Kerenski. Und schließlich – Alles, Alles.
Ja was war das?
Als ob man durch einen Wald läuft, verirrt sich, läuft ohne Erbarmen gegen Lungen, Füße, und dann rollt man über einen kleinen Hügel, sieht eine Wiese, einen Bach, ein Haus, eine Brücke, ein Huhn. Man ist noch zu wüst, um etwas zu glauben.
Nach dem Kriegstoben, einem Über-, Übermaß von Explosionen, nein mitten im unirdischen unterirdischen Getobe eine Bewegung unbezwingbar nach vorwärts, eine ungeheure Menschlichkeit, nackt schamlos wie jener dunkle Brand, sich schüttelnd unter den Flammen, nach den Flammen greifend mit bloßen Fingern als wären es Schlangen. Ich brauche Stunden, Tage, um dieses Traumgesicht nur zu fassen, ich habe es noch nicht gefaßt, noch immer nicht.
Wie sind die Wege Gottes.
Mir scheint, als ob ich zur Besinnung komme. Und wie mag es anderen ergehen, auf die diese kleinen Zeitungsnotizen eindrangen neben jenen anderen Berichten von verhüllten, der irdischen Fassungskraft entrückten Vorgängen, den rasenden Angriffen, Verteidigungen, Flugüberfällen, Torpedierungen, Aushungerungsmethoden, – mag es sie weniger aufwühlen, in der Zeitung zu lesen unter einem Tagesdatum, aus der und der Stadt, über Stockholm, Haparanda Dinge und Beschlüsse aus dem neuen Testament. Nach dem monatelangen Hinsiechen solche Stimme. Diese rührenden Befreiungen von Eingekerkerten. Rückkehr nach Jahrzehnten aus dem Elend, dieses siegreiche Übertönen widerwilliger frecher Rufe, die Naivität im Löwenkäfig, das Tappen, die Hilflosigkeit,

und in allen Herzen der nunmehr Herrschenden nur der Wunsch: Mensch sein, gerecht sein.

Nichts was diese Generation erlebt hat, läßt sich, fühle ich, an Größe vergleichen mit diesem Augenblick. Was das Ungeheuer von Krieg zur Welt bringen wird, wird erst nach langen Jahren heranwachsen, zu erkennen sein. Bis zu diesem Moment muß sich eine heutige Generation mit dem Frühjahr 1917 genug sein lassen.

Ich will davon reden und was das Frühjahr 17 mit dem Geist zu tun hat.

Daß Rußland diese Geste gemacht hat, und dann, daß es keine fratzenhaft aufgeregte Revolution nach französischem Muster äußerte, eine beschleunigte Umwälzung und keinen Umsturz, vielmehr eine einfache machtvolle Hinwendung zum Menschlichen und Würdevollen, überraschte nicht. Die Literatur der jüngeren und älteren Russen hatte deutlich gesprochen. Es existiert keine Literatur der modernen Staaten, die in ihren großen, größeren, oft in ihren mittleren Repräsentanten so posenlos still sich gibt wie die russische, so dichterisch geheimnisvoll reine Seele offenbart. Was Tolstoj und Dostojewski geschrieben und hinterlassen haben, stellt meinem Gefühl nach ganze Klassizitäten anderer Völker in Schatten; an Vehemenz und Tiefe des Gefühls, der seelischen Durchdringung und einfachen Mitteilung nimmt es, wie ich seit Jahren glaube, kein Deutscher, kein Franzose und Engländer, auch kein Skandinavier des letzten Jahrhunderts mit ihnen auf. Nietzsche hat Dostojewski sein größtes Erlebnis genannt; wie er haben andere Deutsche empfunden. Dem deutschen Empfinden ist dies religiöse Wesen, dies schrankenlose sittliche Ringen bekannt, verständlich, verwandtschaftlich vertraut wie nichts anderes.

Wir haben nicht nötig, Ideen zu uns importieren zu lassen. Friedrich der Große ist weder aus Paris noch Moskau zu uns gekommen. Immanuel Kant hat man uns weder vor noch nachgemacht. Das Heilige Römische Reich hat strahlend vor aller Welt geblüht und aller Welt abgegeben.

Aber was besagt jene müde Stimmung der Geistigen, jenes trübselig gedrückte Wesen, jener Widerwille und Apathie gegen Staat und Politik, – neben dem Stolz der Friedensoffiziere und ihrer Kaste, gegenüber der kalten gönnerischen Wurstigkeit der Kaufleute, dem höhnenden ausschließenden Beieinander des Proletariats, dem vergnügten Untersich der Parlamentarier? Was besagt die fassungslose Haltung gegen das satte gebildete Bürgertum, das Entsetzen vor achtungsloser Pöbelwirtschaft und vor der glatten Unsittlichkeit erblichen Torytums, das Ämter schluckt und sich Regierungspotenz anmaßt? Wenn wir nicht Ideen brauchen, vielleicht etwas anderes.

Wie mir dies geschah, die russische Bewegung, ist vieles aus dem Frieden in mir lebendig geworden. Diese «russischen» Ideen, so froh, jung und herzhaft, sie sind ja überall und immer aufgetreten, wo der lebendige Menschengeist sich Bahn brach durch körperlich schweren, entseelten, unleidlichen Widerstand. Sie haben in alten Tagen den Bundschuh und die deutschen Bauern begleitet, wenn auch Luther gegen sie vom Leder zog und die Bauern wilde Bestien hieß, die man totknütteln solle. Sie haben das Christentum durchgesetzt und setzen es weiter durch gegen Buchstabengeist, Gesetzesverblendung und Anmaßung, gegen selbstzufriedenes Pharisäertum. Man hat sie in dem Lärm der Paulskirche von Frankfurt vernommen. Sie werden niemals verwirklicht werden, werden immer Alarm rufen. Immer wieder verrottet die Menschheit, immer wieder erscheint das Menetekel an der Wand. Wenn die Menschheit sich verjüngen will, badet sie in diesem Brunnen. 1917

*Im Roman heißt es schichten, häufen,
wälzen, schieben.*

*Wenn ein Roman nicht wie ein Regenwurm in
zehn Stücke geschnitten werden kann und jeder Teil
bewegt sich selbst, dann taugt er nichts.*

*Stil ist nichts als der Hammer, mit dem das Dargestellte aufs sachlichste herausgearbeitet wird. Es ist
schon ein Fehler, wenn Stil bemerkt wird.*

1917

Wallenstein

Nachdem die Böhmen besiegt waren, war niemand darüber so froh wie der Kaiser. Noch niemals hatte er mit rascheren Zähnen hinter den Fasanen gesessen, waren seine fältchenumrahmten Äuglein so lüstern zwischen Kredenz und Teller, Teller Kredenz gewandert. Wäre es möglich gewesen neben dem schweren kopfhängerischen Büffel zu seiner Linken, dem grauen Fürsten von Caraffa, Hieronymus, und dem stolz schluckenden und gurgelnden Botschafter Seiner Heiligkeit im heißen Rom – rot schimmernd die seidene knopfgeschlossene Soutane, purpurn unter dem Tisch die Beine mit Strümpfen und Schuhen, bei den schneeweißen zappelnden der deutschen Majestät –, so hätte Ferdinand jeden den Vorhang durchlaufenden Kammerknaben, jeden Aufträger Vorschneider, erhaben mit schwarzem Stab abschreitenden Oberstkämmerer mit üppigem ‹Halloh› empfangen, ihm zugezwinkert: «Heran! Näher! Nicht gezögert, Herrchen, haha. Hier sitzt er.» Kaute, knabberte, biß, riß, mahlte, malmte. Der Oberküchenmeister bewegte sich an den gelbseidenen Tapeten entlang, beäugte freudig listig durch das seitliche Gestänge des Baldachins die muskulösen Lippen Ferdinands, die wie Piraten die anfahrenden Orlogs entleerten, die Backentaschen, die sich rechts und links wulsteten, sich ihre Beute zuwarfen, sich schlauchartig entleerten, von der quetschenden Zunge sekundiert.
Weich rauschte die Harfe, die deutsche Querpfeife näselte. Sprung an, Sprung ab: es hieß hurtig sein, die Becher heranschleppen; wer ißt liebt keine Pausen; was schluckt, muß spülen. Ferdinands Lippen wollten naß sein, sein Schlund naß, sie verdienten's reichlich, droschen ihr Korn. Im Reich – wovon ließ sich sprechen –, im Reich ging's gut daher. Die Böhmen geschlagen, Ludmilla und Wen-

zel, die heiligen, hatten die Hand von ihren tollen Verehrern gezogen: da saßen sie auf dem Sand, haha, samt Huß, allen Brüderschaften, ihrer Waldhexe Libussa, dem Pfalzgrafen Friedrich. Der Pfalzgraf – wovon ließ sich sprechen –, der Pfalzgraf schleppte seine Königskleider im Sack, am Strick hinter sich her, im Frühjahrsdreck hinter sich her, schreiend durch die Gassen, ungeübter Bänkelsänger auf Märkten, auf Dörfern: «Keiner da, der mir was zu fressen gibt? Zehn Kinder und kein Ende, keiner da, der uns den Bauch stopft? Habe die englische Königstochter zur Frau, in Böhmen war ich König; das ‹war› freut mich armen Hansen wenig.» Wer wird sprechen in solchen Zeiten.

Man läßt ihn trollen, das freche süße Zweibein, man wird ihn tüchtig lausen, daß ihm das Fell blank wird. Aber Malvasier. Aber Alicante. Aber Böhmerwein von Podskal. Aber grüner Bisamberger, Traminer aus Tirol; aber Bacharach und Braubach, die feuchten, spitzschuhigen, klingelnden vom Rhein. Auf dem gepreßten Schweinskopf Äpfel: aber Mersheimer darüber und Andlauer; Elsaß, das herrliche Elsaß.

Wem hat es der Ingwer angetan, der Ingwer an der Rehkeule, daß er ihn verachten will. Die Hühner sind erschlagen; auf Silberschüsseln gebahrt; von feinen weißen Kerzen beleuchtet. Die Blicke von zwanzig Gewaltherren und Fürsten voll Lobs auf sie gerichtet; in Mandelmilch schaukeln sie Rümpfe, Beinchen und Hälse, Rosinen zum Haschen um sie gebreitet, ihre kandierten Schnäbelchen füllend. Spitzt die Münder, salbt die Lippen mit Speichel, im Strome fließendem, aus allen Bronnen geeimertem.

Heran Pfälzer Most. Die feuerspeiende Büchse, treffliches Symbol für ein Weingefäß: da läßt sich leicht der Malefizer finden, der hier ersterben will. Und soll es der Erwählte Römische Kaiser sein, es muß geschossen sein, in der Minute, im Nu, aus der großen Büchse, die der Ober-

mundschenk sich auf die Schulter lädt; der Kaiser richtet zielt und schießt, jach in den Schlund des tobenden Narren, des hingewälzten lachenden Kobolds in der braunen Schellenkapuze, während der Herr sich die weißen Spitzenärmel schüttelt, in den Stuhl sinkt, nach der Serviette ruft und vor Inbrunst vergeht: «Noch einmal!»
Trompeter schmetterten zu sechs vom Chor herunter, aus dem goldenen Käfig des Balkons, der Heerpauker schlug bum. Zwischen der Musik saß der Kaiser hinter dem Wildschweinsbraten in Pfeffer, einen weißen Hut mit der Reiherfeder auf dem leicht glatzigen Kopf, seine Ohren durch das Raspeln seiner Zähne nicht gehindert, dem Schmettern zu folgen. Sansini, Zinkenmusikus, übte sein hohes Werk; verborgene Diskantisten und Kastraten pfiffen rollten wirbelten; sie umspielten die wenig sich drehende Ruhe des Basses, den eine weiche Stimme ansprach, beschwor.
Zur Linken des melancholischen Spaniers ein schmales wangenloses Ziegengesicht, über dem stumpfen Lederkoller die krebsrote Atlasschärpe, aus grünen dünnen Ärmeln langspinnig zielend gegen das Millefioriglas, Karl von Liechtenstein, Oberstburggraf, Statthalter in Prag, sprach von Heidelberg und dem geflohenen Winterkönig, daß noch frostiges schwankendes Wetter sei und man jetzt nur schwierige Landstraßen finde, besonders wenn man es eilig habe. Ein Abt biß seinem Kapaun das Bein ab, addierte, während es zerkrachte, das zurückgebliebene kurpfälzische Silbergeschirr, das ihm in Böhmen von frommen Wallonen überreicht war. Und auch der alte Harrach, knusbernd an Krammetsvögeln, huldvoll über seinem Stuhle schwebend, graziös, kahlköpfig, hielt sich an die Prozesse und Konfiskationen in dem geschlagenen Land, da wären der Peter von Schwamberg, Ulrich Wichynski, Albrecht von Smirsitzky, davongelaufen, werden das Wiederkehren vergessen.

Hitzig schmetterten die Trompeten. Einen Augenblick sahen alle Herren auf, die in den spanischen Krausen, die in den gestickten niederländischen Spitzenkragen auf bunten und verbrämten Jacken, die in den ungarisch grün verschnürten Wämsern, in den duftigen französischen Westen und Purpurüberwürfen, Kardinäle, Äbte, Generale und Fürsten, und ihnen schauerte, als wenn es eine Kriegsfanfare wäre. Rasch war Musik und Geist eingelenkt. Wollüstig fühlten alle erwärmten Nerven das Gespensterheer des geschlagenen blondlockigen prächtigen Friedrich durch den Saal ziehen, reiten durch das Klingen, Tosen der Stimmen, Becher, Teller von dem herabhängenden Teppich des Chors herunter auf die beiden flammenden Kronleuchter zu, brausend gegen den wallenden Vorhang, den die Marschälle und Trabanten durchschritten: prächtig zerhiebene Pfälzerleichen, Rumpf ohne Kopf, Augen ohne Blicke, Karren, Karren voll Leichen, eselgezogen, von Pulverdunst und Gestank eingehüllt, in Kisten wie Baumäste gestaucht, kippend, wippend, hott, hott durch die Luft.

Oh, wie schmeckten die gebackenen Muscheln, die Törtchen und Konfitüren Seiner Kaiserlichen Majestät. Schand und Schmach, daß einer Graf, Fürst, Erzherzog, Römischer Kaiser werden kann und der Magen wächst nicht mit; die Gurgel kann nicht mehr schlucken, als sie faßt; der schlaue Abt von Kremsmünster wie der Kaiser, der Fürst von Eggenberg, der Liechtensteiner wie der Kaiser, der Oberstsilberkämmerer, der Oratoriendiener, der Truchseß, Vorschneider, Tapetenverwahrer, Küchentürsteher wie der Kaiser, Marchese Hyacintho di Malespina, Ugolino di Maneggio, Thomas Bucella, Christoph Teuffel, der Organist Placza wie des Heiligen Römischen Reiches alles übersteigende gesalbte Kaiserliche Majestät, in einem Takt raspelnd an einer Waffel.

Oh, wie schmeckte dem Kaiser unter seinem weißen Reiherhut der Tokaier aus dem Venezianer Glas. Wie schlug er sich den Schenkel, warf sich tiefer in das Gestühl, vergrub sein im Gelächter entlarvtes Gesicht im Schoß.

Durch die verhängten Bogenfenster summte Abendgeläut, als Ferdinand mit glühenden Wangen vor seinem zurückgeschobenen Stuhl stand auf leicht schwankenden Knien; die herabgesunkenen prallen nassen Hände trocknete ihm rechts und links ein Kämmerer ab. Und mit verschwimmenden Blicken, tief und langsam schnaufend, stand er vor der Tafel, den Gästen Trabanten Kammerherrn. Die Stühle rückten, die Servietten fielen auf den Boden, die Edelknaben sprangen mit den silbernen Gießkannen und Waschbecken zurück hinter die Stühle. Die Gäste hatten sich auf die Füße gestellt, bogen die Nacken gerade, klemmten die Lippen ein.
Der Fürst von Caraffa wich zuerst auf einen Blick des Oberhofmarschalls gegen die Wand, die Musik brach ab. Vor der kleinen Bronzesäule des drachentötenden Herkules stemmte der Spanier, das böse hitzedurchwühlte Wisent, sich auf, hob die Schultern. Und als wäre die Reihe der Herren am Tisch ein Wurm, dessen Kopf sich zur Wand bog, so rollten sie nacheinander weg vom Tische an die blitzende Brokattapete, und der Wurm schwankte, schlug vorwärts rückwärts.
Untersetzt, dickleibig, auf den kurzen Säulen der steif gewordenen Beine trug sich vom obersten Platz unter dem Baldachin her Kaiser Ferdinand der Andere. Von dem Ufer der dampfenden damastgebetteten Gerüche, von den gelben roten weißen Quellen riß er sich los. Seine blanken Wangen strotzten vor Wohlgefallen, Fuß setzte sich vor Fuß; er zog den weißen Hut vor jedem Herrn, ohne den Kopf nach links zu ihnen zu drehen. Graubärtig folgte auf spitzen Füßen der Kammerherr vom Dienst; vor der blauen Samtjacke, der hohlen Brust ließ er vom Hals herab

den goldenen Schlüssel schaukeln, trug Mantel und Gebetbuch hinter der Majestät. Der Leibarzt darauf mit niedergeschlagenen Augen, im schwarzen Tuchrock, Thomas Mingovius, Verwalter kaiserlicher Gebrechen; seine Nase schnüffelte; die Lippchen trieb er zum steifen Rüssel vor. Zwei Kammertürhüter unhörbar.
Und wie an einem Efeuspalier Blatthaufen nach Blatthaufen sich unter dem Windstoß duckt, verneigten sich die Herren. Caraffa hatte längst seinen Kopf wieder vor der Brust hängen, als die weinrote Exzellenz Eggenberg den Leib einzog, seufzend sich wieder einrenkte. Verneigt hatte sich vor dem Träger der Krone des deutschen Reiches, dem Herrn zu Ungarn Böhmen Dalmatien Krain Slawonien unbeschränktem Erzherzog zu Österreich, Herzog zu Burgund Steiermark Kärnten Württemberg, vor dem Szepterschwinger in Ober- und Niederschlesien, Grafen zu Habsburg, Grafen zu Tirol, Grafen zu Görz, verneigt neben dem vielgeliebten Hans Ulrich von Eggenberg, dem freundlichen spitzbärtigen Kavalier, dem alten Schlemmer, das unruhige Pergamentmännlein in violetter Robe, trüben Auges, Herr Anton Wolfrath, Mönch Abt Bischof Fürst Nichts. Verneigt edlen Gesichts, zypressenschön, mit Perlenringen in den Ohren, die Strenge der Blicke aufgelockert vom Weindunst, der Sohn des italienischen Spezereihändlers Verda, residierend auf dem Neuen Markt, Johann Baptist von Werdenberg, Graf und Hofkanzler. Der schwarze dichthaarige Böhme Questenberg, Graf Gerhard, nicht lange noch Registrator, gewaltig unter seinem Schnurrbart blasend, der sich sträubte und aufstellte, glotzäugig, Bärenbeißer mit Wulstlippen. Verneigt Zdenko von Lobkowitz. Verneigt im Schmuck des Goldenen Vlies der sehr bleiche Geheimrat Meggau.
Ganz unten am Vorhang stand der Oberst der Leibgarde in hohen Reiterstiefeln, schimmerndes Wehrgehenk über dem hellgelben zobelverbrämten Wams, Neidhard von

Marsberg, kolossal von seinen Schultern schauend, schäumend in süßer Betäubung, an seinem spanischen Kragen reißend: «Bärenhäuter! Schelme! Malefizverbrecher!» Wußte nicht wer, konnte in Wut und Verehrung nur noch die Arme über die klirrende Brustwölbung verschränken, auf die Knie sinken hinter dem schon verschwunden Kaiser.

[...]

Noch einige Wochen blieb der Friedländer in Prag, dann brach er nach Eger auf, wo er sein Hauptquartier aufschlug. Im Reiche, in den Erblanden standen kaiserliche Truppen, deren Haupt er war, geschwächt, in alle Windrichtungen zerstreut; in Wien die Stadtguardia, acht Infanterie-, sieben Kavallerieregimenter. Sechs marschierten unter Spinelli zu der Infantin Isabella nach den Niederlanden. In Ungarn Musketiere, in Böhmen das Regiment Breuner, in Mähren die Truppen des Max Liechtenstein, Wallensteins, des Grafen Schlick, des Freiherrn von Tiefenbach; ganz entfernt in Freiburg im Breisgau Hannibal von Schauenburg; dazu die Reiterregimenter Marradas, Wittenhorst, Konti, Kaspar von Neuhaus. Fünf Regimenter zog der Herzog an sich, vierzehn neue stellte er auf; das Regiment dreitausend Mann. In Prag vergab er die Bestellungsbriefe an die neuen Obersten; sie hatten zu übernehmen und vorzustrecken Antritts- und Laufgeld, einen Monatssold und Ausrüstung ihrer Söldner; vielen schoß er selbst den Betrag vor, ihr Gläubiger der Kaiser.
Wallenstein entfernte sich nicht weit von Prag, um mit de Witte, Michna und Bassewi in Zusammenhang zu bleiben. Die neuen Köpfe tauchten in Eger neben ihm auf, die Obersten Merode, Scharffenberg, die Gonzaga, Desfours, Isolani, der Thomas Carboni, die bald so gefürchteten Namen. Nach dem Elsaß herunter liefen die Ordonnanzen, die Schauenburg und Wittenhorst mobil zu ma-

chen und ihren Anmarsch in das Reich zu befehlen. Wallenstein war zugeteilt als sein Oberstmeister, Zahl- und Quartierungskommissar Johann Aldringen, ein feiner gewandter Hofmann, dessen geheime Aufgabe war, wohl aufzumerken in Wallensteins Quartier und Lager und von allem den Räten in Wien gute Kenntnis zu geben. Er sah bald selbst, daß ihm nichts weiter blieb als dies: die Korrespondenz nach Wien und der Titel; denn der Herzog wies an; er hatte bald kein Verlangen mehr mitzusprechen.

Man schlug Sammelplätze auf in den kaiserlichen Erblanden, im Reich, im fränkischen schwäbischen Kreis. Abgeordnete der fränkischen Ritterschaft erschienen vor dem Herzog in Eger, Direktoren Hauptleute und Räte aller sechs Orte in Franken, zu klagen über den Schaden durch vagierende disziplinlose Truppenkörper; sie wurden höflich empfangen, versichert, daß der Oberst Graf Schlick eine Erinnerung erhalten werde. Im übrigen bemerkte der Herzog mit großer Bestimmtheit beim Abschied, sie möchten mit Proviant und sonstigem Unterhalt nicht zurückhalten, damit die Völker nicht herumstreiften und nicht zu lange an einem Fleck liegenblieben; mürrisch und erstaunt wandten sich die Herren, dabei ein Hektor von Streitberg und ein Redwitz zu Wildenrod, zum Gehen. Aus Hessen, von Frankfurt Nürnberg fuhren rechtskundige stolze Männer nach Eger an, ließen sich nicht abspeisen mit des Herzogs Sekretär, auch nicht mit dem neugierigen und sehr interessierten Aldringen, stellten sich ehrerbietig, fest vor der Durchlaucht selber auf, berichteten von den vorgenommenen Werbungen, errichteten Musterplätzen und den Unterhaltsansprüchen der Völker, zitierten die Goldene Bulle, Reichstagsabschiede. Der Fürst nahm sie freundlich an, schrieb lachend ein Brieflein an Trautmannsdorf nach Wien, der Geheimrat Recke solle bald, bald, bald kommen; cito, presto, die Leute aus dem Reich

überzögen ihn mit hochgelehrten Sprüchen, er wisse nicht, wo er drin stecke. Er schickte Unterhändler nach Ulm Halberstadt Nördlingen Nürnberg; die Städte mußten sich freikaufen von Quartierlasten; Nürnberg zahlte hunderttausend Gulden; Eger gab siebentausend her; empört hatte die Stadt die doppelte Summe abgelehnt. Die böhmischen Landesoffiziere wurden trotz Sperrens durch sanften Druck vermocht, hunderttausend Schock Groschen an die Kriegskasse abzuführen. Herr Aldringen hatte in der ersten Woche seines Aufenthaltes im Egerer Hauptquartier zaghaft auf die kaiserliche Resolution betreffend Schatzungen hingewiesen, in der es hieß, es sollten leidentliche Kontributionen in den eroberten Örtern und Landschaften zur Erhaltung der Soldateska zugelassen werden, mit dem Maß, daß solche Kontribution der Soldateska von ihrem Lohn abgezogen werde, damit der Kaiser leichter an den Kriegskosten trage. Wo aber seien Ulm Nürnberg Nördlingen eroberte Örter, die freien Reichsstädte, noch dazu mit reichen kaiserlichen Schutzbriefen versehen? Der Herzog hieß ihn, freundlich ihm auf die Schulter klopfend, sich nicht zum Anwalt der Städte machen; sie setzten ihm schon genug zu; er sollte nur fein berichten und hören, was man sage. Da wurde Aldringen aus Wien durch den Abt Anton die schwer verklausulierte Auskunft, er möge sich um Jesu willen mit dem Herzog ins Einvernehmen setzen, sie vermöchten von Wien aus die Verhältnisse nicht zu überschauen, man dürfe gewiß nicht Splitterrichter in so gefährlichen Zeitläuften sein, wobei immerhin sein Rechtsstandpunkt offensichtlich unanstastbar sei und er ihn dem Herzog gegenüber vertreten möge, jedoch nicht zu heftig.
Proviant, Artillerie, die Brückenequipage fehlte. Die hatte der Kaiser versprochen. Es war an einem gewissen Punkt der Unterhandlungen in Nikolsburg eine pathetische Gebärde der Räte gewesen, dies zu übernehmen; da waren

kaiserliche Stückgießereien Zeughäuser Kornlager. Die Gießereien arbeiteten zu langsam, das Material der Zeughäuser war bedeutungslos, unbrauchbar, die Kornlager knapp, für zehn Regimenter reichend. Eger drängte, klagte stürmisch an, sie ließen es im Stich, sollten die Truppen verhungern, sollten sie mit Stecken kämpfen. Man mußte demütig erklären, Eger möge sich gedulden, möge sich behelfen; man konnte nicht hinzusetzen, daß die Hofkammer bisweilen nicht zehn Gulden in der Kasse hatte zur Bezahlung des Kuriers.

Während der Herzog in immer größerem Umfange sein Geld an die Sache setzte, geschah es zur Verwunderung des Wiener Hofes, daß er immer mehr eine ehrerbietige Haltung gegen den Kaiser und seine Beamten annahm, sich, wie es schien, mit Gewalt bezwang und in die Rolle eines kaiserlichen Funktionärs einfügte. Er schien es dem Hof leicht machen zu wollen, sich mit ihm abzufinden, denn, wie Trautmannsdorf bei Berichten aus Eger einmal sagte; lange wachsen lassen kann man solch Ungetüm an Land Leuten und Geld nicht; entweder es pariert bald und kriecht unter, oder es muß erschlagen werden.

Die sechs niederländischen Regimenter wurden zurückbeordert; in Sachsen warb für den Herzog ein Mansfeld als Generalleutnant zwei Regimenter. Dann stand das Heer komplett; fast ohne Artillerie, ohne gesicherte Proviantzufuhr. Unter den peitschenden Worten Wallensteins ging der Rest der Werbung, Musterung, des Drills Hals über Kopf; die Parole war: «Nehmt, was ihr kriegt!» Wie Verzweifelte arbeiteten die Offiziere. Gefährliches beutelüsternes Volk lief ihnen zu, sie hatten für die Kriegsstärke dem Herzog zu stehen. Von oben kam der Befehl: «Wenn man keinen Falken hat, muß man mit Raben beizen.»

Bevor er in Eger die Hauptmusterung seiner Truppen vornahm, entschloß man sich in Wien zu dem letzten Schritt: ernannte ihn zum General dieses kaiserlichen,

nach dem Reich abgeordneten Hilfsheeres. Man mußte ihm zum Opfer bringen die alten verdienten Generale, den Spanier Hieronymus, das Kriegsorakel aus Madrid, den Rudolf von Tiefenbach und andere; man besänftigte sie durch Titel, sprach ihnen zu: es ginge alles vorüber, auch der von Wallenstein.
[...]

Ein unscheinbares Brieflein wurde bei dem Meßgang dem Kaiser übergeben, in dem Wallenstein auf die Truppenmassen aufmerksam machte, die dem Kaiser zwischen Memmingen und Regensburg zur augenblicklichen Verfügung ständen.
Und plötzlich sah Ferdinand, daß die Entscheidung ganz bei ihm lag. Er konnte träge noch einen Tag nach dem andern hinziehen, die Wirklichkeit war nicht wegzuschlafen. Kein Kollegium eines Hohen Rates bedrängte ihn. Sie hatten sich in den Hintergrund gezogen, wagten sich nicht an den Wurf; der tapfere gute Eggenberg lag krank irgendwo in Istrien.
Er fühlte, in der Nacht sich aufrichtend, daß er satt war, daß er Sieger war, Kaiser durch Wallenstein, und daß er sich wenden könne, nach welcher Seite auch immer, es war die rechte Seite. Es stand in seiner Gewalt, zu wählen, es konnte auf keine Weise fehlgehen. Und darauf legte er sich zurück und schlief wieder ein.
Finstere Gestalten umgaben ihn bei Tag. Die Mantuanerin sah er nicht; er freute sich, sie wollte ihr Spielzeug.
Der Mainzer und Maximilian saßen stumm und äußerlich voll Ehrfurcht an seiner Tafel. Mit großem Auge betrachtete sie der Herrscher, vertiefte sich in ihre Gedanken.
Brulart saß da, er dachte an nichts, als die Spanier aus Italien zu vertreiben.
Der Herzog von Doria, Gesandter Philipps, saß da; er dachte an nichts, als die Welschen aus Italien zu jagen.

Über Memmingen, glanzvoll von Wallenstein empfangen, langte als päpstlicher Legat der Kardinal Rocci an.
Da hielt es Ferdinand in einem tief aufsiedenden Gefühl der Verachtung für angezeigt, die Verbrennung zweier Juden, die verurteilt waren, zu befehlen und sich an ihrem Anblick zu weiden.

Ein Jude, ein getaufter, war mit drei andern beim Diebstahl erwischt, darauf von ihnen beschuldigt worden, nur zum Schein übergetreten zu sein, mehrmals die Hostie geschändet zu haben, indem er sie in einen stinkenden Ort versenkte. Das Geweihte, der Leib Christi, wurde von dem Büttel, in ein Sacktuch gewickelt, aus einem Unratkübel seines Wohnhauses gefischt, der Malefiziant wurde zum Tode verurteilt. Als der Jude aus dem Stock eines Tages mit den drei andern, die der Strang erwartete, abgeholt werden sollte, stellte sich dann heraus, daß nicht er, sondern sein Weib sich hier befand und sich zur Strafe erbot. Aus Kreuzverhör Folter ergab sich der Aufenthalt des Verurteilten; er wurde aus seinem Verstecke in der Stadt, in Böttchertracht, herangeschleppt.
Der Scharfrichter schleifte auf einer Stierhaut hinter zwei Mähren einen schwächlichen Mann auf den Rathausplatz, Wams und Hose in Lumpen, die Hände über den Kopf zusammengebunden, samt dem Ochsenschwanz am Zaumzeug der Mähren mit Riemen befestigt; er wälzte sich auf Gesicht, Rücken unter den Stößen der Steine. Sechs Henkersknechte, scharlachrot wie ihr Herr, ritten vorauf, bliesen Schalmeien, schlugen das Kalbfell. Abgeschnallt, auf die Beine gestellt von den Schergen, den abgefallenen Hutkegel aufgestülpt, wurde der fahle, ins Licht zwinkernde Wicht vor die Schrannenstiege gestoßen.
Auf dem Esel rückwärts reitend, hinter ihm, herabsinkend, wer prangte so herrlich! Die Frau in den gebändigten Reizen des Südens, die Farbe der Wangen bronze-

braun, die eisenschwarzen Haare in Strähnen über kleinen Ohrmuscheln, folgte mit schmachtenden Blicken dem wankenden Schächer; neben dem Grautier, an seinem Hals schauerte ihr zierlicher Leib, die Zähne schlugen schnarrend im Mund zusammen.
Mit rotem Tuch waren die Schrannen ausgeschlagen, das Stadtgericht saß oben mit bloßem Schwert; der Schächer kniete zwischen den Spießen der Schergen an der Stiege. Eine monotone Stimme machte sich laut durch die Unruhe des Marktes, ließ sich verschlingen von dem Lärm der Zuströmenden, der holzschleppenden Schinderknechte, dem Scharren Wiehern Hufschlagen der kaiserlichen Pferde neben der Stiege. Das Verbrechen verlesen, das Urteil verlesen, ein schwarzer Stab über den Juden gebrochen, geworfen. Der Unterrichter bestieg sein Pferd.
Sie hielt sich am Nacken des Eselchens, wandte sich still rückwärts mit hochgezogenen Augenbrauen, schmerzvertieften Linien um den gepreßten Mund, gegen die Menschenmenge, die tausendäugig um sie wimmelte, Mönche Priester Jesuiten Soldaten Kinder Studenten Edelfrauen Handwerker Bettler Franzosen; ließ ihre Arme fallen, blickte auf ihre gelben Schuhe. Sie trug, wie ihr gestattet war, ein schwarzes, loses, hochgeschnürtes Seidenkleid, mit Perlen bezogen, die Ärmel bis zum Ellenbogen pludernd. Ein durchsichtiges schwarzes Seidentuch war rückwärts über den Scheitel gesunken, unter dem Kinn geknotet. Und über den glühenden erstarrenden Augen die Stirnspange mit grünen blauen Steinen. Trug es, man wußte nicht warum; es war, weil sie so ihrem Mann am lieblichsten erschien. Einen Gürtel aus den gleichen grünen blauen Steinen hatte sie an, daran hingen Kettchen mit Kinderzähnen. Alles bewegte sie an sich, wies es ihm, ließ es lebendig sein.
Er stieg auf die weite Holzbühne; man band ihn an einen

Pfahl; an einen Pfahl am andern Ende der Bühne band man sie.
Der Scharfrichter riß ihm Wams und Hemd herunter, die Hose band er mit einem Strick fest. Drei Knechte schleppten den rauchenden Kohlentiegel herauf; der Scharfrichter griff an den Enden die glühweiße Zange. Ihre beiden geöffneten Kiefer ließ er an den Oberarm des wimmernden Gesellen hauchen, biß zu; steil aufsteigend scharf der Geruch, schwarzrot das Loch im Fleisch. Biß, ließ nicht los. Den Mund riß der Gefolterte auf, weiter, stürzte gegen den Arm hin, bog den Kopf zurück, grölte, während seine gebundenen Füße rückwärts am Stamm hochzuklettern versuchten. Die Zange ließ los, der Henker griff eine neue, wischte sich die Nase; ließ spielerisch den Gluthauch des Eisens über den ganzen Arm laufen, bis er einschlug. Schweißverklebten Haars der Schächer in seinen Stricken, die Spinne biß, sog, sog, sog, sog – es lief aus dem Kopf, aus den Augen her, aus dem Mund, hin zu ihr, hin zu ihr. Weg aus den Knien, weg aus den Ohren, die Wolken, der blaugraue Himmel. Murren des Marktes. Klebrig löste sich die Zange ab, brauste in den Tiegel.
Die Hälse unten reckten sich, die Nasen schnüffelten aufmerksam. Dritte Zange. Mit einem Griff gehoben, geschwungen, angesetzt. Wuchtig geschmettert gegen den anderen Arm, gepreßt in das aufzischende, schmierig sich blähende Fleisch. Und wie mit einem Satz die Zange ansprang, sprang der Malefiziant ihr entgegen, wühlte, krampfte, zuckte um sie herum, mit blassen Blicken, weißen, speicheltriefenden Lippen, verzehrend, in einem Strudel dünn, blind, taub, überschäumend herumgewirbelt. Bis ein kleiner schwarzer Punkt größer am Himmel wurde, Kreise sich bildeten, größere hereinschwangen, weißer wurden.
Die letzte Zange: ein inniges, Zahn in Zahn vergrabendes, tobsüchtiges Wiedersehen, Zotteln, Schleudern rechts,

links, atemloses Schaudern und Verkeuchen, Backenaufblasen, helles Pfeifen aus den tiefsten Luftröhren.
Der Kopf baumelnd vor der Brust. Der Scharfrichter triumphierend beiseite. Ein Knecht bespritzte den Stöhnenden aus einem Bottich. Der Kopf hob sich unsicher, sank auf eine Schulter, hob sich unter neuen Wassersalven.
Aus seinem Ledergurt zog der Scharfrichter ein kurzes Messer, wetzte es an der Schuhsohle. Gleichgültig schwankte, wie eine welke Blüte, der Kopf des Schächers, da schnitt ihm blitzschnell der Henker zwei lange, breite Bänder aus der Brusthaut, ritsch, ritsch, riß sie heraus, ein queres Band über den Leib, hinten zwei lange breite Bänder aus dem Rücken. Schwang sie, blutfließende weiße Riemen, in der Linken hoch vor dem kaum atmenden Volk, gab sie dem Gehilfen, der das Bündel dreimal grinsend schwenkte, bevor er es in den Bottich klatschte.
Sie kreischte angstvoll.
Das Volk mäuschenstill. Er ließ den Mann stehen, nahte ihr.
Mit weiten Pupillen, irren Augen, die neugierig erschienen, begleitete sie ihn; dann glitten ihre Augen zu dem blutenden traumverlorenen Schächer; sie schrie, den Kopf an den Pfahl legend, von neuem. Der Scharfrichter wusch sich, breit gebückt über dem Bottich, die Hände vor ihr. Plötzlich, weit ausholend, knallte er seinen nassen Handrücken um ihr Gesicht. Sie behielt den Mund offen, ein feiner Blutstreifen rieselte über das Kinn; von unten schmetterte er ihr die Zähne zusammen. Sie blickte ihn wirr an, begann mit den Knien heftig zu zittern, am Platz zu treten.
Er beäugte einen Moment ihre Stirnspange, hob sie vorsichtig ab; das seidene Kopftuch blieb daran hängen. Lippenspitzend, nachdem er die Spange dem Knecht in die Hand gedrückt hatte, öffnete er den feinen Gürtel, zog ihn ab, wog ihn in der Hand.

An der Tuchlaube standen fünfzig schwarzgewandige Zöglinge des Jesuitenkonvents hinter ihrem Profoß; Rosenkränze spielten in den Händen; mit wissenschaftlicher Kälte folgten Scholaren und Patres dem Gebaren des Scharfrichters, prüfend, nachdenkend, erwägend.
Ein Pater kniete neben einem Scholaren, der in den Schlamm gefallen war; sie blickten sich schweigend an; der blasse junge Theolog senkte beschämt sein Gesicht. Nach einer Pause sagte der andere: «Du mußt an Gott, Jesus und Maria denken. Du hast an die Menschen gedacht, nicht wahr?» «Ja», flüsterte der, «mir wurde schlecht, ich habe an die Menschen gedacht.» «Der Heiland war Gott, und jene haben ihn an das Kreuz genagelt in ihrer Bosheit. Seinen heiligen Leib, seine wonnige Mutter, den Quell unseres Lebens, haben sie beschimpft; dafür haben sie zahlen müssen und werden noch mehr zahlen. Was ist ein Leib, was sind tausend Menschenleiber! Wie können die Juden danken, daß man sie nicht samt und sonders erwürgt. Wer weiß, ob wir gut daran tun, daß wir sie dulden; wie wir uns versündigen am Heiland.»
Bürger, Zünftler, Gewerker, in Scharen um den Brunnen nahe dem Heringshaus, viele auf den Knien. Aus ihren Haufen fuhren Drohungen gegen die beiden Judenmenschen über den Markt, immer von den Rufen und Spießen der Schergen niedergehalten. Weiber rotteten sich beim finsteren Linnengäßchen vor dem Haus zum ‹Silbernen Häslein›, mit Abscheu, mit Widerwillen die Verbrecher betrachtend, ihre Kinder zwischen sich versteckend, bei jedem Zangenbiß und Schnitt heulten sie auf, die Tränen liefen ihnen über die Backen, manche erbrachen, manche blieben bei einem stummen Zittern, konnten sich nicht von der Stelle bewegen.
Nonnen, braune Minoriten, weißkuttige Dominikaner über das Pflaster geworfen, stundenlang unbeweglich, die Lippen auf den kleinen Kruzifixen, durchschauert von

dem unausdenkbaren Verbrechen am Leib Jesu; Gnade, Verzeihung erbettelnd, ringende Zerknirschung ohne Ende.
Der Hof auf fliegenumwehten Rossen, edle Herren unter der Balustrade der Stadtschrannen, ernste, müde, feierliche, seidebehängte Männer, verächtliche Blicke auf die Delinquenten, manche freudig die Masse musternd, sich anhebend unter bewundernden Mienen.
Ferdinand auf dem Balkon des Stadtrichters; erhöhter Sitz; der Beichtvater im schwarzen Jesuitenkleid neben ihm, kalt saßen sie, halb abgewandt von der Bühne. Zerstreut hörte der Kaiser auf die Belehrung des alten Mannes. Wie kann es: Dighby fiel ihm ein, die Saujagd bei Begelhof, der Graf Paar. Wo war Dighby? Übermüdet gähnte der Kaiser, verkniff den Mund unter dem faden Geschmack aus dem Magen.
Ein lateinisches Lied hoben die Scholaren zu singen an.
Der Scharfrichter tastete den biegsamen Leib des Weibes ab, zog sich zusammen, flüsterte etwas; er beugte sein Ohr gegen ihren Mund; sie flehte wie ein Kind: «Ist jetzt gut? Ist jetzt gut?»
Inzwischen war der blutrieselnde, gebrannte Schächer aus seiner Ohnmacht erwacht; den Kopf mit Gewalt hochstemmend, krähte er, wühlte mit den Gliedern in den Stricken. Wildes Gelächter erhob sich bei den Zünftlern, pflanzte sich zum Hof fort; exaltiert schüttelten sich die Weiber, schrien sich mit übertriebener Freude zu, küßten ihre Kinder, rafften die Röcke. Gekräh erscholl aus dem Hahnengäßlein, am Brunnen. Leicht wogte der Markt. Die Schergen gaben nach, man wallte hinunter, herüber zwischen Arkebusen und Stangen. Die süße Angst der Weiber hatte zugenommen, sie konnten sie mit allem Lärm nicht bewältigen, drängten zu den Männern. In grausiger Ruhe, wie Grabsteine, lagen Mönche und Nonnen am Boden.

Im weiten Halbkreis schichteten Henker und Gehilfen unter dem Pfahl des Mannes Holz; seine Stricke waren ihm gelöst worden, Säckchen von Salz und Pfeffer wurden von weitem gegen seine Wunden gestäubt; er ging an einer Eisenkette um den Pfahl, drehte die Kette kürzer und kürzer, rollte sie wieder ab; rieb seine Wunden an dem Pfahl, bedeckte seine Arme, spie, bespeichelte seine Brust. Die Frau zog ihre Kette lang, sie rannte zu ihm, bis die Kette sie hielt, blieb armstreckend stehen, klirrte mit den Kinderzähnchen, rief zärtlich, unverständlich, kam unvermerkt, vorschreitend, abirrend, in einem zärtlichen Schritt, sich selbst mit ihrem Gurren und Zwitschern begleitend. Die Arme wiegte sie, das Atlaskleid schleifte sie keusch, die Augen, zwischen Husten und ersticktem Luftringen, erstarrt auf ihn dort, jenseits, in den Flammen, die Backen tränenüberströmt, auf Sekunden lächelnd hinschmelzend, wieder versteinert.
Die Menschen, die andrängten, schob man zurück; ein Qualm erhob sich aus dem Holzhaufen. Als sich nach Minuten der Rauch verzog, stand der Schächer fest am Pfahl, das blaurot gedunsene Gesicht mit den gepreßten Augenlidern nach dem Platz, sperrangelweit den Rachen, gebläht und schwingend die Nüstern, als wenn er niesen sollte, die Knie übereinander, den Bauch hohl eingezogen. Plötzlich blies er die Luft von sich, zog die Arme voneinander, atmete, schnappte gierig. Langsam begann um ihn die Luft einen Wellenschlag anzunehmen, er wurde sichtbar in kleinen zitternden Bewegungen, wirbelte flüchtig nach oben, schief und verzogen wurden die Erscheinungen hinter ihr. Er tanzte, sprang rückwärts, seitlich. Die Arme hatte er frei, er trug sie wie Fühler vor sich, raffte sie wieder an sich. Kleine Quellchen sprudelten aus seinen Wunden, spritzten aus der Brust im Strahl ins Feuer. Wer es unten sah, schrie: «Schelm! Schelm! Er will löschen.» Da langte ein kaum sichtbarer, blau in weiß verschwebender

Flammenarm von hinten nach ihm. Er wirbelte herum, torkelte zur Erde, kletterte in die Höhe, seine Lumpen flammten, er nahm den Kampf auf; war fast nackt. Die letzten Lumpen wollte er sich vom Bauch, von den Lenden reißen, sie saßen fest, schwarz verbacken, verklebt mit der Haut; er scheuerte mit den Ellenbogen dagegen. Auf seinem Kopf standen keine Haare mehr, runde Kohleballen, die abrollten, die er sich über das Gesicht schmierte, über die großen platzenden Blasen. Er blies über die Handteller, die Brust, die Asche stäubte, die Lumpenfetzen bröckelten. Auf die Zehen stellte er sich, den Körper hochgezogen; schluckte die Luft mit vollen Blasebalgbakken, in leidenschaftlichen Zügen von oben ab. Schwarzrot, durchlöchert, aufgebläht raste er suchend um den Pfahl, hingeschleudert von der Kette tauchte er zum Boden, schnappte die Luft über den heißen Brettern. Die brodelnde blaßblaue Luft ging dicht an ihn.
Sie sah es, bedeckte mit den Händen das Gesicht. Plötzlich schrie er auf; eine glühende Zange lag da, die dem Scharfrichter aus dem Tiegel gefallen war. Der, hinblickend, brülle: «Die Zange her! Wirf die Zange herunter, Hund», tobte gegen die Knechte, warf einen Kloben Holz, brüllte: «Zange!» Der Schächer wich zur Seite. Eimer auf Eimer goß der Scharfrichter vor sich in die Flammen, drang vorwärts, schlug mit einem Haken nach der Zange. Irr sah der oben den schwarzen Haken sich nähern, griff danach, stürzte gestoßen um, kroch zurück. Wallend der dünne Feuerschleier zwischen ihm und den Menschen. Und wenn der Schleier fiel, frohlockte das Volk, daß es ihn sah, das wilde tanzende Geschöpf, das hüpfende, das schwarz und rot immer ähnlicher dem Satan wurde. Er atmete, rannte dicht vor, soweit die Kette ließ, haarlos, stumm, nackt. Die Flammen wälzten sich in Ballen hinter ihm, jäh hob sich vor ihm der rotweiße glühende Vorhang.
Da durchdringender Schrei, drei, vier, fünf, Knäuel von

Schreien, wieder! Schreie auf Schreie! Jache Stille. Schwarzer dünner Qualm. Wütendes Bersten, Prasseln.
Jetzt griffen ihn die Flammen umsonst an; wie aus Holz lag eine menschenähnliche Gestalt, den Kopf auf einen Balken gedrückt, inmitten der Glut; kleine Feuerchen spielten um seinen Schädel, strichen an seinen Leib. Rasch lief eine braunschwarze Haut über ihn, als überzöge sie ihn mit einem Lederkleid. Dampf aus der Nackengegend. Er ließ sich ruhig umfassen von der Hitze. Kippte um, die Beine angezogen schaukelte er auf dem Rücken; die Beine zogen sich fester an den Leib, in dem Knarren und Wühlen des Feuers, während in der Nähe ein leises Puffen, wie Erbsen springen, zu hören war, feines Knallen, und neben ihm sich Bächlein Rinnsale bildeten. Er kräuselte sich schwarz, wurde kleiner.
Sie blickte nicht mehr nach rechts.
Jetzt war ihr Geliebter geschwunden.
Sah eine kleine Minute in Gedanken vor sich. Das Haar auf ihrem Kopf loderte auf. Sie kreischte, duckte sich. Lief an den Pfahl, wich nicht, als wäre sie angeschmiedet. Als die Kleider um sie aufflammten, kauerte sie hin, beugte sich über ihre Knie, ein verzagtes Hündchen. Einen Augenblick erkannte man zwischen dem wütenden Ineinander der Flammen ihr dunkelrotes aufgehobenes Gesicht, den Markt mit erstorbenen Blicken anstierend. Der lodernde Pfahl stürzte über sie, die Bühne krachte mit den beiden Toten ein.
Der Kaiser war schon früher mit dem Hofe aufgebrochen.
[...]

Über die Wogen der graugrünen Ostsee kam die starke Flotte der Schweden windgetrieben her, Koggen Gallionen Korvetten. Bei Kalmar unter Öland, bei Västervik, Norrköping, Söderköping hatten sie die gezimmerten Brüste und Bäuche auf das kühle Wasser gelegt, schwam-

men daher. Die bunten langen Wimpel sirrten an den Seilen und Gestängen. Voran das Admiralsschiff Merkur mit zweiunddreißig Kanonen, dann Västervik mit sechsundzwanzig, Pelikan und Apollo mit zwanzig, Andromeda mit achtzehn; dreizehn auf Regenbogen, zwölf auf Storch und Delphin, zehn auf Papagei, acht auf dem Schwarzen Hund. Der Wind arbeitete an der Takelung, die Segel drückte er ein, die breiträumigen Schiffe bogen aus, stießen vor, glitten wie Wasser über Wasser. Dann griff der wehende Drang oben an, sie beugten sich vor, schnitten, rissen schrägwirre sprühende Schaumbahnen in die glatte fließende Fläche, stellten sich tänzelnd wieder auf. Die Tausende Mann, die Tausende Pferde auf den Planken. Das Meer lag versunken unter ihnen. Die Schiffe rannten herüber aus Elfsnabben, dem weiten Sammelplatz, nach einem anderen Land. Da stand die flache deutsche Küste. Wie Urtiere rollten torkelten watschelten die brusthebenden geschwollenen Segler, tauchten, hoben sich rahenschlagend aus dem herabrieselnden Wasser. Als die flachen Boote, die Kutter Briggen Schoner vom Ufer anschwirrten, erschien der weiße Strand. Triumphierend leuchteten die nassen bemalten Gallionen und Koggen. Auf den stillen verlassenen Strand stiegen Menschen nach Menschen, fremdländische Rufe. Drohend schlugen von den Schiffskastellen Kanonensalven über das Land.
Die Männer aus Svealand und Gotland, von Söderhamn Örebro Falun Eskilstuna, Fischer Meerfahrer Bergmänner Ackerer Schmiede, die starkbeinigen kleinen Menschen aus dem seenreichen Finnland, die noch mit den Bären und Füchsen zu kämpfen hatten, in Waffen geübt, schwärmten in Eisen und Stahl, Pferde Wagen und Kanonen führend über die wehrlose Insel. Hinter ihnen kleine schwarzhaarige scheue Männer, behende Lappen, mit Pferden Pfeil und Bogen. Sie führten Faschinen Körbe, schleppten Brot und Bier.

Sie liefen Schloß Wolgast an; überschwemmten es im Nu. Die Oder floß breit und ruhig in die Ostsee; an ihr lag die Stadt des Pommernherzogs Boguslav, Stettin. Er hatte jahrelang die Aussaugung und Bedrückung der friedländischen Truppen erduldet, war an die Kurfürsten gegangen, an den Kaiser in Regensburg. Weißhaarig mit einer kleinen Leibwache stand er auf dem Bollwerk, zitterte trotz der Wärme in seinem silbergestickten Röckchen. Im blauen Wams mit plumpem Wehrgehenk verhandelte ein schwedischer Kapitän mit ihm in der Sonne drei Stunden. Währenddessen fuhren langsam die achtundzwanzig Kriegsschiffe näher, Merkur mit zweiunddreißig Kanonen, Västervik mit sechsundzwanzig, Apollo, Pelikan mit zwanzig, Andromeda mit achtzehn, Regenbogen mit dreizehn, Storch Delphin mit zwölf, Papagei mit zehn, Schwarzer Hund mit acht. Hinter und zwischen ihnen schwankten die riesigen Transportschiffe. Da zog sich der Herzog, den Hut lüpfend, einige Minuten in ein Zelt zurück, das man hinter ihm aufgestellt hatte, und sprach mit seinem Oberst Danitz, der Pommerns Neutralität mit den Waffen der Bürger zu verteidigen schwur. Boguslav schüttelte ihm, Tränen in den Augen, die Hand; es sei zuviel, erst die Kaiserlichen, dann die Schweden. Ging, nachdem er sich geschneuzt hatte, gebrochen zu dem stolz wartenden Parlamentär hinaus. Nach ihrer Unterhaltung zogen sich die Kriegsschiffe zurück, ließen den Transportern Platz; Hunderte auf Hunderte Schweden bestiegen das Bollwerk; der Herzog stand noch starr vor seinem Zelt, wurde nicht beachtet. Viertausend Mann nahm Stettin auf; die Bürgerfahnen zerstreuten sich ängstlich.

1916—19

Wie macht man eine Revolution?
Die Frage war überraschend schnell beantwortet.
Wie wir morgens runter kamen, war die
Revolution schon vorbei.

1919

Freunde der Republik und Freiheit.
Herüber nach links. An die Seite der Arbeiterschaft.

1920

Abmarsch aus dem Elsaß

Eine Offiziersdame, deren Kind krank lag, hatte mir ein paar Tage vorher gesagt bei einer Visite: «Also wenn man unseren Kaiser absetzt, dann möchte ich nicht leben.» Das sagte sie nicht affektiv; es war völlig echt; aber jetzt treff ich sie, sie lebt noch, ist nur ängstlich über den Verbleib ihres Mobiliars. «Und unser Kronprinz, so ein schneidiger Herr.» Ja, was läßt sich darauf sagen, die Frau hat ihren Glauben, es ist ihr glänzend damit gegangen, wie soll sie andere Motive verstehen. Als ich etwas mit ihr debattiere, meint sie, ja etwas gleichmäßiger und gerechter könnten schon Güter verteilt werden, daran seien aber nur die reichen Bauern schuld und die Bankleute, das könne man ja ändern, aber unseren Kaiser? «Und man kann doch nicht alles ändern. So ein Landrat, denken Sie, der sitzt ja in seinem Kreis wie ein kleiner König und alles geht wie am Schnürchen. Und sie hängen an ihm und parieren. Wenn das auch nicht mehr sein sollte.» In der Säuglingskrippe die Schwester Grete, ansässig im Elsaß, deutsch bis auf die Knochen, sie läßt die Ohren hängen. Sie ist vergeblich für ihre Eltern die letzten Tage in Süddeutschland nach einer Wohnung herumgereist, nichts zu kriegen, ihr Vater ist am Straßburger Dombauamt, eine pensionsfähige Stellung, er ist ein alter Mann, ob die Franzosen ihn übernehmen werden. «Was ist aus unserem großen, reichen Deutschland geworden. Wie die Eisenbahnwagen aussehen, die Polster abgeschnitten, keine Vorhänge, ja sogar die Bindfäden aus dem Gepäcknetz wurden herausgeschnitten, nicht geheizt ist es, die Lokomotive kann kaum ziehen, sind keine Kohlen da, die Maschine ist defekt, auf der Straße betteln sie einen um Brot an, es ist zum Heulen.» Sie will nie und nimmer ein Franzos werden, aber jetzt bleibt ihr nichts übrig, als hier zu bleiben.

Am Mittwoch sind wir gänzlich kopflos, das heißt: Chef, Oberinspektor, Feldwebel, alles weg unter irgendwelchen Gründen. Das Lazarett soll abmarschieren, wir warten unruhig auf unseren Zug, es herrscht ungeheure Waggonknappheit, dreihundert werden von der Bahn verlangt, zwanzig sind da. Wir haben alle Schwerkranken in das Stadthospital abgegeben. Wie ich am Mittwoch ins Lazarett gehe, steht wieder der Krankenwagen zum Abholen unten, der Mann oben liegt tot, plötzlich eben gestorben. Ohne Rast diese schreckliche Grippe. Kisten werden gepackt, auf allen Gängen, in allen Zimmern liegt Stroh, Lazarettmaterial, Bücher, es wird gehämmert. Die großen Räume mit Geschirr, Porzellan finde ich noch sehr gefüllt, Frauen stehen im Raum, mir ist nicht klar, wer hier die Aufsicht führt, wer will jetzt die Dinge kontrollieren. Am Donnerstagabend sollen wir reisen. Es ist klar, daß im Lazarett furchtbar gestohlen wird. Ein Krankenträger von der städtischen Sanitätskompagnie wird dabei erwischt, wie er in seiner Krankenbahre die Marmorplatten der Nachtkästen davontragen will, man denke die Marmorplatten der Nachtkästen; es stehen auch alle Räume der Station ganz leer, Personal geht von einem Zimmer ins andere, immerfort fahren Kinderwagen, die keiner kontrolliert, angeblich mit Kohl beladen zum Tor hinaus.

Am Donnerstagabend unter den Fackeln grellen Magnesiumlichts im Finstern Abfahrt des schwerfälligen Transportzuges. Tagelang fahren wir. Man friert sich zu Tode. Drei Schweine, zwei Ziegen sollen für den Transport geschlachtet sein, wir hätten reichlich haben können, wo blieb alles zum Schluß? Ein Tag auf dem Würzburger Güterbahnhof. Spaziergang durch die Stadt. Auf dem Schloß eine rote Fahne, für die Augen sichtbar eine rote Fahne! Plakate an den Säulen, unterschrieben «Der republikanische Stadtkommandant». In welche Welt fahren wir hinein. Seit Tagen keine Zeitung, nur eine Würzburger Lokalzeitung zu kaufen, eine Überschrift «Los von Berlin»; der Inhalt das alte Lied, Klerikale spekulieren auf den Bayernstolz, man arbeitet mit «Berliner Terror». Am Mittwoch in Berlin, ich fahre zur Feier der Gefallenen zum Potsdamer Platz. Auf dem Wege begegnet mir ein sozialdemokratischer Wahlverein, die rote Fahne voran, anständig gekleidete ruhige Männer und Frauen, sie singen die Melodie der Marseillaise. Ich habe den Eindruck einer kleinen Vereinsangelegenheit. Das Menschenspalier am Potsdamer Platz ist nicht so dicht wie sonst bei dergleichen, es zieht sich über die ganze Stadt bis zum Friedrichshain. In dem endlos langen Zug Kränze mit roten Schleifen, rote Fahnen, proletarische Aufrufe, sonst nichts, was mich an Revolution erinnern könnte, eine gut geordnete kleinbürgerliche Veranstaltung in riesigem Ausmaß. Ich muß mich erst zurechtfinden. 1919

Architektur

Einmal ruft unter vielen anderen auch Bruno Taut auf, er die Architekten; ex oriente lux, meint er und will, daß man östliche Architektur und Bauweise beachte. Machen Sie nur, Herr Taut, zeigen Sie fleißig, was Sie können und sind. Man überzeugt als Künstler nur durch Werke, zu deutsch Opera. Sie haben in allem zweifellos recht, Indien ist herrlich, Florenz mager, Assyrien roh, Ägypten mathematisch. Ich warte gespannt. Ich würde übrigens aus Berlin nicht nach Indien gehen. Es gibt eine Auffassung, daß Berliner am besten berlinisch sind und der Turban auf dem Kopfe eines Wilmersdorfers komisch wirkt. Aber ich kann mich auch irren. Ich weise nur auf Adolf Loos hin, der auch ein Architekt ist und zwar wie mir bekannt ein vorzüglicher, ja ganz ungewöhnlich guter, der bei der Herstellung von Häusern nicht von Kalkutta ausgeht ebensowenig wie von Kairo, Mykene und Florenz, sondern von den Leuten, die drin wohnen sollen, und von der Lage des Hauses, dem zur Verfügung gestellten Baumaterial. Zwei Standpunkte; ich weiß, welcher mir lieber ist, ich sage es aber nicht. 1919

Die Drahtzieher

Motto: Es ist nie daran zu denken, daß die
Vernunft populär werde. GOETHE
Hätte die Masse nicht solch dickes Fell,
könnte sie nicht die vielen Helden
ertragen. LINKE POOT

Demokratie ist die Regierungsweise, bei der jeder etwas zu sagen hat. Es genügt aber in protestantischen und katholischen Ländern der Glaube. Wer den Stimmzettel erfunden hat, war ein Genie; man hätte den Mann aber nicht aus dem Zuchthaus lassen sollen. Auch über den Stimmzettel hinaus gewähren die Herrschenden dem Volk den Schein der Freiheit. Es ist nicht zu viel getan. Man soll menschlich sein, mit dem Gesicht. Man handelt ja nicht mit dem Gesicht.

Worte dienen zur Bezeichnung, wahrer oder erlogener, und ferner zu bestimmten Zwecken mit Erfolgen oder Mißerfolgen. Keine Sentimentalität. Urteile können jenseits von Wahrheit und Lüge stehen. Man wird nur im Auge behalten: keine Schonung denen, die die Waffe des Wortes zu schlechten Zwecken gebrauchen.

Es ist unwahrscheinlich, daß die Natur bei der Erschaffung des Menschen ein derartiges Gedränge im Auge hatte. Unser Gehirn ist jedenfalls nicht darauf eingerichtet. Wir denken häuserweise, höchstens dorfweise. Um diesen Schaden abzustellen, hat die Natur nachträglich Journalisten gemacht, aus denen Volksführer und je nach Bedarf Helden und Hochstapler wachsen.

Große Männer sind nicht aus bestem Stoff. In Berlin haben Ärzte festgestellt, daß zahlreiche Revolutionshelden sogar Psychopathen sind. In Berlin-Wilmersdorf kommen bekanntlich die meisten Revolutionshelden vor, die größten Männer. Andrerseits die kleinsten Ärzte, die nicht gelesen haben, daß unter Umständen Genie und Irrsinn –. Man klopft übrigens auf den Sack und meint den Esel.

Man soll nicht so viel von den Helden sprechen, auch die Massen haben's in sich. Hätte die Masse nicht solch dickes Fell, könnte sie nicht die vielen Helden ertragen. Auch das Fell ist zu besingen. Die Menge bedarf sogar vieler Helden, denn wenige oder einer dringt bei ihr nicht leicht durch, und sie vernutzt sie rasch. Sie hat nicht viel andere Begierden als Nahrung, Wohlbehagen, Abwechslung, und braucht Höheres. Das liefern die Journalisten und Helden. Und dann hat die Masse aber noch Geduld, eine große Tugend. Und lebt länger als die Führer, eine noch größere Tugend. Sie ist wie ein Elefant, dem sogar ein kleiner Junge einen Kupferpfennig in den Rüssel stecken kann, er schluckt ihn ruhig. Auch darin ähnelt sie dem Elefanten, daß ihr alles zu einem Ohr hinein und zum andern hinaus geht. Ich nehme an, daß zu diesem Zwecke die Ohren beim Elefanten so groß gemacht sind.

Ein Theater, in dem die Helden auftreten. Man läßt sie agieren, zeigen was sie können. Sie zeigen auch uns, was wir können, nämlich lachen, weinen, uns zerreißen. Man folgt ihnen, verprügelt sie. Sie sind wie Traumbilder, Wunscherfüllung, Entstellung, Entgleisung, Schreck, Pein, aber immer wir. Nichts ist oben auf dem Theater, was nicht unten gewesen wäre.

Diese übernatürliche Schlauheit der Diplomaten. Es ist ein Luxus; die Dummheiten gelingen auch so. Ginge die Menschheit wenigstens noch einen bestimmten Weg, etwa den der Befreiung, wie man so schön dekorativ sagt. Aber so trägt dies solide Weibsbild einfach ein Kleidungsstück nach dem andern auf, steckt dabei immer unverändert die alten Beine und Arme in die neuen Kleider. Sie hat Zeit bis zur nächsten Eisperiode. Vorläufig sieht sie sich die Eisenzeit an.

Clemenceau ist ein Mediziner. Und danach sollte er fein und human sein. Er ist es aber nicht, er kümmert sich eben nicht um solche Redensarten, weil er sie selbst fabriziert. Die Mediziner sind im Gegenteil furchtbar abgebrüht, zwei Drittel Rohlinge und die übelsten Witze stammen von ihnen. Marat war auch Arzt, er hatte ein sehr wirksames Wasser gegen die Schwindsucht erfunden, stieß aber im Verlauf seiner Studien auf die Guillotine. Verblüfft ließ er das Wasser; er wußte wie man der Menschheit auf die Beine hilft, der Kopf war überflüssig, er machte von nun an begeistert in Chirurgie. Clemenceau übertraf seinen Kollegen. Er erkannte den Dilettantismus. Man braucht keine Guillotine, um Menschen zu enthaupten, man setzt Ideen in die Welt, für den «friedlichen Kampf der Geister».

Clemenceau hat es mit Deutschland zu tun. Er will Deutschland heilen von dem Leiden der großen Begehrlichkeit, er will schröpfen und amputieren, daß es völlig damit beschäftigt ist, sich zu winden. Das ist ein gewohnheitsmäßiges, behagliches Bild im Kopf Clemenceaus. Ich vermute, er hat ein breites Schauspielermaul, die Unterlippe hängt rhetorisch, und er schlürft den Kaffee, in dessen Bodensatz kleine Kinderknöchelchen liegen.

Wie man sieht, ist Clemenceau Demokrat. Soviel ich weiß, hat er sonst Zeitungsartikel und Theaterstücke geschrieben; er ist also mit den Methoden des Volksbetruges vertraut. Man kann dies, da er regiert, auch so ausdrükken: er hat es vermocht, das Volk zu – verstehen. Clemenceau hat die französische Nation bei ihrer fatalsten Stelle gepackt, Revanche und Eifersucht, und hat nichts Besseres, das reichlich in dem Volke ist, dagegen aufkommen lassen. Nationalhaß ist nach Goethe ein Gefühl der niedrigsten Kulturstufe. Gegenwärtig befinden sich die meisten europäischen Nationen auf dieser Stufe und auf der allertiefsten die gebildeten Kreise. Clemenceau hat die

Franzosen dauernd hier zurückgedrängt, in brüderlicher Kompagnie mit deutschen Tölpeln.
Er hat in Wespenstichen geredet, aber den klügeren Caillaux hat der alte Mann beseitigt mit seiner bäurischen Gewöhnlichkeit und Verschlagenheit. Man kann annehmen, daß der Alte schon von Haus aus die Minderwertigkeit besaß, die ihn zum Volksführer befähigte. Dazu kam die Gewohnheit des Handwerks. Zuletzt hat ihn das Greisenalter ganz eingeengt und zu einem ästhetisch faszinierenden Bild gemacht. Das Volk war fasziniert, das Volk hat auch schon den scheußlichen Moloch, Hunde und Affenköpfe angebetet. Er wirkte in seiner liturgischen Monotonie und Monomanie besser als jede Rede.
Ihm war es vorbehalten, den Vorsitz im Friedenskongreß zu führen. Er arrangierte mit der größten Plumpheit, die darum so wirksam war, den Versailler Empfang. Er konnte nicht eilig genug in Straßburg einziehen unter reichlichem Gebrauch der Fertigprodukte Gerechtigkeit, Humanität, Sieg. Rache ist sein Wort gewesen, Frankreichs Sprachschatz ist größer. Frankreich hat seinen Namen an öffentlichen Gebäuden eingraben lassen. Das Leiden des Landes war schwer. Um dieses Leidens willen muß ihm auch der arme Schächer verziehen werden.

Wenn sich die Völker selbst befreien, so kann die Wohlfahrt nicht gedeihen. Und darum ist jetzt von Herrn Wilson die Rede. Wie es mit der Wohlfahrt nach der Befreiung steht, kann man beim Mittagessen feststellen. Aber es kam ihm mehr auf die Befreiung als auf die Exekutierung Schillerscher Verse an. Über das große Meer kamen die Scharen dieses Mannes. Er hatte die Clemenceaus gerochen und wollte verhindern, daß sie siegen.
Als es sicher war, daß er in den Krieg ziehen würde, hat sich große Betrübnis vielerorts gezeigt. Als er in den Frieden zog, große Freude. Und als er aus dem Frieden kam,

wieder große Betrübnis. Wilson hat mit einem blauen Auge Europa verlassen. Ob er «Goddam» sagte, als er abfuhr, steht nicht fest, aber er hat es hörbar gedacht. Sie haben ihn wacker hergenommen und geschüttelt, und er hat mehr als einmal gedacht, er wäre lieber nicht in den Krieg geraten.
Wilson entwickelte sofort die beste Meinung, untermischt mit mangelhaften geographischen Kenntnissen. Er dachte großzügig in amerikanischen Quadratmeilen, ein Kinderspielplatz ist so weit wie das Königreich Böhmen – aber Europa hat andere Maße, so ärgerte man ihn, übertölpelte ihn, und er konnte nichts machen. Er kam mit Prinzipien einher, die jeder anständige Mensch anerkennen muß, und zu seinem Erstaunen stellte sich in Europa nicht die entsprechende Zahl anständiger Menschen ein. Es lag an der veränderten Geographie. Wenn alle zehn Schritt eine andere Nation sitzt, so ist die Katzbalgerei unvermeidlich, und die verdirbt den Charakter.
Um wenigstens seinen Völkerbund unter Dach zu bringen, mußte er auf allen Punkten sich zurückziehen. Er sah sich zwanzig kleinen Clemenceaus gegenüber; wenn er mit einem fertig war, kam ein anderer. Er hätte nach dem Sieg über die Deutschen noch einen ebenso großen über die Alliierten erringen müssen. Hätte nicht «Selbstbestimmung» sagen müssen, sondern dazu noch «Selbstbeherrschung». Zum Schluß bemerkte er, daß «Österreich» doch noch ein höherer Gesichtspunkt war als Tschechen, plus Slowakien, plus Herzegowina, plus Böhmen, plus, plus, jedenfalls amerikanischer; es war ihm ein fatales Gefühl, als er das bemerkte. Zum Kampf gegen die Alliierten hat er sich nicht entschließen können: es wurmt ihn, er weiß, daß er es hätte tun müssen. Und nun hofft er, daß seine nachgelassenen Gedanken stärker sind als die Widersacher, und daß sie sich «entwickeln».
Der tapfere Rationalist, er liegt hundert Klafter lang auf

dem Boden. Und ganz heimlich schluckte er kurz vor der Abfahrt noch die bitterste Pille, als ihm höhnisch zugeflüstert wurde: «Das englische Imperium – das ist schon eine Art Völkerbund.» Sonderbar, das schien niederträchtig, und es saß doch im Zentrum. Darüber floh er völlig verwirrt. Dieser Besuch in Europa hat Wilson sein ganzes Selbstbewußtsein gekostet. Er wäre lieber zu Hause geblieben. Er ist jetzt in Nervenbehandlung. Er wird wahrscheinlich noch erbittert, verdächtig heftig um den Vertrag kämpfen und sich dann ermüdet zurückziehen. Lloyd Georges Ruhe hat er nicht gestört.

Der war doch noch andere Kämpen gewöhnt. Er hat im englischen Reich, das so groß ist wie Amerika, Herzöge, Grafen und Lords Zeit seines Lebens bei den Hörnern gehabt.
Als Wilson kam und von seiner Uninteressiertheit sprach und daß die Besänftigung der Welt sein leitendes Prinzip sei, sagte Lloyd George, daß er dieselben Ziele habe und daß er sich auf Ägypten und die deutschen Kolonien beschränke. Als Wilson mißtrauisch die Selbstbestimmung an erste Stelle rückte, brachte er leicht den Nachweis, daß die fraglichen Völker ihn wollten. Wilson war tief verblüfft und ergrimmt, er dachte erschreckt an Raub, aber auch Lloyd George staunte und verstand ihn nicht. Wenn es sich um Herstellung einer dauerhaften Ordnung auf Erden handele, wer könne dafür mehr in Frage kommen als England, das seit Jahrhunderten die Weltteile mit Zivilisation versorge. Wenn es dabei gewinne, gewinnen nicht auch die Nationen? Es werde Afrika besser bekommen, ein sehr großes Kulturgebiet zu werden als ein Balkan von Völkern, die sich schlagen. Nicht den Völkern Gelegenheit geben, überreich zu werden, um dann aufeinander zu schlagen. Besser zwei, drei seien sehr reich, das übrige ergebe sich von selbst. Als Wilson sagte, man könne

das aber für Imperialismus nehmen, machte George eine stolze Bemerkung: «Man beschuldigt einen Bürger Roms nicht, wenn man ihn Römer nennt. Im übrigen», erklärte er scherzend, «haben wir unseren Freund Clemenceau, den Citoyen, er ist für die da, die uns nicht verstehen, er wird die nötigen Ideen bereitstellen.» George verachtet den Franzosen, weil der einen Affekt hat. Das hat so etwas Närrisches für ihn.
Er hat übrigens sonst auch allerhand vor dem Citoyen voraus. Die literarische Volksverachtung scheint ihm eine schäbige Sache, für derartige Bauernfängerei weht auf den Inseln keine gute Luft. Er hat den Krieg nicht aus Rachsucht oder Idealismus geführt, sondern in ruhigem Verstehen englischer Interessen. Diese Interessen sind mit der Wendung «kapitalistisch» schwer abzufertigen, meine Privatmeinung. Aber ruhige Umsichtigkeit ist ein tiefer Genuß, ein Wert. Ich lobe ihn. Besonders im Milieu der Helden und Lumpen.
Lloyd Georges Arbeiter sind bis jetzt keine Staatsverneiner geworden, das hat an ihm gelegen. Es sind, ich weiß nicht, wie viele noch jetzt von ihnen waschechte Liberale. Man stelle sich das für Deutschland vor. George hat der Arbeiterbewegung vorgegriffen, nicht mit Waffen und Unterdrückung, sondern mit Sättigung und Beruhigung. Man kann an ihm studieren, was ein Patriot ist. Selig zu preisen das Land, wo man Patriot sein kann. Es ist das große Unglück des Landes, dessen Sprache ich schreibe, daß sein Realiensinn nicht gleichmäßig in allgemeiner geistiger Entwicklung wuchs. Statt Politiker und Köpfe produzierten wir Verdiener. Der Liberalismus ist seit langem keine geistige Macht in Deustchland. Verächtlich und mit Recht sprechen die Sozialisten von bürgerlicher Ideologie. Man werfe einen Blick auf die ideenlosen Angstprodukte heutiger bürgerlicher Parteien. Als sich die Arbeiter vom Liberalismus lossagten, war der Stab über ihn gebrochen,

die Bürger fuhren mit Volldampf zum Feudalismus, unglücklich pendelten sie noch. Der Vorkampf gegen die frechen Feudalen wurde von den Arbeitern geführt, die ehemaligen Kämpfer wurden Nutznießer und hielten sich retardierend und oft beschämt im Hintergrund. Und jetzt. Wie lebenschaffend wäre die mächtige liebevolle republikanische Gesinnung. Zu spät. «Schizophrenie» sagt der Psychiater, Zerfall der Persönlichkeit. Sie erleiden, weil sie nicht handeln und denken konnten. Soldaten waren lange deutscher Denkersatz. Jetzt denken sie sehr überzeugend – auf der anderen Seite.

Die Deutschen zogen leicht in den Krieg. Sie hatten den Schlieffenschen Plan und keine Hintergedanken. Man konnte ihnen glauben, sie wollten siegen. Nichts wollten sie so sehr als das. Ihnen kam es vor, als hätten sie nur nötig an den Speck zu laufen. Der Satz: «Jede Fähigkeit ist eine Tugend» steht nicht nur in Spinozas Ethik sondern mehr oder weniger glaubt es jeder Mensch. Ein furchtbar unmoralischer Satz, der nicht verdiente, in einer Ethik, notiert zu sein, die mit der intellektuellen Liebe Gottes endet, aber das Buch schreibt getreulich Wahrheiten auf. Beim Vormarsch sagte das deutsche Feldherrnorakel: «Totmarschieren, das ist eine Tugend; wir haben's sogar schriftlich.» Und es geschah Ende August, daß sie wie wild losrannten. Aber die anderen waren bereits in Eisenbahnwagen gestiegen –, welche geniale und gänzlich unbekannte Erfindung der Neuzeit –, sie hatten sich rings in einem Bogen aufgestellt, und statt daß die armen Deutschen sie totmarschierten, hatten sie sich selber –. «Massen und rapide Überwältigung» hatte Schlieffens Testament gelautet. War aber nur als Plan Schlieffens gut. Der Mann war schon tot. Und die Franzosen wollten sich nicht von Testamentsvollstreckern besiegen lassen. Sie beharrten auf ihrem Recht.

Wie die Deutschen betrogen in den Stellungen hockten, wurde ihnen Hindenburg und Ludendorff geboren, die sich rasch zu Ludendorff verdichteten.
Dieser Fünfziger war das militärische Denken, der eingefleischte Drill der Kadettenschule. Typus: «Es ist alles möglich, zu Befehl Majestät.» Warf sich nach Osten, der Russe wich; ein Rest blieb zu tragen peinlich. Warf sich nach Süden; ein Rest blieb zu tragen peinlich. Die Hacken zusammen nach Westen. Das Hinterland ausgemistet, alles muß rein in den Krieg. Die besetzten Gebiete, alles muß rein in den Krieg. Sieg muß sein, und wenn die Welt untergeht! Aber überall blieben die «Reste» stehen, es war traumhaft. Es ging ihm wie Wilson mit den endlosen Clemenceaus. Er siegte gedankenlos ins Blaue hinein. Bis das Blaue ihn zu schlucken anfing, die «Reste» gegen ihn vorrückten.
Da war das Märchen aus, und wir gingen nach Hause.

Das ganze industrialisierte Volk rollte an die Grenzen. Ein großartiger Anblick. Und als die Wasser sich verliefen.
Meikeles, o teurer Held, wie haben sie dich bejubelt, als du kamst. Du sprachst sofort: «Ich, Herr Doktor Michaelis, werde mir die Führung nicht aus der Hand nehmen lassen.» Und dabei warst du in der «Woche» zu sehen, als der kleine übelgelaunte Bürovorsteher, der Witwer mit dem Regenschirm in der Hand, im pedantisch gebügelten schwarzen Paletot, Trauerflor um den Hut. Du kamst immer von einer Beerdigung.
Er war Pietist. Pietismus ist gern mit Hochmut und Raffiniertheit verbunden, der Schlauheit des Beschummelns. Im Pietismus beschummeln die kleinen Leute den lieben Gott, sie glauben er merkt's nicht. Um Meikeles schwebte immer dieser Arme-Leute-Geruch.
Später ist er Portier geworden.
So sah ein Kämpfer gegen das Infanteriereglement aus.

Darauf sagten die deutschen Bürger: «Ein richtiger Kanzler muß sich bei uns erkundigen, was wir über alles meinen.» Graf Hertling hauchte: «Zu dienen.» Er machte einen richtigen Besuch bei ihnen, Sonntag um zwölf, saß auf dem Plüschsofa, lächelte herzlich und höflich: «Ich bewillige Ihnen alles, ich setze alles durch, nur der Zeitpunkt, da bin ich empfindlich. In puncto Zeit, im Zeitpunkt, muß man mir Zeit lassen. Punkt.» Das leuchtete ihnen ein. Er schlief viel am Tage, er schlief so viel.
Das Infanteriereglement kam leise herbei, zog sich die Stiefel aus, schob ihm die Bettdecke über die Ohren, betrachtete interessiert den Knoten, den die Bürger ihm in das Taschentuch gemacht hatten wegen des Zeitpunktes.
Und dieses war der zweite Streich.

Auf dem Korridor zwischen den vergitterten Fenstern steht ein Alter mit wucherndem weißen Bart, nuselt und nickt. Seine Hände suchen in den Taschen... Er klebt Papierfetzen mit Speichel zusammen, spuckt und sabbert darauf und brummelt geschäftsmäßig. Ein kleiner ebenso Alter latscht in hängenden Hosen, die Jacke im Arm, heran, trübe, ein Tropfen hängt ihm an der blassen Nase: «Ich brauche 1000 Millionen. Ich muß meinen Hund füttern.» Der andere wühlt zittrig in seinen Papieren, klebt neue Scheine zusammen, gibt sie ihm, der stopft sich gleichmütig die Taschen voll, schlurrt ab.
Der Staatsmann: «Herr General, können wir die Alliierten endgültig und entscheidend besiegen?»
Der General: «Darauf antworte ich mit einem bestimmten Ja.»
Der Staatsmann (trifft seine Maßnahmen).
Das Volk (in der Ferne hinter der Absperrung):
«Lieb Vaterland, magst ruhig sein.»

Als die Deutschen den Krieg verloren und Revolution gemacht hatten und nicht gleich die schöne Republik bekamen, die sie doch haben wollten, ergrimmten sie sich und ließen das Donnerwetter losschlagen. Diesmal wollten sie es packen.

Der Kaliban wurde in Bewegung gesetzt. Die Zeitungen melden triumphierend: der mehrheitssozialistische Wehrminister vermochte den Lärm des ganzen Parlaments mit seiner donnernden Stimme zu übertönen. Man bemerkt sofort, was ein Befähigter ist. Man sieht, was ein wirklicher Arbeiter kann. Und er kann schimpfen, reichhaltig und so erfreulich. Es gab Staatsmänner, die dies absolut nicht konnten, und wenn Zeiten kommen sollten, wo er heiser ist, so wird er nicht zögern und berufene Instrumente mit Pulverladung hinzuziehen. An Stimmübergewalt soll es ihm niemals fehlen. Denn er ist ein Tischler, nehmt alles nur in allem. Jeder Zoll ein Leimtopf. Er hat erfaßt: die Menschheit ist ein Kistendeckel.

Wenn er sich schlafen legt, summen die Fliegen, die er am wildesten haßt, um seine schnarchende Nase. Sie legen ihm Eier in die Ohren, unter die Achsel, und er brütet sie aus. Beim Aufwachen faßt er nach dem Bierseidel, und sofort geht das Regieren los.

Die Traumbilder der Masse.

Von einem Mann habe ich noch nicht gesprochen, der vielen im Krieg und einigen im Frieden eine Hoffnung war. Vom Papst habe ich nicht gesprochen. Ich habe nie an ihn gedacht. Derjenige Mann ist keine Realmacht, dessen Anhänger sich während des Krieges wechselseitig erschlugen. Gemeinschaft in den Sterbesakramenten genügt nicht. Ich hätte nie die Parole einiger höchst ernsthafter und geistreicher Leute für möglich gehalten: «Es lebe der Kommunismus und die katholische Kirche.»

Eine neue höhere Kirche soll uns führen. Ich grüße ehr-

fürchtig diesen Gedanken. Aber ich weiß: vorläufig und ach wie lange noch müssen wir uns mit dem gemeldeten Ersatz der Clemenceaus, Meikeles und so weiter begnügen und für jede Ausnahme dankbar sein. Bis heute ist nur die Trägheit zusammengefaßt.
Wenn die Masse und ihre Führer sich begegnen, sieht es weniger nach Gottesdienst als nach Kasperletheater aus.
Seufzen wir darob nicht, teure Idealisten. Linke Poot geht euch mit gutem Beispiel voran. Die Drahtzieher umwandert er staunend und bläst ihnen heftig seinen kitzligen Atem von unten in die Nasenlöcher. Wo er lange Ohren sieht, schlägt er kein Kreuz, sondern zupft herzhaft wie an einer Klingel daran. Der träumenden Masse aber wühlt er sich in das dichte behagliche Fell und läßt sich von ihr schaukeln. Er nennt sie «sein liebes Tier», was das größte Lob dieses Atheisten ist. Er stammelt manchmal, er weiß nicht wie ihm ist, mit Whitman: «Für dich dies von mir, o Demokratie, dir zu dienen, ma femme, für dich, für dich rufe ich diese Lieder.» – 1919

Berge Meere und Giganten

Island war eine Insel unter dem fünfundsechzigsten Breitengrad an dem fünfzehnten östlicher Länge; der Polarkreis schnitt ihre nördlichen Vorsprünge. Zwei Inseln hatten Laven aus Vulkanen werfend diese bergige Platte geschaffen, die ihre zerrissenen Wände, Scheren eines Riesenkrebses, in das neblige brandende Meer streckte. Die Menschen auf den Schiffen näherten sich ihr. Sie hatten vor, die Vulkane der Insel zu zerreißen, ihr Feuer über Grönland zu tragen.

Vergletschert lag der Süden der Insel. Hekla und Skapeterjokul hießen die Berge, die Schwefeldämpfe aus ihren Spalten von sich gaben. Der Mückensee dunstete im Norden mit vierunddreißig schwarzen Lavainseln; an ihm warfen aus weiten Bassins der Krabla und Leirhukr tiefblaue und honiggelbe Massen. Haushoch schossen die, prasselten in den Krater zurück, wälzten sich, gasten über die Abhänge. Meilenweit war die Wüste der Insel; Lavafelder, runzlig erstarrte Steinströme, nackte braune Blöcke, zerborstene Felsen. Verbrannte tote Ebene. In den Klüften der Laven standen spiegelnde Wasser. Springquellen warfen heiße Wassermassen. Am südlichen Rand der Wüste standen der Geysir und Strocker; in ihren weiten Wannen trugen sie helles grünes Wasser, das pulsierte. Von Zeit zu Zeit tosten die Wannen. Blasenwerfend richtete sich das Wasser auf, wölbte sich über den Rand der Krater, warf sich schluchzend zurück.

Als die Kolonne des ruhigen blonden Schweden Kylin an der Spitze des Eyjafjords landete und die Insel überflog, – Wirbelwinde gingen über das Land, die brennenden Berge, die narbigen Felder, – fanden sie Menschenansiedlungen in der Nähe der Küste. Nahe dem Landungsplatz war eine Siedlung; Schafe und kleine Kinder wanderten auf

Hügeln. Man mußte, was man vorhatte, ohne sie verrichten. Es war vorauszusehen, daß sie der Expedition feindlich gegenüberstanden. Kylin und seine Begleiter umschwärmten den Krabla am Mückensee. Er war tätig; auf Meilen dröhnte die Insel unter den Schlägen, mit denen das heiße Magma den felsigen Untergrund durchbrach. Die Beben rollten über die Insel. An toten Bergwänden sahen die hochkreisenden Flieger plötzlich Schlünde und lange schwarze Kluftreihen sich auftun. Oft mußten sie sich senken, von dünnen Schwaden eingewickelt, blitzrasch aufzucken unter dem erstickenden Andrang der Schwefelgase. Mit Wonne umflogen sie das stampfende gähnende Untier, das sich da unter ihnen am See hingesetzt hatte, das Land aufwühlte, die Oberfläche des Wassers wiehernd prustend zum Schäumen brachte. In diesen Schlünden wogte die unermeßliche Glut, nach der sie begehrten, die sie herausschaffen mußten. Um sie über Grönland zu werfen, auf den weißen bergetiefen Eispanzer, der trübe anlaufen dampfen zerreißen würde, die Gletscher vom Kap Grival, der Kangardlutsuak, die Aggasinsel. Island brannte. Es mußte stärker brennen. Eine wolkenschleudernde donnerlohende Feueresse war für sie bereitet.

[...]

Sehr zögernd lösten sich die Schiffe von Island, sehr langsam kreuzten sie das starke atlantische Wasser. Das dumpfe abgründige Schollern füllte noch ihre Ohren. Sie hörten es, als wenn eine Muschel auf ihren Ohren läge. Lagen auf dem Meer, das sie vor Monaten, endlos langen Monaten betreten hatten, von den Shetlandinseln her am sechzigsten Breitengrad. Das Meer, mit Steinschotter die Küsten schlagend, Ozean, breites hundertmeiliges Wasser, schwarzes wellenüberlaufenes Wesen, von dünnen Winden geschoben, überflattert von fliegenden pfeifenden

Tieren. Sie hatten einmal Mukla Ron und Foul, das Mainland, die zackigen Inseln Yall, Samphyra, Uya, Umst verlassen, Vogelberge waren verschwirrt. Die Sonne sahen sie wieder, mit fremden großen forschenden Augen, Unband von Feuer, einäschernde Hölle alles Kriechenden Fliegenden Hüpfenden, das weiße wallende Flammenmeer, metallene Wolken von sich werfend, die in Schlakken zurückfielen. Zwitschernde Metalle, Gluthauch an Gluthauch, die Urwesen frei blühend, Helium Mangan Kalzium Strontium. Sie gingen hin und her zwischen Deck und Kajüten, spürten dem Aufblasen des kalten Nordostwindes nach, staunten die Wellen an. Unklar erinnerten sie sich, was hinter ihnen lag. Sie waren aus Brüssel London, südlichen Stadtreichen gekommen; man hatte sie gesammelt. Man hatte Brücken über Island geworfen. Die Städte, sie erinnerten sich der Städte. Wie sonderbar die Siedler. Ihretwegen hatte man sie hergeschickt. Das Meer floß unter ihnen. Gut, daß es da lief. Sie wollten nicht in die Städte. Wie merkwürdig alles durchhellt wurde, Senate Stadtschaften Fabriken Apparate. In der Mark hatte Marduk, der große Tyrann, gekämpft; Zimbo kam nach ihm. Die Stadtschaften hatten den Siedlern nachgeben müssen; darum schickte man sie her, nach Island, Grönland. Was für Menschen waren da hinten. Nichts hören. Weiter Meer fahren. Grönland, nach Grönland.

Das arktische Mittelmeer lagerte auf zwei Tiefenmulden. Zwischen Spitzbergen und Grönland sank die Nordmeertiefe fünftausend Meter tief ein. Eine unterseeische Bodenschwelle, die kaum dreihundert Meter unter dem Wasserspiegel verlief, der Thomsonrücken, trennte breit die Nordmeertiefe vom Atlantischen Ozean. Von Ostgrönland lief die Schwelle auf Island. Im Nordosten trennte eine Schwelle die Nordmeertiefe von der Meeressenke um die neusibirischen Inseln. Der grönländischen Ostküste

fern folgend fuhren die Schiffe der Stadtschaften über das eisige Meer. Die warme tropische Golfstromdrift, die den Ozean hinter sich hatte, sandte ihr Wasser herüber auf Island, umkreiste die Insel, lief an der Südspitze Grönlands vorbei. Von Norden und Osten schwamm neben ihm, bedeckte ihn, mit Treibholz und Eis beladen, der Ostgrönlandstrom; der eisige Labradorstrom kam von Westen, vereinigte sich mit ihm. Sie fuhren über die schweigenden Untiefen.
Und plötzlich wurden sie der Turmalinschiffe, der schwimmenden Fracht unter sich gewahr. In den Bäuchen der Schiffe ruhten die Schleier, die mit der Glut der Vulkane geladen waren. Im Stoß den rasenden hauchenden Feuerflächen entrissen. Da fuhr mit ihnen das dröhnende geliebte Island. Die achtkuppige Hekla, sprudelnd die Lava von der Thorsar bis zum aufgischenden Meer. Die Schiffe des Myvatngeschwaders fuhren mit ihnen. Sie hatten die Gruppe der Turmalinschiffe nach den Vulkanen benannt, denen ihre Kraft entstammte. Das war die Klasse der Leirhukrschiffe. Der breitschultrige Heidubreid, der schreckliche Dyngja. Die Katla, am Südhang des Vatnagletschers der gigantische Öräfa. Es war, wie die Menschen es bedachten, ein Widerwillen in ihnen nach Grönland zu fahren, diese Schleier, dies Leben und Blut wegzugeben, über das Land zu breiten nach dem Befehl der Stadtschaften. Herdubreid Katla Hekla Myvatn fuhren mit ihnen; sie waren ihrer Obhut übergeben. Kein Führer erriet, daß eine Anzahl der Menschen, die mit ihnen über dem Meer, dem südwärts treibenden Ostgrönlandstrom hingen, im Kopf hatten, die Turmalinschiffe mit ihrer Liebe zu decken. Sie wollten die Frachthallen sprengen. Geschützt von den Menschentransportern fuhren die Turmalinklassen, in langem Zug. Leichte Fahrzeuge bahnten ihnen den Weg durch das Packeis. Vorsichtig zwischen Eisbergen führten sie sie hindurch. Aus allen Schiffen umschwärmten die

Turmalingebäude immer Boote; immer waren sie ihnen nahe wie die Hand einer Pflegerin. Da kam, nachdem sie ziellos eine Woche gekreuzt hatten, unerwartet der Befehl, alle Maschinen anzusetzen und sich nach einem Plan um Grönland zu verteilen, vom Melvilleland jenseits des achtzigsten Breitengrades bis zum Kap Farwel unter der sechzigsten Breite. Sie sollten die Dänemarkstraße im Osten durchziehen, im Westen die Baffinbai bis zum Ellesmereland. Es kam auch der Befehl, nur wenige Schutzschiffe für die Turmalinschiffe zu stellen, niemand sollte sich zu dicht den großen Frachtern nähern. Die an die Versenkung der Frachter gedacht hatten, fühlten sich im Augenblick ertappt. Sie sahen bald, daß die Führer etwas anderes zu der Warnung bewogen hatte. Ruhig schwammen die Hallen mit der Last der Vulkangluten über dem Wasser. Die Schiffe begannen eine merkwürdige Gesellschaft zu bekommen. Bald hinter Island bemerkten die Menschen der Begleit- und Wachtschiffe die große Zahl von Fischen, die sich um die Flotte sammelte. Sie schoben es auf die besonderen Fahrrinnen, die sie gerade nahmen. Schon nach zwei drei Tagen erkannten sie, daß die Fische hinter den Turmalinfrachtern her waren. Der braune Tang löste sich nicht von dem Schiffskörper. Wellen schlugen ihn nicht ab. Wenn Eisschollen eben einen Teil des Bugs glatt gescheuert hatten, so hingen fast im Augenblick, wie magnetisch gezogen, fast wie aus dem Schiffe sprießend, neue Tangbüschel an seinem schweren Rumpf. Die Turmalinfrachter zogen den Tang wie Barthaare hinter sich. Bei langsamer Fahrt waren die Schiffsleiber von den braunen grünlichen nassen Büscheln ungeheuer umwallt. Die Schrauben schmetterten und schlugen sich ihre Drehflächen frei; aber in den langen Schraubentunnel wucherten die Pflanzen ein, tauchten in den dunklen engen Kanal am Boden der gewaltigen Fahrzeuge, umwanden die schweren glatten rollenden Metallbalken. Die Männer mußten herunter in die eisigen Räume, mit Haken und Messern die bunten Büschel abziehen, die im Begriff waren, das Schiff zu ersticken. Sie brachten zum Erstaunen der Besatzungen den schweren Pflanzenfilz herauf. Es waren nicht die gallertigen Gebilde der zierlichen Algen, die auf den Wellen unter ihnen schaukelten, wiesenartig dicht beieinander, das Meer olivgrün färbend. Sondern armdick quellende Sträucher, vielfach verästelt, mit zollangen scharfgezähnten Blättern; apfelgroße Beeren trieben sie, die ihnen als Schwimmblasen dienten; wie Köpfe erhoben sie sie. Reinigungskommandos traten auf allen Frachtern in Tätigkeit. Mit Besen mußten sie die Algenbüschel von den Treppen herunterstoßen; mit Stöcken schlugen sie sie vom Gestänge ab. Um die Turmalinfrachter, als wären sie durch Signale, durch einen Ton, einen Geruch bezeichnet, schwammen Wale. In wellenförmigem Auf- und Absteigen begleiteten sie die großen Frachter, drängten sich blind durch die Wachschiffe. Man sah sie mit offenem Rachen schwimmen, von den rasch stoßenden Schwanzflossen getrieben. Sensenförmig gebogene lange schmale Zähne standen zu Hunderten honiggelb auf den großen Kiefern; das Wasser quoll zwischen den Zähnen in den Schlund; wurde in Springbrunnen weiß aus den Nasenlöchern auf dem schwarzen Scheitel gespritzt. Das Gewimmel der glänzenden dunklen Rücken, die hohen Wasserstrahlen. Die scheuen Tiere fuhren wie verbissen hinter den Transportern her. Als die Begleitschiffe Boote gegen sie aussetzten mit Harpunen, die sie sich zur Unterhaltung anfertigten, wichen die Tiere aus. Wie man ihnen aber den Weg hinter den Frachtern verstellte, gingen sie schwanzschlagend mit Zorn auf die Boote los. Die Lichtanlagen und der Verständigungsdienst von den Frachtern wurde in diesen Tagen schwächer. Die Ingenieure erkannten, daß die Vulkanschiffe die Störung in sich selbst tragen mußten. Keine Hitze strömten die Berge der Stein-

schleier aus. Man beging die Hallen, durch deren ganze Weite die Schleier ausgespannt waren. Die ölige Isolierung war nirgends durchbrochen. Es waren andere Substanzen, unbekannte, die ausgeströmt wurden. Düster brannten nachts die Vulkanschiffe, hinter einem Nebel fuhren sie; die Lampen zuckten erloschen zu manchen Stunden. Da gaben die Führer, in Unruhe geratend, die Weisung, das ziellose Kreuzen zu beenden, alles bereit zu halten den Angriff auf Grönland vorzunehmen.
Die Vulkanschiffe aber, schwer sich durch die Eiswüste wälzend, waren von einem Zauber berührt. Sie fuhren, als wollten sie im Eis versinken. Eine Nacht langsamer Fahrt genügte, um die Schiffe wie mit Tauen an das Meer zu fesseln. Der schwimmende abgerissene sterbende Tang wuchs auf, trieb neue Stiele und Blätter. Die Kanten der Eisschollen waren mit den Algenvölkern überzogen, die sich an die Schiffsleiber mit langen Stengeln, palmblattartigen Organen hefteten und die Schiffe mit dem Eis verklammerten. Mit Brennen und Sprengen wurden die Frachter freigemacht. Die Menschen auf den Schiffen selbst und in ihrer Nähe wurden eigentümlich mitgenommen. Nur für wenige Tage konnten Menschen zu den Turmalinfrachtern abkommandiert werden. Nach kaum einem Tag gingen sie in einer Müdigkeit herum, die zwangsartig war und die sie vergeblich durch Bewegungen Waschen von sich entfernten. Wie Opiumraucher setzten sie sich hierhin, dorthin, taten mühselig ihre Arbeit. Es wurde ihnen schwer das Gesicht zu bewegen. Mit diesem maskenartigen Ausdruck brach der Zustand aus. Dabei war ihr Inneres süß bewegt; sie blickten oft zwischen den Leitern Türen hindurch die Wände Decken, den Himmel an, sahen Landschaften, in denen sich Bäume überpurzelten, die Wolken sich lang auszogen, warm heruntertropften, ihnen auf die Brust, die Lippen; sie leckten, schluckten. Ein heftiges bald unbezwingbares Liebesemp-

finden durchlief sie. Die Männer zitterten im Frost der Erregung, die Frauen schüttelten sich, gingen zuckend langsam. Jedes Glied an ihnen war mit Wollust geladen, jede Bewegung brachte sie dem ausbrechenden Taumel näher. Sie umschlangen sich, und wenn sie ihre Leiber vermischt hatten und voneinander ließen, waren sie ungesättigt. Sie küßten und umarmten Seile, rieben und schlugen Arme und Beine, den Rumpf an Treppenstufen. Über Bord ragten die mächtigen Algenstiele; die zogen sie her, zu denen fühlten sie Verlangen. Das wonnige Wimmern, das ratlose Seufzen, angstvolle Stöhnen der Nichtzuberuhigenden. Dann lachten sie wieder, ließen sich und die Dinge los, taten dämmernd eine Arbeit. Aber der Speichel lief ihnen aus dem Mund, es drehte so weich hinter ihren Stirnen; sie warfen die Köpfe in den Nacken. Man mußte beim Fortgang der Eisfahrt schon am Ende des zweiten Tages die Menschen von Bord reißen. Alle entbehrlichen Kräfte wurden von den Vulkanschiffen genommen. Die Flotten stürmten durch den Ozean ihren Bestimmungsorten zu.

Jetzt sah man schon nachts mit bloßen Augen, was in den Riesengebäuden der Vulkanfrachter lag. Wenn die Sonne versank, Lichter auf den andern Schiffen aufflammten, fuhren die Hekla Leirhukr Dyngja Katla Myvatn, als wären sie, auf denen keine Lampe brannte, in ein dünnes Licht gehüllt. Man konnte die Schiffe im schwarzen Wasser im ganzen Umfang bis zum Kiel herab erkennen; Schrauben Masten Seile, die andrängenden Pflanzenmassen zitterten ein feines weißes Licht. Von Stunde zu Stunde wuchs die Intensität des Hauches. Im Finstern sah man, daß das Wasser viele Meter um die Schiffe leuchtete. Weiter und weiter entfernten sich die Menschentransporte und Begleitschiffe von den schwimmenden Speichern; nur für Stunden wagten sich kleine Mannschaften herüber. Ein Schrecken hatte alle befallen. Sie lagen zerknirscht auf den Schiffen herum. Was sollten sie tun? Was sollte man tun mit den schrecklichen Vulkanhallen, die man hinter sich herzog, die wie Ungeheuer über sie herwuchsen. Keiner dachte mehr an Sprengung. Die Führer wurden angefleht, die Turmalinhallen in das hohe Eis hinaufzuführen und dann zu fliehen. Aber was würde geschehen mit den Schleiern. Die Speicher konnten lostauen, ins Meer nach Süden getrieben werden, ihre Isolierung konnte zerbrechen; sie konnten als furchtbare Flammen- und Strahlenwesen gegen die Kontinente vorgehen. Man mußte sich ihrer entledigen, aber man konnte nicht fliehen. Nach Grönland. Und die Führer und Besatzungen zitterten, was geschehen würde, wie es verlaufen würde. Man fuhr. Metallisch blitzten im Wasser die Scharen der Fische auf. Die Lachse blaugrau mit dunklen wedelnden Flossen. Der Schwarm der scheuen Makrelenhechte gefolgt von Thunen und aufspringenden jagenden Boniten. Es war, als wenn sich die Pflanzenwiesen vom Meeresboden hochhoben losrissen, an die Schiffskörper hingen. Mit ihrem lebenden Gewichte beschwerten sie die riesigen Turmalinfrachter. Die schienen nichts davon zu fühlen. Ihr Bug hob sich von Stunde zu Stunde höher aus dem spritzenden Ozeanwasser. In den Nächten liefen sie wie glühende Wesen über dem Wasser. Das Mittschiff folgte, das Achterschiff. Die Schiffe schienen sich bereit zu machen über den Ozean zu fliegen. In nicht ausdenkbarer Weise, ein Graus der begleitenden Menschenflotte, überragten die Vulkanklassen die anderen Schiffe. Mit Bug und Steven, entblößter Außenhaut, liefen sie ohne zu schwanken auf der Meeresoberfläche wie auf Schienen. Bald mußte der Kiel die Wasserlinie erreicht haben, die Schiffsschrauben leer in die Luft schlagen. Und wie sie bergig hoch über den andern in den Geschwaden rollten, begannen ihre Rümpfe zu torkeln. Wild und brünstig hoben sich die Schiffe an. Toben und Klatschen war um sie; die Maschinen in ihren

Leibern arbeiteten; eine todesmutige alle Angst verbeißende Besatzung, stündlich wechselnd, hielt sie in Gang. Die seilartigen Stiele der Pflanzen, die sich über die Planken und Masten legten, rissen die fahrenden Schiffe entzwei. Die Eismassen, die sich an ihre Leiber schmiegten, sich mit ihnen verlöteten, schüttelten sie von sich. Kilometerweit um die Frachter stießen Vögel auf sie zu; sie fielen über die Gebäude her, setzten sich auf die kriechenden Algen, auf Stengeln Blättern an der Außenverschalung krabbelten sie pfeifend zwitschernd schreiend herum. Tausende von Eistauchern, hell schreiend, flatterten auf Drähten Tauen, durch die Luken Deckfenster, bedeckten mit ihren zukkenden befiederten Leibern die Außenbordstreppen, unbehilflich springend, hielten sich dicht über dem Kiel am Schiffsrumpf angeklammert. Andrängende aufschnellende Fische jagten sie hoch, der starke Strahl der Wale wirbelte sie betäubend in die Luft. Über das Eis von Grönland kamen Vögel herübergeweht.
Es waren keine Schiffe mehr. Es waren Berge Wiesen. Und die Schiffe klangen. Sie klangen mit demselben hohen Ton, den die Schleier von sich gegeben hatten, als die Fluggeschwader sie von den Feuerseen Islands abzogen. Durch das Flügelschlagen Krächzen Zwitschern drang unheimlich der helle gleichmäßige Ton, der leise sanft aufsurrte, wie der Dampf aus den Düsen einer Turbine.

1921–23

*Die Überschätzung
des Theaters
ist ein privater Irrsinn
der Theaterkritiker.*

1925

Eugene O'Neill

Die Situation in Berlin wird beängstigend. Sie erinnert an die beim Rücktritt Cunos. Das Herumstehen der Menschen an den Straßenecken; sie haben jetzt Millionen, Milliarden und versuchen vergeblich dafür einzukaufen. Viele Läden geschlossen; sie wollen nicht verkaufen. Repudiation der Mark. Wie ich ins Theater will, klopfe ich zuerst am Residenztheater an, wo Kayßler und Frau Fehdmer in «Rosmersholm» spielen. An der Kasse sind die Preise angeschlagen, in – Goldmark. Ein schlechter Platz fast zwei Goldmark, das heißt an diesem Tag beinahe eine Milliarde. Ich durchstöbere mein Paket Millionen; es sind hunderte, aber nicht genug. Wie ich wegging, war der Dollar noch nicht so hoch; diese Kasse steht in direkter Telefonverbindung mit der Börse. Ich sage wie Mephisto beim Tanz der Hexen um den Rabenstein: «Vorbei! Vorbei!» Die Elektrische: der Schaffner greift furchtbar in meinen Millionenbestand; ob ich noch lebend nach Hause komme? Ich fahre geknickt am Deutschen Theater vor; meine Millionenhunderte umklammernd. Die Goldmarktafel fehlt hier; ob übrigens das Residenztheater auch seine Angestellten in Goldmark bezahlt? In ein schwieriges Additionsexempel stürze ich mich im Vestibül, meinen Geldschatz in der Hand. Ich habe fast eine halbe Milliarde, aber muß eigentlich auch zurückfahren können; es reicht, obwohl ich dann abgebrannt bin. Wie ich einen mäßigen Platz im Rang nehme und in die Garderobe klettere, donnert mir die Garderobiere eine entsetzliche Zahl entgegen. Es stehen Säulen aus Eisen in der Garderobe; sie sind zum Festhalten für entsetzte Menschen. Das Billett habe ich schon; die Kassiererin wird nicht so dumm sein, es zurückzunehmen, nachdem ich den Wahnsinn beging, mein Dasein mit dem Kauf aufs Spiel zu setzen: Die Zähne beiße ich zusammen; mein Geld, wie ich es habe, das Lumpenpaket, die Stampe, werfe ich dem Weib in den Rachen, die gierig daran schluckt. Leider nicht erstickt; sie sind daran gewöhnt. Wütend sitze ich dann da, seh ein merkwürdiges, leicht schaukelndes Grün und Schwarz und denke, eine interessante Bühneneinrichtung, obwohl ich daraus nicht klug werde. Bis sich die Bühneneinrichtung nach mir umdreht. Und es ist ein längeres Fräulein, das mir sein Wurstpapier in den Schoß wirft. Ich hab es an mich genommen und der Dame gedankt; für den Verkauf dieses Sachwertes, des deutlich fettbeschmierten Papiers, das stark nach Wurst roch, löste ich an der Ecke Schumannstraße einen größeren Betrag von einem Manne ein (er machte daraus erstklassige Fett- und Papierwurst). Ich konnte dann zurückfahren.

Im Theater, das mir durch die grünen und schwarzen Haarattrappen der verlängerten Dame sichtbar wurde, gab man ein amerikanisches Stück: «Anna Christie». Dem Autor geht großes Gerede voraus; er heißt Eugene O'Neill (*Nihl* gesprochen). Die Amerikaner machen viel aus ihm, und er ist entschieden mehr [wert] als das Wurstpapier, das mir in den Schoß fiel. Aber nur im ersten Akt. Im zweiten und dritten ist er gar kein Sachwert und riecht nur nach altem europäischem Papier. Hat man schon die rührende Geschichte gehört von der «Dearn», sprich Dirne, die einen plötzlich von Herzen liabt, sprich liebt; und dann will er sie nicht, weil sie eine Dearn ist? Ach der Kummer! Ach der Revolverschuß! Das liabende Herz ist frei, es wär so schön gewesen, es hätt' nicht sollen sein. Da gibt es die White Star Line und andere kolossale Amerikalinien: alle Schiffe haben sie fabelhaft eingerichtet; man fährt hin und her, uns bringen sie nichts – und das bringen sie. Melchior Lengyel hat es in sein geliebtes Ungarisch übersetzt, das der Berliner Theaterdirektor (der wohl auch aus Ungarn ist) für Deutsch hielt. Das Stück fängt mit einer ausgezeichneten Milieustudie an: eine Hafenschenke New Yorks; der alte Kohlenschiffer und Seemann, versoffen und hungrig (Gülstorff, allererste Garnitur, in bester Form); das Weibsbild, mit dem er herumzieht. Und dann kommt seine längst vergessene Tochter, Anna Christie, und es ist famos zu sehen, wie das Weibsbild und die Tochter sich gegenübersitzen, lebendig in jeder Bewegung, beide unter die Räder gekommen, beide mit ihrer besonderen Moral, ohne jede lyrische Beleuchtung. Doch das Unglück, der zweite Akt, schreitet schnell. Man weiß längst, was die Amerikaner lieben: blonde Schlankheit und Puppenaugen mit Sentimentalität. Die Leute drüben sind hart und entwickelt im Industriellen und Technischen; darunter haben sie Bedürfnisse der trübsten Provinzler. Schon ihre Filme belehren darüber: eine sonderbare Philistrosität, die der Mehrheit aus dem Wege geht; romanhafte, abgestandene Verlogenheiten. Diese Leute, die uns in vielen (nicht sehr wichtigen) Dingen um zehn bis dreißig Jahre voraus sind, stehen im übrigen um das deutsche Jahr 1875 bis 1880: Geibel, Marlitts «Goldelse». Gustav Freytag ist hohe Modernität für sie. Und von da will man uns importieren, imponieren. Das amerikanische junge Volk muß noch sehr viel von Europa lernen. (Der Foxtrott, den sie brachten, war nicht von ihnen, sondern von den Niggern; von denen will ich gerne lernen.) Die unglückliche Anna Christie von O'Neill schmachtet gut bürgerlich im zweiten Akt auf dem Kohlenkahn des Vaters einen Heizer an. Der will sie heiraten, aber sie sagt ihm, wer sie ist oder war, drüben auf dem Land, in dem öffentlichen Haus. Darauf allseitiger Kollaps. Ich kollabiere auch. Das Mädel ist unmöglich. Ein dritter Akt war nicht zu umgehen; wie erholen sie sich von dem Kollaps! Für den Autor war der dritte Akt nicht mehr nötig: es war klar, er hatte vorbeigehauen. Teurer O'Neill, lassen Sie sich von einem erfahrenen Europäer sa-

gen: als die Anna zurückkehrt in das Alkoholmilieu des Vaters, hatten Sie die europäische Pflicht, sie in dem Milieu eisern festzuhalten. Auf Anklageliteratur pfeifen wir. Sie ist uns zu dumm. Verliebt sich das Weib, dann ist es die Verliebtheit eines Weibes aus einem besondern Stande; ist Ihnen das nicht aufgefallen? Sie ist keine Deklassierte, innerlich, von sich aus. Sie hat spezifische Dirnen- und Klassenmoral. Sie kann nicht plötzlich die Sentiments und Moralia einer anderen Klasse, nämlich der Theaterzuschauer, annehmen. Wir sind gerecht und streng, gut sachlich. Wir haben für Traktätchen eine besondere Literatur. Wir sind groß in wissenschaftlicher Reinlichkeit. Euch in Amerika steckt die Heilsarmee stark im Blut. Sie sagen, lieber Kollege O'Neill, Euch in Amerika gehört die Zukunft? Ich sage ja, aber Eure Zukunft sind – wir. Nun machen wir *shake-hands,* mein Sohn. – (Man applaudierte dem ersten Akt stark, den späteren wenig. Der blonde Kitsch wurde von Käthe Dorsch verkörpert; sie sprach herrlich und unaufdringlich eindringlich wie immer. Wendhausen inszenierte.)
Es war mir aufgefallen, wie ich die Garderobe betrat, daß nur vier bis fünf Sachen dahingen; im Rang aber saßen mehrere Dutzend Menschen. Wo hatten sie ihre Garderobe? Als ich hinausging am Schluß, beobachtete ich die Leute. Sie gingen die Treppe hinunter; ich dachte, sie haben ihre Hüte und Mäntel unten. Nein. Sie gingen – hinaus. Sie hatten gar nichts mitgebracht. Die ganzen Scharen, Männlein, Weiblein, spazierten so! Sparten Garderobegeld. Und es – regnete. 1923

An die Schulaufsichtsbehörden!

Von einer Elternversammlung

Nun, als der neugebackene deutschvölkische (oder deutschsoziale) Reichstagsabgeordnete Stock ums Wort bat und von hinten aus dem Saal mit gewichtigen Schritten, breitschultrig und sehr ernst auf das Podium schritt. Der Mann hat ein sehr lautes Organ; man kann es ruhig grob nennen. Noch ruhiger kann man grob nennen, was er sagte: Nein, was er brüllte. Nein, man kann es nicht grob nennen. Man kann es überhaupt nicht nennen. Es war etwas, jedenfalls für eine große Zahl der anwesenden Eltern, Unerhörtes an Roheit. Ein Angriff auf die ahnungslosen mit Dreschflegeln und Nachttöpfen. Mit zwei Worten eine waschechte antisemitische Radaurede. Er begann damit, daß er anknüpfte an die Bemerkung des Schulwarts von dem fatalen Dirnentum in der Nähe der Schule. Das seien, meinte der deutsche Reichstagsabgeordnete, so die Auswirkungen der Revolution; in solche Zustände sind wir seit da gekommen. Und dies sei nur ein einzelner Fall. Es sei die Tätigkeit deutschfeindlicher Menschen, mit einem Wort des internationalen Judentums, die hier wie überall hervortrete, zersetzend, auflösend, fäulniserregend. Hier wage man es, den Eltern eine Einheitsliste vorzusetzen, in der auch Juden vertreten seien; hier wage das Judentum anzutasten und die Hand auf das Letzte zu legen, was uns geblieben sei, die Schule, die Keimzelle. Die Zwischenrufe der erst ganz konsternierten Zuhörer mehrten sich hier. Ein erregter älterer Herr stand immer wieder vorn auf, schrie: «Schämen Sie sich! Sie sollen sich schämen!» Es gab Pfuirufe; es gab aber rechts und links auch lautes Bravo, Händeklatschen. Der Lärm im Saal nahm so zu, daß oben aus einem Redner vollkommen ein Brüller geworden war. Er verstand sicher selbst nicht, was er sagte und tobte. Im Handumdrehen, innerhalb von 3 Minuten war aus einer friedlichen sachlichen Elternversammlung eine Gesellschaft politischer Hasser geworden, die – ihre Zeit vergeudeten. Hilflos stand der biedere Postsekretär, der Leiter der Versammlung, neben dem tobenden deutschen Reichstagsabgeordneten; er konnte nichts machen. Und auch als er geendet hatte, unter Bravo und Pfui, konnte er nichts machen. Eine heftige Debatte folgte. Ich stand am Schluß neben einigen Frauen; sie sagten: sie zitterten noch, wären sie doch nicht hergekommen. 1924

*Ich fand, ich müßte mich einmal über die Juden
orientieren. Ich fand, ich kannte eigentlich
Juden nicht. Ich konnte meine Bekannten, die sich
Juden nannten, nicht Juden nennen.
Sie waren es dem Glauben nach nicht, ihrer Sprache
nach nicht, sie waren vielleicht Reste
eines untergegangenen Volkes, die längst in die neue
Umgebung eingegangen waren.
Ich fragte also mich und fragte andere:
Wo gibt es Juden?
Man sagte mir: In Polen.*

1940/41

Reise in Polen

350000 Juden wohnen in Warschau, halb soviel wie in ganz Deutschland. Eine kleine Menge sitzt verstreut über die Stadt, die Masse haust im Nordwesten beieinander. Es ist ein Volk. Wer nur Westeuropa kennt, weiß das nicht. Sie haben ihre eigene Tracht, eigene Sprache, Religion, Gebräuche, ihr uraltes Nationalgefühl und Nationalbewußtsein.

Aus Palästina, ihrem Stammland, wurden sie vor zwei Jahrtausenden geworfen. Dann trieben sie sich in vielen Ländern herum, teils wandernd, teils gejagt, Händler, Kaufleute, Geldleute, geistig immer in enger Berührung mit dem Wirtsvolk, dabei fest an sich haltend. Teile bröckelten ständig ab, im Ganzen blieb das Volk. Und jetzt ist die Masse seiner Menschen größer als vor zwei Jahrtausenden. Man preßte sie von Süden nach Norden, aus Spanien heraus, wo sie zu Hunderttausenden siedelten, aus Frankreich nach Deutschland, in das Polen- und Russenland hinein. Immer warf sich ökonomischer Haß über sie, Abneigung gegen das fremde Volk, Widerwille, Furcht vor ihrem fremden Kult. Dieses Polen nahm sie im dreizehnten Jahrhundert auf.

Sie gerieten in ein Land, das städtearm war, zwischen Bauern und Adel, übernahmen die Funktionen eines Bürgerstandes. Das Privileg eines Herzogs Boleslaw schützte sie, ließ ihnen ihre Rechtsprechung und innere Selbstverwaltung. Das Privileg wurde mehrfach, auch durch Kasimir den Großen, bestätigt, zuletzt durch den Polenkönig Stanislaus August im 18. Jahrhundert. Einen hohen Grad wirklicher Autonomie besaßen sie. Das Wort ging früh um: «Polen, der Himmel des Adels, das Paradies der Juden, die Hölle der Bauern.» Jedes Jahrhundert erlebte dabei seine Judenhetzen. Die neue Nationalzeit nahm ihnen die Privilegien. Die Minoritäten- und Autonomiepolitik tritt jetzt in anderem Kleid auf.

In dieser Stadt Warschau setzten sie sich an in der Abrahamsgasse im Zentrum, waren vom Handel ausgeschlossen nach dem Magdeburger Recht, das Warschau hatte: handeln dürfen nur Städter und Christen. Sie wurden mehrfach aus der Stadt verjagt, lebten auf den Dörfern unter dem Schutz des Adels. Noch auf dem Großen Reichstag 1788 forderten Warschauer Magistratsdeputierte die Verschärfung aller Judenerlasse. Aber sie blieben vom Adel geschützt. «Es gibt gewisse ökonomische Notwendigkeiten, gegen die alle anderen Faktoren nichts ausmachen.» Mit dreieinhalb Millionen Menschen wächst das Volk heute in Polen.

Die Nalewkistraße läuft im Nordwesten Warschaus im gleichen Zuge mit der Marschallstraße und der Krakauer Vorstadt. Die breite Nalewki ist die Hauptader der Judenstadt. Nach links und rechts laufen von ihr lange Straßen ab mit neuen Querstraßen und Gassen. Und alles gefüllt und wimmelnd von Juden. Elektrische durchfahren die Nalewkistraße. Ihre Häuser haben Fronten wie die meisten Häuser Warschaus, bröcklig, unsauber. Höfe tauchen in alle Häuser hinein. Ich gehe auf einen; er ist viereckig und wie ein Markt von lauten Menschen, Juden, meist im Kaftan, erfüllt. In den Quergebäuden Möbelgeschäfte, Fellgeschäfte. Und wie ich ein Quergebäude durchgehe, stehe ich wieder auf einem wimmelnden Hof, voller Kisten, mit Pferdegespannen; von jüdischen Lastträgern wird auf- und abgeladen. Große Geschäftshäuser beherbergt diese Nalewki. Bunte Firmenschilder zeigen zu Dutzenden an: Felle, Pelze, Kostüme, Hüte, Koffer. In Läden und oberen Stockwerken Geschäfte. Nach der Stadt zu, im Südteil an der Dluga, offene große moderne Läden: Parfümerien, Stempel, Manufaktur. Ich lese sonderbare Namen: Waiselfisch, Klopfherd, Blumenkranz, Brandwain, Farsztandig, Goldkopf, Gelbfisch, Gutbesztand. Man hat den Menschen des geächteten Volkes Spottnamen angehängt. Ich lese weiter: Goldluft, Goldwasser, Feldgras, Oksenberg. Jüdische Frauen gehen in der Menge; sie tragen schwarze Perücken, einen kleinen schwarzen Schleier darüber, vorn eine Art Blume. Einen schwarzen Schal haben sie um. Merkwürdig ein großer modern gekleideter junger Mann mit seiner eleganten Schwester; stolz geht er und trägt eine Judenkappe auf dem Kopf. Auf dem Pflaster Familien im Gespräch: zwei jüngere Männer in sauberen Kaftanen mit ihren modern gekleideten polnisch pikant geschminkten Frauen. Ein Knabe in Matrosentracht dabei, «Torpedo» steht auf seiner Mütze. Ein polnischer Schutzmann leitet auf dem Damm den Wagenverkehr. Dieses Nebeneinander zweier Völker. Junge Mädchen schlendern Arm in Arm her, sehen wenig jüdisch aus, lachen, sprechen jiddisch, tragen sich bis auf die feinen Strümpfe polnisch. Aufrecht spazieren sie. Die Schultern der Männer sind schlaff, die Rücken krumm, der Gang schleppend.

Vormittags. Die auffällige Masse alter weißbärtiger Männer. Viele schmutzige, zerrissene Kaftane. Aus blassen und gelben bärtigen Gesichtern blicken sie. Heftiges Geschäftsleben auf Trottoir und Damm; es lehnen auch viele an den Mauern mit ganz ruhigem, stumpfem Ausdruck. Nebeneinander hocken fünf ganz zerlumpte Männer vor einem Hausflur, Stricke um den Leib gebunden: Träger. Jiddische Zeitungen werden ausgerufen. Aus den großen tiefen Läden steigen Männer, schleppen Säcke. Wie grausig zerlumpt sie sind, Stiefel mit hängenden Sohlen, Ärmel ausgerissen, Nähte geplatzt. Ein Junge führt einen Mann mit weißen toten Augen; sie betteln. Eine alte schmierige Frau drängt sich an die Passanten heran, hält die Hand hin. Vor einem amtlichen Papierosykasten am Straßenbord hocken drei ältere Juden, plaudern, rauchen. Wie

viele herumstehen, sich umblicken, warten, warten, warten. Öfter kommt ein Windstoß; dann fliegen ihre langen schwarzen Mäntel auf, die weißen rituellen Schaufäden werden sichtbar. Ein kleiner dicker Mann steht mit einem mächtigen geknoteten Strick um den Leib vor einem Schaufenster, schwarzbärtig, mit gelehrtem Gesicht. Sein fettiger Kaftan und seine Hosen sind ein Fetzen. Manche wandern in kleinen langsamen Trupps.
Die gewaltigen Stofflager. Ich lese die Namen: Seidenstrumpf, Butterfaß, Tuchwarger, Spiegelglas. Dann Jakob Natur, Israel Gesundheit. Alle dutzend Häuser ein jüdischer Obsthändler; Früchte unter einem Glaskasten. Ein Mann trägt durch die Masse einen Pack Stöcke unter einem Arm. Die wehenden langen Bärte, schwarz und viele rötlichblond. Vorwiegt ein schmächtiger langnasiger Typus. Im dunklen Hintergrund der Läden sitzen immer mehrere, manchmal auf Tischen, essen, debattieren. Karren mit Tuchballen werden gefahren. Ich lese die Namen Amethyst, Diamant, Safir, Goldwasser, Mülstein. Es kommen knallrote Gesichter mit fuchsroten Bärten, breitschultrige Männer. Die Gesiastraße kreuzt die Nalewki, ist schmal, sehr lang, von der Straßenbahn durchfahren. Juden in Droschken mit Kaftan fahren um die Ecke, elegante Damen neben ihnen; Droschken, die Säcke transportieren.
Und da wandert zwischen den andern eine große Erscheinung: ein hochgewachsener Mann in langem Seidenkaftan, mit weißem wallenden zweizipfligen Bart. Einen großen runden Hut hat er auf. Seine Augen blicken stier geradeaus. Er hat einen strengen stolzen Ausdruck. Ein kleiner sauberer Mann neben ihm. Das ist ein Rabbi. Er geht; sie beachten ihn im Handelshaufen nicht. Und nicht weit hinter ihm zieht ein katholisches Begräbnis die Straße herauf. Vorauf rechts und links hohe Laternen mit brennenden Lichtern; hinter dem Wagen Trauernde, einfache

Leute, barhäuptig, zuletzt eine einzelne Droschke mit Frauen. Welche verrunzelten Gesichter ich um mich sehe. Sie schneuzen sich ohne Taschentuch mit der Hand an der Nase, wischen sich am Kaftan ab.
Die Dzikastraße. Das kleine Goldwarengeschäft: ein blühendes Judenfräulein steht an der Tür, die üppigen roten Haare gelockt. In einer Gänseschlachterei arbeitet im Schaufenster eine derbe kleine Frau bis an die Ellbogen in Blut, nimmt eine Gans aus. Tapezierer, Bäcker, Metzger, Tandgeschäfte. Ein fliegender Buchhändler mit jiddischen Schriften. Haufen von Kindern: mir fällt ihr slawischer Typus auf; die jüdischen Züge treten erst später hervor. Langsam schlürft einer mitten über den Damm, ein Mann, einen Stuhl rechts, einen Stuhl links, drei ineinandergeschoben auf dem Kopf. Verblüffend ein ganz schmaler hoher Laden, nur eine Stube, die nach der Straße offen ist. Darin raucht auf einer Bank ein ganz alter Mann, und sein Laden ist von oben bis unten vollgestopft bis zu seinen Füßen mit schrecklichem Abfall, mit rostigem alten Eisen: Schlüssel, Ringe, Drähte, Schlösser. Die Schilder: Kleinfinger, Berlinerblau, Rotblut, Halbstrunk, Tuchband, Zweifuß, Alfabet, Silberklang. Im Arbeitskittel schlendern mit Leitern Maler, Tüncher; Kappen auf dem Kopf. Im Gespräch bewegen diese Menschen Arme und Hände nicht viel; was man im Westen sieht, ist Entstellung. Einige Alte tragen gedrehte Schläfenlocken; in ihren schweren rockartigen Kaftanen sehen sie von hinten wie Weiber aus. Heben auch, wenn sie Pfützen übersteigen, die Röcke wie Weiber auf. Von denen, die hier stehen, haben sehr viele einen träumenden Ausdruck; sind wie unaufgeweckt.
Da schleicht ein uraltes schmutziges Männchen die Wand entlang. Wie ich ihn von vorn besehe, ist er wachsbleich. Den Mund hält er weit offen, das linke Auge ist klein und rot, das Augenlid umgestülpt bloß. Das rechte Auge aber sperrt er auf, es ist weißlich. Er tastet mit dem Stock in sei-

ner linken Hand vor sich. So tappt er die verfallene Mauer entlang am hellen Mittag. Ein kleiner jüdischer Stiefelputzer erspäht mich, schießt auf mich zu, zieht mich von der Straße an den Hauseingang. Blitzschnell bearbeitet er mit Stößen der Bürsten rechts und links meine Schuhe; das Tuch zum Schluß reißt in der Hitze der Arbeit. Die Schuhe funkeln zuletzt wie Lack. Drei andere Jungens haben sich um uns versammelt. Der Putzer und sie wechseln kurze erregte, feindselige Worte. Dann ist der Junge fertig, ich frage nach dem Preis. In dem Augenblick ergreift die drei anderen Jungens eine Spannung, und sie rücken heran. Er verlangt zwei Slotys; zwei ganze Slotys! Ihm stehen 50 Groschen, der vierte Teil, zu. Die Jungens warten, was ich auf die Frechheit anworten werde. Und ich – zahle zwei Slotys. Hinterher kann ich dann aus dem Gedränge das strahlende Gesicht meines Putzers beobachten und wie die drei anderen sich gierig und haßvoll verständigen, mein Putzer plötzlich dicht bei mir vorbeischießt, Reißaus nimmt, die andern mit Hallo hinter ihm.
Die große Synagoge in der Tlomacki; klassizistischer Tempel, schmal, hoch. Darüber die Kuppel mit dem Davidschild. Ein kleiner Tempeldiener plaudert am Fuß der Treppe mit einem polnischen Schutzmann. Es ist Sonnabendvormittag. Sie strömen die Treppe hinauf. Hier gehen wenige in Kaftan und Kappe, das ist die Synagoge des Mittelstands, zugleich der Aufgeklärten, Emanzipierten, auch der Assimilierten. Ein leerer Vorraum mit Glastüren. Und sonderbar: rechts und links vom Eingang Becken mit tropfendem Wasser; die Eintretenden tauchen ihre Finger hinein: der Rest einer rituellen Waschung, und zugleich wie nah dem katholischen Weihbecken. Im Tempelraum ein Gewimmel von Menschen. Sie unterhalten sich, meist leise, einige halblaut. Ein älterer verweist einem Jungen den Platz. Wie die Augen des Graubarts funkeln, der schließlich den Aufseher herbeiruft. Mit Kopfschütteln,

sanftem Zureden drängt der den Jungen weg; noch lange blickt der Graubart giftig. An der Hinterwand neben polnischen Inschriften drei Reihen von Uhren mit hebräischen Zeichen. Sie zeigen verschiedene Zeit; ich verstehe sie nicht. Einer vor mir betet sehr laut mit Schaukeln des Oberkörpers, ein Mann im Hut. Plötzlich dreht er sich um, unterbricht sich, klopft den weißhaarigen Tempeldiener auf die Schulter, sie reden von der Krankheit einer Frau. Der Aufseher ruft: «Steht nicht in der Mitte, steht nicht im Weg.» Oben sitzen die Frauen hinter einem hohen weiten Gitter; ich sehe moderne fesche Hüte. Sind lange nicht so viele Frauen wie in christlichen Kirchen. Die meisten Männer haben Gebetsmäntel um, weiß mit schwarzen und blauen Streifen. Einige tragen sie wie einen Halsschal, einige haben sie an den Armen umgeschlagen und gerafft. Viele junge Leute gehen herum, dabei fast ein Dutzend Soldaten, und nachher werden es noch mehr. Sind allesamt keine vornehmen Leute, graben sich ungeniert mit dem Finger in die Nase, während sie sprechen. Einige Seriöse wandern langsam durch den Mittelgang, der Aufseher macht ihnen Platz; sie sitzen vorn. Kleine Knaben in Matrosenmützen stehen auf der Bank; ihre Begleiter lesen in Büchern und halten sie fest. Diese Männer haben rasche Blicke. Viele Gesichter sind voll und breit. Ich zähle im Raum beiderseits sieben Fenster, schmucklose kleine. Hohe Säulen stehen von der Empore auf, teilen sieben Rundbogen ab. Eine kleine Treppe führt zum Altar. Die rotbrennende Lampe, der Mittelvorhang. Das Liturgieren ähnelt dem katholischen. Und zum Erstaunen wird es dem katholischen ähnlich, wenn der Priester den Vorhang aufzieht und ein silbernes Gerät, das klirrt und klingelt, hervorholt, im Arm hält, wie eine Monstranz. Begleitet von Funktionären steigt der Priester die Stufen herunter, zieht unter Gesang am Altar vorbei, steigt wieder die Stufen hinauf. Oben stehen zivile Männer, die vorlesen. Hier besteht eine enge Verbindung zwischen Gemeinde und Priester. Sie lesen vor, und bisweilen fallen Menge und Chor tumultartig ein. Jetzt erscheinen oben am Altar Knaben. Ich höre, sie werden eingesegnet. Allgemeines Flüstern; eine große Anzahl Leute drängt aufgeregt im Mittelgang nach vorn. Der Tempel ist ganz voll geworden, hinten schieben sie sich aus dem Vorraum herein. Der weißbärtige Aufseher kämpft mit den Leuten. Mit hochpathetischer Stimme sagt oben ein Knabe – er mutiert eben, seine Stimme überschlägt sich – hebräische Worte auf. Man gibt sich unten vertrauliche Zeichen, lächelt. Die Männer und Frauen sind alle aufgestanden, recken die Hälse. Immer heftiger drängen sie nach vorn. Der Priester singt, und dann sagt ein anderer Knabe seinen Spruch auf. Schon gehen Männer weg. Aus dem Vorraum schieben sich neue vor. Ich gehe, wie es sich oben wiederholt, auch. Im Vorraum debattieren sie in Gruppen. Sie stehen am Fuß der Treppe, mustern die Vorübergehenden.

Draußen sind die Geschäfte geschlossen. Langsam flanieren Kaftanträger über die stille Straße. Wie ich mich dem Theaterplatz nähere, ändert sich rasch das Bild. Ich bin in Polen, in einer wogenden großen polnischen Stadt.

1924/25

Schullesebücher

Zunächst fasse ich in den Tornister meines Jungen und angle ein neu gekauftes Buch.
«Geschichte der deutschen Literatur», Bötticher und Kinzel, 200 Seiten etwa, 1921, 30., verbesserte Auflage. Nach altem Brauch lese ich zuerst den Schluß. Da «schuf der Dichterphilosoph Fr. Nietzsche seine Herrenmoral des Übermenschen, d. i. des Kraftmenschen ohne alle Pflichten, aber mit allen Rechten». So. Das habe ich schon im Lokal-Anzeiger gelesen. Offenbar wird jetzt die Lektüre des Lokal-Anzeigers in den höhern Schulen obligatorisch. Ein doller Bruder, dieser August Scherl. Im weitern Verlauf hält sich von «naturalistischen Verirrungen» fern Prinz Emil von Schönaich, natürlich Durchlaucht, auch ein gewisser, mir gänzlich ungewisser Karl Ernst Kurdt. Näheres über diesen bedeutenden Mann erfahre ich sicher bei Bartels. Ob ich den auch kaufen muß? Mein Junge meint, er will mal fragen. Gerhart Hauptmann, muß mein Junge lernen, stieg in «niedrigste Sphären» – das ist aber garnicht schön, nein pfui – er «schuf aber auch tüchtige Charakterstudien». 10 Zeilen für ihn, fast eine ganze Seite für «das stärkste dramatische Talent –» Ernst von Wildenbruch.
Wie mir da wird? Derart, daß ich mich umgehend nach Heinrich Heine erkundigen muß. Mir schwant etwas. Düstere Wolken meiner eignen Schulzeit tauchen auf, ich sehe die Herren mit den würdigen oder flotten Bärten, ich höre schneidige Stimmen. Laß sehen, mein Sohn, wer Heinrich Heine war. «Das junge Deutschland»: «eine Prosa voll Hohn über das Heilige, durchtränkt von alles negierendem Witz, ohne Scheu vor niedrigster Sinnlichkeit, Zügellosigkeit. Die jungen Leute wurden in den geistreichen jüdischen Salons gehegt –, Führer waren die

zum Christentum übergetretenen Juden.» Haut den Juden! Der Dolchstoß in den Rücken schwebt in der Luft. Aber nun Heine, ich weiß schon alles. «Trotz seines Übertritts ein glühender Feind des Christentums. Bewunderer des französischen, Verächter deutschen Wesens zog er später, von der französischen Regierung unterstützt nach Paris, wo er nach langem, schweren, durch zügelloses Leben hervorgerufenen Leiden starb.» Mag es allen Hunden so gehen! Ein Spion, ein Maulwurf, ein Sendling des Erbfeindes von Locarno. Börne und Heine «im Kampf gegen das Christentum und Sitte». Steht alles da, lesen die Jungs, liest mein Junge. 1927

Döblin über Döblin

Der Nervenarzt Döblin über den Dichter Döblin:

Mir ist als Arzt der Dichter meines Namens nur sehr von weitem bekannt. Wenn ich es ehrlich sagen soll, ist er mir eigentlich gar nicht bekannt. Ich habe im Berliner Osten eine mittelgroße, nicht allzu große kassenärztliche Tätigkeit, ich bin Nervenarzt und bin den Tag über einigermaßen dadurch beschäftigt. Meine literarischen Neigungen sind nicht groß, Bücher langweilen mich erheblich, und was insbesondere die Bücher des Mannes anbelangt, der, wie Sie sagen, meinen Namen trägt, so habe ich sie gelegentlich bei Bekannten in die Hand genommen; aber was ich da erblickte, ist mir völlig fremd und auch total gleichgültig. Dieser Herr scheint ja eine große Phantasie zu haben, ich kann da aber nicht mit. Meine Einnahmen erlauben mir weder Reisen nach Indien noch nach China. Und so kann ich gar nicht nachkontrollieren, was er schreibt. Ich lese außerdem dergleichen Dinge lieber im Original, nämlich direkt Reisebeschreibungen, wovon ich übrigens ein großer Liebhaber bin. Ich kann mit dem Herrn, ich meine den Autor, der denselben Namen trägt wie ich, auch seines Stils wegen nichts anfangen. Er ist mir einfach zu schwer, man darf von abgearbeiteten Leuten nicht verlangen, sich durch so etwas freiwillig durchzuarbeiten. Erlauben Sie mir übrigens eine allgemeine Bemerkung, die etwas politisch oder ethisch klingt. Mehr als die Bücher dieses Autors sind mir seine gelegentlichen Äußerungen bekannt, die mir meine Zeitung bringt, die ich natürlich lese. Ich muß gestehen, ich werde aus dem Mann nicht klug, politisch und allgemein. Mein Appetit, ihn kennenzulernen, wächst nach diesen Äußerungen keineswegs. Manchmal scheint es, er steht bestimmt links, sogar sehr links, etwa links hoch zwei, dann wieder spricht er Sätze, die entweder unbedacht sind, was bei einem Mann seines Alters durchaus unzulässig ist, oder tut so, als stünde er über den Parteien, lächle in poetischer Arroganz. Kurzum: Sie sind es gewesen, Herr Redakteur, der mich nach meiner Meinung über den Autor, den Mann mit der roten Rose, gefragt hat; die zufällige Namensübereinstimmung hat Sie dazu verleitet, ich selbst hätte mich nie mit ihm befaßt, so wenig wie mit den andern jungen Autoren, und ich sage nochmals kurz: der Herr ist mir beinahe unbekannt, er interessiert mich nicht, ich bin mit ihm weder verwandt noch verschwägert, und ich sehe ruhig seinem Urteil über mich entgegen, da Sie mir ja angekündigt haben, Sie wollen ihn auch über mich befragen. Seine scheinbar spaßhaften Anwürfe werden mich nicht berühren.

Der Dichter Döblin über den Nervenarzt Döblin:

Ich bin Ihnen sehr dankbar, Herr Redakteur, obwohl ich zu Ostern, wie Sie sich denken können, allerhand zu leiden habe unter Umfragen usw., daß Sie diese merkwürdige Frage an mich gerichtet und in gewisser Hinsicht meine Kenntnisse bereichert haben. Ich bin eben beschäftigt mit einem Berliner Roman, ich meine, einer epischen Arbeit in normaler Sprache, die sich mit dem Osten Berlins, der Gegend um den Alexanderplatz und das Rosenthaler Tor herum beschäftigt. Da war mir Ihre Bitte, mich über den Nervenarzt meines Namens zu äußern, ein interessanter Wink. Vielleicht kann ich da noch etwas Material holen, dachte ich mir, nicht bloß bei der Heilsarmee, auf dem Viehhof, aus Kriminalakten. Ich fuhr also hin und will Ihnen berichten. Der Herr machte einen lebhaften und nicht gerade schlechten Eindruck. Ich war in seiner Sprechstunde, habe in seinem Wartezimmer gesessen.

Solch Wartezimmer ist das merkwürdigste Milieu, das man sich denken kann. Und als ich mich dem Herrn vorstellte und wir uns angelacht hatten – wir stammen, weiß Gott, aus den verschiedensten Gegenden –, da erzählte er mir vieles, was ich mir sogar mit seiner Erlaubnis sofort notierte. Diese Kassenärzte sind nicht zu beneiden. Ich sah die eigentümlich drangvolle Arbeit, in der er sich bewegte, und dabei noch mit besonders gearteten Kranken. Ich bin überzeugt, er ist kein besonderes Exemplar in dieser Branche, aber gerade so, wie er da anonym arbeitete, gefiel er mir ganz gut. Er ist mein gerades Gegenstück, fiel mir zwischendurch ein, wie er da sachlich hantierte, sprach, aufmerkte: ich immer ein Einzeltänzer, Primadonna, wie einmal mein Verleger sagte, er grauer Soldat in einer stillen Armee. Ich bin überzeugt, ich habe keinen besonderen Eindruck auf meinen Namensvetter gemacht. Einige Male wurde mir ganz bänglich, als er mich ansah mit einem psychotherapeutischen Blick. Ich habe allerlei Defekte, wahrscheinlich Komplexe, und der Routinier da roch wohl so etwas. Seien Sie mir bitte nicht böse, wenn ich Ihnen gestehe, daß ich aus diesem Grunde meine Kenntnisse und die Bekanntschaft mit diesem Namensvetter nicht sehr vertiefte. Ich habe, ehrlich gesprochen, mich nicht sehr wohl auf dem Stuhl ihm gegenüber gefühlt; da fallen einem gar zuviel unangenehme Dinge ein. Aber ich bewahre dem schlanken, nicht großen Mann mit der Doktorsbrille ein gutes Gedächtnis und würde mich eigentlich freuen, wenn Sie mir verraten würden, was dieser Anonymus, dem ich sicher nicht Autor, sondern bloß Mensch gewesen bin, Ihnen über mich erzählt hat. 1928

*Man beginnt vielfach ein episches Werk,
als wenn man ein Schwimmer ist,
der sich ins Meer stürzt. Man weiß noch nicht,
wie breit das Meer ist, aber man vertraut
auf seine Kräfte und hat Lust am Schwimmen.*

1928

Berlin Alexanderplatz

Hier im Beginn verläßt Franz Biberkopf das Gefängnis Tegel, in das ihn ein früheres sinnloses Leben geführt hat. Er faßt in Berlin schwer wieder Fuß, aber schließlich gelingt es ihm doch, worüber er sich freut, und er tut nun den Schwur, anständig zu sein.

Mit der 41 in die Stadt

Er stand vor dem Tor des Tegeler Gefängnisses und war frei. Gestern hatte er noch hinten auf den Äckern Kartoffeln geharkt mit den andern, in Sträflingskleidung, jetzt ging er im gelben Sommermantel, sie harkten hinten, er war frei. Er ließ Elektrische auf Elektrische vorbeifahren, drückte den Rücken an die rote Mauer und ging nicht. Der Aufseher am Tor spazierte einige Male an ihm vorbei, zeigte ihm seine Bahn, er ging nicht. Der schreckliche Augenblick war gekommen [schrecklich, Franze, warum schrecklich?], die vier Jahre waren um. Die schwarzen eisernen Torflügel, die er seit einem Jahre mit wachsendem Widerwillen betrachtet hatte [Widerwillen, warum Widerwillen], waren hinter ihm geschlossen. Man setzte ihn wieder aus. Drin saßen die andern, tischlerten, lackierten, sortierten, klebten, hatten noch zwei Jahre, fünf Jahre. Er stand an der Haltestelle.
Die Strafe beginnt.
Er schüttelte sich, schluckte. Er trat sich auf den Fuß. Dann nahm er einen Anlauf und saß in der Elektrischen. Mitten unter den Leuten. Los. Das war zuerst, als wenn man beim Zahnarzt sitzt, der eine Wurzel mit der Zange gepackt hat und zieht, der Schmerz wächst, der Kopf will

platzen. Er drehte den Kopf zurück nach der roten Mauer, aber die Elektrische sauste mit ihm auf den Schienen weg, dann stand nur noch sein Kopf in der Richtung des Gefängnisses. Der Wagen machte eine Biegung, Bäume, Häuser traten dazwischen. Lebhafte Straßen tauchten auf, die Seestraße, Leute stiegen ein und aus. In ihm schrie es entsetzt: Achtung, Achtung, es geht los. Seine Nasenspitze vereiste, über seine Backe schwirrte es. «Zwölf Uhr Mittagszeitung», «B.Z.», «Die neuste Illustrirte», «Die Funkstunde neu», «Noch jemand zugestiegen?» Die Schupos haben jetzt blaue Uniformen. Er stieg unbeachtet wieder aus dem Wagen, war unter Menschen. Was war denn? Nichts. Haltung, ausgehungertes Schwein, reiß dich zusammen, kriegst meine Faust zu riechen. Gewimmel, welch Gewimmel. Wie sich das bewegte. Mein Brägen hat wohl kein Schmalz mehr, der ist wohl ganz ausgetrocknet. Was war das alles. Schuhgeschäfte, Hutgeschäfte, Glühlampen, Destillen. Die Menschen müssen doch Schuhe haben, wenn sie so viel rumlaufen, wir hatten ja auch eine Schusterei, wollen das mal festhalten. Hundert blanke Scheiben, laß die doch blitzern, die werden dir doch nicht bange machen, kannst sie ja kaputt schlagen, was ist denn mit die, sind eben blankgeputzt. Man riß das Pflaster am Rosenthaler Platz auf, er ging zwischen den andern auf Holzbohlen. Man mischt sich unter die andern, da vergeht alles, dann merkst du nichts, Kerl. Figuren standen in den Schaufenstern in Anzügen, Mänteln, mit Röcken, mit Strümpfen und Schuhen. Draußen bewegte sich alles, aber – dahinter – war nichts! Es – lebte – nicht! Es hatte fröhliche Gesichter, es lachte, wartete auf der Schutzinsel gegenüber Aschinger zu zweit oder zu dritt, rauchte Zigaretten, blätterte in Zeitungen. So stand das da wie die Laternen – und – wurde immer starrer. Sie gehörten zusammen mit den Häusern, alles weiß, alles Holz.
Schreck fuhr in ihn, als er die Rosenthaler Straße herun-

terging und in einer kleinen Kneipe ein Mann und eine Frau dicht am Fenster saßen: die gossen sich Bier aus Seideln in den Hals, ja was war dabei, sie tranken eben, sie hatten Gabeln und stachen sich damit Fleischstücke in den Mund, dann zogen sie die Gabeln wieder heraus und bluteten nicht. Oh, krampfte sich sein Leib zusammen, ich kriege es nicht weg, wo soll ich hin? Es antwortete: Die Strafe.

Er konnte nicht zurück, er war mit der Elektrischen so weit hierher gefahren, er war aus dem Gefängnis entlassen und mußte hier hinein, noch tiefer hinein.

Das weiß ich, seufzte er in sich, daß ich hier rin muß und daß ich aus dem Gefängnis entlassen bin. Sie mußten mich ja entlassen, die Strafe war um, hat seine Ordnung, der Bürokrat tut seine Pflicht. Ich geh auch rin, aber ich möchte nicht, mein Gott, ich kann nicht.

Er wanderte die Rosenthaler Straße am Warenhaus Tietz vorbei, nach rechts bog er ein in die schmale Sophienstraße. Er dachte, diese Straße ist dunkler, wo es dunkel ist, wird es besser sein. Die Gefangenen werden in Einzelhaft, Zellenhaft und Gemeinschaftshaft untergebracht. Bei Einzelhaft wird der Gefangene bei Tag und Nacht unausgesetzt von andern Gefangenen gesondert gehalten. Bei Zellenhaft wird der Gefangene in einer Zelle untergebracht, jedoch bei Bewegung im Freien, beim Unterricht, Gottesdienst mit andern zusammengebracht. Die Wagen tobten und klingelten weiter, es rann Häuserfront neben Häuserfront ohne Aufhören hin. Und Dächer waren auf den Häusern, die schwebten auf den Häusern, seine Augen irrten nach oben: wenn die Dächer nur nicht abrutschten, aber die Häuser standen grade. Wo soll ick armer Deibel hin, er latschte an der Häuserwand lang, es nahm kein Ende damit. Ich bin ein ganz großer Dussel, man wird sich hier doch noch durchschlängeln können, fünf Minuten, zehn Minuten, dann trinkt man einen Kognak und setzt sich. Auf entsprechendes Glockenzeichen ist sofort mit der Arbeit zu beginnen. Sie darf nur unterbrochen werden in der zum Essen, Spaziergang, Unterricht bestimmten Zeit. Beim Spaziergang haben die Gefangenen die Arme ausgestreckt zu halten und sie vor- und rückwärts zu bewegen. [...]

*Franz ist ein Mann von Format,
er weiß, was er sich schuldig ist*

Am Abend wird Franz richtig bei Henschke rausgeschmissen. Er tippelt allein an um 9, kuckt nach dem Vogel, der hat schon den Kopf unter dem Flügel, sitzt in der Ecke auf der Stange, daß son Tierchen nicht runterfällt im Schlaf; Franz tuschelt mit dem Wirt: «Wat sagen Sie zu det Tierchen, det schläft Ihnen bei dem Radau, was sagen Sie, det ist großartig, muß det müde sein, ob dem der viele Qualm hier guttut, für sone kleine Lunge?» «Det kennt gar nicht anderes bei mir, hier ist immer Rauch, in der Kneipe, heut ist noch dünn.»
Dann setzt sich Franz: «Na, ich werd mal heut nicht rauchen, sonst wirds noch zu dicke, und ein bißchen machen wir nachher auf, wird schon nich ziehen.» Georg Dreske, der junge Richard und drei andere setzen sich an einem Tisch gegenüber separat. Zwei sitzen bei, die kennt Franz nicht. Mehr sind nicht im Lokal. Wie Franz reinkam, war großer Spektakel und Reden und Schimpfen. Sofort, wie er die Türe aufmacht, werden sie leiser, die beiden Neuen, kucken oft zu Franz rüber, bücken sich über den Tisch, dann lehnen sie sich frech zurück, prosten sich zu. Wenn die schönen Augen winken, wenn die vollen Gläser blinken, dann ist wieder, wieder mal ein Grund zu trinken. Henschke, der Wirt mit der Glatze, macht sich am Bierhahn und Spülbecken zu tun, er geht nicht raus wie sonst, er hat da immer was zu murksen.

Dann wird mit einemmal die Unterhaltung am Nebentisch laut, der eine Neue führt das große Wort. Der will singen, dem ist es hier zu ruhig, ein Klavierspieler ist auch nicht da; Henschke ruft herüber: «Für wen denn, das wirft das Geschäft nicht ab.» Was sie singen wollen, weiß Franz schon, entweder die ‹Internationale› oder ‹Brüder, zum Lichte, zur Freiheit›, falls sie nicht was Neues haben. Es geht los. Die drüben singen die Internationale.
Franz kaut, denkt: die meinen mir. Können sie haben, wenn sie bloß nicht soviel rauchen. Wenn sie singen, rauchen sie nicht, das schadet dem kleinen Tier. Daß der alte Georg Dreske sich mit solchem Grünzeug zusammensetzt und nicht mal zu ihm rüberkommt, hätt er auch nicht für möglich gehalten. Son oller Stiebel, ist verheiratet, n ehrlicher Stiebel, und sitzt bei det junge Gemüse und hört sich die ihr Geschnatter an. Der eine Neue ruft rüber: «Na, wie hat dir das Lied gefallen, Kollege?» «Mir, gut. Ihr habt Stimmen.» «Kannst doch mitsingen.» «Ich eß lieber. Wenn ich fertig bin mit Essen, sing ich mit oder singe auch was.» «Gemacht.»
Sie unterhalten sich weiter, Franz ißt und trinkt gemütlich, denkt an Lina und daß das Vögelchen im Schlaf nicht abkippt und sieht rüber, wer da eigentlich Pfeife raucht. Kasse hat er heute ganz schön gemacht, aber kalt wars. Von drüben verfolgen immer welche, wie er ißt. Die haben wohl Furcht, ich werd mir verschluckern. Es hat mal einen gegeben, der hat eine Wurststulle gegessen, und wie sie im Magen war, hat sie sich besonnen und ist nochmal raufgekommen in den Hals und hat gesagt: war kein Mostrich bei! und dann ist sie erst richtig runtergegangen. Das macht die richtige Wurststulle, die wo von guten Eltern ist. Und wie Franz fertig ist und sein Bier hintergießt, richtig ruft der schon rüber: «Nu, wie ist, Kollege, willst du uns nu was vorsingen?» Die bilden wohl einen Gesangverein, können wir Eintritt nehmen, wenn sie singen, rau-

chen sie nicht. Bei mir brennts nicht. Was ich verspreche, wird gehalten. Und Franz denkt nach, indem er sich die Nase wischt, das tropft, wenn man ins Warme kommt, ziehen hilft nicht, er denkt, wo Lina bleibt, und soll ich mir noch ein Paar Würstchen genehmigen, ich nehme aber zu sehr zu, was soll man denen denn vorsingen, die verstehen ja doch nichts vom Leben, aber versprochen ist versprochen. Und plötzlich irrt durch seinen Kopf ein Satz, eine Zeile, das ist ein Gedicht, das hat er im Gefängnis gelernt, die haben es öfter aufgesagt, es lief durch alle Zellen. Er ist gebannt im Augenblick, sein Kopf ist von der Hitze warm und rot und hat sich gesenkt, er ist ernst und gedankenvoll. Er sagt, die Hand am Seidel: «Ein Gedicht weeß ich, aus dem Gefängnis, ist von einem Sträfling, der hieß, wart mal, wie der hieß, das war Dohms.»
Das war er. Ist schon raus, ist aber ein schönes Gedicht. Und er sitzt allein am Tisch, Henschke hinter seinem Spülbecken und die andern hören zu, es kommt keiner rein, der Kanonenofen kracht. Franz, den Kopf aufgestemmt, sagt ein Gedicht auf, das Dohms gemacht hat, und die Zelle ist da, der Spazierhof, er kann sie ruhig ertragen, was mögen jetzt für Jungens drinstecken; er geht jetzt selbst auf dem Spazierhof, das ist mehr als die hier können, was wissen die vom Leben.
Er sagt: «Willst du, o Mensch, auf dieser Erden ein männliches Subjekte werden, dann überleg es dir genau, eh du dich von der weisen Frau ans Tageslicht befördern läßt! Die Erde ist ein Jammernest! Glaub es dem Dichter dieser Strophen, der oft an dieser dofen, an dieser harten Speise kaut! Zitat aus Goethes Faust geklaut: Der Mensch ist seines Lebens froh gewöhnlich nur als Embryo!... Da ist der gute Vater Staat, er gängelt dich von früh bis spat. Er zwickt und beutelt dich nach Noten mit Paragraphen und Verboten! Sein erst Gebot heißt: Mensch, berappe! Das zweite: halte deine Klappe! So lebst du in der Dämme-

rung, im Zustand der Belämmerung. Und suchst du ab und zu den steifen Verdruß im Wirtshaus zu ersäufen, in Bier, beziehentlich in Wein, dann stellt sich prompt der Kater ein. Inzwischen melden sich die Jahre, der Mottenfraß zermürbt die Haare, es kracht bedenklich im Gebälke, die Glieder werden schlapp und welke; die Grütze säuert im Gehirn, und immer dünner wird der Zwirn. Kurzum, du merkst, es wird jetzt Herbst, du legst den Löffel hin und sterbst. Nun frag ich dich, o Freund, mit Beben, was ist der Mensch, was ist das Leben? Schon unser großer Schiller spricht: ‹Der Güter höchstes ist es nicht.› Ich aber sag: es gleicht ner Hühnerleiter, von oben bis unten und so weiter.»
Sie sind alle still. Nach einer Pause meint Franz: «Ja, das hat der gemacht, war aus Hannover, ich habs aber behalten. Schön, was, ist was fürs Leben, aber bitter.»
Von drüben kommt es: «Na, da merk es dir man mit dem Staat, der gute Vater Staat, und wer dir gängelt, der Staat. Auswendig lernen, Kollege, damit ist auch nicht geschafft.» Franz hat noch den Kopf aufgestützt, das Gedicht ist noch da: «Ja, Austern und Kaviar haben die nicht und wir nicht. Man muß sich sein Brot verdienen, muß schwer sein fürn armen Deibel. Man muß froh sein, wenn man seine Beine hat und draußen ist.» Die schießen weiter von drüben, der Kerl wird doch schon aufwachen: «Man kann sich sein Brot auf verschiedene Art und Weise verdienen. In Rußland hats da früher Spitzel gegeben, die haben viel Geld mit verdient.» Der andere Neue trompetet: «Da gibts noch ganz andere bei uns, da sitzen welche oben an der Futterkrippe, die haben die Arbeiterschaft verraten an die Kapitalisten und werden dafür bezahlt.» «Sind nicht besser als die Huren.» «Schlimmer.»
Franz denkt an sein Gedicht und was wohl die guten Jungens da draußen machen, werden viele neue da sein, gibt ja jeden Tag Transporte, da rufen sie: «Nu mal los! Wie

ist mit unserm Lied? Wir haben keene Musik, versprechen und nicht halten.» Ein Lied noch, können sie haben: ich verspreche, und ich halte. Erst anfeuchten.
Und Franz nimmt sein neues Seidel, zieht einen Schluck, was soll ich singen; im Moment sieht er sich im Hof stehen und irgend was brüllen gegen die Hofwände, was einem heute so einfällt, was war es denn? Und friedlich langsam singt er, es fließt ihm in den Mund: «Ich hatt einen Kameraden, einen bessern gibt es nicht. Die Trommel schlug zum Streiheite, er ging an meiner Seiheite in gleichem Schritt und Tritt. In gleichem Schritt und Tritt.» Pause. Er singt die zweite Strophe: «Eine Kugel kam geflogen, gilt sie mir, oder gilt sie dir; sie hat ihn weggerihissen, er liegt zu meinen Fühüßen, als wärs ein Stück von mir. Als wärs ein Stück von mir.» Und laut den letzten Vers: «Will mir die Hand noch reichen, dieweil ich eben lad. Kann dir die Hand nicht geheben, bleib du im ewgen Leheben mein guter Kameherad, mein – guter Kameherad.»
Laut und getragen, zurückgelehnt hat er zuletzt gesungen, tapfer und satt singt er. Zum Schluß haben sie drüben ihre Verblüffung überwunden und grölen mit und schlagen auf den Tisch und kreischen und machen Theater: «Mein guteher Kamekamerahad.» Franz aber ist, während er singt, eingefallen, was er eigentlich singen wollte. Da hat er auf dem Hof gestanden, nun ist er zufrieden, daß er es gefunden hat, ihm ist es gleich, wo er ist; jetzt ist er im Singen, es muß raus, das Lied muß er singen, die Juden sind da, die zanken sich, wie hieß doch der Pole und der feine alte Herr; Zärtlichkeit, Dankbarkeit; er schmettert in das Lokal: «Es braust ein Ruf wie Donnerhall, wie Schwertgeklirr und Wogenprall: Zum Rhein, zum Rhein, zum deutschen Rhein, wir alle wollen Hüter sein! Lieb Vaterland, magst ruhig sein, lieb Vaterland, magst ruhig sein. Fest steht und treu die Wacht, die Wacht am Rhein, fest steht und treu die Wacht, die Wacht am

Rhein!» Das haben wir alles hinter uns, das wissen wir, und jetzt sitzen wir hier, und das Leben ist schön, schön, alles schön.

Darauf sind die ganz still, der eine Neue besänftigt sie, sie lassen es vorbeiziehen; Dreske sitzt gebückt und kratzt sich den Kopf, der Wirt tritt hinter dem Schanktisch vor, schnüffelt und setzt sich an den Tisch neben Franz. Franz grüßt am Schluß seines Liedes das ganze Leben, er schwenkt sein Seidel: «Prost», schlägt auf den Tisch, strahlt, es ist alles gut, er ist satt, wo bleibt bloß Lina, er fühlt sein volles Gesicht, er ist ein kräftiger Mann, gut im Fleisch mit Fettansatz. Keiner antwortet. Schweigen.

Einer schwingt drüben sein Bein über den Stuhl, knöpft sich die Jacke fest, zieht die Taille stramm, ein langer Aufrechter, ein Neuer, da haben wir den Salat, und im Parademarsch rüber zu Franz, der wird eins auf den Kopf kriegen, das heißt, wenn der Neue ranlangt. Der macht einen Hops und setzt sich rittlings auf Franzens Tisch. Franz sieht sich das an, wartet: «Na Mensch, es wird doch wohl noch Stühle hier geben im Lokal.» Der zeigt von oben runter auf Franzens Teller: «Was haste hier verzehrt?» «Ich sage, es wird doch wohl noch Stühle hier geben im Lokal, wenn du Augen hast. Sag mal, dir haben se wohl als Kind zu heiß gebadet, sag mal.» «Davon reden wir gar nicht. Ich will wissen, was du verzehrt hast.» «Käsestullen, Ochse. Da liegt noch die Rinde für dich, Rindsvieh. Du gehst jetzt vom Tisch runter, wenn du keine Manieren hast.» «Daß es Käsestullen sind, rieche ich alleene. Bloß woher.»

Aber Franz mit roten Ohren ist auf, die vom andern Tisch auch, und Franz seinen Tisch angefaßt, umgekippt und der Neue mitsamt Teller, Seidel und Mostrichfaß auf die Erde geplumpst. Der Teller ist kaputt. Henschke hat das schon erwartet, stampft auf die Scherben: «Ausgeschlossen, Keilerei gibts bei mir nicht, in meinem Lokal wird nicht

gehauen, wer nicht Frieden hält, fliegt raus.» Der Lange ist wieder auf den Beinen, schiebt den Wirt beiseite: «Gehn Sie man weg, Henschke, hier gibts keine Hauerei. Wir rechnen ab. Wenn einer was kaputt macht, muß ers bezahlen.» Ich hab mich ergeben, denkt Franz, hat sich ans Fenster geklemmt vor der Jalousie, hier geh ich los, wenn die mich bloß nicht anfassen, Mensch, wenn die mich bloß nicht anfassen; ich bin allen gut, aber es gibt ein Malheur, wenn der bloß nicht so dämlich ist, mich anzufassen.
Der Lange zieht die Hosen hoch, so, der fängt an. Franz sieht was kommen, was wird nu Dreske machen, der steht auch bloß da und sieht sich das an. «Orge, was ist denn das fürn Achtgroschenjunge, wo hast du dir denn den Rotzlöffel besorgt, den du anschleppst?» Der Lange fummelt an seinen Hosen, die rutschen ihm wohl, soll sich neue Knöppe annähen lassen. Der Lange höhnt gegen den Wirt: «Immer sprechen lassen. Faschisten können reden. Wat die sagen, die genießen bei uns Redefreiheit.» Und Dreske winkt mit dem linken Arm von rückwärts rum: «Nee, Franz, ich hab mich nich eingemischt, sieh zu, was du dir einbrockst mit deine Sachen und deine Lieder, nee, ich misch mir nich ein, so was hats hier noch nich gegeben.»
Es braust ein Ruf wie Donnerhall, ach so, das Lied auf dem Hof, da wollen die dran tippen, da wollen die mitreden.
«Faschist, Bluthund!» Der Lange brüllt vor Franz: «Gib die Binde raus! Na, wirds bald?»
Jetzt gehts los, die wollen zu vier auf mich los, ich bleib mit dem Rücken am Fenster, erst mal ein Stuhl her. «Die Binde raus! Ich zieh sie ihm aus der Tasche. Ich verlange die Binde von dem Kerl.» Die andern sind bei ihm. Franz hat den Stuhl in den Händen. Haltet den mal erst fest. Erst festhalten. Dann zoppe ich los.

Der Wirt hält den Langen von rückwärts, bettelt: «Nun gehn Sie! Biberkopf, nu gleich, gehn Sie bloß los.» Dem ist für seinen Laden bange, hat wohl die Scheiben nicht versichert, na, von mir aus. «Henschke, natürlich, gibt so viele Lokale in Berlin, ich hab bloß auf Lina gewartet. Stehen Sie aber bloß die bei? Warum drängen die einen raus, wo ich jeden Tag hier sitze und die beiden Neuen heute abend zum erstenmal da sind.» Der Wirt hat den Langen zurückgedrängelt, der andere Neue spuckt: «Weil du ein Faschiste bist, du hast die Binde in der Tasche, Hakenkreuzler bist du.»
«Bin ich. Hab ich Orge Dreske erklärt. Und warum. Das versteht ihr nicht, und darum brüllt ihr.» «Nee, du hast gebrüllt, die Wacht am Rhein!» «Wenn ihr Radau macht, so wie jetzt, und setzt sich einer auf meinen Tisch, auf die Weise wird überhaupt keine Ruhe in der Welt. Auf die Weise nicht. Und es muß Ruhe werden, damit man arbeiten und leben kann. Fabrikarbeiter und Händler und alle, und damit Ordnung ist, sonst kann man eben nicht arbeiten. Und wovon wollt ihr denn leben, ihr Großschnauzen? Ihr macht euch ja mit Redensarten besoffen! Ihr könnt ja nichts als Radau und andere Leute tückisch machen, bis sie auch tückisch werden und euch eins überziehen. Wird sich einer von euch auf die Zehen treten lassen?»
Plötzlich brüllt er auch, was ist in ihm aufgegangen, und sprudelt nur so, es hat ihn losgelassen, ein Blutstrom flinkert durch seine Augen: «Verbrecher ihr, Kerle, ihr wißt ja nicht, was ihr tut, euch muß man die Raupen aus dem Kopf hauen, ihr ruiniert die ganze Welt, paßt auf, daß ihr nicht was erlebt, Blutvergießer, Schufte.»
Es sprudelt in ihm, er hat in Tegel gesessen, das Leben ist schrecklich, was ist das für ein Leben, der im Lied weiß es, wie ist es mir gegangen, Ida, nicht dran denken.
Und er brüllt weiter in einem Grausen, was tut sich da

auf, er wehrt es ab, er tritt es runter, es muß gebrüllt werden, niederbrüllen. Das Lokal dröhnt, Henschke steht vor ihm am Tisch, wagt sich nicht ran an ihn, so steht er da, so brüllt das dem aus dem Hals, durcheinander, und schäumt: «Da habt ihr gar nichts zu sagen zu mir, da kann keiner kommen und mir was sagen, nicht ein einziger, das wissen wir alle besser, dafür sind wir nicht draußen gewesen und haben im Graben gelegen, daß ihr hetzt, ihr Hetzer, Ruhe muß sein, Ruhe sag ich, könnt es euch hinter die Ohren schreiben, Ruhe und weiter nichts [ja, das ist es, da sind wir angelangt, das stimmt aufs Tipfelchen], und wer jetzt kommt und Revolution macht und keine Ruhe gibt, aufgehängt gehören die eine ganze Allee lang [schwarze Stangen, Telegraphenstangen, eine ganze Reihe an der Tegeler Chaussee, ich weiß Bescheid], dann werden die dran glauben, wenn sie baumeln, dann. Dann könnt ihr es euch merken und was ihr leistet, ihr Verbrecher. [Ja, so kommt Ruhe, dann sind sie still, das ist das einzig Wahre, werden wir erleben.]»

Eine Tobsucht, Starre ist Franz Biberkopf. Er kräht blind aus seiner Kehle heraus, sein Blick ist gläsern, sein Gesicht blau, gedunsen, er spuckt, seine Hände glühen, der Mann ist nicht bei sich. Dabei krallen seine Finger in den Stuhl, aber er hält sich nur am Stuhl fest. Jetzt wird er gleich den Stuhl nehmen und losschlagen.

Achtung, Gefahr im Verzug, Straße frei, Laden, Feuer, Feuer, Feuer.

Dabei hört der Mann, der dasteht und brüllt, hört sich selbst, von weitem, sieht sich an. Die Häuser, die Häuser wollen wieder einstürzen, die Dächer wollen über ihn her, das gibt es nicht, damit sollen die mir nicht kommen, es wird den Verbrechern nicht gelingen, wir brauchen Ruhe. Und es irrt durch ihn: es wird bald losgehen, ich werde etwas tun, eine Kehle fassen, nein, nein, ich werde bald umkippen, hinschlagen, einen Moment noch, einen Mo-

ment. Und da hab ich gedacht, die Welt ist ruhig, es ist Ordnung da. In seiner Dämmerung graut er sich: es ist etwas nicht in Ordnung in der Welt, die stehen da drüben so schrecklich, er erlebt es hellseherisch.
Es lebten aber einmal im Paradiese zwei Menschen, Adam und Eva. Und das Paradies war der herrliche Garten Eden. Vögel und Tiere spielten herum.
Na, wenn der nicht verrückt ist. Die halten still, auch der Lange schnauft hinten bloß durch die Nase und zwinkert Dreske an; da wollen wir uns lieber hinsetzen an den Tisch, da wollen wir uns mal was anderes erzählen. Dreske stottert in der Ruhe: «So, nun gehst du wohl, Franz, jetzt kannst du den Stuhl loslassen, jetzt hast du genug geredet.» In dem läßt es nach, die Wolke zieht vorbei. Zieht vorbei. Gott sei Dank, zieht vorbei. Sein Gesicht blaßt ab, fällt ab.
Die stehn an ihrem Tisch, der Lange sitzt und trinkt. Die Holzindustriellen pochen auf ihren Schein, Krupp läßt seine Pensionäre verhungern, anderthalb Millionen Arbeitslose, in 15 Tagen Zunahme um 226000. [...]

Denn es geht dem Menschen wie dem Vieh;
wie dies stirbt, so stirbt er auch

Der Schlachthof in Berlin. Im Nordosten der Stadt zwischen der Eldenaer Straße über die Thaerstraße weg über die Landsberger Allee bis an die Cotheniusstraße die Ringbahn entlang ziehen sich die Häuser, Hallen und Ställe vom Schlacht- und Viehhof.
Er bedeckt eine Fläche von 47,88 ha, gleich 187,50 Morgen, ohne die Bauten hinter der Landsberger Allee hat das 27 083 492 Mark verschluckt, woran der Viehhof mit 7 Millionen 682 844 Mark, der Schlachthof mit 19 Millionen 410 648 Mark beteiligt ist.

Viehhof, Schlachthof und Fleischgroßmarkt bilden ein untrennbares wirtschaftliches Ganzes. Verwaltungsorgan ist die Deputation für den Vieh- und Schlachthof, bestehend aus zwei Magistratsmitgliedern, einem Bezirksamtsmitglied, 11 Stadtverordneten und 3 Bürgerdeputierten. Im Betrieb sind beschäftigt 258 Beamte, darunter Tierärzte, Beschauer, Stempler, Hilfstierärzte, Hilfsbeschauer, Festangestellte, Arbeiter. Verkehrsordnung vom 4. Oktober 1900, Allgemeinbestimmungen, Regelung des Auftriebs, Lieferung des Futters. Gebührentarif: Marktgebühren, Liegegebühren, Schlachtgebühren, Gebühren für die Entfernung von Futtertrögen aus der Schweinemarkthalle.

Die Eldenaer Straße entlang ziehen sich die schmutziggrauen Mauern, oben mit Stacheldraht. Die Bäume draußen sind kahl, es ist Winter, die Bäume haben ihren Saft in die Wurzeln geschickt, warten den Frühling ab. Schlächterwagen karriolen an in schlankem Galopp, gelbe und rote Räder, leichte Pferde vorneweg. Hinter einem Wagen läuft ein mageres Pferd, vom Trottoir ruft einer hinterher Emil, sie handeln um den Gaul, 50 Mark und eine Lage für uns acht, das Pferd dreht sich, zittert, knabbert an einem Baum, der Kutscher reißt es zurück, 50 Mark und eine Lage, Otto, sonst Abfahrt. Der unten beklatscht das Pferd: gemacht.

Gelbe Verwaltungsgebäude, ein Obelisk für Gefallene aus dem Krieg. Und rechts und links langgestreckte Hallen mit gläsernen Dächern, das sind die Ställe, die Warteräume. Draußen schwarze Tafeln: Eigentum des Interessenverbands der Großschlächtereien von Berlin e. V. Nur mit Genehmigung sind Bekanntmachungen an dieser Tafel gestattet, der Vorstand.

An den langen Hallen sind Türen, schwarze Öffnungen zum Eintrieb der Tiere, Zahlen dran, 26, 27, 28. Die Rinderhalle, die Schweinehalle, die Schlachträume: Totengerichte für die Tiere, schwingende Beile, du kommst mir nicht lebend raus. Friedliche Straßen grenzen an, Straßmannstraße, Liebigstraße, Proskauer, Gartenanlagen, in denen Leute spazieren. Sie wohnen warm beieinander, wenn einer erkrankt und Halsschmerzen hat, kommt der Arzt gelaufen.

Aber auf der andern Seite ziehen sich die Geleise der Ringbahn 15 Kilometer. Aus den Provinzen rollt das Vieh ran, Exemplare der Gattung Schaf, Schwein, Rind, aus Ostpreußen, Pommern, Brandenburg, Westpreußen. Über die Viehrampen mähen, blöken sie herunter. Die Schweine grunzen und schnüffeln am Boden, sie sehen nicht, wo es hingeht, die Treiber mit den Stecken laufen hinterher. In die Ställe, da legen sie sich hin, liegen weiß, feist beieinander, schnarchen, schlafen. Sie sind lange getrieben worden, dann gerüttelt in den Wagen, jetzt vibriert nichts unter ihnen, nur kalt sind die Fliesen, sie wachen auf, drängen an andere. Sie liegen übereinandergeschoben. Da kämpfen zwei, in der Bucht ist Platz, sie wühlen Kopf gegen Kopf, schnappen sich gegen die Hälse, die Ohren, drehen sich im Kreis, röcheln, manchmal sind sie ganz still, beißen bloß. In Furcht klettert eins über die Leiber der andern, das andere klettert hinterher, schnappt, die unten wühlen sich auf, die beiden plumpen herunter, suchen sich.

Ein Mann im Leinenkittel wandert durch den Gang, die Bucht wird geöffnet, mit einem Stock tritt er zwischen sie, die Tür ist offen, sie drängen heraus, quieken, ein Grunzen und Schreien fängt an. Und nun alles durch die Gänge. Über die Höfe, zwischen die Hallen werden die weißen drolligen Tiere getrieben, die dicken lustigen Schenkel, die lustigen Ringelschwänzchen, und grüne rote Striche auf dem Rücken. Das Licht, liebe Schweinchen, das ist Boden, schnubbert nur, sucht, für wieviel Minuten noch. Nein ihr habt recht, man darf nicht mit der Uhr arbeiten, im-

mer nur schnubbern und wühlen. Ihr werdet geschlachtet werden, ihr seid da, seht euch das Schlachthaus an, das Schweineschlachthaus. Es gibt alte Häuser, aber ihr kommt in ein neues Modell. Es ist hell, aus roten Steinen gebaut, man könnte es von draußen für eine Schlosserei halten, für eine Werkstatt oder einen Büroraum oder für einen Konstruktionssaal. Ich will andersherum gehen, liebe Schweinchen, denn ich bin ein Mensch, ich gehe durch diese Tür da, wir treffen uns drin wieder.
Stoß gegen die Tür, sie federt, schwingt hin und her. Puh, der Dampf! Was dampfen die. Da bist du im Dampf wie in einem Bad, da nehmen die Schweine vielleicht ein russisch-römisches Bad. Man geht irgendwo, du siehst nicht wo, die Brille ist einem beschlagen, man geht vielleicht nackt, schwitzt sich den Rheumatismus aus, mit Kognak allein gehts nicht, man klappert in Pantoffeln. Es ist nichts zu sehen, der Dampf ist zu dicht. Aber dies Quietschen, Röcheln, Klappen, Männerrufe, Fallen von Geräten, Schlagen von Deckeln. Hier müssen irgendwo die Schweine sein, sie sind von drüben her, von der Längsseite reingekommen. Dieser dicke weiße Dampf. Da sind ja schon Schweine, da hängen ja welche, die sind schon tot, die hat man gekappt, die sind beinah reif zum Fressen. Da steht einer mit einem Schlauch und spritzt die weißen Schweinehälften ab. Sie hängen an Eisenständern, kopfabwärts, manche Schweine sind ganz, die Beine oben sind mit einem Querholz gesperrt, ein totes Tier kann eben nichts machen, es kann auch nicht laufen. Schweinsfüße liegen abgehackt auf einem Stapel. Zwei Mann tragen aus dem Nebel was an, an einem Eisenbalken ein ausgeweidetes geöffnetes Tier. Sie heben den Balken an den Laufring. Da schweben schon viele Kollegen herunter, gucken sich stumpfsinnig die Fliesen an.
Im Nebel gehst du durch den Saal. Die Steinplatten sind gerieft, sie sind feucht, auch blutig. Zwischen den Stän-

dern die Reihen der weißen ausgeweideten Tiere. Hinten müssen die Totschlagsbuchten sein, da klatscht es, klappt, quiekt, schreit, röchelt, grunzt. Da stehen dampfende Kessel, Bottiche, von da kommt der Dampf. Männer hängen in das siedende Wasser die getöteten Tiere rein, brühen sie, schön weiß ziehn sie sie raus, ein Mann kratzt mit einem Messer noch die Oberhaut ab, das Tier wird noch weißer, ganz glatt. Ganz sanft und weiß, sehr befriedigt wie nach einem anstrengenden Bad, nach einer wohlgelungenen Operation oder Massage liegen die Schweine in Reihen auf Bänken, Brettern, sie bewegen sich nicht in ihrer gesättigten Ruhe und in ihren neuen weißen Hemden. Sie liegen alle auf der Seite, bei manchen sieht man die doppelte Zitzenreihe, wieviel Brüste ein Schwein hat, das müssen fruchtbare Tiere sein. Aber sie haben alle hier einen graden roten Schlitz am Hals, genau in der Mittellinie, das ist sehr verdächtig.

Jetzt klatscht es wieder, eine Tür wird hinten geöffnet, der Dampf zieht ab, sie treiben eine neue Schar Schweine rein, ihr lauft da, ich bin vorn durch die Schiebtür gegangen, drollige rosige Tiere, lustige Schenkel, lustige Ringelschwänze, der Rücken mit bunten Strichen. Und sie schnüffeln in der neuen Bucht. Die ist kalt wie die alte, aber es ist noch etwas von Nässe am Boden, das unbekannt ist, eine rote Schlüpfrigkeit. Sie scheuern mit dem Rüssel daran.

Ein junger Mann von blasser Farbe, mit angeklebtem blondem Haar, hat eine Zigarre im Mund. Siehe da, das ist der letzte Mensch, der sich mit euch beschäftigt! Denkt nicht schlecht von ihm, er tut nur, was seines Amtes ist. Er hat eine Verwaltungsangelegenheit mit euch zu regeln. Er hat nur Stiefel, Hose, Hemd und Hosenträger an, die Stiefel bis über die Knie. Das ist seine Amtstracht. Er nimmt seine Zigarre aus dem Mund, legt sie in ein Fach an der Wand, nimmt aus der Ecke ein langes Beil. Es ist das Zeichen seiner behördlichen Würde, seines Rangs über euch, wie die Blechmarke beim Kriminal. Er wird sie euch gleich vorzeigen. Das ist eine lange Holzstange, die der junge Mann bis zur Schulterhöhe über die quiekenden kleinen Schweine unten hochhebt, die da ungestört wühlen, schnüffeln und grunzen. Der Mann geht herum, den Blick nach unten, sucht, sucht. Es handelt sich um ein Ermittlungsverfahren gegen eine gewisse Person, eine gewisse Person in Sachen x gegen y. – Hatz! Da ist ihm eins vor die Füße gelaufen, hatz! noch eins. Der Mann ist flink, er hat sich legitimiert, das Beil ist heruntergesaust, getaucht in das Gedränge mit der stumpfen Seite auf einen Kopf, noch einen Kopf. Das war ein Augenblick. Das zappelt unten. Das strampelt. Das schleudert sich auf die Seite. Das weiß nichts mehr. Und liegt da. Was machen die Beine, der Kopf. Aber das macht das Schwein nicht, das machen die Beine als Privatperson. Und schon haben zwei Männer aus dem Brühraum herübergesehen, es ist so weit, sie heben einen Schieber an der Totschlagbucht hoch, ziehen das Tier heraus, das lange Messer zum Schärfen an einem Stab gewetzt und hingekniet, schubb schubb in den Hals gestoßen, ritsch ein langer Schnitt, ein sehr langer in den Hals, das Tier wird wie ein Sack geöffnet, tiefe tauchende Schnitte, das Tier zuckt, strampelt, schlägt, es ist bewußtlos, jetzt nur bewußtlos, bald mehr, es quiekt, und nun die Halsadern geöffnet. Es ist tief bewußtlos, wir sind in die Metaphysik, die Theologie eingetreten, mein Kind, du gehst nicht mehr auf der Erde, wir wandern jetzt auf Wolken. Rasch das flache Becken ran, das schwarze heiße Blut strömt ein, schäumt, wirft Blasen im Becken, rasch rühren. Im Körper gerinnt das Blut, soll Pfröpfe machen, Wunden stopfen. Jetzt ist es aus dem Körper raus, und noch immer will es gerinnen. Wie ein Kind noch Mama, Mama schreit, wenn es auf dem Operationstisch liegt und gar keine Rede von der Mama ist, und die Mama will gar

nicht kommen, aber das ist zum Ersticken unter der Maske mit dem Äther, und es schreit noch immer, bis es nicht mehr kann: Mama. Ritsch, ritsch, die Adern rechts, die Adern links. Rasch rühren. So. Jetzt läßt das Zucken nach. Jetzt liegst du still. Wir sind am Ende von Physiologie und Theologie, die Physik beginnt.
Der Mann, der hingekniet ist, steht auf. Die Knie tun ihm weh. Das Schwein muß gebrüht werden, ausgeweidet, zerhackt, das geht Zug um Zug. Der Chef, wohlgenährt, geht mit der Tabakspfeife hin und her durch den Dampf, blickt manchmal in einen offenen Bauch rein. An der Wand neben der schwingenden Tür hängt ein Plakat: Ballfest erster Viehexpedienten Saalbau, Friedrichshain, Kapelle Kermbach. Draußen sind angezeigt Boxkämpfe Germaniasäle, Chausseestraße 110, Eintrittspreise 1,50 M. bis 10 Mark. 4 Qualifikationskämpfe. [...]

Wiedersehn auf dem Alex, Hundekälte.
Nächstes Jahr, 1929, wirds noch kälter

Rumm rumm wuchtet vor Aschinger auf dem Alex die Dampframme. Sie ist ein Stock hoch, und die Schienen haut sie wie nichts in den Boden.
Eisige Luft. Februar. Die Menschen gehen in Mänteln. Wer einen Pelz hat, trägt ihn, wer keinen hat, trägt keinen. Die Weiber haben dünne Strümpfe und müssen frieren, aber es sieht hübsch aus. Die Penner haben sich vor der Kälte verkrochen. Wenn es warm ist, stecken sie wieder ihre Nasen raus. Inzwischen süffeln sie doppelte Ration Schnaps, aber was für welchen, man möchte nicht als Leiche drin schwimmen.
Rumm rumm haut die Dampframme auf dem Alexanderplatz. Viele Menschen haben Zeit und gucken sich an, wie die Ramme haut. Ein Mann oben zieht immer eine

Kette, dann pafft es oben, und ratz hat die Stange eins auf den Kopf. Da stehen die Männer und Frauen und besonders die Jungens und freuen sich, wie das geschmiert geht: ratz kriegt die Stange eins auf den Kopf. Nachher ist sie klein wie eine Fingerspitze, dann kriegt sie aber noch immer eins, da kann sie machen, was sie will. Zuletzt ist sie weg, Donnerwetter, die haben sie fein eingepökelt, man zieht befriedigt ab.
Alles ist mit Brettern belegt. Die Berolina stand vor Tietz, eine Hand ausgestreckt, war ein kolossales Weib, die haben sie weggeschleppt. Vielleicht schmelzen sie sie ein und machen Medaillen draus.
Wie die Bienen sind sie über den Boden her. Die basteln und murksen zu Hunderten rum den ganzen Tag und die Nacht.
Ruller ruller fahren die Elektrischen. Gelbe mit Anhängern, über den holzbelegten Alexanderplatz, Abspringen ist gefährlich. Der Bahnhof ist breit freigelegt, Einbahnstraße nach der Königstraße an Wertheim vorbei. Wer nach dem Osten will, muß hinten rum am Präsidium vorbei durch die Klosterstraße. Die Züge rummeln vom Bahnhof nach der Jannowitzbrücke, die Lokomotive bläst oben Dampf ab, grade über dem Prälaten steht sie, Schloßbräu, Eingang eine Ecke weiter.
Über den Damm, sie legen alles hin, die ganzen Häuser an der Stadtbahn legen sie hin, woher sie das Geld haben, die Stadt Berlin ist reich, und wir bezahlen die Steuern.
Loeser und Wolff mit dem Mosaikschild haben sie abgerissen, 20 Meter weiter steht er schon wieder auf, und drüben vor dem Bahnhof steht er nochmal. Loeser und Wolff, Berlin-Elbing, erstklassige Qualitäten in allen Geschmacksrichtungen, Brasil, Havanna, Mexiko, Kleine Trösterin, Liliput, Zigarre Nr. 8, das Stück 25 Pfennig, Winterballade, Packung mit 25 Stück, 20 Pfennig, Zigarillos Nr. 10, unsortiert, Sumatradecke, eine Speziallei-

stung in dieser Preislage, in Kisten zu hundert Stück, 10 Pfennig. Ich schlage alles, du schlägst alles, er schlägt alles mit Kisten zu 50 Stück und Kartonpackung zu 10 Stück, Versand nach allen Ländern der Erde, Boyero 25 Pfennig, diese Neuigkeit brachte uns viele Freunde, ich schlage alles, du schlägst lang hin.

Neben dem Prälaten ist Platz, da stehen die Wagen mit Bananen. Gebt euren Kindern Bananen. Die Banane ist die sauberste Frucht, da sie durch ihre Schale vor Insekten, Würmern sowie Bazillen geschützt ist. Ausgenommen sind solche Insekten, Würmer und Bazillen, die durch die Schale kommen. Geheimrat Czerny hat mit Nachdruck darauf hingewiesen, daß selbst Kinder in den ersten Lebensjahren. Ich zerschlage alles, du zerschlägst alles, er zerschlägt alles.

Wind gibt es massenhaft am Alex, an der Ecke von Tietz zieht es lausig. Es gibt Wind, der pustet zwischen die Häuser rein und auf die Baugruben. Man möchte sich in die Kneipen verstecken, aber wer kann das, das bläst durch die Hosentaschen, da merkst du, es geht was vor, es wird nicht gefackelt, man muß lustig sein bei dem Wetter. Frühmorgens kommen die Arbeiter angegondelt, von Reinickendorf, Neukölln, Weißensee. Kalt oder nicht kalt, Wind oder nicht Wind, Kaffeekanne her, pack die Stullen ein, wir müssen schuften, oben sitzen die Drohnen, die schlafen in ihre Federbetten und saugen uns aus.

Aschinger hat ein großes Café und Restaurant. Wer keinen Bauch hat, kann einen kriegen, wer einen hat, kann ihn beliebig vergrößern. Die Natur läßt sich nicht betrügen! Wer glaubt, aus entwertetem Weißmehl hergestellte Brote und Backwaren durch künstliche Zusätze verbessern zu können, der täuscht sich und die Verbraucher. Die Natur hat ihre Lebensgesetze und rächt jeden Mißbrauch. Der erschütterte Gesundheitszustand fast aller Kulturvölker der Gegenwart hat seine Ursache im Genuß entwerte-

ter und künstlich verfeinerter Nahrung. Feine Wurstwaren auch außer dem Haus, Leberwurst und Blutwurst billig.
Das hochinteressante ‹Magazin› statt eine Mark bloß 20 Pfennig, die ‹Ehe› hochinteressant und pikant bloß 20 Pfennig. Der Ausrufer pafft Zigaretten, hat eine Schiffermütze auf, ich schlage alles.
Von Osten her, Weißensee, Lichtenberg, Friedrichshain, Frankfurter Allee, türmen die gelben Elektrischen auf den Platz durch die Landsberger Straße. Die 65 kommt vom Zentralviehhof, der Große Ring Weddingplatz, Luisenplatz, die 76 Hundekehle über Hubertusallee. An der Ecke Landsberger Straße haben sie Friedrich Hahn, ehemals Kaufhaus, ausverkauft, leergemacht und werden es zu den Vätern versammeln. Da halten die Elektrischen und der Autobus 19 Turmstraße. Wo Jürgens war, das Papiergeschäft, haben sie das Haus abgerissen und dafür einen Bauzaun hingesetzt. Da sitzt ein alter Mann mit einer Arztwaage: Kontrollieren Sie Ihr Gewicht, 5 Pfennig. O liebe Brüder und Schwestern, die ihr über den Alex wimmelt, gönnt euch diesen Augenblick, seht durch die Lücke neben der Arztwaage auf diesen Schuttplatz, wo einmal Jürgens florierte, und da steht noch das Kaufhaus Hahn, leergemacht, ausgeräumt und ausgeweidet, daß nur die roten Fetzen noch an den Schaufenstern kleben. Ein Müllhaufen liegt vor uns. Von Erde bist du gekommen, zu Erde sollst du wieder werden, wir haben gebauet ein herrliches Haus, nun geht hier kein Mensch weder rein noch raus. So ist kaputt Rom, Babylon, Ninive, Hannibal, Cäsar, alles kaputt, oh, denkt daran. Erstens habe ich dazu zu bemerken, daß man diese Städte jetzt wieder ausgräbt, wie die Abbildungen in der letzten Sonntagsausgabe zeigen, und zweitens haben diese Städte ihren Zweck erfüllt, und man kann nun wieder neue Städte bauen. Du jammerst doch nicht über deine alten Hosen, wenn sie morsch und kaputt sind, du kaufst neue, davon lebt die Welt.

Die Schupo beherrscht gewaltig den Platz. Sie steht in mehreren Exemplaren auf dem Platz. Jedes Exemplar wirft Kennerblicke nach zwei Seiten und weiß die Verkehrsregeln auswendig. Es hat Wickelgamaschen an den Beinen, ein Gummiknüppel hängt ihm an der rechten Seite, die Arme schwenkt es horizontal von Westen nach Osten, da kann Norden, Süden nicht weiter, und der Osten ergießt sich nach Westen, der Westen nach Osten. Dann schaltet sich das Exemplar selbsttätig um: Der Norden ergießt sich nach Süden, der Süden nach Norden. Scharf ist der Schupo auf Taille gearbeitet. Auf seinen erfolgten Ruck laufen über den Platz in Richtung Königstraße etwa 30 private Personen, sie halten zum Teil auf der Schutzinsel, ein Teil erreicht glatt die Gegenseite und wandert auf Holz weiter. Ebenso viele haben sich nach Osten aufgemacht, sie sind den andern entgegengeschwommen, es ist ihnen ebenso gegangen, aber keinem ist was passiert. Es sind Männer, Frauen und Kinder, die letzteren meist an der Hand von Frauen. Sie alle aufzuzählen und ihr Schicksal zu beschreiben, ist schwer möglich, es könnte nur bei einigen gelingen. Der Wind wirft gleichmäßig Häcksel über alle. Das Gesicht der Ostwanderer ist in nichts unterschieden von dem der West-, Süd- und Nordwanderer, sie vertauschen auch ihre Rollen, und die jetzt über den Platz zu Aschinger gehen, kann man nach einer Stunde vor dem leeren Kaufhaus Hahn finden. Und ebenso mischen sich die, die von der Brunnenstraße kommen und zur Jannowitzbrücke wollen, mit den umgekehrt Gerichteten. Ja, viele biegen auch seitlich um, von Süden nach Osten, von Süden nach Westen, von Norden nach Osten. Sie sind so gleichmäßig wie die, die im Autobus, in den Elektrischen sitzen. Die sitzen alle in verschiedenen Haltungen da und machen so das außen angeschriebene Gewicht des Wagens schwerer. Was in ihnen vorgeht, wer kann das ermitteln, ein ungeheures Kapitel.

Und wenn man es täte, wem diente es? Neue Bücher? Schon die alten gehen nicht, und im Jahre 27 ist der Buchabsatz gegen 26 um soundsoviel Prozent zurückgegangen. Man nehme die Leute einfach als Privatpersonen, die 20 Pfennig bezahlt haben, mit Ausnahme der Besitzer von Monatskarten und der Schüler, die nur 10 Pfennig zahlen, und da fahren sie nun mit ihrem Gewicht von einem Zentner bis zwei Zentner, in ihren Kleidern, mit Taschen, Paketen, Schüsseln, Hüten, künstlichen Gebissen, Bruchbändern über den Alexanderplatz und bewahren die geheimnisvollen langen Zettel auf, auf denen steht: Linie 12 Siemensstraße DA, Gotzkowskistraße C, B, Oranienburger Tor C, C, Kottbuser Tor A, geheimnisvolle Zeichen, wer kann es raten, wer kann es nennen und wer bekennen, drei Worte nenn ich dir inhaltschwer, und die Zettel sind viermal an bestimmten Stellen gelocht, und auf den Zetteln steht in demselben Deutsch, mit dem die Bibel geschrieben ist und das Bürgerliche Gesetzbuch: Gültig zur Erreichung des Reiseziels auf kürzestem Wege, keine Gewähr für die Anschlußbahn. Sie lesen Zeitungen verschiedener Richtungen, bewahren vermittels ihres Ohrlabyrinths das Gleichgewicht, nehmen Sauerstoff auf, dösen sich an, haben Schmerzen, haben keine Schmerzen, denken, denken nicht, sind glücklich, sind unglücklich, sind weder glücklich noch unglücklich.
Rumm rumm ratscht die Ramme nieder, ich schlage alles, noch eine Schiene. Es surrt über den Platz vom Präsidium her, da nieten sie, da schmeißt eine Zementmaschine ihre Ladung um. Herr Adolf Kraun, Hausdiener, sieht zu, das Umkippen der Wagen fesselt ihn enorm, du schlägst alles, er schlägt alles. Er lauert immer gespannt, wie die Lore mit Sand auf der einen Seite hochgeht, da kommt die Höhe, bums, und nun dreht sie sich. Man möchte nicht so aus dem Bett geschmissen sein. [...]

*Und ich wandte mich und sah an alles Unrecht,
das geschah unter der Sonne*

Franz, warum seufzt du, Franzeken, warum muß Eva immer anschlüpfen und dich fragen, was du denkst, und kriegt keine Antwort und muß immer weg ohne Antwort, warum bist du beklommen, und duckst dich, duck duck, kleiner Winkel, kleiner Vorhang, und du machst nur kleine, winzige Schritte? Du kennst das Leben, du bist nicht gestern auf die Erde gefallen, du hast einen Geruch für die Dinge und du merkst was. Du siehst nichts, du hörst nichts, aber du ahnst es, du wagst nicht, die Augen darauf zu richten, du schielst beiseite, aber du fliehst auch nicht, dazu bist du zu entschlossen, du hast die Zähne zusammengebissen, du bist nicht feige, aber du weißt nicht, was geschehen kann und ob du es auf dich nehmen kannst, deine Schultern stark genug sind, es auf sich zu nehmen.
Wieviel hat Hiob, der Mann aus dem Land Uz, gelitten, bis er alles erfuhr, bis nichts mehr auf ihn fallen konnte. Aus Saba fielen Feinde ein und schlugen seine Hirtin tot, das Feuer Gottes fiel vom Himmel und verbrannte Schafe und Hirten, die Chaldäer töteten seine Kamele und ihre Treiber, seine Söhne und Töchter saßen im Hause ihres ältesten Bruders, ein Wind wurde von der Wüste hergeschickt, er stieß die vier Ecken des Hauses um und die Knaben wurden getötet.
Das war schon viel, aber es war noch nicht genug. Sein Kleid hat Hiob zerrissen, die Hände hat er sich zerbissen, das Haupt hat er sich zerrauft, Erde hat er über sich gehäuft. Aber es war noch nicht genug. Mit Geschwüren wurde Hiob geschlagen, von der Fußsohle bis zum Schenkel trug er Geschwüre, er saß im Sand, der Eiter floß von ihm, er nahm einen Scherben und schabte sich.
Die Freunde kamen und sahen ihn, Eliphas von Theman, Bildad von Suah und Zopfar von Nama, sie kamen von

weit her, um ihn zu trösten, sie schrien und weinten fürchterlich, Hiob erkannten sie nicht, so furchtbar war Hiob geschlagen, der sieben Söhne und drei Töchter gehabt hatte und 7000 Schafe, 3000 Kamele, 500 Joch Rinder, 500 Eselinnen und sehr viel Gesinde.
Du hast nicht soviel verloren wie Hiob aus Uz, Franz Biberkopf, es fährt auch langsam auf dich herab. Und schrittchenweise ziehst du dich heran an das, was dir geschehen ist, tausend gute Worte gibst du dir, du schmeichelst dir, denn du willst es wagen, du bist entschlossen, dich zu nähern, zum Äußersten entschlossen, aber oh weh auch zum Alleräußersten? Nicht das, oh nicht das. Du sprichst dir zu, du liebst dich: oh komm, es geschieht nichts, wir können doch nicht ausweichen. Aber in dir will es, will es nicht. Du seufzt: wo krieg ich Schutz her, das Unglück fährt über mich, woran kann ich mich festhalten. Es kommt näher! Und du näherst dich, wie eine Schnecke, du bist nicht feige, du hast nicht nur starke Muskeln, du bist Franz Biberkopf, du bist die Kobraschlange. Sieh, wie sie sich schlängelt, zentimeterweise gegen das Untier, das dasteht und greifen will.
Du wirst keine Gelder verlieren, Franz, du selbst wirst bis auf die innerste Seele verbrannt werden! Sieh, wie die Hure schon frohlockt! Hure Babylon! Und es kam einer von den sieben Engeln, die die sieben Schalen halten, und redete: Komm, ich will dir zeigen die große Babylon, die an vielen Wassern sitzt. Und da sitzt das Weib auf einem scharlachroten Tier und hat einen goldenen Becher in der Hand, an ihrer Stirn geschrieben ein Name, ein Geheimnis. Das Weib ist trunken vom Blut der Heiligen.
Du ahnst sie jetzt, du fühlst sie. Und ob du stark sein wirst, ob du nicht verloren gehst.

Im schönen hellen Zimmer im Gartenhaus Wilmersdorfer Straße sitzt Franz Biberkopf und wartet.

Die Kobraschlange ringelt, liegt in der Sonne, wärmt sich. Ist alles langweilig, und er ist kräftig, und er möchte was tun, man liegt rum, sie haben noch nicht verabredet, wo sie sich treffen wollen, die dicke Toni hat ihm eine dunkle Hornbrille besorgt, ich muß mir eine ganz neue Kluft besorgen, vielleicht mach ich mir ooch einen Schmiß über die Backe. Da rennt einer unten über den Hof. Hat ders aber eilig. Bei mir kommt nischt zu spät. Wenn die Leute sich nicht so beeilen würden, würden sie nochmal so lange leben und dreimal so viel erreichen. Beim Sechstagerennen ist es dasselbe, die treten und treten, immer mit die Ruhe, die Leute haben Geduld, die Milch wird schon nicht überkochen, das Publikum kann pfeifen, wat verstehen die davon.
Es klopft auf dem Korridor. Nanu, warum klingeln die nich. Verflucht, ich geh aus der Bude raus, die hat ja bloß ein Ausgang. Mal horchen.
Schrittchenweise ziehst du dich heran, tausend gute Worte gibst du dir, du schmeichelst dir, du lockst dich, du bist zum Äußersten bereit, nicht zum Alleräußersten, ach, nicht zum Alleräußersten.
Mal horchen. Wat is det. Die kenn ick doch. Die Stimme kenn ich doch. Kreischen, Weinen, Weinen. Mal sehen. Schreck, mein Schreck, woran denkst du? Woran denkt man alles. Die kenn ick doch. Eva.
Die Tür ist auf. Draußen steht Eva, die dicke Toni hat die Arme um die. Winseln, Jammern, was is mit das Mädchen. Woran denkt man alles, was ist geschehen, Mieze schreit, Reinhold liegt im Bett. «Tag Eva, na Eva, Mädel, na wat is, nu gib dir doch, ist wat passiert, wird doch nicht so schlimm sein.» «Laß mir los.» Wie die grunzt, hat woll Keile gekriegt, die hat eener vermöbelt, warte mal. Die hat dem Herbert wat gesagt, der Herbert weiß von det Kind. «Hat dir gehauen, der Herbert?» «Laß mir, faß mir nicht an, Mensch.» Wat macht die für Oogen. Jetzt

will sie von mir nichts wissen, hat sie doch selbst gewollt. Wat is denn bloß los, wat hat die bloß, kommen noch Leute, mal die Tür abriegeln. Die Toni steht da, macht und tut mit Eva: «Sei gut, Eva, sei gut, gib dir doch, sag mal, wat is, komm rin, wo ist denn Herbert?» «Ich geh nich rin, ich geh nich rin.» «Na komm ma, wir setzen uns, ich koch Kaffee. Geh ab, Franz.» «Warum soll ich denn abgehen, ich hab doch nischt getan.»
Da macht Eva große Augen, schreckliche Augen, als will sie ein fressen, da kreischt die, faßt Franzen an die Weste: «Der soll mitkommen, der soll mit rin, der kommt hier mit, du kommst mir mit rin!» Was ist mit die los, det Weib is verrückt, hat der eener wat erzählt. Dann bibbert Eva auf dem Sofa neben der fetten Toni. Und das Mädel sieht aufgedunsen aus und fliegt, das kommt von dem Zustand, dabei hat sie das von mir und ich werde ihr doch nichts tun. Da legt Eva die Arme um die dicke Toni, flüstert ihr was ins Ohr, kann erst nicht sprechen und dann bringt sie es raus. Und jetzt fährt wat in die Toni. Die schlägt die Hände zusammen und Eva bibbert und holt ein zerknautschtes Papier aus der Tasche, die sind wohl ganz übergefahren, machen die mit mir Theater oder nicht, wat steht denn in der Zeitung, vielleicht von unsere Sache in der Stralauer Straße, Franz steht auf, brüllt, det sind dämliche Weiber. «Affen ihr. Macht mit mir keen Theater, ihr haltet mir für euren Affen.» «Um Gotteswillen, um Gotteswillen», sitzt die Dicke da, Eva bibbert immer vor sich und sagt nichts und winselt und zittert. Da reißt Franz über den Tisch der Dicken die Zeitung weg.
Sind da zwei Bilder neben einander, was, was, furchtbarer, furchtbarer gräßlicher Schreck, det bin – ick doch, det bin ick doch, warum denn, wegen de Stralauer Straße, warum denn, gräßlicher Schreck, det bin ick doch und denn Reinhold, Überschrift: Mord, Mord an einer Prostituierten bei Freienwalde, Emilie Parsunke aus Bernau.

Mieze! Wat is denn det. Ick. Hinterm Ofen sitzt ne Maus, die muß raus.

Seine Hand krampft das Blatt. Er läßt sich langsam runter auf den Sessel, er sitzt ganz in sich zusammengezogen. Was steht auf dem Blatt. Hinterm Ofen sitzt ne Maus.

Da gaffen die zwei Weiber, die weinen, die glotzen rüber, die zwei, wat is los, Mord, wie ist det, Mieze, ick bin verrückt, wie is det, was heißt det. Seine Hand hebt sich wieder auf den Tisch, da steht es in der Zeitung, mal nachlesen: mein Bild, ick, und Reinhold, Mord, Emilie Parsunke aus Bernau, in Freienwalde, wie kommt die nach Freienwalde. Was is denn das für ne Zeitung, die Morgenpost. Die Hand geht auf mit dem Papier, die Hand geht runter mit dem Papier. Eva, was macht Eva, die hat ihren Blick gewechselt, die fährt zu ihm rüber, sie heult nicht mehr: «Na, Franz?» Eine Stimme, einer spricht, ich muß was sagen, zwei Weiber, Mord, wat is Mord, in Freienwalde, ick habe sie ermordet in Freienwalde, ick war noch nie in Freienwalde, wo is det überhaupt. «Nu sag doch, Franz, wat sagste.»

Franz sieht sie an, seine großen Augen sehen sie an, er hält das Blatt auf der flachen Hand, sein Kopf zittert, er liest und spricht, stoßweise, es knarrt. Mord bei Freienwalde, Emilie Parsunke aus Bernau, geboren 12. Juni 1908. «Is Mieze, Eva.» Er kratzt sich die Backe, sieht Eva an, sein weiter, leerer, ungefüllter Blick, man kann nicht hineinsehen. «Is die Mieze, Eva. Ja. Wat – sagste, Eva. Die is tot. Darum haben wir sie nich gefunden.» «Und du stehst druff, Franz.» «Ick?»

Er hebt wieder das Blatt, sieht rein. Is mein Bild.

Sein Oberkörper schaukelt. «Um Gotteswillen, um Gotteswillen, Eva.» Ihr wird ängstlicher und ängstlicher, sie hat einen Stuhl neben seinen Sessel geschoben. Er schaukelt immer seinen Oberkörper. «Um Gotteswillen, Eva, um Gotteswillen, um Gotteswillen.» Und schaukelt immer so

weiter. Jetzt fängt er an zu pusten und zu blasen. Jetzt hat er schon ein Gesicht, als obs ihn lächert. «Um Gotteswillen, wat wollen wir machen, Eva, wat wolln wir machen.» «Und warum ham sie dir denn da abgemalt?» «Wo?» «Da.» «Na, weeß nich. Gotteswillen, wat is denn det, wie kommt denn det, haha, is komisch.» Und jetzt blickt er sie hilflos zitternd an und sie freut sich, das is auch ein menschlicher Blick, ihr steigen wieder die Tränen aus den Augen, auch die Dicke fängt zu winseln an, dann legt sich sein Arm an ihren Rücken, seine Hand liegt auf ihrer Schulter, sein Gesicht ist an ihren Hals gepreßt, Franz winselt: «Wat is det, Eva, wat is mit unser Miezeken los, wat is denn passiert, die is tot, mit der is wat passiert, jetzt is es raus, die is nich weg von mir, die hat einer umgebracht, Eva, unser Miezeken hat eener umgebracht, mein Miezeken, wat is denn los, is denn det wahr, sag mir, det is nich wahr.»
Und er denkt an Miezeken, da steigt etwas auf, eine Angst steigt auf, ein Schrecken winkt herüber, es ist da, ist ein Schnitter, heißt Tod, er kommt gegangen mit Beilen und Stangen, er bläst ein Flötchen, dann reißt er die Kiefer auseinander, dann nimmt er die Posaune, wird er die Posaune blasen, wird er die Pauken schlagen, wird der schwarze furchtbare Sturmbock kommen, wumm, immer sachte, rumm.
Eva sieht das langsame Knirschen, Mahlen seiner Kiefer. Eva hält Franzen. Sein Kopf zittert, seine Stimme kommt, der erste Ton knarrt, dann wird es leiser. Es ist kein Wort geworden.
Unter dem Auto lag er, das war wie jetzt, da ist eine Mühle, ein Steinbruch, der schüttet immer über mich, ich nehme mich zusammen, ich kann mich halten, wie ich will, es nutzt nichts, es will mich kaputt machen, und wenn ich ein Balken aus Eisen bin, es will mich kaputt brechen. […]

Irrenanstalt Buch, festes Haus

Im Polizeigefängnis, im panoptischen Bau vom Präsidium, vermuten sie zwar erst, Franz Biberkopf schiebt einen Ball, spielt den Verrückten, weil er weiß, daß es um die Rübe geht, dann sieht sich aber der Arzt den Gefangenen an, man bringt ihn ins Lazarett nach Moabit, auch da ist kein Wort aus ihm herauszukriegen, der Mann ist scheinbar wirklich verrückt, er liegt ganz starr, plinkt nur wenig mit den Augen. Als er zwei Tage die Nahrung verweigert hat, fährt man ihn nach Buch heraus, in die Irrenanstalt, auf das feste Haus. Das ist in jedem Fall richtig, denn beobachtet muß der Mensch sowieso werden.

Sie haben den Franz erst in den Wachsaal gesteckt, weil er immer splitternackt dalag und sich nicht hat zugedeckt, sogar das Hemd riß er sich immer ab, das war das einzige Lebenszeichen, das Franz Biberkopf einige Wochen gab. Die Augen hielt er immer fest zugepreßt, er lag ganz steif, und jede Nahrung hat er verweigert, so daß man ihn mit der Schlundsonde hat füttern müssen, wochenlang nur Milch und Ei und etwas Kognak dabei. Dabei schmolz der kräftige Mann sehr zusammen, ein einzelner Wärter konnte ihn leicht ins Badewasser tragen, das ließ sich Franz gern gefallen, und im Badewasser pflegte er sogar ein paar Worte zu sagen, auch die Augen zu öffnen, zu seufzen und zu stöhnen, aber all den Tönen war nichts zu entnehmen.

Die Anstalt Buch liegt ein Stück hinter dem Dorf, das feste Haus liegt außerhalb der Häuser der andern, die nur krank sind und nichts verbrochen haben. Das feste Haus liegt im freien Gelände, auf dem offenen, ganz flachen Land, der Wind, der Regen, der Schnee, die Kälte, der Tag und die Nacht, die können das Haus umdrängen mit aller Kraft und mit aller Macht. Keine Straßen halten die Elemente auf, es sind nur wenige Bäume und Sträucher,

dann stehen noch ein paar Telegraphenstangen da, aber sonst sind nur Regen und Schnee, Wind, Kälte, Tag und Nacht da.
Wumm wumm, der Wind macht seine Brust weit, er zieht den Atem ein, dann haucht er aus wie ein Faß, jeder Atem schwer wie ein Berg, der Berg kommt an, krach, rollt er gegen das Haus, rollt der Baß. Wumm wumm, die Bäume schwingen, können nicht Takt halten, es geht nach rechts, sie stehen noch links, nun knackt er sie über. Stürzende Gewichte, hämmernde Luft, Knackern, Knistern, Krache, wumm wumm, ich bin deine, komm doch, wir sind bald da, wumm, Nacht, Nacht.
Franz hört das Rufen. Wumm wumm, hört nicht auf, kann schon aufhören. Der Wärter sitzt an seinem Tisch und liest, ich kann ihn sehen, er läßt sich durch das Geheul nicht stören. Ich lieg auch schon lang. Die Jagd, die verfluchte Jagd, die haben mir holter di polter gejagt, ich bin an Arm und Beinen zerbrochen, mein Genick ist hin und zerbrochen. Wumm wumm, das kann wimmern, ich lieg schon lang, ich steh nicht auf, Franz Biberkopf steht nicht mehr auf. Und wenn die Posaune vom Jüngsten Gericht bläst, Franz Biberkopf steht nicht auf. Da können sie schreien, was sie wollen, können mit der Sonde kommen, jetzt bohren sie die Sonde mir schon durch die Nase, weil ich nicht den Mund aufmachen will, aber einmal bin ich doch verhungert, was können die mit ihre Medizin, können machen, was sie wollen. Sauzeug, das verfluchte, das habe ich jetzt hinter mir. Jetzt trinkt der Wärter sein Glas Bier, das hab ich auch hinter mir.

Wumm Schlag, wumm Schlag, wumm Sturmbock, wumm Totschlag. Im Wuchten und Rennen, Krachen, Schwingen kommen die Gewaltigen des Sturms zusammen und beraten, es ist Nacht, wie man es macht, daß Franz erwacht, nicht daß sie ihm die Glieder zerbrechen

wollen, aber das Haus ist so dick, und er hört nicht, was sie rufen, und würde er näher bei ihnen draußen sein, dann würde er sie fühlen und würde Mieze hören schrein. Dann ginge sein Herz auf, sein Gewissen würde erwachen, und er stünde auf, und es wäre gut, jetzt weiß man nicht, was man tut. Wenn man ein Beil hat und schlägt in hartes Holz hinein, dann fängt auch der älteste Baum an zu schrein. Aber dies starre Liegen, Sichverkneifen, Sichversteifen in das Unglück, das ist das Schlimmste auf der Welt. Wir dürfen nicht nachlassen, entweder wir brechen mit dem Sturmbock in das feste Haus ein, wir zerschlagen die Fenster, oder wir heben Dachluken auf; wenn er uns fühlt, wenn er das Schreien hört, von Mieze das Schreien, das bringen wir mit, dann lebt er und weiß schon besser, was ist. Wir müssen ihn ängstigen und erschrecken, er soll keine Ruh haben in seinem Bett, wie heb ich ihm schon die Decke auf, wie weh ich ihn schon auf den Boden, wie blase ich dem Wärter das Buch und das Bier vom Tisch, wumm wumm, wie werf ich ihm die Lampe um, die Glühbirne schmeiß ich hin, vielleicht gibt es dann Kurzschluß im Haus, vielleicht bricht dann Feuer aus, wumm wumm, Feuer im Irrenhaus, Feuer auf der festen Station. Franz stopft sich die Ohren zu, macht sich steif. Um das feste Haus wechselt Tag und Nacht, helles Wetter, Regen.
[...]

*Und Schritt gefaßt und rechts und links
und rechts und links*

Wir sind am Ende dieser Geschichte. Sie ist lang geworden, aber sie mußte sich dehnen und immer mehr dehnen, bis sie jenen Höhepunkt erreichte, den Umschlagspunkt, von dem erst Licht auf das Ganze fällt.
Wir sind eine dunkle Allee gegangen, keine Laterne brannte zuerst, man wußte nur, hier geht es lang, allmäh-

lich wird es heller und heller, zuletzt hängt da die Laterne, und dann liest man endlich unter ihr das Straßenschild. Es war ein Enthüllungsprozeß besonderer Art. Franz Biberkopf ging nicht die Straße wie wir. Er rannte drauflos, diese dunkle Straße, er stieß sich an Bäume, und je mehr er ins Laufen kam, um so mehr stieß er an Bäume. Es war schon dunkel, und wie er an Bäume stieß, preßte er entsetzt die Augen zu. Und je mehr er sich stieß, immer entsetzter klemmte er die Augen zu. Mit zerlöchertem Kopf, kaum noch bei Sinnen, kam er schließlich doch an. Wie hinfiel, machte er die Augen auf. Da brannte die Laterne hell über ihm, und das Schild war zu lesen.
Er steht zum Schluß als Hilfsportier in einer mittleren Fabrik. Er steht nicht mehr allein am Alexanderplatz. Es sind welche rechts von ihm und links von ihm, und vor ihm gehen welche, und hinter ihm gehen welche.
Viel Unglück kommt davon, wenn man allein geht. Wenn mehrere sind, ist es schon anders. Man muß sich gewöhnen, auf andere zu hören, denn was andere sagen, geht mich auch an. Da merke ich, wer ich bin und was ich mir vornehmen kann. Es wird überall herum um mich meine Schlacht geschlagen, ich muß aufpassen, ehe ich es merke, komm ich ran.
Er ist Hilfsportier in einer Fabrik. Was ist denn das Schicksal? Eins ist stärker als ich. Wenn wir zwei sind, ist es schon schwerer, stärker zu sein als ich. Wenn wir zehn sind, noch schwerer. Und wenn wir tausend sind und eine Million, dann ist es ganz schwer.
Aber es ist auch schöner und besser, mit andern zu sein. Da fühle ich und weiß ich alles noch einmal so gut. Ein Schiff liegt nicht fest ohne großen Anker, und ein Mensch kann nicht sein ohne viele andere Menschen. Was wahr und falsch ist, werd ich jetzt besser wissen. Ich bin schon einmal auf ein Wort reingefallen, ich habe es bitter bezahlen müssen, nochmal passiert das dem Biberkopf nicht. Da

rollen die Worte auf einen an, man muß sich vorsehen, daß man nicht überfahren wird, paßt du nicht auf auf den Autobus, fährt er dich zu Appelmus. Ich schwör so bald auf nichts in der Welt. Lieb Vaterland, kannst ruhig sein, ich hab die Augen auf und fall so bald nicht rein.

Sie marschieren oft mit Fahnen und Musik und Gesang an seinem Fenster vorbei, Biberkopf sieht kühl zu seiner Türe raus und bleibt noch lange ruhig zu Haus. Halt das Maul und fasse Schritt, marschiere mit uns andern mit. Wenn ich marschieren soll, muß ich das nachher mit dem Kopf bezahlen, was andere sich ausgedacht haben. Darum rechne ich erst alles nach, und wenn es so weit ist und mir paßt, werde ich mich danach richten. Dem Mensch ist gegeben die Vernunft, die Ochsen bilden statt dessen eine Zunft.

Biberkopf tut seine Arbeit als Hilfsportier, nimmt die Nummern ab, kontrolliert Wagen, sieht, wer rein- und rauskommt.

Wach sein, wach sein, es geht was vor in der Welt. Die Welt ist nicht aus Zucker gemacht. Wenn sie Gasbomben werfen, muß ich ersticken, man weiß nicht, warum sie geschmissen haben, aber darauf kommts nicht an, man hat Zeit gehabt, sich drum zu kümmern.

Wenn Krieg ist, und sie ziehen mich ein, und ich weiß nicht warum, und der Krieg ist auch ohne mich da, so bin ich schuld, und mir geschieht recht. Wach sein, wach sein, man ist nicht allein. Die Luft kann hageln und regnen, dagegen kann man sich nicht wehren, aber gegen vieles andere kann man sich wehren. Da werde ich nicht mehr schrein wie früher: das Schicksal, das Schicksal. Das muß man nicht als Schicksal verehren, man muß es ansehen, anfassen und zerstören.

Wach sein, Augen auf, aufgepaßt, tausend gehören zusammen, wer nicht aufwacht, wird ausgelacht oder zur Strecke gebracht.

Die Trommel wirbelt hinter ihm. Marschieren, marschieren. Wir ziehen in den Krieg mit festem Schritt, es gehen mit uns hundert Spielleute mit, Morgenrot, Abendrot, leuchtest uns zum frühen Tod.
Biberkopf ist ein kleiner Arbeiter. Wir wissen, was wir wissen, wir habens teuer bezahlen müssen.

Es geht in die Freiheit, die Freiheit hinein, die alte Welt muß stürzen, wach auf, die Morgenluft.
Und Schritt gefaßt und rechts und links und rechts und links, marschieren, marschieren, wir ziehen in den Krieg, es ziehen mit uns hundert Spielleute mit, sie trommeln und pfeifen, widebum widebum, dem einen gehts grade, dem andern gehts krumm, der eine bleibt stehen, der andere fällt um, der eine rennt weiter, der andere liegt stumm, widebum widebum.

1927–29

Katastrophe in einer Linkskurve

Das Ding, wovon ich sprechen will, heißt die «Linkskurve», kostet 30 Pfennig die Nummer, ist ein Heft in Oktavformat und wird in der «Peuvag» gedruckt. Heraus kommt es aus der Finsternis am ersten jedes Monats. Über das Ding etwas zu sagen lohnt sich nicht, es ist ein echtes, das heißt also unechtes, Literaturblatt, hinter dem eine Clique von Leuten steht, die sich beweihräuchern und im Besitz der Unfehlbarkeit sind. Aber über die Linkskurve soll man etwas sagen, – weil es das offizielle Literaturblatt der deutschen KP ist.

Das Ding lernte ich kennen, als es sich mit mir befaßte. Als man mir diese eine Nummer gab, war ich so erfreut davon, daß ich mir gleich ältere kaufte. Ich sah alle durch, es war teils lustig, teils schaurig; ich will etwas von diesem neuzeitlichen Apparat sagen. Denn das Ding ist ein Apparat. Es produziert maschinell genormte Kritik, die Urteile sind serienweise hervorzubringen, jedes Kind kann den Apparat bedienen, es ist ein Automat mit Schutzvorrichtungen gegen selbständiges Denken, besonders geeignet für die Beschäftigung von Blinden und Jugendlichen.

Außen ist das Ding rot angemalt, innen ist es bedeutend blasser, und warum, das weiß man, wenn man die Namen der Herausgeber liest: Johannes R. Becher, Andor Gabor, Kurt Kläber, Erich Weinert, Ludwig Renn.

Karl Marx sagte einmal: «Die Religion ist der Seufzer der bedrängten Kreatur, das Gemüt einer herzlosen Welt». Wir setzen für «Religion» Prinzip und haben die Rolle des Glaubens bei den KP-Autoren ermittelt. Begrifflosigkeit, Defekte werden verhüllt, die böse, herzlose Welt soll nicht mehr heran. Ein bißchen kommt sie jetzt.

Man ist zwar nichts, aber man ist kein Bourgeois. Man kann zwar nicht schreiben, aber man schreibt nicht bürgerlich. Man kann zwar nicht denken, aber man denkt approbiert. Wenn ich Maler wäre und hätte die fünf Herausgeber der Linkskurve zu malen, so würde ich sie in ihrem Brutkasten malen, da hocken sie beieinander, bedauernswert bis auf die Knochen, haben ein Messer im Mund, machen riesige Glotzaugen und wollen Angst einjagen.

In Nummer 1 vom 2. Jahrgang leitartikelt Johannes R. Becher. Das muß man gelesen haben. Ich empfehle jedem, der Sinn für Humor und Schauerlichkeit hat, diesen Artikel zu lesen, die Nummer ist für 30 Pfennig noch käuflich. Das ist der literarische Fahnenführer der deutschen KP. Man fragt sich sonst, woher es kommt, daß diese Partei so vorbeihaut und ihre Gelegenheiten verpatzt. Hier kann man es greifen. «Die zentrale Aufgabe des Bundes proletarisch-revolutionärer Schriftsteller ist die Herausarbeitung einer eigenen proletarisch-revolutionären Literatur.» So der Prophet. Sie werden sich in Lichtenberg, Kielblockstraße, zusammensetzen und eine eigene Literatur «herausarbeiten», – Herr Becher, der Prosa und verqualmte Hymnen produziert in dem Schleimbrei einer unentwegt expressionistischen Sprache, – Herr Ludwig Renn, frisch gebackener Genosse, Verfasser eines mittelmäßigen Kriegsromans, den die bürgerlichen Zeitungen lobten, worauf er sich berühmt vorkam, – Herr Andor Gabor, wer ist das, – Herr Kurt Kläber, o Gott, die «Passagiere», er hat mal was gewollt, er hat mal nicht gekonnt – Herr Erich Weinert, der Kabarettnummern «herausarbeitet». Diese fünf werden es schaffen.
Darauf wird uns verkündet: «Unsere proletarisch-revolutionäre Dichtung hat in den letzten zwei Jahren einen mächtigen Aufschwung genommen.» Wie ist mich denn? Ich habe gar nichts davon gemerkt! Das muß unbemerkt

in der Kielblockstraße passiert sein! Die liegt so weit weg. Schade! Warum telephonieren sie nicht? Es ist toll, daß mitten zwischen uns eine Geheimliteratur blüht. Mir fällt bloß auf: eben hat unsere proletarische Dichtung einen «mächtigen Aufschwung» genommen, und schon wird gemeldet: «Daß wir ein erstes Stammelwort, ein Beginn sind, und daß wir uns weiter steigern müssen.» Etwas stimmt da nicht. Wie das «Stammelwort» und der «mächtige Aufschwung» zusammenhängen, ist dem Bürger, der bloß mit dem Kopf denkt, nicht klar. Offenbar verfügen die Kommunisten, bzw. ihre Literaten, furchtbarerweise auch über Geheimorgane, die sie uns nicht zeigen. Wie wird es uns ergehen. Vielleicht hängt der schreckliche Gegensatz «mächtiger Aufschwung» und «Stammelwort» aber mit der marxistischen Dialektik zusammen? Das ist nämlich auch solche schwere Sache, über die daher dauernd Kurse abgehalten werden. Hier wäre ein Beispiel für Dialektik: «mächtiger Aufschwung» und «Stammelwort». (Wir Bürger unter uns, die nur mit dem Kopf denken, nennen das Unsinn. Man sieht, wie verfault wir sind.)

Da nun offenbar Zwietracht in der kommunistischen Geheimliteratur des mächtigen Aufschwungs vorkommt, ist Johann R. Becher auf den nächstliegenden Einfall gekommen: Diktatur über die Literatur. Wer nicht hören will, muß fühlen. Wozu braucht ein Schriftsteller überhaupt oder selbständig zu denken, wo man in der Kielblockstraße für ihn denkt, – das heißt, man denkt da auch nicht, vielmehr man denkt am Bülowplatz, – vielmehr: man denkt da auch nicht, man denkt, ja ich weiß nicht, ich versteh mich nicht auf die Infinitesimalrechnung, vielleicht weiß es ein Astronom? «Darum fordern wir, daß unsere Literatur unter dieselbe Kontrolle und Verantwortlichkeit gestellt wird wie jede politische Arbeit.» Das heißt, was in der Kielblockstraße nicht gefällt, nimmt keinen mächtigen Aufschwung, oder, je nachdem, es wird kein erstes Stammelwort. Vorzüglich eignet sich Johannes R. Becher freilich in dieser betrunkenen Angelegenheit zum Diktator, da er sich schon als Diktator über Logik und die deutsche Sprache bewährt hat.

Neugierig nach der Geheimliteratur des mächtigen Aufschwungs treffe ich dann den Satz: «Unsere Werke sind nicht edel oder kristallklar geschliffen, sie haben eine kantige Härte, denn sie sind geboren und wachsen auf in der Zugluft, die aus der Geschichte weht.» Da fall ich aus der Kurve. Wo zum 1000. Male sind die Werke mit der kantigen Härte? Die Prosa und Lyrik von Johannes R. Becher? Dieser geschriebene Quarkkäse? Wo ist die Zugluft, die aus der Geschichte weht? Die deutschen Bücher haben sie nicht, sie sind entsetzlich edel und kristallklar geschliffen, blank wie ein Kürassierstiefel des Anton von Werner. Aber in der «Linkskurve» selbst befindet sich neue proletarische Dichtung. Da ist eine Kostprobe, ein Gedicht von *Hanns Vogt:*

«Roter Hund! Rote Kanaille!
O du!
Strahlender, herrlicher!
Glühender, Gläubiger!
Heute und morgen und übermorgen
Und immer dann bist du da.»

Genug? Und kein Wort dazu. Das ist die kantige Härte, aufgewachsen in der Zugluft, die aus der Geschichte weht! (Sagen wir milde: älterer Jahrgang des «Sturms».) Deutsche kommunistische Literatur!
Zum Schluß kann sich Johannes R. Becher nicht zurückhalten; er muß sagen, wie es mit der neuen proletarischen Literatur ist, er muß bekennen, was ist, und er sagt (fallen

Sie nicht vom Stengel): Es ist Rosegger. Es fährt aus Becher heraus, an der Stelle, wo er ein Buch von mir vorhat. Der ehemalige Transportarbeiter (das «ehemalige» wird von Becher unterschlagen, das ist gute bürgerliche Tradition, man schwindelt), der nach Becher also nicht mehr «ehemalige» Transportarbeiter eines Buches von mir sei ein «künstlich gepreßtes Laboratoriumsprodukt». Dem Verfasser wird vorgeworfen, daß er hemmungslos Details sammelt und sie anhäuft, daß er Berliner Dialekt nachstenographiert, daß die Nummern der Elektrischen, die er angibt, stimmen, daß das Buch ultrarealistisch ist. Wenn Sie nun wissen wollen, wie es sein müßte, so erfahren Sie: «Unsere Werke werden die natürliche einfache proletarische Sprache bekommen, Geruch und Färbung, wie sie wirklich dem Proletariat eigen sind.» Nun fragt man sich als Fachmann und Laie, wie soll man das schaffen. Realistisch darf der Autor nicht sein, stimmen darf es nicht, was er schreibt, wirklicher Berliner Dialekt darf es auch nicht sein: was also? Klar: Rosegger! Heimatkunst, der natürliche Geruch, die berühmte «Scholle». Ich meine leider weder Rosegger noch Ganghofer! Was die natürliche proletarische Sprache anlangt, so habe ich von dem Vers: «O du Strahlender, herrlicher, Glühender, Gläubiger» schon genug, und der hymnische Quarkkäse von Johannes R. Becher, alias kantige Härte, reizt auch nicht meinen Appetit. Ich habe mich an den einfachen Berliner Dialekt gehalten, den ich nicht nachzustenographieren brauchte, weil ich nicht stenographieren kann. Und wenn meine Angaben im Roman stimmen, so bitte ich Herrn Becher um Entschuldigung, ich bin nun mal so vertrottelt, – wenn ich Alexanderplatz meine, sage ich Alexanderplatz, und wenn ich Quatschkopf meine, sage ich Becher. Und wenn ich hemmungslos Details summiere, so verspreche ich, nächstes Mal werde ich nicht summieren, ich werde frei aus der Luft dichten: «O du Strahlender, herrlicher, Glühender, Gläubiger». Fällt mir da übrigens nicht gerade ein, daß Herr Becher einmal einen Versuch mit untauglichen Mitteln am Roman unternommen hat, welcher Versuch leider beschlagnahmt wurde, – es hätten ihn alle lesen sollen, – und fand sich nicht damals hinten als Nachtrag – ein seitenlanges Verzeichnis von Literatur? Aber pfui, Herr Genosse, wie kann man nur. Das sind ja lauter Details, so gehen Sie vor, und Sie wollen Rosegger werden?

Was die Herren möchten, worauf ihre fötalen Gedankengänge hinzielen, nein, nicht hinzielen, ist klar. Es gibt ein Bilderbuch, Sie kennen es, das «Gesicht der herrschenden Klasse». Das Gesicht der beherrschten Klasse zu geben wäre ungeheuer nötig, – aber das würde die Realität ergeben, und die ist Pinschern und Schwächlingen furchtbar und peinlich. Die Realität aufzeigen, wie sie ist, die wirklichen Bedürfnisse der Masse demonstrieren und daraus und dazu die Theorie machen, das wäre marxistisch. Entschuldigen Sie, wenn ich mich erfreche, wieder den unbekannten Karl Marx zu zitieren: «Die Theorie wird in einem Volke immer nur so weit verwirklicht, als sie die Verwirklichung seiner Bedürfnisse ist.» Ein andermal: «Man muß die versteinerten Verhältnisse der deutschen Gesellschaft schildern und sie dadurch zum Tanzen zwingen, daß man ihnen ihre eigene Melodie vorsingt. Man muß das Volk vor sich selbst erschrecken lassen, um ihm Courage zu machen.» Vergleichen Sie diese wirklich harten Sätze mit dem Milchbrei der Phrasen des Kommunistenhäuptlings Becher. Vergleichen Sie die Realitätsnähe dieser Aussprüche mit der Furcht des Lyrikers vor den Details. Vergleichen Sie die Wahrhaftigkeit dieser Sätze und ihre Weite mit den Stammelworten der Linkskurve. «Das Gesicht dem Betriebe zu», singt Becher. Nee, mein Sohn: Tatsächlich schreibt er das Gesicht der Zeitschrift «Sturm» zu. Sie hassen die Realität. Diese sauberen historischen Materialisten wagen sich nicht an die Realität heran. Sie glauben es ist getan, wenn sie über der Realität ihr rotes Kinderfähnchen schwingen.

Hören Sie Sätze, die ein literarischer Führer der KP zur Einführung eines neuen Jahrgangs in dem offiziellen Organ der KP schreibt: «Wir sind nicht Idealisten solcher Art, die das idealisieren, was ist (soll ihnen auch schwer fallen, denn sie wissen ja nicht, was ist); wir sind nicht genügsam, wir geben uns nicht zufrieden: wir zerren und trommeln. Wir hetzen, damit der Aufstand schneller läuft. Das ist unsere Literatur, wir müssen sie wie eine Botschaft verkünden. Durch Gehirne und Herzen zieht sie hindurch.» Dazu sage ich, ohne nachzustenographieren: «Nu reg dir mal bloß ab.» Das ist die zum Lachen armselige literarische Vertretung der deutschen KP: Rote Kinderfähnchen über einer Wirklichkeit, die man nicht kennt, der man mit Schmockphrasen aus dem Wege geht. Wer wundert sich da politisch noch über was? 1930

Wissen und Verändern!

Offene Briefe an einen jungen Menschen

Ich erkenne die Verpflichtung zu geistiger Hilfe an

Sehr geehrter Herr, ich habe Ihren offenen Brief an mich aufmerksam mehrere Male gelesen. Ich habe mehrmals zu einer Antwort angesetzt und bin gegen meine Gewohnheit steckengeblieben. Ein «Offener Brief» ist eine mir zu feierliche Sache, ich kann mich schwer in diese Würde hineinfinden. Sie müssen mich kennen, wie ich bin, ein vollkommen privater Mensch. Wenn Sie mich irgendwo treffen würden, würden Sie mich bestimmt übersehen. Nun verlangen Sie Repräsentanz von mir. Wenn Sie mir gegenübersäßen, würde es leichter gehen. Sie würden sehen, daß ich gern lache, öfter schweige, daß ich überhaupt viel vom Schweigen halte, und daß ich auch oft sage: «Ich weiß nicht», ohne beunruhigt zu sein. Vielleicht würde ich Sie, wenn Sie mir gegenübersäßen, nur aushorchen. Halten Sie mich nicht für einen Propheten oder Posaunenbläser; eine Fahne trage ich bestimmt nicht. Sagen Sie, geehrter Herr, wollen Sie wirklich von einem so nonchalanten Menschen eine Antwort haben, und wissen Sie nicht alles besser?

Nun, nehmen wir an, Sie bestehen auf Ihrer Antwort, Sie haben einen Satz von mir zitiert, von der «Verpflichtung, geistige Hilfe zu leisten», und das ist in der Tat ein immer mehr drängendes Gefühl in mir, und zu dem Satz stehe ich. Und ich antworte Ihnen nun, – zwar nicht so, wie ich Ihnen geantwortet hätte, wenn Sie mir gegenübersäßen und wenn ich wüßte, was eigentlich bei Ihnen hinter Ihren Fragen steckt –, es wird eine geschriebene Antwort sein aber doch eine Antwort.

Viele Wahrheiten und nicht eine Wahrheit

Sie sagen: Sie und viele andere fühlten sich bedrückt und verwirrt durch das schreckliche Überangebot an Wahrheiten heute. Sie sehen sich in einem Labyrinth, Sie wissen nicht, wohin sich wenden.
Richtig. Es gibt heute viele Prinzipien, Haltungen, Richtungen, Wahrheiten. Sie zählen welche auf. Es gibt übrigens noch mehr. Sie kennen das ganze Labyrinth noch nicht, geehrter Herr.
Und nun frage ich Sie vorweg und ganz allgemein: Warum beunruhigt es Sie eigentlich und überhaupt, daß es so viele Lehren und Wahrheiten gibt? Ich gebe ja zu, daß es störend und etwas ärgerlich sein kann für Leute, die drauflos handeln wollen. Aber wir reden jetzt einmal theoretisch: Warum soll es nicht sehr viele Lehren und sogar Wahrheiten geben? Jedes Ding hat viele Ebenen, die Welt sieht in jeder Stunde anders aus; überlegen Sie einmal, was es alles an einem einzigen Grashalm gibt und was mit ihm alles geschieht: da machen Sie mit den paar Wahrheiten Rationalismus und Irrationalismus, Ästhetizismus, Moralismus gar keinen Eindruck. Sie sind doch nicht der Meinung, daß das ganze Dasein, Himmel, Erde und Hölle, unter den Hut einer einzigen hundertprozentigen Zauberformel und Wahrheit zu bringen sei? Das Vorzügliche an den jetzt so verwelkten Religionen bestand unter anderm darin, daß sie Vorstellungen hatten, die kolossal vieldeutig waren. Sie waren wirklich tief, das heißt, sie gaben Durchblicke nach vielen Seiten (was unsere heutige Wissenschaft, wie Sie beobachtet haben, ganz und gar nicht tut. Die denkt über einen kleinen Tisch hin und ist stolz dabei und merkt nicht, daß der größte Teil der Welt unter ihrem Tisch liegt.). Also, geehrter Herr: an sich stört und verwirrt Sie die Vielheit der Richtungen und Meinungen nicht. Und wenn sich jede Meinung als

die einzige und allein wahre aufspielt, so lassen Sie sie nur, das gehört so dazu.

Entschlossene Lobpreisung des Denkens
Denken geht dem Handeln voraus

Aber Sie sagen: Ich bin ja auf das theoretische Denken gar nicht aus, ich muß eingreifen, etwas leisten, und da muß ich mich entscheiden und zu einem Ding ja sagen. Pardon, geehrter Herr, eine kleine Randbemerkung dazu, wir sind im Gebiet des tausendmal zitierten Wortes von Karl Marx gegen Feuerbach: «Die Philosophen haben die Welt nur verschieden interpretiert, es kommt aber darauf an, sie zu verändern.» Das meinen Sie, aber bitte, bitte, meinen Sie es richtig oder doch nur mit Vorbehalt. Marx hatte schon recht mit seinem Satz, damals besonders, in dem verträumten Deutschland, gegen Hegel und die fürchterlichen Hegelianer. Es war der Fluch des durch Jahrhunderte von seinen Fürsten niedergehaltenen Deutschlands, nur im Betrachten zu existieren, im Auslegen fix und fertiger Zustände, auch nur in Gedanken sich aus seinem Gefängnis zu retten. Heute aber hat der Satz einen verdammten Beigeschmack. Es sieht so aus, als brauchen wir nicht zu erkennen. Denken ist überflüssig, man hat nur zu «verändern». Ja, so ist es nicht gemeint. Es gibt ein Erkennen des Lebensnotwendigen und eine Diskussion darüber. Ich muß das ausdrücklich hier sagen, selbst wenn Sie, geehrter Herr, mir ohne weiteres zustimmen; aber einige neben Ihnen brauchen es. Ich kann mir also vorstellen, daß jemand heute aufsteht, zum Beispiel ich, und meint: es wurde in den letzten Jahrzehnten enorm viel in der Welt verändert, beinah etwas zu viel, die Dinge sind kolossal in Fluß geraten, es wäre einmal gar nicht schlecht, auch ein bißchen zu denken und vom Denken aus energisch die

Veränderung zu kommandieren. Schließlich geschehen ja die Veränderungen durch uns, und wir sind, wenigstens nach der Ansicht der Zoologen, eine Art von Großhirntieren. Daß heute zuviel gedacht und erkannt wird, würde auch Karl Marx nicht behaupten. Viel geredet und gedruckt wird bestimmt, aber allemal weniger von heute als von gestern und vorgestern. Der schauderhaften Lobpreisung der Aktion muß nachgerade eine entschlossene Lobpreisung des Denkens entgegengesetzt werden. Dieses ist durchaus selber Aktion, schwere, seltene Aktion, wenn auch unsichtbare, und das Denken, ich meine das wirkliche, nicht das Träumen und Spekulieren, ist die alleinige und einzig lebende Wurzel jeder Veränderung, die uns angeht. Wenn wir also wirklich verändern wollen, lassen Sie uns, geehrter Herr, so vorgehen. Sie wenden sich ja auch an mich, der nicht im Verdacht steht, durch «Aktionen» in die Welt einzugreifen, sondern der nur für sich denkt und, wenn Sie wollen, auch für Sie. […]

Ablehnung der russischen Lösung

Die Arbeiterparteien haben ein Rüstzeug: den Klassenkampf, und zwei Ziele: soziale Gerechtigkeit und den Sozialismus. Man hat gesagt: es gab schon vor Marx die Arbeiterbewegung und den Sozialismus; er hat sie zusammengebunden. Und in der Tat: das Ende des ersten Bandes vom «Kapital» verkündet die «freie Assoziation freier und gleicher Produzenten». Wie steht es damit? Die Arbeiterbewegung und der Klassenkampf kann die Zertrümmerung der Kapitalistenklasse zur Folge haben, – es steht vollkommen in der leeren Luft, daß er die klassenlose Gesellschaft und den Sozialismus zur Folge hat. Es kann aus keinem Ding etwas hervorgehen, was nicht schon in ihm steckt, – es kann aus dem mörderisch geschärften

Klassenkampf Gerechtigkeit, aber kein Sozialismus hervorgehen. Betrachten Sie das russische Beispiel: ist hier eine Bewegung zum Sozialismus oder Kommunismus zu sehen? Es ist Sieg der Arbeiterklasse und Kollektivismus mit Staatskapitalismus. Die Verteidiger sagen: wir sind noch im Kampf; ich antworte: sie haben einen ungeheuren Fortschritt gegenüber den Weststaaten vollzogen, sie treiben sehr vernünftigen und rationalen Staatskapitalismus, sie werden eine höchst preußisch, despotisch durchorganisierte Staatsmaschine auf die Beine stellen, das Modernste des Modernen, sie werden vielleicht tatsächlich damit über Europa oder Asien herfallen können, – dieser despotische Staatskapitalismus, der den Massen nach alter Methode von außen auferlegt wird, hat aber nicht das mindeste mit Sozialismus oder Kommunismus zu tun. Vielleicht aber, wir kennen nicht Rußland, ist dieser Staatskapitalismus und die Methode seiner Einführung dort richtig; wir haben im Westen andere Vorstellungen von Sozialismus. Dessen Leitsätze sind: Freiheit, spontaner Zusammenschluß der Menschen, Ablehnung jedes Zwanges, Empörung gegen Unrecht und Zwang, Menschlichkeit, Toleranz, friedliche Gesinnung. Was hat Marx selber von diesem, dem wirklichen Kommunismus gelehrt? Ich weiß nicht, er hat ihn wohl verhöhnt. Was ging ihn und so den heutigen Klassenkämpfer der wirkliche Kommunismus an? Die «freie Assoziation»? Ehrlich ist sie ihnen blauer Dunst, Utopie, ein Endziel im Jenseits der fernsten Zukunft, ein Wort, woran sie keine Sekunde Nachdenkens verlieren. Sie haben etwas Dringenderes vor. Lesen Sie eine kommunistische Zeitung, – ob Sie in ihr etwas außer dem Klassenkampf erfahren. Aber sie sagen: wir können auch nicht anders, wir haben noch nicht mal die Revolution zustande gebracht; wer redet von übermorgen, wo noch nicht mal das Morgen, nein, das Heute steht? *Ich warne vor diesem Schwindel.* Aus einem Ding entsteht nichts, was nicht schon in ihm steckt. Kommunismus muß gewollt und mit spezifischen Mitteln entwickelt werden. Aus der Atmosphäre des planmäßig zu Revolution und Bürgerkrieg gesteigerten Klassenkampfes kann er nicht entstehen. Aus Menschen, die zu eisernen Klassenkämpfern gezüchtet werden, aus Heroen des Klassenkampfes werden keine Kommunisten. Eine kriegerische Rasse kann entstehen, der Krieg kann über die ganze Erde getragen werden, das hat mit Klasse, Klassenkampf, Klassensieg, nichts mit Kommunismus zu tun. Wie unwahr an dem mächtigen Baum des Klassenkampfes die Papierblüte des «Kommunismus» hängt, wie angeklebt sie da ist, erkennen Sie bei Marx selber: ganz dünn, blutlos, lyrisch verschwommen und sentimental erscheint zum Schluß des ersten Bandes vom «Kapital» jenes Wort von der zukünftigen «freien Assoziation». Wer glaubt dem Berserker das? Wie hätte dieser Logiker und Analytiker den Kommunismus auf die Füße gestellt, wenn er ihn gewollt hätte! Aber er betrieb klassenkämpferische Aufklärung, die in der Tat nötig war und ist, und sonst nichts. Er hat, sagen wir es kurz und bündig, nicht die Arbeiterbewegung mit dem Sozialismus verbunden. Er hat das Wort und die Rüstung für den Klassenkampf geschaffen, der Arbeiterschaft und uns die Augen geöffnet – *und uns übriggelassen, zu überlegen, wie man zur «Gerechtigkeit» auch noch den Menschen findet.*

Daher und also: der Klassenkampf wird ausgetragen von zwei Bürgerparteien, Großbürgern und Kleinbürgern; der Sieg der Kleinbürger, die sich Proletarier nennen, bleibt Etappe im Kampf, führt nicht aus dem alten Bürgerlichen mit seinen Kategorien Krieg, Gewalt, Unterwerfung heraus, ergibt höchstens neubürgerlichen Staatskapitalismus.

*Die wichtigste Position ist die menschliche.
Halten Sie fest zu ihr*

So gerecht also der Kampf der Kleinbürger (Proletarier) gegen die Großbürger (Bourgeois) ist, – Sie, geehrter Herr, können Ihr prinzipielles Ja zu dem Kampf nicht exekutieren, indem Sie sich in die proletarische Front einordnen. Sie müssen es bewenden lassen bei der erregten und bitteren Billigung dieses Kampfes, aber Sie wissen auch: tun Sie mehr, so bleibt eine ungeheuer wichtige Position unbesetzt, die Position jenseits der bloßen Gerechtigkeit: die urkommunistische der menschlichen individuellen Freiheit, der spontanen Solidarität und Verbindung der Menschen, des Widerwillens gegen Neid, Haß, Unrecht, Vergewaltigung! Das sind elementare Triebe im Menschen, keine «idealistischen» Schwärmereien; es sind Dinge, die keine vorübergehende Kultur in die Menschen hineingelegt hat, aber die die sogenannte Kultur Zug um Zug verschüttet. Diese Position, geehrter Herr, ist es, die als einzige Ihnen zufällt. Diese allein ist Ihnen angemessen, in jeder andern werden Sie verkommen. Lassen Sie sich hier nicht herausmanövrieren durch die verlogene Dialektik der pseudokommunistischen Bürger und ihrer Intellektuellen. Man wird versuchen, Sie zu «Entscheidungen» zu drängen, worunter man die Entscheidung zwischen großbürgerlich und kleinbürgerlich (falsch unterschieden als bürgerlich und proletarisch) versteht. Man braucht Sie als Hilfskraft, wird Ihnen aber dauernd mißtrauen (Bebel: «Kommt ein Bürgerlicher zu euch, seht ihn euch genau an; ist es ein Intellektueller, doppelt genau.» «Die Befreiung der Arbeiterklasse kann nur das Werk der Arbeiterklasse selbst sein.»). Man wird Sie verlachen, wenn Sie von der Freiheit des Individuums reden; Masse, Kollektivum ist das große Wort von heute; man ist eben kriegerisch, kennt nur Heere und Soldaten als Nummern in den Heeren, und wenn die Söldner hüben und drüben von Ihnen das Wort Menschlichkeit hören, so werden sie auf den Rücken fallen und sich vor Lachen krümmen. Immer lachen lassen! Wir werden zuletzt lachen! Sie gehören nicht der «Arbeiterklasse» an und haben nicht nötig, sich unehrlicherweise wie viele Intellektuelle zu assimilieren.

Sie vertreten die Ideen, die ich nannte, aktiv und angreifend; es sind die größten der Welt und die revolutionärsten, *vertreten sie an Ihrem Platz,* allein und mit den vielen andern, die bald kommen werden. Ich habe nicht von Praxis zu sprechen, wir denken hier nur; aber Sie erkennen: es gibt ungeheuer zu tun!

Zurücknahme des Sozialismus in den Menschen als reine Kraft

Das deutsche Bürgertum war einmal radikal, progressiv, jetzt ist es elend, verängstigt, ideenlos. Wo ist da die wirkliche Front der Geistigkeit, warum wirbt sie nicht, warum hat sie keine Macht? Ist sich die Geistigkeit Deutschlands, die Erbin von Klassikern auf vielen Gebieten, die heute noch Schulen und Universitäten beherrscht, nicht einer ungeheuren Schuld bewußt, wenn sie die «Wirtschaft» autonom das Land regieren sieht? Schämt sie sich nicht ihrer Rolle? Hat sie noch immer nicht die Augen auf?

Sie berufen sich auf Ihre Bildung, geehrter Herr, ich schenke sie Ihnen! Zeigen Sie, daß Sie lebendig sind, helfen Sie mit, einen Ort schaffen für die alten revolutionären Ideen, die ich nannte, schlagen Sie Bresche in das Bürgertum, verstehen Sie den Marxismus, der klar durchschlägt durch gedankliches Blendwerk, und halten sich fest jenseits der Bürgerei. Es heißt: einfach sein, seine Bildung für heute haben. Der Zugang zum Volk wird in Deutschland

durch die Parteien versperrt. Statt daß die Geistigen Einfluß üben, regieren wirtschaftliche Gruppen, und man besitzt die Frechheit, die Geistigen zum Eintritt in diese Parteien aufzufordern! Das nennt man Politisierung! Ich habe Sie gewarnt.
Offen ist die Trennung von Sozialismus und Klassenkampf zu vollziehen, der Sozialismus wieder als «Utopie» herzustellen, als reine Kraft, Element in uns, seine Verwirklichung oder die Annäherung an ihn mit neuen Mitteln zu versuchen. Dies ist die Aufgabe, die Generallinie der Bewegung, zu der ich Ihnen rate. 1930

*Aber aus meiner Bahn laß ich mich nicht lenken,
auch nicht, wenn ich im Rinnstein liege.*

1933

Als ich Abschied nahm...

Morgens um neun hörte ich am Radio: der Reichstag sei in Brand gesteckt worden, das Feuer hätte gelöscht werden können, es sei gelungen, einen der Verbrecher an Ort und Stelle zu ergreifen; es handle sich um ein kommunistisches Attentat, – eine unerhörte Untat, die sich gegen das deutsche Volk richte usw. Ich stellte den Apparat ab. Mir fehlten die Worte. Ich war vom Radio und seinen jetzigen Beherrschern allerhand gewöhnt; das war die Höhe. Offenbar war der Reichstag wirklich angesteckt worden, – von den Kommunisten? Solchen faustdicken Schwindel wagte man anzubieten. Man mußte ‹cui bono?› fragen; wem nützte die Brandstiftung? Die Antwort lag auf der Hand.
Ich war unbekümmert für mich, wenn auch tief beunruhigt und empört, – bis man mich anrief und fragte, was ich machen wollte. Ich war erstaunt: warum? Nun, die Verhaftungen; ich sollte mich vorsehen. Ich dachte: lächerlich. Das Telefon riß aber nicht ab. Dann kam man zu mir; der Tenor immer derselbe: ich möchte, wenigstens vorübergehend, verschwinden; ich sei gefährdet, es gebe Listen. Das leuchtete mir alles nicht ein. Die innere Umstellung von einem Rechts- auf einen Diktatur- und Freibeuterstaat gelang mir nicht sogleich. Gegen Abend war ich soweit.
Meine Frau war auch dafür. Es war ja nur ein Ausflug; man läßt den Sturm vorübergehen. Zuletzt rief mich noch ein mir bekannter Arbeiter an: ich solle doch gehen, gleich, er wisse allerhand, und es sei ja nur für kurze Zeit, längstens drei bis vier Monate, dann sei man mit den Nazis fertig.
Man besuchte mich, es gab Tränen. Ich lachte und war ruhig, mit dem kleinen Koffer in der Hand zog ich ab, allein.

Unten erwartete mich eine Überraschung. Ein Nazi, über der Uniform einen zivilen Mantel, stand vor meinem Arztschild, fixierte mich – und folgte mir zur Untergrundbahn. Er wartete ab, welchen Zug ich nehmen würde, stieg in dasselbe Abteil. Am Gleisdreieck stieg ich aus, er auch. Wenigstens diese Situation hatte ich sofort durchschaut. Er ging hinter mir her. Dann gab es aber ein Gedränge, ein ankommender Zug entleerte sich, ich lief eine Treppe herunter und fuhr von einem anderen Bahnsteig erst in irgendeine Richtung, dann an mein Ziel: Potsdamer Platz, Möckernbrücke. Ich wollte zum Anhalter Bahnhof. Der Zug in Richtung Stuttgart fuhr gegen zehn. Ich fand einen Schlafwagenplatz; das Billett habe ich während der ganzen zwölf Jahre Emigration in meiner Brieftasche mit mir herumgetragen; jetzt habe ich es herausgenommen, es liegt unter meinen anderen Papieren. Als ich abfuhr, stand ich am Fenster im Gang. Es war finster. Ich bin viele Male diese Strecke gefahren. Die Lichter der Stadt; ich liebe das sehr. Wie war es mir immer, wenn ich von draußen hereinfuhr nach Berlin und dies sah: ich atmete auf, ich fühlte auch wohl, ich war zu Hause. Nun, ich fahre jetzt, ich lege mich schlafen. Merkwürdige Situation, gehört eigentlich nicht zu mir.

Ein paar Stunden in Stuttgart; friedliches Leben, die Nazis rufen zu Versammlungen auf, – burlesk, warum laufe ich eigentlich weg? Eine alberne Sache; ich werde mich später schämen. Überlingen, Übernachten, Fahrt über den See nach Kreuzlingen. Jetzt die Grenzüberschreitung, in einem Auto, es ging alles glatt.

Ich besuchte in Kreuzlingen einen Sanatoriumsarzt, bei dem ich ein Jahr zuvor mit meiner Frau zu Gast war (welche frische heitere Zeit). Nun kam ich in der mir komisch und sinnlos erscheinenden Rolle eines Flüchtlings. Aber wer flüchtete denn? Wovor? Es sah doch überall so friedlich, normal, völlig normal aus. Ich machte mich wirklich lächerlich. Wie ich mich schämte, als ich ihm die Geschichte erzählte. Nun, er hielt Vorsicht für besser als Nachsicht.

Da war ich also, wie in plötzlichen Ferien, schrieb Briefe nach Hause. Bis ich eines Tages aus dem Sanatorium nach draußen gerufen wurde; man fragte nach mir. Es war (ich habe einen, nicht zu starken, Zahlenaberglauben) der 3.3.33. Schon am Morgen, als ich eine Zeitung las, war mir das Datum aufgefallen. Was sagt es, was wird es bringen?

Draußen stand, bis auf einen Jungen, meine ganze Familie. Oh, das war nun ein ganz anderes Bild. Meine Frau, heftig erregt, erzählte von ängstlichen Dingen in Berlin, von der fürchterlichen Hetze, von dem, was sie im Zug gehört hatte. Die ganze Familie wäre bedroht; sie könnten nicht bleiben.

Nun, sie war da. Er erschreckte mich, der 3.3.33. Er machte mich bedenklich. Aber ich kam drüber hinweg; ich hatte mich mit anderen Dingen zu befassen, zum Beispiel mit dem Suchen einer provisorischen Unterkunft, mit Spazierengehen, Gesprächen, Planen. War ich nun jetzt draußen oder wartete ich bloß? Ich wußte es nicht. Es machte mir auch nicht viel aus.

Meine Frau sah die reale Situation, sie wußte, daß sie von ihrer Häuslichkeit Abschied genommen hatte, daß die Kinder aus allem herausgerissen wurden, der Berg der Sorgen, die Wolke der Unsicherheit – sie weinte viel; dagegen ich (was konnte ich gegen mich machen) hochgestimmt. Ja, hochgestimmt.

Wodurch? Mich begleitete in jenen Monaten das Wort aus dem ‹Taucher›: ‹Doch es war ihm zum Heil, es riß ihn nach oben.›

Was war mir zum Heil? Ach, es war in Deutschland alles, nicht nur politisch, auch geistig unerträglich geworden. Es war, als ob der politische Wirrwarr, die Stagnation das geistige Leben erfaßte und es lähmte. Auf meinem Platz rang ich dagegen. Zuletzt, Ende 32, hatte sich in mir ein Bild festgesetzt, das ich nicht los wurde: ein uralter, verschimmelter Gott verläßt, seiner kompletten Verwesung nahe, seinen Wohnsitz im Himmel und fliegt, um sich zu erneuern und seine alten Sünden abzubüßen, auf die Erde zu den Menschen hernieder, er erst Gott und Herrscher, jetzt Mensch wie alle (‹Babylonische Wandrung›). Es war die Ahnung und Vorwegnahme des Exils.

Ja, das Exil, die Ablösung und Isolierung, das Heraus aus der Sackgasse, dieser Sturz und das Sinken schienen mir ‹zum Heil› zu sein. In mir sang es: ‹Es reißt mich nach oben.› Ich konnte mich nicht dagegen wehren. Ich war in einer einzigen gehobenen Stimmung (die auch auf das Buch, das ich das ganze Jahr über schrieb, übergriff).

So trat ich das Exil an. 1946

Babylonische Wandrung

Konrad wacht auf und vermißt sein Frühstück

Konrad war ein babylonisch-chaldäisch-assyrischer Gott und saß mit hochgezogenen Beinen auf seinem gewaltigen Thron aus Stein. Auf dicken Polstern ruhte der struppige alte Räuber und rieb sich Kinn und Nase. Ganz zusammengeschrumpft saß er in einer Ecke des Throns, wie ein altes Äffchen, und kämpfte gegen die schreckliche Müdigkeit, die ihn nicht losließ. Sein Kopf hing nach vorne, er schnarchte.
Eine Mütze mit zwei Hörnern hatte er auf. Die kollerte auf seinen Schoß. Da glaubte er, ihm küsse jemand die Hand. Er machte eine segnende Bewegung und streifte die Mütze von seinem Schoß herunter auf seinen nackten Fuß. Er zuckte, riß die Augen auf, gähnte: «Wie spät ist es?» Die Mütze gab selbstverständlich keine Antwort. Konrad stemmte sich hoch und befahl: «Mir ist die Mütze runtergefallen.»
Die Mütze bewegte sich nicht. Auch sonst bewegte sich nichts. Rätselhafte Stille.
Da wurde der alte Held ganz wach, sog an seinen Zähnen, griff nach seinem Bart, schrie voll Zorn: «He, holla, keiner da, wer setzt mir meine Mütze auf? Mir ist die Mütze runtergefallen. Ich will frühstücken.»
Darauf bewegte sich nichts.
Er drehte den Kopf, sah an sich herunter. Gräßlich lang waren seine Fingernägel gewachsen, krumm wie Säbelscheiden. Er mußte schauerlich lange geschlafen haben. Sein rotes, mit Goldtressen besetztes, mit Tierfiguren besticktes Überkleid war zerdrückt, rissig, ausgebleicht. Es hing an ihm, er steckte drin wie in einem Gehäuse. Er ließ seine dürren Beine herunter. Ein Stock aus Pappelholz ge-

hörte zu seinen Machtzeichen, der lehnte vorschriftsmäßig an seinem Stuhl. Danach langte er, stieß auf den Steinboden, krähte mörderisch: «Meine Mütze ist mir runtergefallen. Ich will frühstücken!» Ja, Konrad, der Pascha, der zur Ruhe gesetzte Löwe, wollte seine Ordnung.
Und da kamen sie vom Estrich hoch, einer nach dem andern. Sie waren noch mehr verkommen und zusammengeschmolzen als er. Sie lagen wie trockene Äste, wie erstarrte Schlangen kreuz und quer auf dem Boden und wanden sich jetzt hoch. Das Bild war so toll, daß dem Konrad oben auf seinem steinernen Thron der Mund offen stehenblieb und er nicht weiter schimpfte. Er stülpte sich die Mütze auf, schloß die Augen, öffnete sie entsetzt. Sie waren uralte Männer, an sechzig Stück, mit einem ganzen schimmlig weißen Haarwald an sich, der floß vom Kopf und den Bärten, mit langen tastenden Armen in weiten Überröcken. Eine Verwirrung befiel Konrad.
Das Lumpenpack unten fing an zu husten, sich die Mäntel zu raffen, die Bärte über die Schultern zu werfen, sich vor ihm zu verbeugen, durcheinander, windschief wie verregnetes Getreide. Sie wollten sich bücken, aber es ging nicht, sie machten gymnastische Übungen. Der alte Räuber oben tobte. Da stand der Chor still.
Nunmehr sann Konrad nach, schnüffelte um sich, besah sich den Schaden und knurrte: «Wie war das eigentlich? Wir haben wohl allesamt geschlafen?» Sie waren imstande, das zu bejahen. «Eine tolle Sache!» brüllte Konrad, «warum habt ihr denn geschlafen? He? Was? Wer hat hier gearbeitet? Wie war der Dienst verteilt? Wer hat die Sonne heraufgeholt, heruntergeführt? Wo ist sie überhaupt? Und wann bekomm ich zu frühstücken?»
Sie verbeugten sich stumm, krachten mit den Gelenken, es ging schon besser. Konrad beobachtete das Pack mit Wut. Aus den Kerlen war nichts herauszukriegen, man mußte mit ihnen Geduld haben. Nach einer Weile krähte er sie

wieder an, sie blickten schon vernünftiger: «Wer ist der Türhüter? Wer hat die Sonnenpferde zu füttern gehabt, wer?» Und als sie sich ansahen, fiel der ganze Schreck auf ihn: «Die Pferde, die Pferde sind verhungert.» Und diese Sache und die ganze Situation war so ungeheuerlich, daß er schallend loslachte. Er lachte und schrie auf dem Sessel. Er lachte helle Tränen. Die Kerle hatten die Pferde verhungern lassen, nicht auszudenken, und was sonst passiert war.

Er wischte sich die Tränen ab. «Ich bin doch», sagte er still für sich und näherte sich der Zentralfrage, «ich bin doch Konrad und habe die Welt geschaffen?» [Wir bedienen uns des modernen Namens Konrad, weil wir ihm nicht gestatten wollen, sich hinter seinen großartigen alten Namen zu verstecken.]

Zwei von den Bartträgern sahen ihn demütig an. Es schien, sie verstanden ihn. «Ich habe doch, ich, die Welt geschaffen?» Sie nickten. Er seufzte, schnüffelte wieder um sich: «Zeigt sie mir!»

Darauf zogen die beiden zwischen den Säulen ein paar Vorhänge hoch. Mörtel kollerte herunter, Ziegelsteine lösten sich, krachten in den Saal. Konrad brüllte: «Aufhören!» Sie sagten: «Das ist die Welt.» Konrad schnüffelte: «Das ist sie nicht.»

Er roch schon den Braten, aber der alte Wüterich wollte die Schuld auf sie abwälzen, das war seine Methode. Wie die zittrigen Dummköpfe noch mehr Vorhänge aufziehen wollten, klatschte er in die Hände.

Er saß auf seinem Platz. Ja, es war ein Thron, wenn auch eine Armlehne abgebrochen war. Wenn er schrie, er merkte es beklommen, donnerte es nicht. Wo waren seine Blitze. Da lagen zwei am Boden. Er langte danach, ließ sie heimlich fallen. Sie klirrten bloß, altes Eisen. Er richtete sich auf.

Von den Kolbennasen der Himmlischen und ihrer Diät

Es ist an dieser Stelle nötig, die Herrschaften, die wir in ihrer letzten Verkommenheit vorführen, zu beschreiben. Man kennt die Bilder, die von den babylonischen Oberherren überliefert sind. Ich verrate keine Neuigkeit, wenn ich mitteile, die Bilder stimmen nicht. Sie sind von einfältigen Menschen aus dem Kopf angefertigt. Sie sahen anders aus, diese ehemaligen Löwen, Verderber, Gewaltherren, Räuber und Prasser.

Ihre bärenstarke Brust, ihre gewaltigen Arme, die Beinmuskeln waren längst verkümmert. Allesamt waren sie aufgeschwemmt und hatten ein mächtiges Fettpolster an sich gesammelt. Sie saßen bei einander in ihrer schummrigen alten Halle, die sie sich in ihren starken Zeiten gezimmert hatten. Waffen und Streitwagen standen nebenan im Stall. Kaum daß sie noch ein paar Schritt gehen konnten. Einige von sich hatten sie dressiert, das Notwendigste für die Welt zu verrichten, die Sonne herauf und herunter zu führen, den Regenfall zu regeln, die Wolken entsprechend hin und her zu schieben, auch von Zeit zu Zeit mit Hagelschlag zu zeigen, daß man noch da war. Aber es wäre verkehrt anzunehmen, daß auf diese Bedienung Verlaß war.

Die Oberherren, Konrad der Hauptkämpfer an der Spitze, hatten damenhaft feine Arme, die sie zu eleganten Bewegungen beim Sprechen benutzten. Ihre Beine waren kurze dicke Klumpen, zum Stehen und für kleine Schritte ausreichend. Essen und Trinken, Schmausen war die Hauptsache bei der verrotteten Gesellschaft. Das sah man ihrem Gesicht an. Sie lebten von Opfern auf der Erde, besonders Rauch- und Brandopfern. Dafür hatten sie kolossale Augen, ferner ungeheure Nasen. Die Augen sprangen ihnen gewaltig wie Fäuste unter den Stirnen hervor, mit diesen Augen spähten sie unausgesetzt nach ausgelegten Speisen auf der Erde, besonders nach solchen, die ihre Nasen nicht bemerkten, wie rohes Gemüse und Obst, denn sie verschmähten nichts.

Das Hauptorgan in ihrem Gesicht war die Nase. Statt eines weisen Gehirns, eines gütigen Herzens hatten sie sich diese ungeheuren Nasen angeschafft, mit denen sie meilenweit und unausgesetzt rochen. Sie ähnelten darin dem Vieh auf der Weide, das, wenn es nicht schläft, auch unausgesetzt rupft und kaut. Konrad konnte aus jedem Geruch herausriechen, woher er kam, ob von einem gesunden oder kranken Tier, ob es ein Stier, eine Kuh, ein Schaf, ein Lämmchen war, ob es ein guter Wein war, den man ihm hinstellte, oder Gepansch, ob frisches oder altes Brot.

Wohl uns, meine Damen und Herren, wären auch wir mit solcher Nase begabt und wären auch unsere Ernährungsorgane so eingerichtet, daß sie schon durch den Geruch befriedigt würden! Denken wir an die Arbeitslosigkeit, diese Plage unserer Welt, welcher Sorge wären wir enthoben, wenn die Armen, statt zum Stempeln auf das Arbeitsamt, vor die Verkaufsläden oder in staatliche Magazine gingen und da alles, was ihr Herz begehrt, bloß röchen, Brot, Braten, Schinken, Wurst, Käse, Suppen, Bier, Wein aller Sorten, Kognak und Champignons, Steinpilze, Bratheringe, gebackene Hühner, Tauben, Bratgänse mit Zwiebeln und Äpfeln, falscher und echter Hase, Krammetsvögel, jede Sorte Wildbret, und da steht man je nach Appetit eine viertel oder halbe Stunde und schlemmt. Kranken könnte man die Speisen in die Wohnung bringen, die Erfindung eines Fernriechers würde nicht auf sich warten lassen. Wie gut wäre das alles.

Statt dessen erzeugt uns der Geruch vermehrten Appetit. Um den Neid auf die himmlischen Prasser freilich zu dämpfen, muß ich auf etwas aufmerksam machen, was man auf den alten Bildern nicht erkennt; ihre Nasen wa-

ren wenig schön. Es waren, wie ihre Ernährungsweise verständlich macht, dicke Zwiebeln, Zinken, gewaltige Erker, die ihnen vor dem Mund hingen.
Es waren, seien wir offen, regelrechte scheußliche lappige Blumenkohlgebilde. Solche Gurken hindern natürlich direkt beim Sprechen. Aber darauf kam es ihnen auch garnicht an. Um ihrer Leidenschaft zu frönen, versteckten sie sich vielmehr in den äußersten Winkel des Himmels, damit ihnen auch ja kein Luftzug entginge.
Vernünftige Priester kannten diese Zustände und wußten auch von den furchtbaren Zwiebeln und Knollen, die die Götter an Nasenstatt im Gesicht trugen. Aber sie deckten einen Schleier darüber und verbreiteten die Lehre: jeder stürbe, wer der Gottheit ins Angesicht sähe. Und so blieb die Sache unter ihnen, und wiederum die Götter haben ihnen allerhand nachgesehen.
Es ist eigentlich in der ganzen Weltgeschichte nur ein einziger Fall bekannt geworden, wo Kenner gegen die Diskretion verstießen. Das war in der letzten Zeit des Regiments dieses Räubers Konrad, der es mit seiner Faulheit und Korruption wirklich arg trieb. Es war in Borsippa, wo die Priester frech wurden, Opfer unterschlugen, Konrad mit Donner und Blitz dazwischenfuhr und auf seinem Schein bestand. Da plauderten sie aus, Konrad hätte eine Riesengurke, er solle sich einer Nasenoperation unterziehen, dann würde es in der Welt besser werden. Wir wissen, was für einen Stich das Konrad gab. Er war an seiner empfindlichsten Stelle getroffen. Er hat damals geschwiegen. Und das war schlecht. Das Nasengerede ging weiter, das Opferunterschlagen ging weiter, man unterdrückte noch einmal die Revolte, aber das Vertrauensverhältnis zwischen Konrad und der Welt war hin, zu einer autoritären Regierung langte es nicht, es war der Anfang vom Ende.
Wir komplettieren die Figur unserer babylonischen

Oberherren mit der Schilderung ihrer Ohren. Es ist die gewaltigste Täuschung, der man sich über ihre Ohren hingibt, wenn man glaubt, sie hatten da, um Gebete zu hören, zu beiden Seiten des Kopfes mächtige Schalltrichter sitzen. Sie hatten gewiß kolossale Ohren, aber lappige wedelnde Elefantenohren, die ihnen wie Umhänge auf die Schultern herabhingen. Diese Organe wären an sich groß und empfindlich genug gewesen, um jedes Wort von der Erde aufzufangen. Aber grade daran lag den Herrschaften nicht. Die Riesenohren ließen sie nur dekorativ an sich herunter wallen, auch bedienten sie sich ihrer morgens und abends, wenn es zu heiß wurde, zu einem leichten Fächeln. Besonders aber traten die Ohren in Funktion, wenn die Nahrung knapp heraufkam. Dann fächelte jeder, was er fächeln konnte, und suchte seinem Nachbar den Wind wegzuhaschen, ein klägliches, aber typisch babylonisches Schauspiel.

Der Oberräuber beschuldigt einen andern und läßt ihn holen

Wie der struppige Oberräuber da also saß, schnüffelte, nichts roch – es kam nichts Riechbares – und nur eine mäßige Helligkeit da war [waren nicht eigentlich die

Sonnenpferde schon tot? Wie reimte sich das zusammen?], da dachte der Restbestand eines Großen, oh wäre er auf seiner Höhe, in der Blüte seiner Kraft dahingerafft worden; es hat mich einer überfallen, mir die Zügel aus der Hand genommen und ich liege mit meinem ganzen Troß unter den Rädern. Denn offenbar geht der Weltbetrieb noch weiter. Er dachte an eine Art Familienstreit unter seinesgleichen. Und da fiel ihm, irrsinniger, fantastischer Gedanke, ein gewisser Georg ein, mit dem er sich viel herumgezankt und den er schließlich hier in seiner Halle an eine Säule gebunden hatte. Wer kann es sein, dachte der Tropf, als Georg? Wollen mal gleich nachsehen. [Wieder eine Möglichkeit sich zu drücken.]

Da stand der große Babylonier, einstmals Schrecken verstreuend, glänzend, jetzt eine vertrocknete wacklige Figur, von seinem Riesenthron auf, stellte sich auf die Beine, so fest es ging, kletterte steif die Stufen herunter, und schräg marschierte er, den Überrock nachschleppend, die Hörnermütze bis auf die Ohren, mit bösem Gesicht durch seinen Chor. Er konnte sich nicht enthalten, sich zu legitimieren, indem er einem, der nicht rasch genug auswich, eins in die Seite gab.

Und dann sah er sich um, die beiden Säulen an der Tür, und siehe da, hab ichs doch gedacht, nichts von Georg. Der Schuft ist ausgerückt. [Der Mann, wir wissen es schon, roch den Braten, aber unangenehme Dinge ließ er schwer an sich herankommen. Wir werden diese Charaktereigenschaft bei ihm noch in voller Blüte sehen.] Schau mal an, luge mal, gucke mal, sprach der Held sich diplomatisch zu, der Bursche ist ausgerückt, soll ihm übel bekommen.

Und schleppte sich entschlossen zurück, hing wieder oben. Die Bande, die Klappergestelle hatten sich inzwischen Trompeten und Trommeln verschafft und fingen damit ein schändliches Konzert an. Erst gefiel das dem alten

Knaben. Vielleicht, vermutete er, renkt sich alles wieder ein. Dann mußte er seine Wut von sich geben. Er schrie: «Aufhören! Die Sache draußen stimmt nicht. Georg ist weg. Georg, mein alter Feind. Ihr habt ihn weggelassen. Er wird uns aushungern. Er ist schon mitten dabei. Euch aber, ihr Schlafmützen, was soll ich mit euch machen. Ich sollte euch anfassen und in die eisigste Hölle stecken [ihm fiel ein, die Hölle wird auch nicht mehr da sein, aber die Esel merken ja nichts]. Ich sollte meinen Blitz nehmen und ihn euch zwanzigmal von rechts nach links um die Ohren schlagen – wollen mal sehen, was dann noch von euch übrig bleibt, ihr Strolche, ihr Verräter!»
Und plötzlich wurde er so von Wut auf die Gesellschaft gepackt, dazu von Raserei und Verzweiflung, daß er sie verfluchte und selbst glaubte, was er sagte.
«A-aggazu», fluchte er, «o kibaka ammte kasaxaten gales.»
Das wiederholte er siebenmal. Wir lesen es als Mexikanisch oder als Druckfehler, aber es war Babylonisch, jetzt freilich völlig wirkungslos. Die sechzig Mann glaubten, nun wäre es aus mit ihnen. Konrad hatte genug Besinnung, die ausbleibende Wirkung vorauszusehen, sodaß er rasch das Notwendige tat, um sein Renommee zu wahren: er sagte denselben Spruch rückwärts auf, wodurch er wieder aufgehoben wurde. In Grimm über sein vielfaches Pech befahl er der Männerriege jetzt aufzustehen und gab ihnen auf, koste es was es wolle, tot oder lebend, den Georg herzuschleppen. Er würde dann die ganze Angelegenheit untersuchen. So sagte er, redete er, der alte Räuber, der sich in der Falle sah. Er schickte sie übrigens auch weg, um festzustellen, was denn draußen überhaupt los war. Er selbst traute sich nicht.

Einholung des Entflohenen und Festkonzert im Himmel

Was die Sechs, die zum Erstaunen Konrads wirklich abfuhren, sich eigentlich bei ihrem Flug dachten, ist schwer zu sagen. Wahrscheinlich garnichts. Denn, daß die Bedienung des faulen alten Konrad die Intelligenz besonders schärft, ist nicht anzunehmen. Sie marschierten jedenfalls, sechs Mann hoch, ausgetrocknet wie die leibhaftige Hungersnot, ohne Waffen los, verließen sich, scheint es, auf den Schreck, den ihr bedauernswerter Anblick einflößen mußte.

Und wie sie nun draußen vor der Tür standen, bemerkten sie als erstes: es war so ziemlich alles weg, die Hallen für die Sonnenpferde, die großen Einfahrtstore, die Beratungsräume, besonders die Treppe und der große Fahrweg auf die Erde herunter. Man hing buchstäblich in der Luft. Es war eine verzweifelte Situation, bei der auch stärkere Nerven versagt hätten. Aber die Alten sagten sich mit Recht: um so mehr müssen wir machen, daß wir hier wegkommen.

Sie schlichen an die Hinterseite des Baus und holten sich aus der Vorratskammer Flügel, schwarze riesige Fledermausflügel, die man unten gelegentlich bösen Geistern abgenommen hatte, so daß sie nur noch ein bescheidenes Dasein als Spaziergänger führen konnten. Diese Flügel schnallten sie sich um und flogen ab.

Was sie nun sahen, war hocherfreulich. Sie fielen von einem Staunen ins andere. Hier war massiv aufgeräumt. Die Reise war zwar alles eher als eine Märchenfahrt, aber hatte, je länger sie flogen, einen stark märchenhaften Charakter. Sie kamen durch riesige Räume und trafen nichts.

Gelegentlich erkannten sie an einem Brummen, daß noch irgend etwas da war, ein einsamer großer Stern, sie hielten inne, langsam näherte er sich, der Lärm wurde gewaltig, die Helligkeit nahm schrecklich zu, dann sauste er ernst vorbei, ohne Notiz von ihnen zu nehmen. Sie setzten sich auf einen Kometen, die staunenden alten Herren in den verschossenen babylonischen Überröcken, und hielten sich umschlungen wegen des Gleichgewichts, die Beine angezogen. Obwohl sie froren, war es herrlich. Gleichmäßig sauste der Komet, dunkel lag das Weltall um sie. Mit einmal ruckte der Komet, als wenn er bremste, sie hielten sich fest und wollten schon abspringen, da bäumte sich der Vorderteil des Kometen, machte einen Bogen in einer ganz andern Richtung, streckte sich wieder. Die Sechs drehten sich um, was war da hinten, da stimmte doch was nicht. Und herunter von dem Kometen, wie Schwimmer ins Wasser.

Und da lag auf einem sehr langsamen kleinen Stern etwas wie ein großer Müllhaufen und bewegte sich. Sie erkannten sofort, dies ist eine Filiale unserer Firma. Und bei einem gab es den entscheidenden Ruck: dies ist Georg. Und drauf und dran.

Mit Gebrüll gingen sie vor, mit Steinen bombardierten sie den Haufen. Der schüttelte sich bald, und aus dem braunen Ascheberg streckte einer seine rostrote Pfote mit langen, unnatürlich gewucherten Krallen wie ihre eigenen, alsdann kam eine zweite Pfote und zuletzt eine lange, zum Skelett abgemagerte fuchsartige Person, die schniefte, kroch hervor und legte sich oben zum Schlafen. Sie gaben keine Ruhe, er sei erkannt, es würde ihm schlecht gehen, diesmal gebe Konrad keinen Pardon. Da stellte sich dieser Fuchs auf die Beine, schüttelte ungläubig den klugen Kopf: «Höre ich recht, Konrad? Den gibts noch?» «Wirst es bald merken.» Der Fuchs blickte zweifelnd von einem zum andern und nickte: «So so. Wenn es denn stimmt,

dann also weiter.» Er leistete sonderbarerweise keinerlei Widerstand. Es stellte sich heraus, daß er hier herumlag, weil er nicht weiter konnte. Sie mußten ihn auf den Rücken nehmen. Er roch grauenhaft und verhielt sich entsprechend ruhig. Als sie aber beim Abtransport ihm die Schönheiten des neuen Himmels zeigten und Konrad deswegen lobten, fiel er von einem Lachkrampf in den andern und war schwer zu tragen.
Wie sie oben stolz mit ihrer Beute antraten, hatte sich da ein Hochbetrieb entwickelt. Man feierte – man höre und staune – den Sieg über Georg. Die Halle scholl von Siegeshymnen. Die Bartträger, kaum fähig sich auf den Beinen zu halten, glaubten einen Beweis ihrer Existenz liefern zu müssen, indem sie durcheinander krähten, paukten und posaunten:
«Du bist der Große Konrad. Du hast den Himmel über die Erde gewölbt, mit Pflöcken hast du ihn am Meer befestigt. Im Staub liegt der schreckliche Georg, der Widersacher. Heil dir, großer Konrad, wir haben Hunger, was geht hier vor, Heil dir.»
«Herr über Akkad, Elam, Amurru bist du, Herr über Akkad, Elam, Amurru bist du, die Pflöcke hast du befestigt, wir haben Hunger, was geht hier vor, wir fallen um, in Staub mit Georg, dem Widersacher.»
Der Fuchs an der Schwelle bewegte sich nicht. Das gabs also immer noch: den alten Räuber und Oberregierer Konrad, wie sah der aus, Hymnen, die Sternbilder.
Konrad blies sich auf, rückte seine Hörnermütze zurecht und legte frech und schallend los:
«Wir, Konrad, sehen dich, Georg, unsern schändlichen Widersacher. Du bist ausgerückt. Du hast vermeint, unserer Hand zu entrinnen. Es ist dir nicht gelungen. Mit unserer strahlenden Macht sind wir über dich gefallen und haben dein schändliches Werk zunichte gemacht. Wir werden nunmehr alles, was du angerichtet hast, ferner

dich selber und deinen Anhang mit Stumpf und Stiel ausrotten. Gestehe, daß du geschlagen bist. Falle nieder!»
Darauf ungeheures Hallo, Begeisterung. Georg kroch näher. Er legte sich unten am Thron hin und sagte gleichgiltig: «Ich beuge mich.» Darauf neues Hallo. Nunmehr kletterte Konrad von seinem Thron und wollte sich auf den Fuchs setzen. Das war altbabylonische Göttersitte. Aber Georg rutschte beiseite und meinte: «Kommt nicht in Frage.» Konrad kreuzte die Arme: «Warum nicht? Bin ich Konrad, der Herr, oder bin ichs nicht? Bitte.» Es war ihm selber nicht klar. Der Männerchor tobte drauflos: «Akkad, Elam, Amurru, die Pflöcke eingesetzt, den Himmel befestigt.» Er unterbrach sie, die Sache war ihm schon bekannt: «Also», und wollte sich abermals auf den Fuchs setzen. Der rutschte noch weiter: «Kommt nicht in Frage.» «Warum nicht?» «Die Zeiten ändern sich. Ich bin froh, wenn ich allein sitze.»
Daß den alten Helden dieser Ton beleidigte, läßt sich nicht verschweigen. Immerhin, die Vierundfünfzig sahen ihm gespannt zu. Er merkte, er müsse hier was zeigen, griff nach dem Blitz. Die Garde warf sich auf den Bauch, schielte aber nach oben. Der Alte schwang den Blitz hin und her und, wie er voraussah, der Fuchs grinste. Er grinste ganz offen und flüsterte, für Konrad ausreichend hörbar: «Konrad, bloß nicht.»
Darauf legte der den Blitz beiseite. Der Fuchs wußte etwas. Man mußte die Leute entfernen. Sie fegten mit ihren Bärten ab.

Verhör des Flüchtlings, schreckliche Neuigkeiten
von der Erde, ein Fluch von unbekannter Seite

Der struppige Herr raffte seinen Rock, kletterte auf seinen Thron, setzte sich geängstigt, doch großartig in die Mitte und wollte mit einer geschwollenen Phrase beginnen. Da

kam ihm Georg zuvor und fragte sehr ruhig: «Na, wie gehts denn, Konrad? Nichts im Magen, was?» Der Fuchs zwinkerte gutmütig dem da oben zu. Der brüllte: «Sprich nicht, ohne daß man dich fragt! Hier ist Gericht. Was hast du getan, was treibst du in unserer Welt, unverbesserlicher Schuft?» «Was soll man tun? Man lebt.» «Und?» «Die Sonne tönt nach alter Weise in Brudersphären Wettgesang und ihre vorgeschriebene Reise vollendet sie mit Donnergang.»
Konrad verstand kein Wort. Er winkte einen der Abgesandten von der Tür her: wo sie ihn gefunden hätten? «Er hat auch geschlafen, in einem fürchterlichen Müllhaufen.» Der Weltenherr staunte, schrie aber den Fuchs an: «Du bist ausgerissen.» «Stimmt, Stimmung.» «Also es stimmt.» Der Gott war außer sich und höchst beklommen: «Was ist mit dem? Er ist verrückt.»
Darauf gab es ein langes stummes gegenseitiges Beschnüffeln, Begaffen, wütend von Seiten Konrads, gemäßigt und trostvoll von Seiten des Fuchses. Der Bote mußte auf ein Kopfnicken Konrads wieder hinaus. Und jetzt scholl die Halle von einem Geräusch, das sie nie gehört hatte, von dem unverschämten Lachen des Fuchses. Der hatte sich auf seine langen dünnen Hinterbeine gestellt, nur Fell und Knochen war er, sein langer Körper schwankte, er stand Konrad gegenüber, der auf seinem Thron zurückgefallen war, und lachte. Er lachte böse, hohnvoll, rachsüchtig. Er lachte so lange, bis er den alten Herrscher, das zusammengeschrumpfte Äffchen oben, zittern und die Hände falten sah. Dann drehte er sich um und lachte gegen die Wände und Säulen. Dann hob er den struppigen Kopf und sank vor Vergnügen nieder beim Anblick der staubigen verbogenen Sternbilder.
Er lief einmal im Kreis im Saal herum, biß in die Säule, an die er einmal gefesselt war. Er sprang in die Höhe, um ein Sternbild zu schnappen, sprang zu kurz. Eins fiel von

selbst herunter, und da zerkrallte er das Blechzeug und rollte es wonnig wütend über den Boden. Jetzt bellte er und trabte quer durch die Halle auf den Alten zu, der sich in eine Ecke des Throns verkroch. Konrad wagte nicht nach seinem Stock zu greifen. Der Fuchs knurrte den Stab an, biß hinein, der Stab ließ es sich gefallen, im Maul hielt der Fuchs dem erschrockenen Weltenherrn den Stock hin, der weiße Speichel lief ihm aus den Mundwinkeln, seine Augen funkelten vor Grimm. Und weil der oben sich nicht bewegte, ließ der Fuchs den Stock fallen, kroch vorsichtig die sechs Stufen zu dem Thron hinauf, beschnupperte Konrads herunterhängenden Göttermantel, riß einen Fetzen daraus. Konrad fuhr hoch: «Was tust du, Fuchs?» Der stellte sich auf den Hinterbeinen auf, schlug mit den Vorderpfoten auf den dürren Arm des Alten, der Speichel des Fuchses fiel auf Konrads Schoß, er gab dem Alten noch einen Schlag auf den Arm. Dann setzte er sich neben den Thron an Konrads Seite. Er legte den Kopf sich zwischen die Füße: «Es war die Begrüßung, die Einleitung. Das war zwischen uns beiden.» Konrad stöhnte: «Jetzt gehst du weiter, du Strolch.» «Noch immer das Hofzeremoniell. Das war nur unsere Privatabrechnung. Die Hauptsache kommt erst. Du wirst bald eine Neuigkeit hören. Dann wirst du nicht mehr Wert auf Zeremoniell legen.»
Konrad ließ die Beine herunter: «Was gibts?»
«Zunächst dich! Erlaube erst, daß ich mich erhole. Ich staune noch. Aber du mußt nicht glauben, du bist bloß dafür aufbewahrt. Man hat etwas mit dir vor. Jawohl, mein Lieber. Was du angerichtet hast, scheint alles zu übersteigen, was man sich ausdenken kann. Es wollen noch andere mit dir abrechnen. Darum ist etwas über dich verhängt.»
Die geborstene Säule. Jetzt klammerte er sich an die Lehne mit seinen kurzen Fingern: «Was?»

«Immer langsam. Wir haben Zeit, viel Zeit. Ich habe dir eine Botschaft zu bringen. Ich wollte sie dir schon lange ausrichten. Aber ich war behindert. Damals, du weißt, sind hier nach und nach die Opfer ausgeblieben. Ihr seid schwach geworden. Das Wedeln mit den Ohren hat euch nichts genützt, ihr hättet die Ohren auch manchmal zum Hören benützen sollen. Ich war Hunger gewöhnt. Als ihr wie die Fliegen umfielt, konnte ich mich von der Säule losreißen. Ich hätte euch ohne weiteres alle umbringen können. Ich hatte mehr zu tun. Das Haus krachte in allen Fugen. Es war ein Erdbeben, ein Himmelbeben. Ich machte mich jedenfalls aus dem Staub. Ich dachte, an euch bleibt nichts ganz. Ich flog ab. Was es draußen gab, wirst du ja noch erleben. So was von Überlebtheit, mein Herr, wie euch gibt es nirgends. Ich sage dir, Konrad, ein zweihundertjähriger Elefant ist gegen euch ein Säugling, ein Greis ist mit euch verglichen überhaupt noch nicht geboren. Ich kam auf die Erde. Da merkte ich allerhand, was mit euch zusammenhängt, genauer mit dir, ein Gerede. Und dann, Konrad, bin ich einem Fluch auf die Spur gekommen, der über dich und über Babylon ausgesprochen ist. Ein fürchterlicher Fluch, Konrad. Ihr sollt runter. Wir sollen alle runter. Wir sollen nicht sterben. Wir sollen erst am eigenen Leibe erfahren, was wir angerichtet haben. Darum sollen wir Menschen werden. Es ist Rache, Konrad, Gerechtigkeit. Ich war außer mir, als ich es hörte. Ich dachte mir, so wild haben wir es doch nicht getrieben. Aber jetzt, wo ich dich alten Verbrecher mit deinem Lumpenpack sehe, muß ich schon sagen, daß hier etwas notwendig ist.»

Konrad stöhnte: «Ich versteh nichts. Es muß ein Mißverständnis vorliegen. Was haben wir denn getan?»

«Die Flüche auf dich haben einen unglaublich robusten Text. Der Berg des Verderbens soll über dich kommen, weil du die ganze Erde verderbt hast. Die Quellen deines

Landes sollen versiegen, Babel soll zum Trümmerhaufen werden, zur Behausung der Schakale, zum Entsetzen und Gespött, zur menschenleeren Stätte. Ein Land der Dürre und Steppe soll es werden. Die breiten Mauern Babels sollen bis auf den Grund zerstört, seine hohen Tore verbrannt werden. Du wirst der Heimsucher genannt, der Doppeltrotz, das Entsetzen der Völker. Du heißt Krieg und Verderben. Der Text stammt von einem gewissen Jeremias. Ich zitiere die Übersetzung von Luther.»
Konrad schüttelte sich und riß die Augen auf: «Ich kenne die Leute überhaupt nicht. Wer ist denn das? Wie kann man so etwas über mich sagen. Ich hoffe, Georg, du hast die Beschuldigungen zurückgewiesen.»
«Babylon ist durch dich zu einem gräßlichen Bild der Gewalt, der Tobsucht, des Mordes und des Schreckens geworden. Du hast Babylon zur Furcht und zum Angsttraum aller Menschen gemacht. Es ist das Bild der Zügellosigkeit, der Wüstheit und der Prasserei geworden. Wo der freche Hochmut triumphiert und wo die Menschenverachtung stolziert, nennt man deinen Namen. Ihr seid das scheußliche Bild der tierischen Gemeinheit und der glatten Bestialität geworden.»
Konrad schlug die Hände zusammen, die Augen quollen ihm vor, er keifte: «Eine Gemeinheit ist das. Daß ich mir solche Frechheiten anhören muß. Ich habe regiert, Ordnung geschaffen, befohlen. Ich werde gegen die Leute vorgehen.»
«Mein Lieber, dein Geschrei kommt zu spät. Man kennt dich vollkommen, bis auf die Nieren. Die Menschen und die Völker, die du heimsuchtest, sind verschmachtet, als sie in ihren Städten Speisen suchten, um ihr Leben zu fristen. Sie starben, denn sogar die Luft über ihnen war verpestet. Schakale haben ihre Brust entblößt, um menschliche Kinder, deine Opfer, zu säugen. Die Kinder liefen in Scharen auf die Landstraße um Brot. Sie fielen wie Heu-

schrecken über die Felder her und zerbissen grünes Gras. Sie zerrieben die Borken von den Bäumen, um sich den Mund zu füllen. So hast du gewütet. Das hat dein Schwert, das nicht ruhen wollte, deine Grausamkeit gemacht. Die zarten Töchter sind verzweifelt und haben Menschen angefallen, wild wie die Strauße in der Steppe.»
«Das war nicht ich, Georg. Glaub es mir. Ich weiß davon nichts. Ich saß hier oben. Du mußt es doch wissen.»
«Es waren deine Könige, Gewaltherrscher, Unterdrücker, deine Priester. Was du oben machtest, machten sie unten. Keiner wäscht dir das ab. Und weil das so ist, so soll an dir die Schuld heimgesucht werden. Du Untier der Gewalt, dein Hochmut soll gefällt werden!»
«Das sind furchtbare Übertreibungen, Georg. Es ist ja entsetzlich.»
«Weine nicht, es nützt nichts mehr. Was du angerichtet hast, wirst du erfahren. Es steht dir bevor. Weil du die Gewalt besaßt, hast du geglaubt, dich der Verantwortung entziehen zu können. Aber die Gerechtigkeit ist stärker als du. Wenn du kommen wirst und die Menschen dich erkennen, werden sie in Jubel ausbrechen, weil du lang ausgestreckt daliegst, du Drache, Bösewicht, gefräßiges Haupt der Bösen.»
«Das hast du wohl alles auswendig gelernt, du Schuft?»
«Ich leugne es nicht. Die Sprache hat Wucht, man behält sie gut, ein einprägsamer Stil. Ich wollte es dir schon lange überbringen, aber ich blieb liegen. Die Gerechtigkeit, mein Lieber, kennt kein Ende, trotz allem was dagegen spricht.»
Konrad zog die Beine wieder an, kroch in seine Ecke, hielt sich die Fäuste vor die Augen, die voll Wuttränen standen. Und in ihm war die Erinnerung wach an seine ehemalige Riesenmacht, an die Scharen, die er kommandierte, an seine grandiosen Schlachten, an die Könige, die ihm dienten, die vor der Sündflut von Sutaru Larsa bis Surupat

200000 Jahre lang, die nach der Sündflut von Kis, Uruk, Dandikassu, Chaldäa. Ich habe ihnen befohlen mir zu opfern, dazu sind sie ja geschaffen, sie sollen meine Knechte sein und alle Völker, so viele sich ihnen stellen, knechten, damit man mir Frondienste leistet, in neue Kriege zieht und uns herrliche Paläste baut, wie sich das für uns gehört. Das war in der Ordnung. Was soll denn plötzlich daran nicht in der Ordnung sein. Vielleicht hat einer hie und da übertrieben, man kann nicht hinter allen Leuten her sein. Und jetzt soll ich schuld sein und nun verfluchen sie mich.

Und der vertrocknete alte Tyrann rieb seine mageren langen Beine, bitter sah er sie an, sein dürrer Kopf legte sich plötzlich rückwärts, die Hörnermütze fiel wieder herunter. Weißgesichtig hing er da oben.

Vergebliches Parlamentieren. Es muß geschieden sein

Auf den Ankläger, den grauen Fuchs, machte das keinen Eindruck. Er wußte, der Alte spielte gern Theater, besonders wenn es ihm schlecht ging. Immerhin alarmierte er in den Kammern draußen die versammelten Bartträger, die da beieinander hockten und klatschten. Trommeln, Pauken und Flöten schleppten sie in den wüsten zerbröckelnden Saal. Unheimlich still war es drin. Konrad lag oben ohnmächtig schräg rückwärts. Der Fuchs beobachtete ihn kalt und mit Genugtuung. Die Alten fingen sofort an zu wimmern. Sie merkten, es wurde ernst. Sie beschworen den Babylonier, sich zu erheben. Das alte Lied umzog wieder den Thron:

«Vater, Herr, Großer, Haupt der Götter! Dessen Königsherrschaft vollkommen ist.» Dreißig sangen, dreißig verneigten sich und murmelten: «Vater, Herr, Großer, Haupt der Götter.»

«Der in voller Majestät näher schreitet», Murmeln, Verbeugen, «Vater, Haupt der Götter.»
«O starker junger Stier mit starken Hörnern, vollkommen an Gliedern, mit vollem Bart, Pracht und Fülle, selbsterzeugte, entwickelte Frucht, schön anzuschauen.»
«Vater, Herr, Großer, Haupt der Götter, dessen Königsherrschaft vollkommen ist.»
«Erschaffer des Landes, in dessen Hand das Leben der ganzen Welt ruht, Erschaffer der Länder, Verkünder ihrer Namen, du Rüstiger, dessen Knie nicht wanken.»
Mit großen Augen saß Konrad oben. Noch sind wir nicht verloren. Wir lassen uns nicht ins Bockshorn jagen. «Sagt mir, wer stand mir noch immer zur Seite?»
Sie schnurrten beglückt ihr Abc herunter: «Adua, Anu, Assur, Bal, Balit, Gaga, Gurru, Jamlet, Julu, Dagan, Ea, Ira, Istar, Kadi, Chami, Nabo, Nama, Ningel, Nargal, Ninib, Nusku, Sin, Schala, Schalman, Schamasch, Sibitte, Taschinitum.»
«Meine Könige, meine Knechte, meine Löwenwagen, meine Kriegsmacht, meine Beile? Wo sind sie?»
Es war Georg zuviel. «Fängst du schon wieder an? Du hörst doch, es ist aus damit. Du hast ausgespielt.» Und er kläffte so wütend, daß die Bartträger auseinanderstoben. Der Fuchs kroch zu dem Großen herauf, der aus Angst wieder die Beine hochzog und bettelte: «Ich hab ja bloß Hunger, Georg, solchen Hunger.»
«Glaub ich», schimpfte Georg, «ich auch. Wir müssen eben weg.»
«Müssen wir wirklich, Georg? Muß ich mein herrliches Schloß verlassen? Ein Umzug in meinem Alter. Was werden sie mit uns machen. Es wird uns doch schlecht gehen, bei solchem Fluch. Vielleicht liegt eine Verwechslung vor.»
Der andere zerrte an ihm: «Heule nicht vor dem Pack. Sonst blöken sie wieder los. Du hast dir die Suppe eingebrockt.»

«Ich, der Sieger von Akkad, Balit, Gaga.»
«Büße, Konrad!»
«Ach, ich mag nicht zu den Menschen. Wer ist überhaupt Jeremias? Es ist doch eine unerhörte Zumutung. Geh du runter und opfere für mich.»
«Ich denke nicht dran.» Georg tat, als ob er aufbrach, übrigens war er genau so ängstlich wie Konrad.
Da mußte der Alte sich aufrichten. Er ließ sich seinen Stab reichen, seine Mütze festsetzen, der alte Weltenschreiber trat unten mit seinem Buch vor, Konrad diktierte das Schlußprotokoll, wie es die ewige Himmelsordnung erforderte: «Wir, Konrad, babylonisch-assyrisch-chaldäischer Weltenherr, Besieger von und so weiter, Erschaffer und Baumeister des Himmels, der Erde und so weiter, waren durch Unpäßlichkeit längere Zeit verhindert, Eintragungen zu machen. Wir waren mit unserm ruhmreichen Geschwader von Göttern und göttergleichen Gehilfen [das Siechenhaus] von unsern unsterblichen Siegen überwältigt gewesen und haben uns ausgeruht. Erfrischt und wieder wach stehen wir da, und siehe, wie wir die Welt, die wir, siehe oben, gebaut und so weiter haben, anblicken, so finden wir sie in Unordnung. Ja, es scheinen verbrecherische Gewalten an der Arbeit zu sein aus der Schar unserer Widersacher, die die Opfer, die für uns gebracht werden, Stiere, Schafe, Hammel, Wein, Honig, uns wegnehmen, so daß wir hungern. Darum brechen wir jetzt auf…» 1932/33

*Am 10. Mai ist autodafé, ich glaube, der Jude
meines Namens ist auch dabei,
erfreulicherweise bloß papieren. So ehrt man mich.
Aber die Sache hat doch zwei Seiten:
nämlich wie wird es später sein,
in 1 Jahr, in 2 Jahren, wann wird die
«Gleichschaltung» der Verlage erfolgen?
Arzt kann ich nicht mehr sein im Ausland,
und schreiben wofür, für wen?*

1933

Pardon wird nicht gegeben

Eine rauhe Zeit zog herauf.
Das friedliche Zusammenleben der Menschen hätte, wenn man es sich überlassen hätte, noch Jahrzehnte dauern können, mit dieser Wendung, jener Schwenkung, und nur das Altern wäre schließlich über sie gekommen und hätte sie, wie es die Natur will, waagerecht umgelegt. Nun sind aber die Dinge dieser Welt so eingerichtet, daß sie einander brauchen, daß der Mann nicht ohne die Frau, die Frau nicht ohne den Mann, die Kinder nicht ohne die Eltern leben und alle diese kleinen Grüppchen selber nicht ohne größere, noch größere, große. Ist die Welt eng, so leben die Horden auf der Steppe wild unter sich, und was sie bekümmert, ist nur die Weide, das Wetter, das Wachstum der Schafe, der Ertrag des Tierwurfes. Hat man sich aber Eisenbahnen und Schiffe und Flugzeuge, Telegraf, Telefon und Radio angeschafft, so hat man sich des Rechts auf Stille begeben, man hat sich in die Welt ausgestreckt und muß auch erleiden, daß sie zu einem kommt und daß man betroffen wird von allem, was ganz weit weg, an ihren Fingerspitzen, Knien, Fußsohlen geschieht.
Wie reich war man in den meisten Ländern geworden! Wirklich, es war eine Konjunktur gewesen, die sich sehen lassen konnte. Die Großstadt war wie ein gewaltiger Baum aufgewachsen, wie ein Ahorn mit mehreren Stämmen, die ihre Äste in einander verschränkten, der Baum hatte Jahresring um Jahresring angesetzt, sich gedehnt, Blüten ausgeschüttet. Da kamen schlimme Nachrichten, von weit her – ja weit ist die Welt, aber ist sie wirklich noch weit? – von Konkursen, Bankzusammenbrüchen, aber schließlich, wer ist daran beteiligt, ein paar Blessuren irgendwann schaden nicht. Allerhand merkwürdige Na-

men tauchten von nun an in den Zeitungen auf und verschwanden nicht, ein ärgerlicher Fettfleck. Man hörte von Aktienkursen und ihren angeblich katastrophalen Senkungen, ja Stürzen, der und jener hätte Millionen verloren, es sei irgendwo ein ungeheurer Schwindel aufgedeckt, wobei von phantastischen Zahlen gesprochen wurde, so daß dem einfachen Lohn- und Gehaltsempfänger die Haare zu Berge stiegen. Es wurden Stimmen vernehmbar, die behaupteten, diese Dinge hingen mit einem erbärmlichen Spekulantentum zusammen, das ganze Börsenwesen wäre verseucht, wobei dann nur ein Schritt zu dem einfachen bequemen Satz war, der dem armen Lohn- und Gehaltsempfänger schon immer sicher war: die Börse selbst ist eine Seuche. Zunächst freilich konnte man sich damit trösten, daß die betroffenen Länder geographisch weit entfernt waren, kleinste Leute vermuteten, man könne etwa die Telefonverbindung dahin abbrechen, eine Art Quarantänegürtel um sie ziehen. Im übrigen vergaß man es. Denn jeder Blick auf die Straße, zum Fenster hinaus, zeigte, daß alles wie vorher war, der Frühling kam, der Sommer kam, wer Geld hatte, verreiste, wer nicht, blieb zu Hause, viele wußten gar nichts von dem furchtbaren fernen Malheur, das war im Grunde das Beste. Das Vernünftigste, richtig gesehen, wäre die Zeitung abbestellen, keine Zeitung lesen, sich nicht nervös machen lassen! Miesmacher sind nicht beliebt, und eine Zeitung, die auf einen guten Abonnentenstrom hält, wird es vermeiden, ihre Leser zu erschrecken. Da erhielt man wirklich eine Weile nur noch eingestreut kleine Nachrichten, die jedoch mehr als betrübliche Nachlese nach einem Unglück aufgefaßt werden konnten; man ließ die Zeitungskäufer noch einen Blick auf das Trümmerfeld hinten werfen, aber nur zu dem Zweck, sein eigenes Selbstbewußtsein zu heben, denn wen man auch fragte, den Zigarrenhändler, den Briefträger, Bekannte, die man

im Büro, in der Fabrik traf, er hatte nichts von dem Malheur drüben bemerkt, nichts war passiert, die Telefondrähte konnte man ruhig noch lassen. Mit wahrer Inbrunst und in richtiger Einschätzung der Zeitlage behandelte man gradezu pfleglich die jeweils vorkommenden normalen Mordfälle, Eisenbahnkatastrophen und bloße Flugzeugabstürze. Auch beschäftigte man sich mit dem Funktionieren des parlamentarischen Lebens und erörterte, welche Qualitäten ein wirklich großer, gewissermaßen vollblütig geborener Abgeordneter haben müsse. Man kannte aber in diesem Sinn nur gestorbene Abgeordnete.
Da drang plötzlich ein leises, jedoch durchdringendes Klagen, vergleichbar Katzenschreien, aus industriellen und kaufmännischen Kreisen. Sie sollten Geld zurückzahlen. An sich wäre das nichts Erstaunliches, und es hätte die Öffentlichkeit nicht erregt, die friedlich ihre Mordfälle und Flugzeugabstürze verdaute. Aber es waren so viele Firmen und so große, und sie alle konnten nicht bezahlen! Es waren so Gewaltige, deren Namen grade in dem letzten Jahrzehnt berühmt geworden waren wegen ihres wahnsinnigen Aufschwungs, ihre Aktienkapitale setzten beinah monatlich hinten eine Null an, man konnte von Namen sprechen, an denen ein Glanz hing. Sie konnten Schulden nicht zurückzahlen, die – sie aufgenommen hatten! Man höre und staune: in den fernen verfluchten spekulierenden Ländern war man auf den Einfall gekommen, das durch Raubwirtschaft ergatterte satanische Gold an andere, aber feine solide Länder weiterzugeben, damit es dort ersprießliche Früchte trage. Man erbat gewissermaßen, und bekam auch, von den soliden Ländern Absolution für die begangenen Verbrechen. Nachdem sie draußen noch immer weiter, noch immer nicht bußfertig ihr wüstes Wesen getrieben hatten und dafür mit noch größerem Bankkrach und Konkurs bestraft waren, verlangten sie von den andern – ihr Geld zurück!

Wozu, konnte sich wohl ein ruhiger Schuldner fragen. Doch wohl nur, um weiter zu spekulieren. Es war, so sagte sich in der Großstadt die gesamte einfache Bevölkerung, nur in der Ordnung, daß man unter solchen Umständen nicht zurückzahlte, man bewahrte die Gläubiger vor weiteren Übeltaten und zwang sie auf den Weg des Rechts.
Immerhin, es gab Kaufleute und Industrielle, die von einer kaufmännischen Moral sprachen und Beträge zurückzahlten, das war ein großmütiger Akt, an dem sie auch bald zu Grunde gingen. So erfüllen manche Insekten an ihrem Weibchen die Liebespflicht und büßen dabei ihr Leben ein. Die Mehrzahl der heimischen Industrien aber hüllte sich in Schweigen, sie hielt vornehm ihre Anklagen zurück. Sie beschränkte sich darauf, nicht zu zahlen.
Es kam, während die Öffentlichkeit sich wieder in die Morde und Flugzeugabstürze vertiefte, sich auch über die Hefe der Gesellschaft, die Unterwelt der Verbrecher, die Liebe in den Kaschemmen und ihre sonderbaren Riten, Vereine und Liebesbeziehungen belehren ließ, hinterrücks zu einer Verschärfung der Lage. Bisher war man ruhig und geduldig gewesen. Daß man sich aber jetzt, wo man nicht zurückzahlte, draußen weigerte, neues Geld zu leihen, das schlug dem Faß den Boden aus. Es war Rache von drüben, weil man ihnen bedeutet hatte, daß es so wie bisher nicht weitergehen könne. Man erfuhr, daß sie draußen den Schuldnerländern vorwarfen, das geliehene Geld in mächtige Banken, Fabriken, Krankenhäuser, Siedlungen gesteckt zu haben. Ja, wozu hatte man es denn entliehen? Hatten sie übrigens, um einmal den Stier bei den Hörnern zu packen, den andern nicht geradezu ihr Mammonsgold aufgedrängt, um hohe Zinsen zu bekommen, vom Schweiß und Fleiß der andern, eine feine Methode, und nachher warfen sie einem vor, daß man gearbeitet hatte! Man hatte einen unfeinen Gegner vor sich [siehe Shylock]. Jedenfalls, er lieh nichts mehr.

Darauf war alles gespannt, wie es weiter gehen würde.
Aber die, die am wenigsten gespannt waren, merkten es
zuerst.
Die Bautätigkeit im ganzen Land und in der Großstadt,
dieses fröhliche Wachsen, ließ nach. Da trauerten viele
Männer, und ihre Frauen und Kinder, und ihre Verwandten, die sie unterstützten, ihre Mutter, die Großmutter. Und wo Mutter und Großmutter noch bei ihnen
lebten, suchten sie sie abzuschieben, möglichst in öffentliche Altersheime, Siechenanstalten. Davon hatten die
Kaufleute in der Nachbarschaft, die Bäcker, Schlächter,
Schuster, Schneider weniger zu tun.
Da die Bautätigkeit nachließ, trauerten mit den Maurern
die Zimmerleute, die die Balken behauen und mit dem
Beil und Zollstock umgehen, es trauerten die Glaser, die
Bauschlosser, die Klempner, die Anstreicher, Tapezierer,
die Ofensetzer, und mit ihnen ihre Frauen und Kinder,
ihre Verwandten, die sie unterstützten, ihre Mütter,
Großeltern. Und auch sie schränkten sich ein und gaben
dem Bäcker, Fleischer, Schneider, Schuster weniger zu
verdienen. Dagegen setzten sie sich viel in die Kneipen,
waren zu Hause mürrisch, malträtierten Frau und Kinder.
Auch brauchten die Ziegeleien auf dem Land und in den
Vorstädten weniger Steine zu brennen und konnten Arbeiter wegschicken.
Dies war der tröpfelnde Beginn der Krise. Es ging mit
Pausen und Schüben weiter. Es konnte noch immer im
Lande und in der Großstadt Millionen Menschen geben,
die nichts bemerkten und kopfschüttelnd sagten, man solle nicht übertreiben, es gäbe doch immer gute und
schlechte Zeiten und nun sei eben die schlechte Zeit da,
daran sei doch nichts Wunderbares, es würde sich schon
geben, man könnte es ertragen, sie jedenfalls bestimmt.
Wer ihnen zuhörte, mußte ihnen recht geben. Aber dann

ging's ihnen ebenso wie einem Mann, der friedlich in seinem Garten unter einer Buche sitzt, träumt und raucht und die Schönheit der Natur genießt. Ein paar Blättchen segeln an ihm vorbei, er betrachtet nachsinnlich die feinen Blätter mit Stengelchen, die herunterfallen, indem sie sich um sich selbst drehen und drehen, sie machen ein Spielchen im Fall. Mehr Blätter fallen, auf den Rasen vor ihm kracht eine Kastanie in ihrer grünen stacheligen Schale herunter, das wäre eine Sache, wenn man die auf den Kopf bekommen hätte. Man denkt, ja, was ist das für eine merkwürdige Jahreszeit, ich sitze hier geschützt, unten weht kein Wind, oben muß welcher sein. Und man blickt in das Laub, das völlig ruhig steht. Und man stiert in die Höhe, um den Windstoß zu erhaschen, der oben weht und unten nicht weht, man will einem Naturgeheimnis auf die Schliche kommen. Da knackt es plötzlich wieder, Schalenreste, Blattfetzen flattern einem auf die Knie, und da, ein Auffahren, man beschattet sich die Augen, man hat ein Rascheln im Laub bemerkt, es ist ein Tier oben, ein Tier, wahrhaftig, ein richtiges knabberndes braunes Tierchen, ein Eichhörnchen mit einem mächtigen Zippel-Zappel-Wackelschwanz.

Die Öffentlichkeit fing an nachzudenken. Es läuft nie gut aus, wenn die Öffentlichkeit denkt. Sie greift zu diesem Gewaltmittel auch nur im äußersten Notfall. Man dachte über das Unglück, das heraufzog. Als im Mittelalter der schwarze Tod, die furchtbare Pest, das Abendland befiel, dachte man an vieles, aber nicht an den Schmutz, in dem Städte und Dörfer erstarrten, der sich in den fürchterlichen Quartieren aufhäufte, wo der Kot auf der Gasse lag und Ratten in den Häusern wimmelten. Man bezichtigte Zauberer und Zauberinnen und verbrannte sie zu Dutzenden, man hängte Brunnenvergifter, man zog zu heiligen Reliquien und bekannte seine Sünden, man machte allem Verdächtigen summarisch den Prozeß mit Weib und Kind, den Dreck zu Hause ließ man liegen. Jetzt war man aufgeklärt und hielt sich an die Wissenschaft. Man ließ die Wissenschaft spielen.

Man baute Institute [das Bauen war gut], die sich mit der Erforschung der wirtschaftlichen Zusammenhänge beschäftigen mußten, eine Art gesellschaftlicher Wetterkunde, und es zeigte sich, daß die neue Wissenschaft hinter der alten Astrologie und Meteorologie nicht zurückstand. Im Besitz großer Bibliotheken, ständig einlaufender Nachrichten, worunter sich auch richtige befanden, begannen die Professoren der Institute mit ihren zahlreichen Gehilfen Kurven zu entwerfen, wie Ärzte, Bücher zu verfassen und rasend Artikel zu schreiben. Ihr Fleiß ließ nichts zu wünschen übrig, sie zeigten, wie notwendig sie waren. Sie waren eine Konjunktur in der Krise. Sie bewiesen klipp und klar und legten dar, was man im übrigen schon ahnte, aber jetzt hatte man es schwarz auf weiß mit roten grünen blauen Linien, daß es an der Technik lag. Ein Wesen, ein Unwesen, ein Monstrum namens Technik, dessen man sofort habhaft werden mußte, um es des Landes zu verweisen, hatte böswillig die Industrie zu stark entwickelt. Dieses niederträchtige Substantivum hatte mit Hilfe nichtsahnender Ingenieure die Maschine vervollkommnet, den Arbeitsgang modernisiert, und zu allem Unglück hätte alles gut, ja glänzend funktioniert, die Ernten seien hervorragend ausgefallen, die Bergwerke hätten Erstaunliches hergegeben, man hätte es nicht für möglich gehalten, wieviel solche Bergwerke in ihrem Bauch hätten. Und weil so alles in Hülle und Fülle da war, so blieb dem Getreide, Kaffee, Kupfer, Zink nichts weiter übrig, als billiger zu werden, und weil sie billiger geworden waren, waren sie im Preis gesunken, und dann lohnten sie wieder die ganze Mühe nicht, denn dann sprang kein Gewinn dabei heraus, und da verkroch sich das ganze gute und nützliche Geld, verwöhnt wie es war, in den Keller

und schmollte, und was die tausend zehntausend hunderttausend Arbeiter anlangt, die man beschäftigt hatte, so wurden sie nun gänzlich überflüssig, und das ist eben der Grund der Arbeitslosigkeit und da ist gar nichts dran zu wundern, es ist klar wie der lichte Tag. Denn natürlich muß man die Betriebe verkleinern, um zu einem geordneten Geschäftsgang zu kommen.
Merkwürdig, sagten die Arbeiter und Angestellten nach einer Pause, um das zu verdauen, zu einem geordneten Geschäftsgang gehört, daß wir auf der Straße liegen. Ihre Führer und Lehrer in der ganzen Welt, die noch im Betrieb und in den Büros saßen, erklärten: leider ist es so.
Ja, ein höchst merkwürdiges, unübersehbares Ereignis spielte sich über den ganzen Erdkörper hin ab, die Krise. Den Erdkreis hatte in der Zeit des Aufschwungs ein fröhlicher wilder Lärm erfüllt, man war wie eine siegreiche Kriegerhorde in einer dröhnenden Halle versammelt, trank und feierte, immer noch schleppte man Gold, Beute und Sklaven herein.
Jetzt legte sich Beklommenheit, Stille über die Welt. In Furcht und Verbissenheit bezog alles, was Kraft hatte, seine Position. Man begann gegen einander zu rüsten. In dem Bau, den der Aufschwung geschaffen hatte, raschelte und knisterte es. Würmer waren an der Arbeit. 1934

An Thomas Mann

5, square Delormel, Paris 14ᶜ   23. V. 35

Sehr geehrter Herr Mann, vielen und herzlichen Dank für Ihren Brief, und Sie verzeihen mir, daß ich zu falscher Zeit mich mit meinem Glückwunsch einstellte, es hat jedenfalls den Vorteil gehabt, daß Sie mir bald ein Zeichen geben konnten, was voraussichtlich nach dem 6. Juni so bald nicht möglich sein dürfte. – Nun, Sie schrieben von Lion. Die Sache zwischen ihm und mir ist ja wieder in Ordnung. Es war so: Lion hatte der «Sammlung», noch *vor* dem Erscheinen m[eines] letzten Buchs, abgelehnt darüber zu schreiben; er begründete das mit persönlichen Differenzen mit der «Sammlung», ich hab es nicht recht kapiert und fand, daß er meine Lage begreifen müßte, da ich jetzt gänzlich ohne eine kritische Hilfe bin (eigentlich auch immer war, jetzt aber noch mehr), – denn die Emigranten sind teils «Demokraten» und «Juden», die mich immer nur «soso» passieren ließen, es war die natürliche Antwort auf meine Abneigung gegen sie, die weder Demokraten noch Juden sind, – teils sind es Kommunisten, mit denen ich in Deutschland auf Hieb und Stechen stand. So also, wie ich voraus wußte, verlassen, in Deutschland verboten (der Fischerverlag bekam besondere Anweisung, meine Werke, jedenfalls die hauptsächlichen waren genannt, nicht zu vertreiben) – da verhält sich Lion so, wegen privater Kinkerlitzchen. Später begründete er es damit, daß ihm das Buch auch nicht gefiele. Das ist nun garkein Argument. Denn heute giebt es gar kein «Gefallen» oder «Nichtgefallen», sondern Stehen oder Nichtstehen zu einem Mann. Das warf ich ihm vor. Und hielt ihm, Sie anlangend, noch vor, daß er doch über Sie schreiben konnte; sollte das nun, bei seiner mir lange bekannten

Antithese zwischen Ihnen und mir, ein Entscheid gegen mich sein? Eh bien, akzeptiert. Und so stand es. Aber inzwischen schrieb er, klärte möglichst auf, mein Ärger war verflogen, es ist quasi alles wieder in Butter. – (Er hat dabei eine drollige Formel gebraucht: er sei ⅔ für Th. Mann und ⅔ für mich; sehr niedlich, nicht wahr, echt Lion.)
Nun lassen Sie mich, Herr Mann, etwas zu den Dingen sagen, die uns Alle angehen und die Sie in Ihrem Brief berührten, Thema Deutschland von heute. Es ist sehr schön, daß Sie glauben, das «Schicksal» dann drüben werde sich «verhältnismäßig rasch» erfüllen. Kann sein. Ihr Wort in Gottes Ohr. Aber meinen Sie wirklich, es sei nichts geschehen und nach Hitler sei wieder das alte Deutschland da? Was so viel beklemmender ist als der ganze Hitler, ist, daß er (scheint mir) den Deutschen wie angegossen paßt; – den «Deutschen», da muß ich sagen, der vorangehend herrschenden demokratischen, liberalen etc. Schicht. Die ungeheure Armseligkeit, Schwäche, ja Nichtigkeit der Sozialdemokraten und Liberalen hat sich gezeigt, ihre reale und moralische Nullität, – unter einem Fußtritt dieses Slowaken sind sie zerfallen. Das waren unsere Bürger zu einer Hälfte. Zur anderen waren sie Anbeter und Schleppenträger der Militärs und der alten Feudalität. Unsere Literatur ging entweder den einen oder den anderen Weg, denken Sie an Akademiesitzungen, – und was nicht da war, war die kämpfende Moral, das nationale Gewissen, die Träger der Freiheit und (verstaubtes Wort) der Menschenwürde. Mit fliegenden Fahnen ging man zu Hitler, nämlich zum Machtrausch und anderen Räuschen, – und was hat also unsere Literatur geleistet? Ich finde (ich nehme mich nicht aus): wir haben unsere Pflicht versäumt. Man hat mich hier neulich aufgefordert, zum 10. Mai, Tag des «verbrannten Buchs», irgendwo zu sprechen; ich lehnte ab mit der Begründung: jedenfalls meine Bücher sind mit Recht verbrannt. Ich klage uns nicht zu bitter an,

denn ich weiß, wir waren gänzlich ohne Schutz und Hilfe. Der Staat sabotierte dauernd seine Selbstrettung. Eine gutmütig schwache Person wie Grimme im Kultusministerium in dieser Zeit war eine tolle Sache. Wie ist man mit uns, die wir eine Revision der Schulbücher gegen nationalistisch-militären Geist vornehmen wollten, eben dort umgegangen, geradezu höhnisch. Hitler war schon jahrelang vor 1933 an der Macht. Wie soll also sein Regime stürzen? Ich denke, Sie haben da etwas Richtiges und Treffendes gesagt: er fällt dadurch, daß er absolut wird. Ich höre von Reisenden: in Deutschland sei etwas Neues fühlbar, was es noch nie gab, nämlich veritabler Haß. Nun, das wäre in der Tat eine Novität. Es verspricht, für den Fall es einmal gegen ihn und seine Bande, die den üblen deutschen kleinen Mittelstand an die Macht gebracht hat, geht, zu einer wirklichen Umwälzung an Haupt und Gliedern zu führen. Jedennoch –: das wird lange brauchen –.

Inzwischen können wir Älteren nichts weiter als unser Garn spinnen, wie bisher. Sie haben recht. Wir können ja nichts anders. Aber vielleicht kann man doch mehr, auf geistige, moralische Weise, seine Politik in der Schrift unterbringen, schärfer härter offener als früher. Ich höre, bei den Linksradikalen geht eine Wandlung (wahrhaftig, eine innere) vor sich; die Debatte auch in der «Sammlung» ist ein Reflex davon; in Paris ist im Juni ein «internat[ionaler] Schriftstellerkongreß», der «Humanismus» und «der Mensch» auf der Tagesordnung hat, den Herren dämmert langsam etwas. Wer Sturm will, muß Wind säen.

(Interessieren Sie sich für die Judenfrage, die ja auch diese Bande schmerzlich aktuell gemacht hat? Das ist, seit ich aus dem Land bin, eigentlich mein tägliches Arbeitsgebiet. Wir haben hier den alten «Territorialismus» wieder aufs Tapet gebracht (das ist: Freies Land dem jüdischen Volk).

«Wir», das heißt eine Zahl Ostjuden und ein pa[a]r Westliche. Ich habe zwar nicht französisch, aber jiddisch, lesen und schreiben, gelernt. Ich werde Ihnen eine Nummer unserer Zeitschrift «Freiland», deutsch, nächstens zugehen lassen. Die Judenemancipation tritt in ein neues Stadium). Und nun will ich mich für heute von Ihnen verabschieden. Es soll mich wirklich freuen, mit Ihnen weiter, soweit es Ihnen Zeit und Laune erlaubt, in Correspondenz zu bleiben. Seien Sie versichert, Herr Mann, ich weiß, daß wir ganz centrale geistig-moralische Interessen haben, gemeinsam, obwohl wir mit verschiedener Erbschaft belastet sind. Es grüßt schönstens Sie und Ihre Familie in Zürich, – um welche Stadt ich Sie beneide, sie ist so bequem – Ihr
Alfred Döblin

*Aber wo bei Schriftstellern die Emigration ist,
ist auch gern der historische Roman.
Begreiflicherweise, denn abgesehen vom Mangel
an Gegenwart ist da der Wunsch,
seine historischen Parallelen zu finden, sich historisch
zu lokalisieren, zu rechtfertigen,
die Notwendigkeit, sich zu besinnen,
die Neigung, sich zu trösten
und wenigstens imaginär zu rächen.*

1936

Amazonas

Die drei Unheimlichen

Heiß brennt im Westen die Sonne auf das Gebirge. Seine Massen sind von Schluchten zerrissen. Durch die Schluchten wühlen sich Flüsse.
Ungeheuer die Berge. Ihre Gipfel sind Kegel und Spitzen. Sie tragen Eis, und manche öffnen sich und aus ihrem Krater tritt das Feuer des Erdinnern.
Von den Gipfeln, aus den Flanken der Berge stürzen die Wasser hervor. Die Wasser wissen ihren Weg. Sie finden vom Himmel zu den Eisgipfeln, zu den Schluchten. Sie füllen die Schluchten aus und zernagen sie. Sie dringen in die Seitentäler. Aus den Quellen und Bächen werden Flüsse.
Lauricocha, Quiquiacocha heißen Quellseen. Der Marañon fällt aus seinem See abgrundtief in das Tal. Sein Wasser schlägt wie ein Meißel. Die Talwände sind kahl, die Höhe glüht wie ein Schmelzofen. Den Tälern folgt er von Süden nach Norden. Nach Osten führen Hochpässe aus dem Land heraus, dem Fluß unerreichbar. Über die Pässe braust die Wut der Winde, die von Osten kommen. Sie fassen die Vögel an, die von unten heraufflüchten, die Schnepfen, Ibisse und Reiher, der Wind schleudert sie hoch, schlägt sie auf den Paßboden, treibt sie mit Hagel und Schnee vor sich gegen die Felsen in die Seen hinein.
Der Fluß muß den Berg durchstoßen. Er findet das Tor. Pongo de Manseriche ist sein Tor, da muß er hindurch, er will das Gebirge verlassen. Eingeengt schießt er durch sein Tor und hat offenes Land vor sich. Das senkt sich von dem berghohen Osten, über dem die Eishäupter leuchten und die Vulkane ihren Rauch schwenken, nach Westen zu der einen gewaltigen Ebene. Es ist seine Ebene.

Und wie ein Untier mit wehender Mähne springt der Amazonas vom Gebirge in seine Ebene herunter. Seiner Kraft schließen sich rechts und links Wasser an, als hätten sie auf sein Erscheinen gewartet. Auf weite Strecken hin wirkt sein Erscheinen. Sie biegen um, sie folgen angelockt und senken sich in sein Wasser, wo sie verschwinden.
Der Amazonas hat das Gebirge durchbrochen, er trägt es mit sich. Was ihn eingeengt hat, was er angefaßt und zerknirscht hat, lagert er als seinen Raub, Schlamm und Staub vor sich her, unter sich, breitet es in der Ebene aus, die er durchwallt. Seine Ebene war einmal eine weite Bucht, das Meer füllte sie aus, er treibt das Meer zurück und wird, wie ihm hundert Ströme von rechts und links ihr Wasser zutragen, ein fließendes Süßwassermeer.
Seine Flüsse sind weiß und schwarz. Er selbst weiß.
Hundert Meter ist er tief. Am Anfang und am Ende noch einmal so tief.
Wenn er seine Ebene verläßt, ist er so stark, daß er im Meer auf Meilen hinaus Schiffe fortstößt. Bäume schleppt er hinaus. Das Meer um sich färbt er weiß.
Über seinem Land liegt die heiße Sonne. Da wächst in der Ebene der Urwald auf, die Tiere wimmeln. Es schießen auf die Palmen, Bambus, Kautschukbäume, die Farne, Schlinggewächse, der Eukalyptus. Sümpfe, Galeriewälder, die die Flüsse begleiten, das schwimmende Mangrowe.
Über dem Wasser schwirren die bunten Kolibris. Die Krokodile lassen sich von der Strömung treiben. Das Faultier klagt am Baum. Die Anakonda geht auf Affenjagd.
Und tausend Arten Fische trägt das pulsierende Wasser und läßt sie vergehen.

Im Nordwesten auf den Hügelreihen und Berggruppen mitten im Wald und tiefer unten um den Yapurá und Uaupes wuchsen die Stämme der Entenleute, Tigerleute,

höher an der Quelle die Gürteltierleute. Sie hatten feste Sitze. Ihre Wohnungen auf den hohen Hügeln waren aus Holz, standen auf hohen Pfählen, waren mit Palmblättern bedeckt, sie hatten Gemeinschaftshäuser, in denen viele Familien wohnten, und kleinere Hütten. Das Häuptlingshaus war mit Baumrinde gedeckt und mit Bildern geziert, vor dem Maskenhaus stand geschnitzt in Holz der Stammesgeist, schwarz, gelb, rot gefärbt und mit geheimen Linien überzogen, die die guten und bösen Wesen im Sumpf und Wald verstanden. Die Regenzeit war da.
Das alte Netz war zerrissen, sie hatten ein neues geflochten, die Familie war in Frieden, mit den Nachbarn war man in Frieden, es war ein gutes Netz, es würde viele Fische sehen können, sie würden kommen und sich vor ihm nicht erschrecken. Heiß waren die Tage, nichts Auffälliges hatte sich im Wald und im Dorf ereignet, man konnte das Netz versuchen. Der Mann, sein Bruder, ein Freund und die Frau bestimmten den Tag. Da brach früher als sonst die Regenzeit herein, sie warteten mit dem neuen Netze. Sie gingen herunter, um im See hinter dem Zaun zu fischen. Als sie am Ufer anlangten, schwärmte ein Schwarm wilder Bienen an, er setzte sich im Uferwald auf einen Baum. Zwei faßten die Ruder und schlugen das stille Wasser, der dritte stand hoch auf der Bank und steuerte. Die Hügel glitten an ihnen vorbei, das Ufer stieg hoch, sie fuhren lange, bogen in einen schmalen Kanal ein, dann kam ein See, die Affen hörte man auch da, sie wohnten auf einer Insel im See, auf Treibholz waren sie herübergefahren. Die Leute glitten in eine Bucht, das Wasser war vom Regen trübe, die Fische konnte man nicht sehen, am Wald waren Pfähle in den See gerammt und mit Bambusblättern gedeckt, sie leiteten ihr Boot hindurch. Dann liefen sie in den Wald und bückten sich, der Timbo wuchs da, sie brachen ihn, die langen Stengel trugen sie auf einen Haufen, mit Holz schlugen sie sie weich, ein

dicker dunkler Saft quoll heraus, sie gingen in das trübe Wasser und schwenkten die Stengel. Und während die einen schwenkten, stand ein Mann im Boot und rührte das Wasser mit dem Ruder. Da wurde das Wasser dunkel und dunkler, das Giftsipo breitete sich aus, die Fische wurden betäubt.

Ohne Laut war der Wald. Da preßte der eine Mann, der die Stengel schwenkte, dem andern den Arm und hielt ihn fest. Er blickte in den Wald. Auch der im Boot blickte in den Wald. Es knackte entfernt, etwas bewegte sich im Schilf, der im Boot machte zwei Ruderschläge, ein Sprung, er war verschwunden.

Das Knacken, Rascheln näherte sich, hörte auf, Stille trat ein, das Knacken und Rascheln bewegte sich aus dem Wald heraus, zum See. Ein Ruf, eine menschliche Stimme, eine andere.

Und wie die drei Männer im Schilfdickicht, die Füße im Wasser, unbeweglich beieinanderstanden, sahen sie aus dem Wald oben in die Lichtung Gestalten, die sie zum Erstarren brachten, hervortreten. Sie hatten die Erscheinung von Menschen, aber waren weiß wie Fischschuppen und dem größten hingen dunkle Haare um die Backen und das Kinn. Jeder trug einen Gurt, an dem ein dünner Stab hing, über die Schulter blickte jedem ein Kolben. Was die drei entsetzlichen Gestalten, die aus dem Wald getreten waren, sprachen, verstanden die im Schilf nicht. Es waren unbekannte Geister. Die drei warfen sich auf den Boden, legten ihre Stäbe hin, schnarrten, brummten, knurrten, taten wie Menschen, die erschöpft waren. Dann stand der eine Unheimliche mit dem schwarzen Bart auf, ein anderer folgte, sie stiegen die Böschung zum See herunter, das Wasser hatte es ihnen angetan. Sie stellten sich nebeneinander unten hin, knieten, legten sich auf den Bauch und, der Schreck ließ die Fischer im Schilf nicht los, die Gestalten fingen an vom Seewasser zu trinken, schlür-

fend wie Verdurstende. Diese wagten Giftwasser zu trinken, sie konnten es, sie hatten es vielleicht auf die Fische abgesehen, wollten das Sipo unwirksam machen.
Jetzt zuckten die beiden am See hoch, spieen vor sich im Schwall, richteten sich auf, stöhnten, würgten, taumelten zurück, suchten davonzulaufen. Aber es hielt sie fest. Noch vor dem Fuß der Böschung wurden sie um sich gedreht, drehten sich am Boden. Dann lagen sie ohne Bewegung in ihren bunten Stoffen, der mit dem Bart auf dem Gesicht, der andere auf der Seite. Als die dritte Gestalt von oben herunterlief, sprangen, so leise sie konnten, die Fischer aus dem Schilf. Einer nach dem andern klatschte ins Boot. Wie einen Zauber sah der am Ufer dunkle Leute in der Nähe fahren, durch die Pfähle gleiten, davonrudern.
Im Dorf erschraken sie, der Häuptling kam, sie bezeichneten die Stelle. Dreißig Krieger nahmen Waffen und stiegen in die Boote, der Medizinmann mußte mit. Am See, am Fuß der Böschung, saß zwischen den beiden Leblosen Alonso im Sand und weinte so laut, daß die im Kanal ihn hörten. Seine Kniehosen waren geplatzt, den Brustpanzer hatte er geöffnet, seine Arme bluteten, die rechte Wange war eine flammende Blase, er weinte und lachte vor sich hin, flehte die Madonna von Guadeloupe an, zückte seinen Degen. Dann schluchzte er in die Wölbung seines Panzers und rief seine Mutter in Biskaya. Die Boote mit den bewaffneten Eingeborenen fuhren an. Er stand auf, schüttelte sich, schnallte seinen Panzer fest, verfluchte sie. Obwohl er schwankte, schleppte er sich an den Rand des dunklen Wassers, schleuderte seine Arme, stieß den Degen gegen sie in die Luft, seine Augen rollten. Die Boote hielten vor dem Fischzaun, das Häuptlingsboot zwängte sich durch, auf dem schwarzen Wasser schwammen Massen von betäubten Fischen mit roten und weißen Bäuchen, das Boot schob sie beiseite, die Männer im Boot erhoben sich und hielten die Lanzen zum Wurf. Das Wesen am

Strand war mit bunten Stoffen bedeckt, hatte weiße Farbe wie ein Fisch, die Gestalt eines Menschen, in großer Angst waren sie alle, der Medizinmann zitterte.

Da wurde Alonso still, setzte sich in den Sand und legte den Kopf zurück. Die Männer stiegen an den Strand. Der Medizinmann berührte den Großen mit dem Bart, der da lag, ja, er hatte Fleisch und Knochen, das Wasser lief ihm aus dem Mund, Giftsipo. Darauf berieten der Häuptling und der Zauberarzt. Sie ließen alle in ein Boot schleppen, der Junge machte keine Bewegung.

Am Dorfhügel standen Frauen und Kinder, sie durften die Unheimlichen nicht sehen und wurden in die Hütten gejagt. Sie trugen die drei vor das Dorf in eine alte Maskenhütte. Da heilte sie der Zauberarzt, so daß sie das Gift von sich gaben und sich am nächsten Tage erholten. Dann brachte man ihnen zu essen. Sie aßen, tranken und schliefen lange.

Als sie bei sich waren, suchten sie nach ihren Waffen, fanden sie am Boden und wunderten sich. Wie sie aus der Hütte traten, war zwischen den Bäumen das Dorf. Dicht vor ihnen, um sie herum standen bemalte junge Krieger mit Schilden, Pfeilen und Bogen und Lanzen. Die Weißen trugen ihre zerlumpten Kleider, sie fühlten sich kräftig.

Der Bärtige nickte: «Das ist das Ende vom Lied. Ein grünes Grab, das grüne Grab haben wir verflucht. Ob aber der Bauch dieser Karaiben ein besseres Grab ist, werden wir nun erfahren.» Alonso stierte vor sich hin: «Wie sie uns bewachen. Sie lassen uns nicht laufen. Erst haben uns die Tiere vergiftet, jetzt füttern sie uns, für ein Fest.» «Und was denkst du, Pedro?» «Wir wären nicht die ersten, bei denen die Tiere das versuchten. Das tun sie ohne Hunger, weil sie Tiere sind.» Der junge Alonso fing an zu weinen, er fieberte, er sprach von dem alten Odysseus, der zu einer Hexe kam, sie machte seine Gefährten zu Schweinen. Pedro, der Bärtige, strich Alonso über die kranke

Wange: «Du mußt Gras kauen und auf die Wunde legen, dann hört das Fieber auf. Halt dich grade, Alonso. Es wäre besser, wir wären niemals von Peru heruntergekommen und wir säßen noch in Spanien. Hier wird keiner Gold finden. Die Untiere, seht sie nur an, wie sie sich bemalen. Mit jedem, den wir töten, gewinnen wir eine Gnade. Seht sie an. Sie wissen, daß wir vom Westen hier heraufziehen. Was tun sie? Sie vergiften die Wasser.» Alonso: «Warum haben sie uns geheilt?» Der Bärtige zeigte ihm sein finsteres Gesicht: «Um uns zu fressen, du hörst es doch. Wenn aber die Jungfrau will, entgehen wir ihnen. Ich möchte noch zu unsern Leuten zurück und sie hier heraufführen. Sie sollen büßen für das Wasser. Ich befehle euch, zu beten zu Sankt Michael und zu Sankt Jakob.» So taten sie. Dann sangen sie, die Wachen hörten das unverständliche Lied: «Die Waffen meine Zier, im Kampf ruh ich aus, zum Bett nehm ich die Felsen, mein Schlafen ist ein Wachsein.» Häuptlinge aus der Nachbarschaft kamen, man betrachtete die Fremden, ihre Art war unklar, es mochten Geister sein, vielleicht Abgeschiedene, da ihre Haut ohne Farbe war, vielleicht fremde große Meerfische. Die Krieger, die sie bewachten, sollten sie vom Dorf fernhalten. Ohne daß die Unheimlichen es sahen, hatte man vor ihrer Hütte Zauberlinien aus Bast gelegt, die sie nach dem Dorf nicht überschreiten konnten. Um sie günstig zu stimmen und zum Abzug zu bewegen, brachte man ihnen Geschenke, Bananen, Manioka, Trockenfisch, Bier in Kalebassen. Der Arzt und der Häuptling suchten ihnen durch Zeichen klarzumachen, daß man zu ihrem Abschied tanzen und Geschenke bringen werde.
Die drei warteten einen Abend.
Die Dorfleute beschlossen ihr Fest für den nächsten Tag, man konnte nicht wissen, welche Gefahr der Aufenthalt der drei Unheimlichen brachte. Man wollte sie ans Wasser führen, in ein Boot setzen und weit wegrudern. Man

würde dabei auch sehen, wohin sie sich dann wendeten und wer sie waren.

Als das Feuer am Abend angezündet war und die Wache trank, nahmen die drei Weißen ihre Feuerrohre und zielten aus dem Dunkel ihrer Hütte. Sie hatten vorher die Lebensmittel gebündelt und auf die Schultern geladen. Rechts und links vom Lagerfeuer schossen sie, der Krach war gewaltig, die beiden Wachen fielen um, die andern rannten windschnell davon.

Einige Atemzüge später begann die wilde Flucht des Dorfs mit Frauen und Kindern den Hügel abwärts, in den Wald hinein, unter Geschrei. Nicht lange, so lag das Dorf totenstill. Die Feuer brannten nieder.

Die drei Weißen feuerten noch einen Schreckschuß. Dann stiegen sie im Finstern zum Fluß herunter. Der Himmel war klar, zuerst leuchtete das Lagerfeuer, dann der Mond, und immer spielten über ihren Weg die leuchtenden Fliegen, goldgelb und grün, die Fliege Sonne, die Fliege Mond. Soweit sie konnten, marschierten sie in der Nacht. Auch an dem See, wo die Fischer sie überrascht hatten, kamen sie vorbei, zerschlugen beim Mondlicht die eingerammten Pfähle, zerstreuten die Blätter. Riesige Kröten bellten um sie. Sie stießen nach ihnen.

Als die Dörfler morgens Leute auf den Hügel schickten, fanden sie ihn leer, die Unheimlichen waren davon. An dem erloschenen Feuer außerhalb des Orts lagen in Blutlachen die beiden Wachen. Das Dorf zog herauf. Keiner wagte die beiden Toten anzufassen. Man beriet, was mit ihnen geschehen sollte. Man legte sie auf Äste, trug sie, während die Familien in den Hütten gehalten wurden, zum Wald herunter, vergrub sie nebeneinander, häufte Steine auf die Stelle, um zu warnen. Oben kämpfte der Zauberarzt zwei heiße Nachmittagsstunden mit den Geistern, die sich am Hügel eingefunden hatten. Er sprang, flüsterte, rasselte mit seiner Klapper.

Die drei, geführt von Pedro, den nichts ermüdete, erreichten nördlich des Yapuráflusses ihren Kapitän mit dreißig Weißen und ebensoviel farbigen Kriegern. Der junge Alonso starb. Sie wollten den kleinen Trupp bewegen, einen Rachezug gegen die wilden Stämme in der Nähe zu unternehmen. Der Kapitän verhöhnte sie, ob sie auf eigene Faust das Goldland hätten finden wollen. Sie machten kehrt nach dem Gebirge zu. Man wollte die verfluchten Flußebenen mit ihren Sümpfen, Schlangen und Krokodilen umgehen und durch die Gebirgstäler nach Norden marschieren.

Darauf ist die Truppe zurückmarschiert und -gerudert. Sie gingen in die Flüsse, kein Krokodil war zu sehen, aber plötzlich schrie der Schwimmer grauenhaft, herzzerreißend auf, und schon versank er, und wenn man ihm im Boot zu Hilfe kam und ihn herauszog, so hatte man statt eines Menschen ein Skelett in den Händen, und an ihm hingen kleine Fische, die zu Tausenden im Wasser wimmelten und nach dem Fleisch schnappten. Das Blut wallte rot im Wasser. Was man herauszog und noch den Mund weit aufriß und die Hände gegen die ausgefressene Brust krampfte, war ein Toter.

Sie sahen große Käfer fliegen, ähnlich Schaben, manchmal saßen ihnen dicke Spinnen auf dem Rücken, der Käfer flog geängstigt auf ein Kraut, saß, die Spinne ließ nicht los, schwoll an, und nun war der Käfer nur noch ein Gehäuse. Vor den Mückenschwärmen half keine Decke. Sie stiegen, wo sie konnten, an Land, gruben sich in Sand und Schlamm ein, ließen nur den Kopf frei. Sie waren fünfzig kräftige Menschen gewesen, die vom Gebirge heruntersteigen, zwanzig kehrten welk aus der grünen Hölle zurück.

Als sie dem Putumayo folgend die ersten Hügel beschritten, machten sie Rast. Auf der Brust hatte jeder ein Kartenspiel und eine Reliquie. Sie nahmen das Reliquienstück

und küßten es. Darauf erholten sie sich in einer der zerfallenen Poststationen des ehemaligen Inkareiches und heilten ihre Wunden. Sie wanderten mit vielen andern nach Norden der Küste zu. Dort wurde ein großes Heer zusammengestellt und Schiffe gebaut, mit denen man neue Länder erobern wollte.
Sankt Michael und Sankt Jakob! Die Waffen meine Zier. Im Kampf erhol ich mich. Zum Bett nehm ich die Felsen. Ich kenne nicht Schlaf, nur Wachsein. [...]

Am Magdalenenstrom

Die Weißen, die wilden kriegerischen Männerstämme, hatten noch mehr Leute.
Rodrigo Bastidas wies man das Gebiet vom Kap Vélez bis zur Mündung des Magdalenenstroms zu. Die Stadt Santa Marta verdankte ihm ihr Dasein. Seine Gefährten beförderten ihn in eine andere Welt.
Garcia von Lerma ließ sich in einen Kampf mit den Taironas ein. Sie waren ein blühendes Volk. Nach einiger Zeit fand man keine Spur mehr von ihnen. Auch von Garcia nicht.
Fernandes von Lugo. Er machte zu seinem Vertreter einen Rechtsgelehrten aus Granada, einen Mann Ende dreißig, Gonzalo Ximenes von Quesada. Im Beginn einer Expedition starb Lugo. Quesada hatte sich inzwischen in ein Unternehmen eingelassen, das ihn tief ins Land zog.

Quesada hatte tausend Fußsoldaten und hundert Reiter. Sie stammten aus Europa und konnten da nicht leben. Die nördlichen Länder waren unbarmherzigen Königen, Fürsten und Söldnerführern verfallen. Viele Junge und Ältere mußten sterben und verderben. Da zogen sie lieber in den Krieg für die Herren. Halb Spanien war von Stoppelfeldern bedeckt, Edle wanderten mit dem Bettelsack herum. Dafür saßen hunderttausend Mönche in herrlichen Klöstern. Denn die farblosen Menschen kannten weder Himmel noch Erde noch Tiere und die Pflanzen, nur einen Gott im fernen Himmel, aber Millionen Priester konnten sie nicht veranlassen, seine Gebote zu befolgen.

Seit einiger Zeit hatte sie eine tiefe Unruhe befallen. Sie mußten über die ganze Erde ausschwärmen. Sie mußten sich in Schiffe setzen und Abenteuer suchen. Sie fanden überall neue Länder. Es trieb sie und trieb sie. Sie wußten nicht, wie es nennen, sie sagten: wir müssen der Krone Spaniens ein neues Reich erobern, wir müssen Gold suchen, wir müssen unsern Glauben von dem gespenstigen Gott verbreiten. Aber sie jagte es nur, die Erde zu suchen, immer mehr Erde, Meere, Flüsse, Völker, um sich zu vernichten und zu verlieren.

Ximenes von Quesada hatte tausend Fußsoldaten und hundert Reiter. Er gab einem seiner Offiziere den Auftrag, den Magdalenenstrom heraufzufahren, um in den Bergen zu ihm zu stoßen.

Der Kapitän Alcobazo stieg an Bord. Er hatte fünf Schiffe und zweihundert Mann. Der Kaplan segnete die Schiffe, die Männer fielen nieder, riefen die Jungfrau an. Von der Mündung an sahen sie tagelang nur Marschland, große Inseln lagen im Fluß, mit Bäumen bestellt. Sie hatten von Coro Dunkelhäute mitgebracht, die zeigten ihnen die Fische, die sie essen konnten. Als der Strom enger wurde, standen Hütten mit Palmstroh nahe dem Ufer. Die Leute waren kupferfarben, hatten nie Weiße gesehen, waren arm und schenkten ihnen alles, was sie wollten. Sie wollten vor den Weißen niederfallen. Sie seien Coygaba, Menschen, und zum Fischen von den Bergen gekommen.

Man forschte nach Gold. Sie sagten, in den Bergen gibt es viele Menschen und Gold. Die Menschen sind alle aus dem Fels hervorgegangen. Die Weißen hatten zu lachen.

Sie fuhren gemächlich den Fluß weiter, sie brauchten sich nicht zu beeilen. Ximenes von Quesada mußte auf dem Gebirge langsamer sein. Zur Linken standen die Schneeberge im Abendrot, die Mondscheibe zitterte gelb auf dem Wasserspiegel, der Horizont verschattete sich düster, die grünen Wälder wurden bläulich, schwärzlich, wurden eine große finstere Höhle. Sie fuhren auf einen weiten See, und die Leute, die sie am nächsten Morgen auf einer Insel trafen, erzählten, ein Fluß Cauca käme vom Süden herauf, der mache den weiten See, der Cauca habe ein langes Tal, da lebten viele Menschen. Aber sie führten ihre Schiffe weiter den Magdalenenstrom hinauf. Es mehrten sich die Sandbänke, auf ihnen lagen in Scharen Krokodile, stierten die Brigantinen an, die fremden hohen Schiffe mit gelben Segeln.

Der Urwald um sie wuchs höher, die Inseln waren verwachsen, manche waren ein einziger Filz von Grün und Grau, selten hingen kleine Affen an den Kokospalmen und flüchteten in die Wipfel. Auf dem Geschwader fuhren weiße Söldner über den Strom, fünf Schiffe hintereinander, auf dem ersten und dem größten Quesadas Kapitän Alcobazo, über ihm die Fahne der Krone Spaniens. Der Himmel war weit und offen, der Strom breit, keine Stimme erhob sich gegen sie, sie konnten eindringen. Das Land, der Strom, die Luft, nichts leistete ihnen Widerstand, sie zogen nebeneinander, Land, Strom und Menschen, sie fühlten und berührten sich, sie kannten und wußten nichts voneinander. Aber die Weißen waren munter, sie konnten hier fahren. Wer würde die Hände erheben und schreien: ihr seid nicht dagewesen? Sie würden schon Spuren hinterlassen.

Die Berge um sie wuchsen, die Hitze stieg, die flachen Steppen lagen hinter ihnen. Vom Wald wurden sie belagert. Aber sie waren ein Geschwader, fünf Schiffe, zweihundert Söldner mit Büchsen. Sie sangen, lärmten, spielten Karten. Alcobazo war nicht streng, die Leute hatten ihn gern, es würde nicht schwer sein, mit ihm die Beute zu teilen.

In das Wasser stiegen Bäume, aus dem Wasser erhoben sich Wurzelknorren. Ungeheure Blätter trug der Bananenbaum, man watete an Land, ging ihm zu Leibe, holte Früchte, brach ihm Blätter ab, um sich gegen die Sonne zu schützen, dann warf man sie ins Wasser. Es standen Bäume um einen herum, sie stellten sich den Schiffen in den Weg. Der Strom war ungewiß, ob er fließen oder Wald werden wollte. Des Nachts schloß sich der Himmel über ihnen auf, seine Sterne stellte er mit furchtbarem Glanz aus. Wie eine Festung legte sich Wald von allen Seiten um sie.

Der Strom verlor sein Wasser. Man fing an zu loten, hörte nicht auf zu loten. Es gab schon lange keinen Wind mehr. Man ruderte und stieß, wagte nicht zu stark zu rudern, ein heftiger Schlag konnte auf Sand tragen. Vom Boden des Flusses hob sich Schlamm und Sand entgegen. Mit aufwärtsgedrehten Bäuchen trieben tote Krokodile auf dem Wasser. Wer nicht ruderte und steuerte, stand um den Mann am Lot. Aber man brauchte schon keine Leine mehr, man konnte mit Stangen den Grund abfühlen.

Die Furcht ergriff die Offiziere. Der Kapitän Alcobazo konnte sich schlecht verstellen. Er befahl einen Bittgottesdienst, der Kaplan stand neben dem Kapitän am Steuer des Führerschiffes und hob ein Kreuz über das flimmernde Wasser. Die Sonne sog die Nebel auf, der Wind trug sie über die Berge. Sie banden die Schiffe an einer Grasinsel fest und erwarteten Wasser. Es wurden schlimme Tage. Alcobazo lag im Fieber, die Offiziere stiegen von Bord und suchten im Wald Tiere zu schießen. Sie kamen nicht weit, sie erschraken vor der Unmasse Schlangen.

Alcobazo befahl: warten. Da erbarmte sich der Himmel. Wolken zogen eines Morgens herauf, das Gewitter, das losbrach, hörte den Tag über nicht auf, es entfernte sich in die Berge und wütete wieder im Flußtal. Sie hatten solch Donnern noch nicht gehört und noch nicht in solcher prasselnden Wasserflut gestanden. Zweimal hintereinander schlug der Blitz in ihrer Nähe und im Führerschiff ein, ein Mast wurde zerschmettert, der Kaplan des Geschwaders mit drei Dunkelhäuten, die er zu beten anleitete, erschlagen. Wasserfluten ohne Maß ergossen sich vom Himmel. Mit ihnen kamen kühle Winde. Sie wollten schon am Abend im Regen aufbrechen, die Nachricht vom Tode des Kaplans rührte keinen, man dachte nur an die Gefahr und die Rettung. Der Kapitän stieg aber am Morgen mit allen freien Männern an Land und bestattete den Kaplan am Waldrand.

Dann zog man die Taue ein, und die Schiffe, die sich gehoben hatten, glitten wieder hin. Mit tiefer Befriedigung sah man den Wald zurücktreten und versinken. Der Wind, der sich erhoben hatte, war stark genug, um die Segel zum Schwingen zu bringen, ihre Ohren freuten sich über das Klappern der Ringe und das Seufzen der Seile. Sie fuhren einen Tag. Sie ruhten, da der Wind nachließ, den zweiten Tag. Und als sie am dritten sich in Bewegung setzten und die zwei leichtesten Schiffe vorausfuhren, blieben sie stecken. Man kam ihnen zu Hilfe, sie waren in einen Seitenkanal gefahren. Vergeblich arbeitete man lange Tage, um sie abzuschleppen. Ungeduld und Angst wuchs wieder, es waren nicht genug frische Kräfte da. Aus dem freundlichen Alcobazo war ein zorniger und zittriger geworden.

Fünf Schiffe hatte man, die zwei mußte man im Schlamm des Kanals lassen. Die drei übrigen wurden schwerer und enger. Man wußte nicht, wohin mit den Kranken. Man dachte, sie an Land zu setzen und später zu holen, aber dagegen schrien sie, kein Gesunder wollte bei ihnen bleiben, man konnte die Gesunden auch nicht entbehren. Als

Todesfälle gemeldet wurden, forschte Alcobazo nicht nach, die Beerdigungen erfolgten in Tüchern und rasch.
Endlich wurde die Strömung rascher, die Ufer stiegen an, der Strom rollte durch felsiges Gebiet, er schäumte dahin. Da traten aus allen drei Schiffen Männer an den galligen Alcobazo heran, der seinen Brustpanzer nicht mehr ablegte, und wollten von ihm wissen, wie weit man noch hinauffahren wollte. Er, der sie sonst besänftigt hatte, schrie, wer Lust hätte, könnte die Schiffe verlassen! Das Gebirge ist da! Wer Lust hat, kann hinaufklettern!
Das brachte die Männer in Wut, und eine Anzahl von ihnen kam überein, von der Erlaubnis Gebrauch zu machen. Sie wollten den Strom und das heiße Tal verlassen und quer über das Gebirge Quesada entgegenziehen. Als der Kapitän das hörte, bekam er selbst Lust. Ihn zermürbte der Kampf mit den Kranken, ihn widerten die übelriechenden, mit Kranken überfüllten Schiffe an. Er stellte sich an die Spitze der Männer. Sie freuten sich. Über die drei Schiffe setzte er einen Stellvertreter, man wollte einen Vorstoß ins Gebirge machen, nach ein bis zwei Wochen zurück sein. Inzwischen sollten die Kranken gepflegt werden, die Gesunden konnten sich erholen.
Die Männer kamen nach einer Woche zurück, der Marsch durch den Urwald hatte sie erschöpft, kein Mensch war ihnen begegnet, keine Quelle floß, sie waren dem Verhungern nahe, und als Alcobazo unterwegs fragte, ob man es nicht doch lieber mit den Schiffen versuchen wolle, kehrten sie ohne Widerspruch um.

Auf dem Strom aber, im Felsgebiet, erlitten sie Schiffbruch. Sie fuhren an Stromschnellen heran und überwanden eine. Anlauf nach Anlauf machten sie, um die zweite, höhere, breitere zu besiegen. Oben auf den hohen Ufern standen prächtige Palmenwälder und Weiden. Sie arbeiteten mit Segeln und Rudern und stemmten sich gegen den Felsboden. Die Ruderstangen glitten ab, es gab kein Halten, der Strom warf sie zurück. Ein Teil der Mannschaft setzte sich an die Ruder, ein Teil stieß, drängte das starke Fahrzeug vom Deck aus mit Stangen, nackt bis auf den Lendenschurz, der Hauptteil der Leute stieg an Land, legte sich Taue um Brust und Schultern und schleppte von den Ufern aus. Die waren mit spitzem Geröll bedeckt, man hielt schlecht stand. Ein Seil riß, vom Ruck gefaßt stürzten an einer Seite Männer wie Beeren am Stengel die Böschung herunter. Das Schiff schwankte. Es machte einen Satz zur Seite. In diesem Augenblick waren die Schiffszieher jenseits freigelassen, gleich danach wurden ihnen die Seile aus den Händen geruckt; wer nicht losließ, zuckte im Bogen in das Wasser. Das Schiff wurde von der Strömung erfaßt, wie ein Spielzeug über die unteren Schnellen gehoben und kopfüber abwärtsgestürzt mit Masten und flatternden Segeln. In dem gleichmäßigen Brüllen der Stromschnelle war es nur ein schwaches Geräusch, als das unglückliche Fahrzeug, das spanische Wappen am Mast, gegen eine Felsbank aufschlug. Die Spitze in der Luft, das breite Hinterteil schwer aufgesetzt, krachte und splitterte es.

Im Nu strudelte das Wasser Trümmer. Geschrei der Kranken, ungehört, erhob sich. Ein grüner dicker Wasserstrudel drang von unten in das Schiffsgehäuse. Man sah eine Anzahl Menschen sich an Segel und Masten klammern. Sie suchten zu schwimmen, aber wurden vom Wasserschwall gefaßt und abwärtsgerissen. Man sammelte unten Leichen und Verwundete.

Am Tage darauf versuchte man es mit einem zweiten Schiff. Und diesmal glückte es. Der Kapitän Alcobazo, um seine Entschlossenheit zu bekunden, stellte sich selbst auf das Schiff und leitete das Manöver. Und da schwamm man oben in einem Talkessel zwischen den Weiden und den Palmen und ruhte aus und bereitete sich für den nächsten Tag auf das Schleppen des anderen Schiffes vor. Um denen im Schiff unten Mut zu machen, hielt sich Alcobazo in der Nacht bei ihnen auf.

Sie wurden im Schlaf von einem furchtbaren Schuß zwischen dem ununterbrochenen Rauschen des Falles geweckt. Schreie von Menschen ganz in der Nähe. Und als die Fackeln brannten, lag das Schiff, das man gestern heraufgeschleppt hatte, nicht weit von ihnen quer im Fluß, hilflos auf der Seite, das Segelwerk von sich streckend wie tote Glieder. Bei diesem Anblick der Hilflosen, die sich noch im Wasser drehten, und bei dem Lärm um sich weinte Alcobazo und schlug mit den Fäusten gegen seine Brust. Man rettete im Finstern, was man konnte. Sie arbeiteten mit Fackeln, bis die triumphierende Sonne wiederkam. Der Fall ließ sein Toben nicht.

Langsam merkten alle Männer, daß das ein verruchter Ort war. So sah die Stelle aus, wo sie ihr Schicksal erleiden würden, sie, die aus Spanien, Portugal, der Schweiz, Italien zusammengekommen waren. So zeigte der Himmel sein Gesicht, so kamen purpurne Wolken herauf, so sprudelte das Wasser, wenn sie alle zugrunde gehen sollten. Er sah keinen Augenblick anders aus als irgendwo sonst der Himmel und das Wasser. Der Schrecken drang in sie.

Der Fluß schäumte und spielte um kleine Klippen, die Bäume entwickelten in der Helle ihre mächtigen Wipfel. Die Männer preßten ihre Reliquien. Sie drängten sich um Alcobazo.

Am Tage nach den Beerdigungen wurde der Entschluß gefaßt: wer marschieren konnte, schloß sich Alcobazo an und unternahm den Vorstoß auf das Gebirge, die Kranken blieben auf dem Schiff mit einer Handvoll Leute, die dem Kapitän schworen, ihren Posten nicht zu verlassen. Der Kapitän wollte langsam marschieren und Zeichen hinterlassen für die Zurückgebliebenen, falls sie nachziehen wollten. Sie erhielten die Anweisung, wenn der Zu-

stand sich nicht änderte, den Strom so rasch wie möglich abwärts zu fahren und wieder das Meer zu erreichen.
Alcobazo mit seinen fünfzig Gesunden marschierte ab. Sie sahen von der nächsten Höhe unten zwei Schiffe, ein gebrochenes und ein heiles. Sie knieten hin und beteten für sich um Rettung, für die unten um Rettung.
Ein endloses Regenwetter mit Stürmen setzte im Tal des Magdalenenstromes ein, die Männer im Schiff ließen sich von der Flut treiben, der kleine Proviant schmolz zusammen. Da schmähten sie Alcobazo und Quesada und diese ganze Expedition, die sie hierhergebracht hatte aus Mexiko, von den Inseln und ihrer sicheren Heimat. Sie steuerten vor den Augen der Kranken aus der Strommitte an das Ufer, stiegen mit ihren Musketen herab. Vorher hatten sie noch in dem Schiff die Kranken gefragt, wer erschossen werden wolle, und hatten eine gute Zahl Gnadenschüsse verteilt. Das Angstgeschrei der letzten Überlebenden scholl ihnen am Ufer nach. Es war ihnen gleich. Sie wußten, was vor ihnen lag, war auch nicht gut.
Und wirklich: zwei Wochen nach Abzug Alcobazos lebte kein einziger mehr von denen, die er zurückgelassen hatte, kein Gesunder und kein Kranker.
An den ehemals Gesunden sättigten sich im Stachelgebüsch, wo sie still lagen und nicht mehr hungerten, Käfer und Würmer und Vögel. Über das stumme Schiff fielen Scharen von Geiern her. Sie flogen mit schweren Flügeln auf und verstreuten die Knochen der Männer, die ihre düstere Heimat hergetrieben hatte.   1935/36

Kleines Märchen

Ein Erdteil hieß einmal ‹Viel Geschrei und wenig Wolle›, und ein Land darauf war das Königreich ‹Maulfaul›. Es war von Sonne und Mond im üblichen Wechsel beschienen, aber gewaltige Ströme durchzogen es und rauhe Gebirge erzeugten einen Sinn für das Besondere und Heroische. Das Königreich hieß ‹Maulfaul› nach dem eigenen Willen seiner Bevölkerung, denn die achtete nichts so hoch wie die Sprache. Weil man eine abgöttische Verehrung für die Sprache hatte, benutzte man sie so wenig wie möglich. Daher war der Unterricht dieses Landes hauptsächlich auf robustes Tun, Handeln, Sport, auch auf Musik, Lärm, aber ohne Sinn und Bezeichnung, gerichtet. Die Sprache, lehrte man, sei eines echten Maulfaulen unwürdig, auch das genaue Denken schätzte man nicht sehr. Mit Blick, kurzem Kopfnicken und Handbewegungen verständigte man sich, und die Taubstummen genossen in dem Lande große Ehren.

Man hatte in dem Königreich in allen Städten mindestens eine offizielle Zeitung. Sie bestand aus sechzehn weißen Blättern und einem ebenso ausdrucksvollen Inseratenteil. Die Redakteure wurden sorgsam gesiebt, es war aber kein großer Andrang zu den Stellen, denn die Aufgabe, Text und Inseratenteil abwechslungsreich zu gestalten und allen zu gefallen, war gar zu mühselig. Man hatte die bekannten Buchstaben des Alphabets, ferner die Typen in den Setzerkästen und an den Druckmaschinen durch entsprechende Stumm- oder Weißbuchstaben ersetzen müssen, man hatte die weiße Farbe moduliert – schneeweiß, lämmchenweiß, eiweiß und so weiter –, ganze Setzergenerationen hatten daran arbeiten müssen, während man dem Lande die spitzen, scharfen Schwarzbuchstaben einer früheren Epoche entzog. Man las diese Zeitungen mit ver-

schiedenfarbigen Brillen, und das war die Höhe der Abwechslung. Sie hatten in den Redaktionen die Stummtelefone. Sobald ein Anruf kam, blinkte am Apparat auf schwarzem Grunde ein schwarzes Licht auf. Geschulte Telefonisten (fast nur Männer; Frauen waren für diesen ihren alten Beruf unter den neuen Verhältnissen nicht mehr geeignet) nahmen die Nachrichten auf, die sofort in den Weißsatz gegeben und durch Anschlag im Land bekannt gemacht wurden. Da standen vor den gewaltigen Plakatsäulen und vor den laufenden Lichtbändern dann die Menschen in Scharen, die Afficheure rissen Plakate ab, strichen unter dem Schutz der Polizei neue an, es war eine große Aufregung, aber man wußte sich zu bezähmen.
Die Offenheit des Geschichtschreibers erfordert es, mitzuteilen, daß diese große Tradition des Königreichs schließlich hauptsächlich von den amtlichen Stellen gepflegt wurde, das gemeine Volk kam langsam wieder ins Schwatzen. Die Tradition blieb aber erhalten im Umgang der Regierung mit dem Volk. Hierfür wurde allmählich die heilige Weißschrift (scriptura alba regis) und die ehrwürdige Stummsprache geradezu reserviert, und sie hatte eine Art kultischen Charakters wie früher etwa die lateinische. Wichtige Nachrichten, die das Leben des Volkes betreffen, Verhandlungen mit den Nachbarn, Absichten des Königs teilte man durchaus nur stumm und in Weißschrift, entsprechend dem Ernst des Inhalts, mit. (Ein junger König glaubte sich einmal eine Neuerung erlauben zu müssen; er glaubte, man könne, statt stumm zu sprechen und weiß zu schreiben, ebenso brüllen, schreien, singen unter Benützung beliebiger Worte, und man könne ebenso auch schwarz beliebige Worte drucken; aber man ließ es, er wurde abgesetzt, der alte Weg war besser.) Auch hatte man das Volk gewöhnt, Klagen über Mißstände in Weißschrift und Stummsprache vorzutragen, und sie fanden ebenso ihre prompte Erledigung.

‹Parlamente› hatten schwatzsüchtige Länder ihre Vertretungen genannt, Silencorien hießen die Zusammenkünfte der Maulfaulen. Sie standen, soweit sie gewählt waren, in einer Halle ihren Ministern gegenüber, man begrüßte sich feierlich, trank Bier und leichten Tee, die aus Staatsgeldern gereicht wurden, verneigte sich eine halbe Stunde nach allen Seiten, gegen die Nachbarn, die Minister, die Königsbilder an der Wand (nach diesen Verbeugungen hießen die Räume auch ‹Halle der Gymnastik›, man empfahl daher älteren Leuten, Abgeordnete zu werden), man schwieg, lächelte und blickte, bis die Glocke, vom Vorsitzenden bedient, der Diskussion ein Ende bereitete. Es gab Leute, die, dem Staatsleben fremd, behaupteten, der königlichen Regierung sei die alte Sitte sehr bequem und sie wolle einem nur den Mund verbieten und täte, was sie wolle. Aber die Vernünftigen zeigten: man hatte alles, was andere Staaten auch hatten, Ordnung und Mißstände, Rechtsprechung und Korruption, und sogar noch mehr Mißstände und Korruption als andere Staaten; warum sollte man also zum Reden und zur Schwarzschrift umkehren?
Dicht an dieses Königreich stieß übrigens das Herzogtum ‹Freiheit›. Und wie man im Lande ‹Maulfaul› das Wort ehrte und die Sprache so hoch achtete, daß man sie aus dem täglichen Gebrauch verbannte, so feierte man im Herzogtum im Süden die Freiheit derart, daß man sie im Schloß des Herrschers selber an einem geheimen Ort aufbewahrte und keinen an sie heranließ. Alljährlich einmal zogen Prozessionen der herzoglichen Freiheitler zum Schloß, sangen da ihre brausenden Lieder und gelobten dem Fürsten, die Freiheit zu schützen, es koste, was es wolle. Er trat dann auf den Balkon, sagte, es ihr mitteilen zu wollen, und erstattete Bericht von ihrem Befinden. Man konnte es dem Fürsten des Herzogtums glauben, daß er es ernst mit der Freiheit meinte, denn er errichtete im

ganzen Land Zuchthäuser und Gefängnisse, um die Angriffe abzuwehren, welche immer wieder Leute auf sie unternahmen. Wenn man wissen will, wie die Freiheit aussah, die man damals noch persönlich unter sich hatte, so war sie nach dem Bericht der Schloßangestellten eine kleine ältere Frau, die viel hustete, gebückt ging und in ihr Taschentuch spuckte, der Herzog führte sie am Arm, sie konnte schlecht sehen und bediente sich eines Stockes. Sie war, nach den Erzählungen von einigen Höflingen, so heruntergekommen sie war, nicht unliebenswürdig, der Herzog erzählte ihr bei Tisch von Vorgängen im Land, die alte Dame stocherte in ihrem Teller, träumte vor sich hin und lächelte wehmütig: «Was will man eigentlich noch von mir? Ich versteh es nicht. Schließlich hat ja alles seine Zeit. Ich bin doch nur ein Vorurteil.» Der Herzog aber dachte immer ehrerbietig von ihr und betrachtete sie als seinen kostbarsten Besitz, als die Perle in seiner Krone. Immer hielt er seine Gefängnisse und Zuchthäuser gefüllt, ihr zu Ehren, denn wo lernt man besser die Freiheit achten, sagte er, als da, wo man sie entbehrt. Es mußte daher im Turnus allmählich jeder einmal ins Zuchthaus gewandert sein; der Herzog ließ keinen aus. Und wenn einer einmal aus Grimm, daß er sitzen mußte, nun wirklich ein Verbrechen beging, so schlug ihm der Herzog kurzerhand den Kopf ab, wegen Zudringlichkeit. Das Königreich Maulfaul und das Herzogtum Freiheit standen dauernd in guten Beziehungen, und es war üblich, daß die Staaten Jahr um Jahr einen gewissen Prozentsatz ihrer Bevölkerung austauschten, um einen möglichst großen Stamm guter Bürger und menschlicher Vorbilder zu züchten. Die genannten Staaten erhielten sich lange, es ist sogar möglich, daß sie noch heute existieren, aber man weiß davon wenig, weil unsere Geographie und Geschichte sich ja hauptsächlich mit der Stratosphäre beschäftigen. 1937

*Bin ich gestrandet,
jetzt?*

1940/41

Schicksalsreise

So sah auf dieser Flucht unsere Habe aus: ein großer Koffer, zwei kleine und der Rucksack. Wie ein Tier, das sich häutet, hatten wir seit Kriegsbeginn alles von uns geworfen: zuerst die Möbel einer ganzen Wohnung mit der Bibliothek – sie lagerten irgendwo – dann die Wäsche, Kleidungsstücke, einen restlichen Bücherbestand; sie blieben in St. Germain. Wir schrumpften immer mehr auf das direkt von uns Tragbare ein. – Aber wir trugen noch zuviel.
Wir sind vormittags in Paris angekommen, in dem alten heiteren Paris. Die wunderbare Stadt nahm uns mit dem gleichen Lächeln wie immer auf. Sie schien noch nicht zu bemerken, was vorging – und ihr bevorstand. Die Menschen saßen auf den Terrassen der Cafés und beobachteten verwundert einige schwer bepackte Matratzenautos, die sich unter die anderen mischten.
Es werden aber nicht zwei Wochen vergehen, da wird die prächtige und glänzende Stadt von einem Todeshauch berührt werden. Aus zahllosen Garagen werden sich ähnlich beladene Fahrzeuge lösen. Und nach drei Wochen wird sich eine schwere Menschenwelle aus der Stadt erheben und sich über dieselben Chausseen werfen, die jetzt die Belgier ziehen.
Wir hielten uns an diesem Tage in einer Wohnung im Zentrum der Stadt auf, wo mein Freund Möbel abgestellt hatte. Dann spät abends begleitete ich meine Frau und den Jungen zur Bahn.
Unheimlich der Anblick des Riesenbahnhofs bei Nacht. Er lag in Kriegsverdunklung scheinbar verlassen. Bei seinem Betreten aber wurden wir hineingerissen in ein wildes Menschengetriebe. Das waren hier fast alles Familien. Es sah aus, als drängten sie zu Ferienzügen. Aber hier gab es keine Spur von Fröhlichkeit. Man hatte im Innern der

Stadt den Eindruck haben können: es ist ja alles nicht so schlimm, die Zeitungen übertreiben, der Krieg ist noch weit entfernt. Hier – sah es anders aus.

Jeder Zug nach dem Süden lief mit einem Vor- und Nachzug. Die Menschen stürzten in die Wagen, saßen und standen mit ihren Kindern auf den Korridoren. Familien, die sich sonst mit der billigsten Klasse begnügten, hatten ihr Geld für die erste und zweite hingeworfen, um noch mitzukommen.

Die Schaffner rannten den Bahnsteig entlang. Sie riefen ‹en voiture›. Ich nahm herzlich Abschied von meiner Frau. Das Kind weinte an meinem Gesicht. Es hielt mich fest und sagte: «In einer Woche kommen wir wieder». Es wollte gar nicht weg, es dachte an seine Spielgefährten in St. Germain und an seinen lieben Hund, die Zita. Wir beiden Erwachsenen dachten: Die Reise ist nur eine Vorsichtsmaßnahme. Man tut es des Kindes wegen, vielleicht sind wir zu ängstlich.

Aber ein dunkles Vorgefühl, eine Ahnung überfiel mich, als ich dann allein aus dem Bahnhof wieder auf die finstere Straße trat: ‹Es ist Krieg, man kann bei einem Krieg nie wissen, was geschieht, man sollte sich eigentlich in solchen Zeiten nicht trennen.›

Aber sie fuhren schon, nach dem Süden. […]

Die Viehwagen

Am nächsten Tage kam der Umschwung, der mich belohnte, eine Überraschung, ein Geburtstagsgeschenk für mich. Es wurde angesagt, wir hätten uns für den Mittag fertig zu machen. Es ginge nach –– Le Puy! Exakt dahin, wohin ich wollte. Kein Traum, kein Verhören, kein Mißverständnis. Das Billet hatte ich noch in der Tasche. Ich riß Augen und Ohren auf. Aber es stimmte. Es wurde

wiederholt. Das hätte ich also billiger haben können. Dazu hätten wir auch gestern nachmittag nicht ausreißen brauchen.
Nun, geschehen war geschehen, und ich war, wie mir alle, die von meiner Affäre wußten, bestätigten, ein Glücksvogel. War es aber bloß bis zum Mittag. Da hieß es, wir gingen – nach Clermont-Ferrand. Nachher, erst später, begriff ich, es war ein metaphysischer Witz, diese Ankündigung, wir gingen nach – Le Puy. Es war Hohn, eine Fopperei, wie ich noch mehrere erleben sollte, in einer ganzen Serie.
Und als wir uns dann in den Wagen setzten, um zur Bahn zu fahren, da war es wieder etwas anderes, weder Le Puy noch Clermont-Ferrand, sondern ‹irgendwie Südwesten›.

Am Bahnhof, in seiner Nähe, stand jener Zug, bei dessen Anblick wir alle tief nachdenklich wurden. Auch die, die erst langsam heranzogen. Der Zug bestand nämlich aus Viehwagen.
Das konnte nicht stimmen, dachten wir trotzig und schon wissend. Bis die hohe Obrigkeit erschien und ‹Ja› sagte und uns ersuchte, Platz zu nehmen.
Wir taten es ergeben. Die Wagen rochen nicht schön. Unangenehmer war der Mangel an Stroh. Einige Wagen hatten eine mäßige Lage Stroh, andere eine untermäßige, keiner eine übermäßige. Man stieg auf komplizierte Weise ein. Herren und Damen der Ämter und Dienststellen nebst Anhang lernten im Laufe der folgenden langen Fahrt das schwere Aus- und Einsteigen. Es war jedesmal ein Abenteuer.
Wir waren jetzt sehr viele, ein richtiger Transport, 120 bis 150 Menschen. Man kannte sich nur zum kleinen Teil. Alles kam aus Paris. Einige hatten sich schon in Moulins aufgehalten. Man war Zivil und Militär, Dienststellen und Anhang. Herren und Damen, und jetzt auch – Kin-

der. Ich sah einen Knaben von zwölf Jahren, und ein Baby. Wir bildeten einen Sammeltransport. Transportführer war nicht mehr unser Kapitän, sondern ein straffer, älterer Kommandant. Ihn hatte ich schon auf dem Hof unserer Schule gesehen.

Man macht Patrouillengänge in Nachbarwaggons, um zu ermitteln, wo das meiste Stroh lag. Man ermittelte es und allemal ermittelte man zugleich, daß diese Waggons bereits besetzt waren und zwar von Soldaten. In den Waggons, die man dann akzeptieren mußte, gruppierte man sich zu vierzig, an den Wänden und im Zentrum.
Mir schien zuerst eine Ecke das Beste zu sein. In den Winkel stellte ich meinen Koffer, breitete meinen Mantel über mich und glaubte nun, die Beine ausgestreckt, blendend zu sitzen. Nach einer halben Stunde ergab sich, daß meine Beine schräg in den Raum ragten, und daß von den Wänden her andere Beine sich mit meinen ‹schnitten›. Ich mußte meine Beine anziehen, und so kauerte ich eigentlich. Oben hatte ich zwar Halt, aber ich wurde von rechts und links an die Wand gedrückt und konnte nicht ausweichen.
Den andern ging es, aus andern Gründen, ebenso. Sie saßen etwa auf ihrem Koffer, dann ließen sie sich auf den Boden nieder und wußten nun wieder nichts mit ihren Beinen anzufangen. Man sah seine Fahrgenossen beständig den Sitz, die Lage wechseln, bald sitzen, bald kauern, bald halb liegen, – bis alle heraushatten (was Zeit brauchte), daß es überhaupt keinen richtigen Sitz und keine richtige Lage gab. Man mußte es bald so, bald so versuchen.
Und wenn einem die Sitzfläche nach längerem Kauern wehtat, mußte man gehen und stehen. Und wenn man davon genug hatte, war man wieder im Stande, es mit einem Kofferplatz zu versuchen, danach auch sich zusammenzuknäueln und sich auf die Seite zu wälzen. Man

wechselte auch seinen Stammplatz im Waggon, ja sogar, wenn möglich, den Waggon selber, immer in der Annahme, woanders würde es anders sein. Aber da war es nur schwierig auf neue Art (und wer weise war und Lebenserfahrung besaß, wußte auch das schon vorher). Denn schließlich bleibt Viehwagen Viehwagen und Holz Holz.
Wir betraten gegen Mittag diese gastliche Stätte. Und als ich eintrat und auf den Hauptbahnhof zurückblickte, von dem kein Zug mehr abfuhr, dachte ich, wie gut wir es hier doch hätten. Manche maulten, als man ihnen diese Wagen anbot. Sie begriffen nicht, was in der Welt vorging. Aber im Laufe der Fahrt wurde es allen eingebläut und schließlich hatten es alle erfaßt.

In einem Zug sitzen ist gut

In einem Zug sitzen ist gut. Noch besser wäre es, wenn der Zug führe. In letzter Hinsicht haperte es hier. Warum unser Zug so lange versagte, konnten wir nicht ermitteln. Der Stolz, Zug zu sein, schien ihm in dieser Zeit zu genügen.
Wir waren angewiesen worden, uns mittags auf der Bahn einzustellen und unsere Plätze einzunehmen. Aber dies besagte nur (was wir lange nicht begriffen), daß man dem Zug die Möglichkeit geben wollte, sich an unsere Gegenwart zu gewöhnen – und dann abzufahren. Aber er machte davon keinen Gebrauch. Nur seine Fähigkeit, stehen zu bleiben, demonstrierte er in einer nervenerschütternden Weise. Wir glaubten Moulins mittags zu verlassen, aber wir hielten noch am Nachmittag. Wir hielten noch am Abend und hielten auch in die Nacht hinein.
Wir schickten von Zeit zu Zeit jemand nach vorn, wo die Lokomotive stand oder stehen sollte, oder nach hinten, wo sie auch stehen konnte. Aber sie stand weder vorn noch hinten. Gegen abend durchfuhr ein freudiger Ruck

alle Wagen und alle Herzen. Die Lokomotive war da. Aber es war eine Ente. Nichts war geschehen. Keine Lokomotive, sondern ein Wagen mehr. Dann aber erschien die Lokomotive. Sie kam doch. Sie war da. Und sie hängte sich an die andern Wagen. Der Zug stand unentwegt, aus Erz gegossen.

Wir schickten nunmehr Boten in die Nachbarschaft der Lokomotive, um zu ermitteln, was sie machte, wie es ihr ginge, was sich in ihrer Umgebung ereignete, ob sie rauchte, nicht rauchte, wie es dem Lokomotivführer ginge, ob auch vielleicht ein Heizer da wäre. Die Boten liefen und kamen mit ihren Meldungen zurück, der ganze Waggon lauschte an der Schiebetür: die Lokomotive ist da, der Lokomotivführer ist auch da, und es geht beiden gut. Der Lokomotivführer sitzt mit dem Heizer und noch einem andern im Gepäckwagen und sie machen sich eben ihr Abendmahl zurecht.

Nach einer halben Stunde kamen die Boten wieder: die drei haben sich eben im Gepäckwagen zu Tisch gesetzt.
Dann: sie haben begonnen zu essen. Sie sind beim Hors d'oeuvre. Dann: der Heizer holt neuen Wein. Dann: der Heizer ist wieder unterwegs, man weiß nicht genau, was er im Sinne führt. Die andern sitzen noch bei Tisch. Dann: wir wissen jetzt, was der Heizer vorhat. Er holt Kaffee.

Das Ganze war vertrauenerweckend und versprach lange Dauer. Und so geschah es. Wir spazierten spät abends auf dem Bahnsteig hin und her (immer noch in Moulins), wir setzten uns in den Wagen zurecht und erprobten Druck- und Stoßfestigkeit unserer Glieder. Als es sehr dunkel geworden war, hieß es, im Wagen bleiben und sich auf die Nacht präparieren. Der Zug, dieser Heuochse, dieses Rhinozeros, rückte und rührte sich nicht. Er war eine Tatsache, der man sich fügen mußte.

Heizer und Lokomotivführer waren nun völlig unsichtbar geworden. Der Tisch mit den Überresten ihrer Mahlzeit stand noch sichtbar im Gepäckwagen. Sie schlafen in der Stadt, hieß es. Wenn wir noch eine Spur unserer anfänglichen Reisenervosität besessen hätten, wären wir auf diese Meldung in die Höhe gegangen. Aber wir legten unsere Hände zusammen.

Man warf sich im Wagen rechts und links. Bald saß man, bald lag man, bald wurde man belegt. Einige brutale Gemüter schliefen von abends bis morgens und erwachten nicht einmal, wenn man gegen sie stieß. Wenn sie sich schließlich aufrichteten, reckten sie sich und waren ausgeschlafen.

Wir andern konnten nicht einschlafen. Die meisten hatten es mit den Beinen. So kurz sie waren, sie fanden im Wagen keinen Platz. Darum fühlte man sich in der Frühe erlöst und war froh, sich erheben und auf die Beine stellen zu können. Es war gegen fünf Uhr morgens.

Man sah sich um, schaute auf die Welt, und siehe da: man war in Moulins!

Man begrüßte durch die offene Schiebetür den vertrauten Bahnsteig. Es gingen schon welche mit Handtüchern herum, um sich zu waschen. Der unglaubliche Zug hat es fertig gebracht, die ganze Nacht hier zu halten.

Wir überlegten, was das wohl bedeuten könnte, – wir liefen über die Schienen schräg gegenüber in ein kleines Café, um uns zu orientieren. Da winkte einer aus dem Zug. Wir rasten zurück. Wehe, dieser verruchte Zug fährt ohne uns ab. Und richtig, er fuhr, aber erst nach zwei Stunden. Zum Anlauf brauchte er zwei Stunden.

Im Viehwagen

Nun war es geschehen. Wir hatten Moulins verlassen.
Überall spinnt sich der Mensch in eine Situation ein und sucht sich das Leben zu erleichtern. Er denkt kurz und be-

faßt sich mit dem Augenblick. Er nimmt von der Gegenwart, was sie hergibt. Dadurch macht sich der Mensch leidlich hieb- und stichfest. In der fürchterlichsten Situation neigt er zu Witzen. Wenn er irgendwie kann, vergißt er die fürchterliche Situation und benimmt sich in ihr wie zu Hause. Es ist mir sicher, daß die meisten der hier mitfahrenden Herren, wenn sie, wie es sich gehört, in die Hölle kommen, nach ein paar Tagen in die Rocktasche greifen, eine Zigarre hervorziehen und den Teufel um Feuer bitten. Es ist nicht ausgeschlossen, daß einige dem Teufel einen Kompromiß vorschlagen und mit Ideen betreffend rationeller Heizung der Hölle herausrücken.

Zweifellos gehört ein Kind ins Bett, in ein sauberes glattes Bett mit Kissen und Laken. Neben mir schlief aber im Viehwagen, im Stroh, ein Kleines, das erst zu laufen anfing. Es fühlte sich da unzweifelhaft ebenso wohl wie in einer Wiege, und bei Tag war die Freude des Kindes über das Rütteln und die vielen Menschen mit dem Hin und Her ungeheuer.

Von den Erwachsenen gingen manche begossen herum, und auf dieser langen Fahrt flossen reichlich Tränen. Aber man lachte auch viel. Man erwies sich alles in allem als unwürdiges, aber handfestes Unkraut, Spezies ‹Mensch›.

Wir bewohnten die Viehwagen drei Tage und drei Nächte. Aus einem Grund, den man begreift, gebrauche ich nicht den harten Ausdruck: wir fuhren drei Tage und drei Nächte. Gelegentlich fuhr der Zug, gelegentlich nicht; niemand kam hinter sein Geheimnis.

Wir waren vierzig Personen in einem Wagen, etwas mehr weibliche als männliche. Irgendwann unterwegs, als ein neuer Waggon angekoppelt wurde, wechselte auch ich das Appartement und stieg in das neue über, das noch halb leer war. Es füllte sich aber rasch.

Nach einiger Zeit erschien auf der andern Seite des Wagens auch die Frau meines Freundes, auch sie auf der Su-

che nach einem besseren Platz. Sie konnte ihren Schlafsack an einer Wand ausbreiten. Sie war eine kräftige junge Frau, der Strapazen nichts ausmachten (siehe den früheren Hinweis des Freundes auf ihre Nerven). Eigentlich hätte sie besser als andere ohne Schlafsack auskommen können. Aber gerade weil sie viel wanderte und radelte, wußte sie, was Reisecomfort bedeutete. Sie war in unserem Waggon die Einzige, die sich für die große Tour richtig equipiert hatte. Sie besaß mehrere Decken, von denen sie ihrem Mann und mir abgab, hatte noch ihren Schlafsack, verfügte ferner über reichlich Lebensmittel und Konserven. Die Existenz solcher Personen war für den ganzen Waggon von größter Bedeutung. Die meisten von uns waren einfach Fußgänger aus der alten Friedenszeit. Wir lebten daher mit ihr parasitisch, als Anhängsel.
Mein Freund kam gelegentlich aus dem Nachbarwaggon herüber, allemal übernächtig und ernst. Er schlief sehr schlecht und erkundigte sich, was es hier gab. Bei der Gelegenheit füllte er seine Bestände an Nahrungsmitteln auf.
Die junge Frau richtete sich während der folgenden Tage famos ein. Sie meisterte die Situation. Wenn der Zug hielt, bei Tag, machte sie Besuche in anderen Waggons, setzte sich mit alten und neugewonnenen Bekannten zusammen und spielte Karten. Oder sie hielt sich allein und las ein Buch. Sie hatte sich auch mit Büchern eingedeckt! Oder sie drückte ihren Rücken an die Waggonwand, zog die Beine an und schrieb viel und sehr rasch. Sie besann sich keinen Augenblick. Sie war unheimlich begabt und situationsgerecht. Sie schrieb mit fliegender Eile, mit so huschender Feder bestimmt keine Briefe. Sie konnte auch nicht ihre Umgebung schildern, denn während des Schreibens warf sie nie einen Blick auf die Umgebung, zum Vergleichen und Nachprüfen. Sie legte unzweifelhaft ihre Eindrücke nieder, Gedanken und Spekulationen. Sie trug ihre Auffassungen vor. Diese Auffassungen waren

fertig da, wie sie selbst da war. Nachher schlug sie ihr Heft zu und tat es an seinen Platz. Die Ereignisse konnten weiter laufen, sie würde ihre Gedanken über sie haben.

In der Waggondecke rechts von mir lag eine kleine Familie, sie hatte sich einen schönen Platz gesichert. Das Kind lag zu innerst, daneben die junge Mutter, dann der Vater. Er war ein Offizier, zu einem der vielen Ämter gehörig, die sich jetzt rückwärts bewegten. Die Mutter war Engländerin. Das Ehepaar sprach nur englisch.

Dann gab es eine Gruppe, die mir schnell auffiel: deutsche Emigranten. Die Eltern waren in den Vierzigern, die beiden Söhne sechzehn und achtzehn. Ich hatte diese Gruppe in Tours getroffen und in Moulins wiedergesehen. Der Mann mußte Beziehungen zu einem Amt haben. Denn um diese Zeit saßen ja alle Emigranten, sofern sie nicht naturalisiert waren, im Lager, und sogar namhafte Personen entgingen diesem Schicksal nicht. Diese Familie X, die schon in Tours aufgetaucht war, saß also in unserm Zug und mit uns im Waggon. Die vier Menschen verhielten sich still, den Umständen entsprechend. Aber sie fielen doch auf, ohne daß sie selbst merkten wodurch. Es war nicht ihr Accent. Aber sie reisten im Unterschied zu fast allen mit großem, ja größtem Reisegepäck. Sie waren ausgestattet mit vielen modernen Koffern, und diese Koffer trugen wie die von Weltreisenden herrliche Hoteletiquetten, die Namen von großen Schiffslinien. Dies Gepäck erregte Aufsehen und Mißtrauen. Ich hörte von mehreren Seiten Äußerungen über diese merkwürdige Gruppe, die sich hier mitschleppen ließ. Mit Proviant versorgten sie sich vorzüglich selbst, aber sie ließen auch andere teilnehmen.

Es gab einige Gelehrte, Professoren mit ihren Damen und Verwandten. Alles verhielt sich freundlich zueinander, beobachtete sich und sprang füreinander ein. Jedoch verblieb man in kleinen Gruppen.

Für jeden Wagen wurde ein ‹Chef› ernannt. Er hatte sich um die allgemeine Ordnung im Wagen und um die Ernährung zu kümmern. Die allgemeine Ordnung war sofort da, die Ernährung leider nicht. Sie wurde rapid schlecht, schwach und immer schwächer, sie geriet in die Nähe des Nullpunktes. Man war, wie man jetzt sah, unvorbereitet für solchen Transport. Daher also die Angst unseres himmelblauen Kapitäns. Erst waren überhaupt keine Wagen da, dann wußte man nicht das Ziel der Reise, und wie sollte man eine so große Truppe unter diesen Umständen verpflegen. Aber ich will vom Hunger erst sprechen, wenn er kommt.

Es hatte sich, bei aller oberflächlichen Heiterkeit, eine recht grimmige Spannung unser bemächtigt, als wir so lange auf dem Bahnhof Moulins herumlungerten. Und wie wir nun fuhren und wußten, unser Reiseziel war unbestimmt, verminderte sich unsere Unruhe nicht.
Was für ein eigentümliches Gemisch von Gefühlen, was für ein Wirrwarr von klaren und unklaren Gedanken, mit dem wir fuhren, uns ausstreckten, zu schlafen versuchten, mit dem man wieder aufwachte und sich wieder in dem Wagen fand inmitten seiner Bekannten, seiner Leidensgefährten. Da war die Trauer, der Gram um das Geschick des Landes, das auch unser Geschick war. Und da wuchs dann über mich wieder jene schon nicht bloß psychische Verstörung, die mich seit dem 16. Mai nicht mehr losließ, und statt nachzulassen mich schärfer einschnürte.
Wie die Biene Honig aus den Blüten saugt, so sog meine Verstörung Nahrung aus allen schlimmen Vorgängen, die uns begegneten. Es war ein dunkles Vibrieren in mir, das sich bald Eisenbahnfieber, bald Furcht, bald einfach Trauer nannte. Und das saß, wie ich sah, nicht in mir allein. Es war auch in den Blicken und Gesten der andern

zu lesen. In Worten trat es weniger hervor. Ich merkte: so sehen Geschlagene auf der Flucht aus, – auch wenn sie lachen. [...]

Das Kruzifix

(in der Kathedrale von Mende)

Durch belebte Gassen, über winklige Plätze winde ich mich durch die Stadt und stehe vor der Kathedrale. Es ist ein altes Gebäude. Einige gehen hinein. Ich folge.
Die große Kirche ist ziemlich leer. Zur Seite und vorn brennen vor Heiligenbildern Kerzen. Welche liebliche Form zu beten und zu bitten. Ich schiebe mich in eine Bank. Vor mir sitzen Soldaten. Einige Frauen auf der andern Seite knien.
Ich sitze und sitze. Ich denke wenig. Ich habe viel Zeit, nur Zeit. Ich habe nichts zu versäumen. Nichts ruft mich. Bis abends könnte ich hier sitzen. Aber ich bin nicht gelangweilt und müde, eher gejagt.
Mir fällt mein Koffer ein. Er steht irgendwo herum, in einem Laden, den ich nicht ermitteln kann. Ich kann heut nicht suchen gehen, die Läden sind geschlossen. Diese Fahrt und dieser Kutscher, der Betrüger. Aber vielleicht hat er mich vor Schlimmerem bewahrt. Ich hätte die Narretei, das Suchen, den Kampf gegen die Dämonen noch weiter betrieben. Jetzt hat wenigstens dies ein Ende.
Ich blicke mich im Raum um, nach dem Kruzifix.
In Paris stand ich oft vor Läden, in denen man Kruzifixe verkaufte. Ich stand und versuchte vor ihnen zu denken. Sie zogen mich an. Vor ihnen fiel mir ein: das ist das menschliche Elend, unser Los, es gehört zu unserer Existenz, und dies ist das wahre Symbol. Unfaßbar der andere Gedanke: was hier hängt, ist nicht ein Mensch, dies ist Gott selber, der um das Elend weiß und darum herabge-

stiegen ist in das kleine, menschliche Leben. Er hat es auf sich genommen und durchgelebt. Er hat durch sein Erscheinen gezeigt, daß dies alles hier nicht so sinnlos ist, wie es scheint, daß ein Licht auf uns fällt und daß wir uns auch in einem jenseitigen Raume bewegen. Ja, die Erde kann schöner und reicher werden durch diesen Gedanken – wofern man ihn faßte und annahm. Es heißt, wir würden so erlöst. Auf die Erde und unsere Existenz fiele durch dieses Bild mehr Licht als von den Sonnen aller Sternensysteme.

Während ich sitze, fällt mir ein:

Wenn dies stimmt, wenn dies richtig wäre – und was nützt der bloße Glaube? Wahrheit muß in der Sache liegen – wenn dies richtig wäre, so erhielte die menschliche Existenz überhaupt erst einen Boden.

Unsere Existenz würde erst eine Wahrheit erhalten, ich meine: sie würde «bewahrt», gehalten, gesichert. So ist sie nur Zufall, Fall ins Leere. So ist sie ein weites Tongefäß, das sich innen und außen mit Staub bedeckt und in dem Steinchen klappern. Aber seine ‹Wahrheit› erhielte das Gefäß erst, wenn es gesäubert, ausgewaschen und nun mit Wasser oder Wein gefüllt würde.

Eine Welt ohne dieses, ohne einen Inhalt dieser Art, ohne einen Jesusgedanken kann nicht von einer wahrhaftigen Urmacht geschaffen sein. Sie wäre nur eine Farce.

Wie in Paris auf der Straße gleiten meine Blicke herüber zu dem Kruzifix und befragen es. Meine Blicke wollen etwas wie eine Antwort, eine Bestätigung, eine Bekräftigung. Aber der Weg muß falsch sein, oder – ich frage falsch.

Meine Blicke wandern hin und kommen leer zurück. Ich bleibe mit der finsteren, schmerzhaften Verkrampfung in der Brust auf meiner Bank. Ich werde abgewiesen. Man nimmt mich nicht an. Sie sagen, man müsse mit dem Vertrauen, mit der Überzeugung kommen. Aber gerade die –

fehlen mir. Grade darum blicke ich mich hier um, darum blicke ich herüber, um zu sehen und zu suchen, ob ich vielleicht etwas finde.

Es ist aber etwas in mir (auch wenn es nicht Kraft und Sicherheit hat), was mich seit langem zu dem Gekreuzigten zieht. Wenn ich im Neuen Testament lese und seine Reden und Handlungen verfolge, so gibt es nichts darin, was mich nicht erhebt und mir große Freude macht. Wahrer und lebensvoller als ein gewöhnlicher Mensch ist er, ein Menschenwunder, wirklich ein vollkommenes Wesen, dessen Auftreten und Erscheinen alle Menschenalter beglücken muß. Die Erinnerung an solch Wesen wird überliefert. Noch in der Erinnerung labt man sich an ihm. Wie begreiflich ist es, daß sie ihm zu Füßen fielen, und daß eine arge Sünderin seine Füße salbte. Aber – hat ihn Gott gesandt? Ist er Gott? Dies allein frage ich.

Denn wenn die Not groß ist und alle Stricke reißen, halten weder die goldenen Worte noch die großen Männer, auch die Menschenwunder nicht. Wissen muß ich, und nicht bloß mit einem flüchtigen Gedanken, und nicht bloß mich erinnern.

Ich weiß von dem ungeheuren Jenseits, jenseits aller menschlichen Vorstellungen, dem wir glauben einen Namen beilegen zu dürfen, das Jenseits aller Vorstellbarkeit, das wir mit der Silbe ‹Gott› bezeichnen. Dies wirkt aber auch auf der Erde und im Menschen. Ich weiß es, denn ohne ihn haben wir doch keinen Bestand. In uns allein haben wir keinen Bestand, auch nicht unseren flüchtigen. Aber wie er da wirkt, und wo und wie er erscheint, das weiß ich nicht.

Es geht nicht, zu sagen, er sei ‹alles›. Ist es aber zu denken, daß er diese Welt bloß hingesetzt hat und sich dann von ihr zurückgezogen und sie sich selbst überlassen hat? Etwa im Kummer oder in Zorn über eine eingetretene Entartung, über eingerissene Übel? Kann man sich das denken?

Nein. Ob die Welt ein Reflex, ein Blick, eine Geste von ihm ist, – in keinem Fall ist die Welt von ihm gelöst.
Wie, was und wo aber ist er dann in ihr? Oder an ihr? Auch an mir, mit mir? Von welcher Art ist er? Woran und worin ist er erkenntlich?
Unsere Existenz ist im allgemeinen nicht vollkommen, von ihrer Vergänglichkeit und Zerbrechlichkeit abgesehen. Das Leben kann man wohl, ohne die Wahrheit zu malträtieren, hart und roh und grausam nennen. Wie werden Menschen gejagt, gefoppt und gequält. Wenn also Gott sich nicht von dieser Welt gelöst hat und an ihr teilnimmt, – wenn er es ist, der ihr sein Leben einflößt (und es ist sein Leben, das ihres ausmacht, und ohne sein Leben zerfielen wir in Staub) – was ist das, frage ich, daß er sich auch in die Gestalt der Nazis steckt und baut Konzentrationslager? Ja, er baut sie, wer sonst? Es ist aber unbegreiflich, zum Zittern unbegreiflich.
Nein, ich vermag mir von Gott kein liebliches Bild zu machen. Ich muß den, der diese Welt hinstellt, nehmen wie er (und diese Welt) ist. Ich muß ihn in Bausch und Bogen schlucken. Einen filtrierten «lieben Gott» kann ich nicht akzeptieren.
Und da fällt mir das Alte Testament ein, und ich erinnere mich an einige Sätze, die ich nicht im Wortlaut bei mir habe. Sprüche, die mich oft beschäftigt haben. Da sagt im Alten Testament einmal der Herr selber, sehr im Beginn: sein Wort sei nicht irgendwo in der Ferne, so daß man danach Schiffe ausschicken müsse. Es sei auch nicht hinter den Wolken oder in einem andern Erdteil verborgen. Sondern es sei ganz nahe bei uns, ja in uns, in unserer Brust.
In uns, heißt es, in unserm Innern. Aber – in meiner Brust fühle ich, wie ich hier sitze, nur Trauer und Krampf. Meine Kehle ist verschnürt, durch das viele Elend um mich und auch mit mir. Wo ist Gott in mir, in meiner

Brust? So, in dieser Weise kann Gott doch nicht sprechen. Dies kann doch nicht das Wort sein, das nicht hinter den Wolken oder in einem andern Erdteil von ihm versteckt wurde. Ach, hätte er es hinter den Wolken versteckt.
Oder ist er vielleicht in irgend einer Weise, auch in dieser Trauer und in dieser schlimmen Verkrampfung? Ist sein Wort vielleicht auch darin? Es kam mir vor, als ob die Irrwege meiner Reise Zeichen und Winke waren. Ich sollte aufpassen. Nun, sind diese Irrwege, ist dieses Verlaufen, Verfehlen, Vorbeirennen aber etwas anderes als böse, höhnisch, wie Spiel der Katze mit der Maus, gewiß Wink und Zeichen, Willensäußerung einer Urmacht, aber einer, für die es nicht gut und böse gibt? Sie beschäftigt sich da irgendwie mit mir, aber auf eine Weise, die mir dämonisch vorkommt. Ich fühlte, daß gewisse Dinge da draußen nicht einfach an mir vorbeiliefen, sondern in Beziehung zu mir standen, aber in einer tollen, reizenden, verächtlichen, ganz und gar lieblosen Beziehung. Schlimmer als verlassen war ich. Das trat noch zur Verlassenheit hinzu.
Ich sitze auf meiner Bank in der Kathedrale. Es erscheinen mehr Menschen. Von einer älteren Frau wird eine weinende junge durch den Mittelgang nach vorne geführt. Sie knien nebeneinander.
Ich befrage wieder mein Inneres und das Kruzifix. Aber ich erhalte keine Antwort. Ich komme nicht weiter.
Aber die weinende Frau da vorne tut mir wohl. Es geht uns allen so. Uns allen. […]

Auf Schiff

Wir haben uns auf der amerikanischen Linie eintragen lassen und sollen Anfang Oktober, in etwa sechs Wochen, fahren. Wir können uns natürlich damit nicht befreunden. Wir haben Zusatzbeiträge zu unserer Summe bekommen und machen Anschaffungen.

Es verbreitet sich das Gerücht: mit der griechisch-italienischen Spannung sei es nicht so schlimm, und man kann es wagen, das griechische Schiff zu nehmen. Es ist unterwegs. Wir wollen mit dem Schiff fahren und nehmen einen Umtausch vor, jetzt gültig auf der griechischen Linie.

Man schickt uns zum Impfen. Das Schiff ist angekommen: Nea Hellas. Wir gönnen uns eine Sonntagsfahrt auf dem Tejo nach einem populären Ausflugsort und fahren dabei an der Jahrhundertausstellung und an unserm draußen verankerten Schiff vorbei. Eine frischere Luft weht um uns. Bald geht es hinaus. Das Grauen der letzten Monate soll versinken.

Der freundliche portugiesische Herr, der uns auf der Fahrt das Zimmer in Lissabon besorgt hatte, hatte uns öfter besucht und beraten. Er erschien auch am Morgen unserer Abfahrt in der Pension ‹Gloria›, an deren Namen ich wieder herumdeutete. Wir verabschiedeten uns von ihm, von der Wirtin und unserer robusten, drolligen Hausmagd. Die Fahrt zum Hafen – eine Stunde und länger dauerte sie, bis man uns zum Schiff heraufsteigen ließ. Unten standen Dutzende. Und als schließlich das Signal zum Einsteigen gegeben wurde, entstand ein Gedränge, so daß ein Beamter begütigend herunterrief: «Nicht stoßen, Herrschaften, nicht drängen. Hier sind die Nazis nicht hinter Euch.» Man mußte vor dem Betreten des Schiffs seine Impfstelle zeigen, das Attest genügte nicht. Dann fuhr man noch lange nicht. Es wurde Mittag. Erst am Spätnachmittag zogen die feinen Herrschaften der ersten Klasse ein. Wir aßen zum ersten Mal im Speisesaal des Dampfers ein neugriechisches Abendbrot und erhielten noch den Besuch des Leiters der Auswandererstelle, die viele von uns betreut hatte. In der Dunkelheit setzte sich das Schiff

in Bewegung. Langsam wurde es gedreht und den Tejo hinausgeschleppt.
Märchenhaft strahlte die Ausstellung herüber. Ihr zauberhaftes Licht war das Letzte, was wir von Europa sahen, in Trauer versenkt. 1940/41

An Hermann Kesten

METRO-GOLDWYN-MAYER PICTURES [Hollywood]
Donnerstag 24. Juli 1941

Lieber Kesten, dies ist ein maschinengeschriebener Brief, ich uebe, die Maschine steht in meinem Officeraum, und da tippe ich eben und Sie verzeihen die Fehler. Sie haben sich da aufs Land begeben und fuehlen sich da unglücklich? Sie schreiben nicht naeher, und ich weiß nicht, was Sie denn aufs Land trieb, die Newyorker Hitze? Land ist fast immer greulich und nur für eiserne Nerven zu ertragen. Die Nervenaerzte schicken immer ihre Patienten raus, um sie sich frisch zu erhalten. Und Sie arbeiten schwer und sind ohne Geld, – ja, ohne Geld kann man doch auch sein, ohne dazu noch extra zu arbeiten, denke ich. Fuer ohne Geld wuerde ich nicht schwer arbeiten.
Lieber Kesten, arbeiten Sie denn nun wenigstens was Richtiges und zwar nach Ihrem Geschmack? Ich denke da an mich: ich habe hier in dem office zu sitzen und muss Raubbau an meinem Gehirn ueben und Storys «erfinden», dass sich Gott erbarm. Jetzt läuft ja der Vertrag auch nicht unbegrenzt und da muss man was abliefern. – Ueblen Stuss, aber ich kann ihn doch nicht uebel genug machen. Goetter sind hier ein gewisser Reisch, auch Froeschel ist gross, und Franz Schultz (von Lustig hoere ich nichts). Jeder von uns murkst hier so rum, und man kanns den Goettern nicht gleich tun. Sonst arbeite ich nichts. Ich hatte ja einen «Robinson in Frankreich» geschrieben, er liegt wohl noch bei Bermann, aber wer soll heute das drucken, – obwohl es nur ein persoenliches Buch geworden ist. Ich glaube nicht, dass man gleichzeitig Herrn Louis B. Mayer und der eignen Arbeit dienen kann. Voilà eine Sklaverei. Es ist keine Prostitution, denn ich bin nicht anwesend bei dieser Art verlogener Druckserei.

«Wenig Hoffnungen», schreiben Sie. Stimmt. Hoffnungen äussert hier nur Feuchtwanger. Das ist ein Ultraoptimist. Confus. Als ich ihm neulich sagte, dass ich jede Diktatur ablehne, und die von links nicht weniger als die von rechts, da meinte er, ich brauche nichts zu fuerchten, im Links-Deutschland wuerden Heinr[ich] Mann und – er, L. F., bestimmen, was gedruckt wuerde und was nicht. Da haben Sie nun doch eine Hoffnung, lieber Kesten. – Gelegentlich sehe ich hier Markuse, er haelt einen populaeren philosoph[ischen] Kurs, montags, jetzt schliesst er. Als wir neulich den 70. Geburtstag von H. Mann feierten bei der Salka Viertel, war es wie einstmals: Th. Mann zueckte ein Manuskript und gratulierte daraus, dann zueckte der Bruder sein Papier und dankte auch gedruckt daraus, wir sassen beim Dessert, etwa 20 Mann und Weib, und lauschten deutscher Literatur unter sich. Da waren noch Feuchtw[anger], Werfel, Mehring, die Reinhardts, einige vom Film. – Der Krieg sieht nach sehr grosser Laenge aus. Ich sage nichts voraus, vielleicht vertraegt sich Stalin wieder mit Hitler, nichts ist unmoeglich. – Erzaehlen Sie doch mal mehr von Ihrer Arbeit. Ich waere gern in Newyork. F. Lion ist in Nizza, seine Freunde Jakobi besuchten uns neulich. – Herzliche Grueße Ihnen u[nd] Ihrer l[ieben] Frau Ihr

[gez.] Alfred Döblin

November 1918

BAND 1: BÜRGER UND SOLDATEN

Sonntag, der 10. November

Im Garten des Lazaretts blies einer Trompete unter den schwarzen Bäumen. Er fing ein Lied an, dann freute ihn ein Ton, er hielt ihn fest, blies ihn lang aus und ließ ihn erst nach einer Weile frei, dann schwenkte er in eine Melodie ein. Das Trompeten brach ab. Der Mann, der übte, ein großer Magerer ohne Mütze, in einem grauen Militärmantel über der Lazaretttracht, nahm die Trompete vom Mund und bückte sich an dem Baumstamm, ganz langsam. An dem Gartengitter, das unten Lücken hatte, zeigte sich etwas Braunes, ein kleines Tier, es schlüpfte in den Garten, ein wildes Kaninchen, es suchte Futter bei den Abfalleimern neben dem Hauptgebäude. Wo kriegt man einen Stein her, hier liegen Äste, vielleicht läßt sich mit einem dicken was machen. Er hockte, tastete über dem Boden nach einem Knüttel.
In diesem Augenblick klatschte und prasselte es am Gitter, aus einem Fenster vorn lachte man, das Kaninchen heidi durch das Loch hinaus, sie hatten es begossen, der Trompeter erhob sich, setzte seine Trompete an, fing wieder an zu blasen: «Kennst du das Land, wo die Citronen blühn.»
Der Oberstabsarzt schritt langbeinig durch das Hauptportal, in feldgrauer Uniform, mit Mütze, ohne Säbel, ein langer freundlicher Herr, mager. Er hinkte leicht, man hielt es für eine Kriegsverletzung, aber es waren enge Stiefel und Hühneraugen, die ihm das Leben verbitterten. Er war überhaupt ein Hypochonder, sie hatten ihn wegen seines Herzens, Arteriosklerose, zurückgeschickt. Das wil-

de Kaninchen hatte er gesehen, wie es grade im Wald verschwand. Ihn beschäftigte jetzt, wo und wie es aus dem Lazarett kam. Als er suchend am Gitter entlangging, schlossen sich oben krachend die Fenster. Er blickte auf, erkannte den Wärter, machte ihm ein Zeichen, der Wärter riß das Fenster wieder auf. «Wo ist es durchgekommen, Kralik?» Der Wärter: «Mehr seitwärts, Herr Oberstabsarzt. Da kommen sie immer.» Mächtiges Loch. Der Arzt stand schweigend davor, übrigens tat ihm die Luft wohl, alle Räume waren überheizt. Er grüßte und ging mit gezwungener Straffheit am Gitter zurück ins Verwaltungsgebäude.

Gleich rechts an der Treppe lag sein Zimmer mit dem Blick auf die Landstraße. Er deponierte Mütze und Handschuhe auf dem Schreibtisch, befreite sich mühsam von seinem Mantel und wischte sich ächzend die Stirn. Er klingelte. Fast im Augenblick war Kralik da, dienstfertig, ein Bauernbursche in Sanitätertracht, untersetzt, mit einem braunen, gesträubten Schnurrbart. Der alte Sanitätsoffizier saß schon und streckte ihm die Beine entgegen. Wortlos streifte ihm Kralik die Hosen hoch, zog die Stiefel aus, die Strümpfe und frottierte die Füße, einen nach dem andern, vorsichtig über seinem Knie, denn er hatte sich hingehockt. «Sie sind schon weicher, Herr Oberstabsarzt.» – «Finden Sie?» – «Immer mit Kleie baden.» – «Es sind die Stiefel, Kralik.» – «Ja, die Stiefel.»

Der Wärter holte aus dem Aktenschrank ein Paar breite gelbe Militärstiefel und half dem Herrn hinein. «Sie können mir glauben, Kralik, der Schuster, der diese Dinger gebaut hat, war ein Meister. Ein Polack übrigens, an der Ostfront.» Dabei fiel ihm ein: Wo ich mir das mit dem Herzen geholt habe, und zugleich die beruhigende Versicherung: Vielleicht habe ich gar nichts am Herzen, man simuliert sich was vor. «Alle im Dienst, Kralik?» – «Eigentlich ja, Herr Oberstabsarzt», der Mann grinste, «bloß

die beiden neuen Schwestern aus der Stadt, die bleiben zu Hause, ist ihnen am sichersten.»
Der Oberstabsarzt notierte, wie der Mann heraus war, auf seinem Kalenderblock den Stand des Barometers, las die Zimmertemperatur ab und notierte sie gleichfalls. Darauf machte er in der linken Ecke des Kalenders, wo man den Sonnenaufgang und Untergang meldete, einen kleinen Kreis und einen Pfeil mit zwei Spitzen. Das bedeutete allgemeines Wohlbefinden und zweimal Herzstiche. Das mit dem Fuß notierte er nicht. Wie immer blickte er dann links auf die Wand, wo einige Zettel mit Reißnägeln befestigt waren. Es waren Aufrufe für die Kriegsanleihen, kernige Sinnsprüche: «Nicht sorgen und quälen, nicht die Feinde zählen, tu entschlossen still, was die Stunde will! Zeichnen Sie Neunte.» Daneben ein anderes Blatt: «Um Deutschlands Freiheit! Neid und Eroberungsgier verbinden die Feinde in Ost und West zum Überfall auf das emporstrebende Deutschland. Im Osten zerschlugen wir den eisernen Ring, und im Westen trotzen wir erfolgreich der feindlichen Flut. Mag der Kampf heiß werden, die vergeltende Gerechtigkeit wird uns die Kraft geben, auch diese Woge zu brechen! Deutsches Gut für deutsches Blut.»
Der Oberstabsarzt las es jeden Morgen Wort für Wort und stärkte sich daran. Darauf machte er es sich an seinem Schreibtisch bequem, bevor er den Sanitätsfeldwebel zum Rapport befahl und gab sich wohltuenden Phantasien hin. Ich habe es doch eigentlich schon geschafft, ich bin heil, mit dem Herzen ist es nichts, der Krieg ist aus, in jedem Fall werden sie mir meine Pension geben, den Obstgarten bei unserm Häuschen werde ich erweitern, vielleicht nehm' ich ein Nachbarstück zu. Er griff nach den Gärtnereikatalogen, die er unter seinen Akten versteckte.
Da rasselte wieder ein Lastwagen mit johlenden Soldaten vorbei, der fuhr nach dem Flugplatz.
Was geht hier vor? Sie sollen einen zufrieden lassen und

keine Dummheiten machen. Die auch noch. Er öffnete das Fenster. Hier ist es auch überheizt.
Als es klopfte und er unwirsch «herein» sagte, war es der dicke Stabsarzt aus Offenbach, Augenspezialist, der den Aufklärungsunterricht gab. Unsicher und gestört bewegte sich der Chef auf seinen Stuhl hin: «Setzen Sie sich, Herr Kollega. Sie erlauben, daß ich das Fenster offen lasse.» Der Stabsarzt setzte sich. «Ach so», murmelte der Chef, «ich habe noch vergessen, Ihnen für den großartigen Vortrag zu danken, den Sie in der Baracke gehalten haben. Meinen Glückwunsch. Sie haben wohl gemerkt, den Leuten gefiel das. Land muß verteilt werden. Wir brauchen Boden. Eine gute Idee. Wissen Sie, daß schon die alten Römer den Soldaten Land gegeben haben?» Der Offenbacher verneigte sich geschmeichelt. Er hielt ein Blatt in der Hand: «Das sind die Themen, die ich für die nächsten Kurse aufgeschrieben habe, entsprechend der Anweisung. Wenn Herr Oberstabsarzt nicht beschäftigt sind...» – «Zeigen Sie mal her.» – «Es ist die Einteilung bis zum 12. Dezember. Den Kurs vom 12. Dezember bis 11. Januar 1919 habe ich wegen der vielen Urlaube in dieser Zeit, Weihnachten, Neujahr, nicht skizziert.» – «Schön, schön, Herr Kollega. Sehr fleißig. Der Posten gefällt Ihnen, habe ich gleich gemerkt. Es zieht Ihnen doch nicht hier? So. Man muß die Leute ermutigen.» Er kratzte sich den Kopf und nuschelte vor sich: «Waren Sie eigentlich schon auf der Straße, Herr Kollega? Was sagen Sie dazu?» Der Offenbacher verbeugte sich fröhlich. «Na, was meinen Sie?» – «Sehr freundlich, Herr Oberstabsarzt, sehr geehrt.» Der Chef: «Na was?» Der Offenbacher wurde rot, machte kleine verlegene Verbeugungen: «Ich habe mich noch nicht damit beschäftigt.» – «Sie können ruhig reden, wenn ich Sie frage.» – «Sehr schmeichelhaft, Herr Oberstabsarzt.» Der Stabsarzt lächelte stolz, ja er strahlte: «Ich denke, man wird der Sache spielend Herr werden, mittags haben wir Truppen aus

Straßburg hier.» Der Chef machte große Augen: «Aus Straßburg? Wer hat das erzählt?» – «Ich denke aus Straßburg oder von der Front. Von irgendwo werden sie doch kommen.» Mißbilligend betrachtete der Chef den Mann: «Straßburg. Da wird es nicht anders sein als hier.» – «Zu Befehl.» – «Und von der Front. Da können Sie lange warten. Die haben mehr zu tun, als Landsturm und Rekruten bändigen.» – «Zu Befehl.»
Der Oberstabsarzt zog sein Taschentuch und schneuzte sich umständlich: «Waren Sie im Wachsaal? Was Neues?» Der Kollege sagte: «Zehn neue Grippe. Zwei Todesfälle, ein Moribunder.»
Als der Chef allein saß, irrten seine Gedanken zu den Gärtnereikatalogen. Aber während seine linke Hand sie unter den Akten suchte, tastete seine rechte nach dem Telefon, er hob ab: «Meine Wohnung, Albert. – Frauchen? Ich bin's. Was hast du für Mittag vorbereitet?»
Drüben zwitscherte eine jüngere hübsche Frau, rundlich, lebendig: «Grade wollte ich anrufen. Unsere Leitung hat eine Störung. Ich telefoniere und telefoniere nach dir und bekomme keinen Anschluß.» – «Ich habe gleich Verbindung bekommen.» – «Vielleicht ist es der Sturm.» – «Ja, er ist furchtbar. Also ich werde es für dich übernehmen. Beim Schlächter?» – «Überall. Ich habe doch nichts. Dein Bursche läßt sich von mir Aufträge geben, nimmt das Geld, es sind schon zwei Stunden, und kommt nicht. Wann soll ich mit dem Kochen anfangen. Und heute ist doch dein salzfreier Tag!» – «Mein Gott, was machen wir.» – «Männe, reg dich nicht auf, es wird eine halbe Stunde später fertig, der Blumenkohl braucht nicht viel.» – «Ich schicke gleich einen Mann. Was sagst du, dein Bursche ist vor zwei Stunden weg, mit Geld? Das ist ja unerhört.» – «Die Kaserne meldet sich nicht. Soll ich rübergehen?» – «Nein, bitte nicht. Halte dich im Haus. Laß keinen rein.» – «Aber Männe, so aufgeregt.»

Er schrieb sich das Gemüse und Obst auf, das die Frau diktierte, klingelte nach Kralik, der sofort abzog, verlangte die Artilleriekaserne. Antwort: «Meldet sich nicht.» – «Rufen Sie noch mal, sagen Sie, ich bin am Apparat und wünsche Herrn Oberst Zinn zu sprechen.» Nach einer Pause: «Die Artilleriekaserne meldet sich nicht.» Er schleuderte den Hörer hin.

Wütend stand er auf, Unruhstifter, Rädelsführer, aufhängen, mit Geld durchgehen. Er schrie in den Apparat: «Der Sanitätsfeldwebel zu mir.» Der bekam keinen Gruß, als er eintrat. Er half dem Chef in den weißen Mantel.

Auf der Treppe liefen Schwestern vor ihnen, der Chef sah sie nicht, er stürmte ohne zu sehen und zu hören, ohne den ordinierenden Arzt der Station zu beachten durch die ersten Krankensäle der Inneren Abteilung. Durch einen Seitenkorridor, dessen Boden rechts und links mit leichten Grippefällen belegt war, irrte eine Figur mit Schulterverband. Das Gesicht des Chefs entwölkte sich: «Leutnant Maus auf der Inneren?» – «Entschuldigung, Herr Oberstabsarzt.» – «Kein Grund, ich bin bald drüben.» – «Wir waren neugierig, Becker und ich, wegen dieser», er machte mit den Fingern eine zappelnde Bewegung, «Geschichte in der Stadt.» – «So, Sie wissen was?» – «Nein, ich dachte Herr Oberstabsarzt.» – «Nichts. Nur (er sann nach) die Artilleriekaserne meldet sich nicht.» – «Telefonisch?» – «Ja.» Sie waren plötzlich nicht mehr Oberstabsarzt und Patient, sondern zwei Offiziere. Als Maus schwieg, verabschiedete sich der Chef rasch.

Einige Schritte darauf stellte er sich vor seinen Feldwebel und sah ihn an, als ob er ihn fressen wollte: «Ist hier Unordnung? Brennt man hier auch durch?» Der Feldwebel blickte nach rechts und links, die Oberschwester entfernte sich rasch aus dem Gesichtsfeld, der Feldwebel flüsterte: «Die Leute hier auf der Station wissen ja noch nichts, Herr Oberstabsarzt, die sind zu krank. Aber unten auf der In-

fektion und auf der Chirurgischen.» Der Chef war sprachlos: «Was ist auf der Infektion? Die Bazillenträger?» – «Reißen aus, als wenn nichts wäre. Fast die ganze Station ist weg.» – «Und das sagen Sie erst jetzt?» – «Befehl. Es steht im Rapport, der auf dem Tisch von Herrn Oberstabsarzt liegt, ich habe im Zimmer von Herrn Oberstabsarzt gebeten, Rapport zu erstatten.» – «Und?» – «Herr Oberstabsarzt haben mich nicht angehört und sind aus dem Zimmer gegangen.»
Der Chef glotzte ihn an, man setzt sein Leben aufs Spiel, sie verschwören sich gegen einen, Banditen, es ist mein salzfreier Tag (nur nicht aufregen, schadet dem Herzen). Der Sanitäter: Wenn er sich an mir ausläßt, brülle ich auch. [...]

Die Wilhelmshavener Matrosen

Mit lohendem Schornstein, über schmetternden Schienen raste, an keiner Station haltend, von Wilhelmshaven her über Osnabrück, Münster, Düsseldorf, Köln ein Sonderzug. Er trug zweihundertzwanzig Matrosen der Hochseeflotte, zugehörig der Avantgarde der Revolution, Elsässer, jetzt alle schlafend auf Bänken, auf den Gängen. Sie wollten das Elsaß vor den Franzosen retten.
Sie waren an zweihunderttausend Elsaß-Lothringer in Kiel und Wilhelmshaven gewesen. Warum so viele? Jedes Jahr fragte es ein Abgeordneter im Elsässischen Landtag. Er bekam die sonderbare, höhnische Antwort vom Regierungstisch: Sie vertragen das tropische Klima so gut, so besonders gut. Da sie nun bei der Marine waren, hatten sie in Kiel auch mit dem ersten und dritten Eskader des Admirals von Hipper revoltiert, und waren dabei, als man die rote Fahne auf den Schlachtschiffen König, Kronprinz Wilhelm, Kurfürst, Thüringen, Helgoland, Markgraf hißte.

Wie das über die Matrosen kam, am Anfang November, ist leicht gesagt. Sie hatten während des Krieges in Häfen herumgelungert. Und die ein, zwei Wochen bis zum Ende des Krieges hätten sie noch gut und gern ausgehalten. Aber da brüteten ihre Offiziere etwas aus, was ihnen nicht gefiel. Sie sollten, achtzigtausend Mann, an einem bestimmten Tage den Hafen verlassen und in den sichern Tod gehen, den sie wie alle menschlichen Wesen verabscheuten. Die Offiziere verrieten es ihnen darum auch nicht, aber die Matrosen fingen Abschiedsbriefe der Offiziere an ihre Angehörigen ab, aus denen sie es ersahen. Die Seeoffiziere wollten dem Engländer, der draußen, viel stärker als sie, lauerte, eine Schlacht liefern. Denn da es doch nun einmal gewiß war, in diesem November, daß man nirgends in der Welt, weder zu Wasser noch zu Lande, siegen konnte, so wollte man wenigstens mit Ruhm untergehen. Wer? Die Offiziere. Die Matrosen aber meinten, dazu gehören zwei. Denn auf den Schiffen, auf denen die Offiziere sterben wollten, saßen auch sie. Und sie waren für solche Sache nicht zu haben. Und darauf brannte, als die Stunde der befohlenen Abfahrt kam, in den Kesseln der Schiffe kein Feuer. Auch die Heizer wollten nicht sterben. Schon Friedrich der Große hatte sich in der Schlacht bei Kunersdorf mit der eigentümlichen Abneigung von Menschen, auch von Soldaten, zu befassen, in einen gar zu deutlich markierten Tod zu gehen. Er hatte gebrüllt: «Wollt ihr denn ewig leben?» Aber auch das animierte wenige. Die Feldherrn erfahren oft: Ihre Leute sterben ungern, wenn man sie mit der Nase drauf stößt. Wenn sie freilich über den schwierigen Punkt, das Sterben, hinweg sind, dann liegen sie ruhig, aber davon hat der Feldherr nicht viel.

In Kiel erhielten die Offiziere, als sie ihre Matrosen und Heizer anschrien, den runden Bescheid: «Wir gehorchen nicht. Ihr habt den Krieg verloren. Es war nicht unser

Krieg.» Mit Blut auf beiden Seiten wurde diese Antwort besiegelt und als endgültig festgestellt.

Was in Kiel geschah, wiederholte sich in Wilhemshaven, Altona, Bremen. Es waren die furchtbaren, letzten, allerletzten Tage für die deutsche Armee, wo der amerikanische General Pershing die Argonnenstellung durchbrach und sich an Metz heranschob.

Als nun an den nächsten Tagen die elsässischen Matrosen in Kiel und Wilhelmshaven ihre Zeitungen lasen und daraus ersahen, was es für Waffenstillstandsbedingungen gab und daß da auch von Elsaß-Lothringen die Rede war, von ihrem Land, wurden sie stutzig. Oho, da haben wir doch wohl ein Wörtchen mitzureden. So rasch waren aus angeschrienen Untergebenen freie, ja stolze Leute geworden, die sich ihr Recht nicht nehmen ließen.

Der Matrose Thomas stammte aus Weißenburg. Er war ein gemäßigter Mann, der achtzehn Jahre in der kaiserlichen Flotte gedient hatte. Man hörte auf sein Wort. Die Matrosen fragten ihn aus. Sie fluchten: «Die Entente hat mit unserem Elsaß ein gemeines Stück vor, sie wollen es einstecken.» Sie fluchten auf den betrügerischen Imperialismus dieses Herrn Wilson aus Amerika. Wo blieb da das Selbstbestimmungsrecht, mit dem der hausieren ging. Es fanden sich verschmitzte Reichsdeutsche ein, die Dampf hinter ihnen machten, obwohl sie etwas anderes im Sinne hatten. Die Matrosen aber schworen: «Wir verlangen unser Elsaß. Wir lassen uns von keinem unser Elsaß nehmen.» Sie fühlten die Macht der Revolution in ihren Knochen. «Wir tragen die Revolution nach dem Elsaß. Kleber war unser General.»

Man stellte in Wilhelmshaven einen Sonderzug für sie zusammen. Das Feuer von der Nordseeküste, das in ganz Deutschland wütete, sollte in das Elsaß geworfen werden. Durch die Nacht, mit lohendem Schornstein raste der Zug, an keiner Station haltend, über Osnabrück, Münster,

Düsseldorf, Köln. Es war Mittwoch, der dreizehnte. Nun waren sie angekommen, in Straßburg, am Donnerstag, hundertachtzig Mann. Denn vierzig hatten sie unterwegs in Metz und Saarbrücken abgegeben. Zu hundertachtzig stellten sie sich in Straßburg auf dem weiten Bahnhofsplatz auf, warfen ihre Gewehre im Riemen auf den Rükken und bewegten sich, die rote Fahne voran, in geschlossenem Zug, ohne eine Minute zu verlieren, durch die schmale Küßstraße links zum St. Johannstaden, dann über den Kleberstaden, und da war auch schon der Justizpalast. Sie beeilten sich sehr, denn sie hatten schon heraus: In Krieg und Revolution kommt es viel auf Schnelligkeit an. Bist du nicht schnell, so ist der andere schnell, und bist du schneller als der andere, so hast du schon das halbe Treffen gewonnen.

Das Landgerichtsgebäude stand am Finkmattstaden. Aufgeregte Leute begleiteten sie vom Bahnhof. Ein großer Haufen hatte sich schon vor dem Palast versammelt. Man muß aber nicht glauben, daß das, was sich damals, tagein tagaus, seit die Revolution ihren Einzug gehalten hatte, vor dem Justizpalast ansammelte und in kleinen Kolonnen eindrang, leidenschaftliche Politiker waren. Zu dem vielen Merkwürdigen, was diesem finstern Gebäude an jenen Tagen angetan wurde, gehörte auch, daß man es zu einer Speiseanstalt machte. Denn durchreisende und suchende Soldaten, Entlassene, die herumirrten und obdachlos waren, wandten sich damals natürlich zunächst an ihren Soldatenrat. Und da hatten die Räte, in guter Kenntnis dessen, worauf es im Menschenleben ankommt, einfach mehrere Feldküchen in das Erdgeschoß des Landgerichts fahren lassen, und da aß man, wärmte sich ungefragt, und einige Fragen wurden damit schon bei vielen hinfällig. Man lärmte und sang, und dann fuhr gelegentlich von den oberen Korridoren, wo regiert wurde, durch das Haus herunter ein Donnerwetter, das aber viel milder als einer der vielen Richtersprüche war. Denn die Leute, die oben im Schwurgerichtssaal, im Saal 45, lärmten, waren Menschen von derselben Art wie die, die unten aßen und sich wärmten.

Es ist gegen Mittag, der Vizewachtmeister Hüber präsidiert – man hat grade über die gestrigen Plünderungen verhandelt und gewettert, die Sicherheitswachen haben zurückgehalten und gedroht, schließlich haben sie feuern müssen, wobei es Verwundete gab, irgendwelche Schufte haben sogar Feuer im Proviant angelegt, um sich das Plündern zu erleichtern – da erhebt sich unten ein gewaltiger Lärm, nicht der normale Lärm, den ein Donnerwetter beendet –, ein Hochrufen, Freudengeschrei, man marschiert die Treppe herauf, die Türen des Schwurgerichtssaals krachen auf, und die rote Fahne voran, geführt von dem baumlangen Thomas, ziehen Matrosen ein! Der Saal ist aufgesprungen.

Als sich der allgemeine Jubel gelegt hat und die Blaujakken sich im Raum verteilen, um sich zu setzen und Bekannte zu begrüßen, schreitet Thomas, der riesige, gewichtig auf das Podium und von da herab verkündet er, wie froh sie alle wären, nun in ihrem alten Straßburg zu sein. Sie kämen aus Wilhelmshaven, um im Namen von sechzehntausend elsässischen Matrosen ihrer Flottenstation die liebe Heimat herzlich zu grüßen! Und nun wären sie da, und wollten im Sinne der Internationale wirken, damit auch ihre Landsleute der neuen Zeit einer goldenen Freiheit und des völkerversöhnenden Friedens teilhaftig würden.

Endloses Klatschen, Händeschütteln, Schulterklopfen, brüderliches Umarmen.

Das war der Donnerstag vormittag.

Der Pfarrer saß noch mit seiner Witwe in der Aubette, und an den Nachbartischen war allerhand Lustiges zu sehen. Da schlug man sich schon im Landgerichtsgebäude

im «Engeren Rat» herum, ja Matrosen und Soldaten, und Herr Peirotes, der neue Maire von Straßburg, war dabei.
Die Matrosen erklärten schlichtweg, sie hätten die Absicht, unverzüglich die elsaß-lothringische Republik auszurufen. Es wurde sehr schwer, ihnen das auszureden.
Peirotes war ein geschickter Mann. Jacques Laurent hieß er mit Vornamen, in Straßburg war er geboren. Als Schriftsetzer und Handwerksbursche wanderte er durch ganz Mitteleuropa, und sogar dem fernen Balkan stattete er einen Besuch ab. Dann aber besann er sich auf das Angenehme seiner Heimat, und in Straßburg wurde aus ihm nach einem Schriftsetzer ein Schriftsteller, auch Mitglied der Zweiten Kammer. Der vielgereiste Mann war stämmig, untersetzt, jetzt gegen fünfzig Jahre alt, ein biederes ernstes Gesicht zeigte er, eine gelichtete Stirn, einen dicken Schnurrbart. Mit rauher fester Stimme sprach er. Er nahm sich der wilden Matrosen an.
Peirotes sagte: «Nichts steht im Wege, daß ihr nach dem Kleberplatz geht, den ihr ja kennt, und daß einer von euch, also der Genosse Thomas selber, die neue Republik ausruft. Aber was ist damit geschehn? Auf dem Kleberplatz passiert neuerdings viel, man hat sich beinah' schon dran gewöhnt, daß da was vorgeht. Abends laufen Buben hin und machen Spektakel, sie lassen Knallerbsen platzen, damit man glaubt, es wird geschossen, und gestern haben welche dem Kleber auf dem Sockel eine Zigarette in den Mund gesteckt und ihm eine farbige Mütze aufgesetzt. Dann haben sie Lieder gesungen, um die Leute zu provozieren. Wer kann da mitkommen. Wenn man eine Republik ausruft, dann müssen sich auch welche finden, die sie wollen.»
«Sie ist notwendig», erklärte ruhig Thomas, «wir überlassen unser Elsaß nicht dem französischen Kapitalismus. Was wir in Kiel und Wilhelmshaven besorgt haben, schaffen wir hier noch lange.»

Peirotes staunte: «Denkst du, Genosse Thomas! Warum? In Kiel und Wilhelmshaven habt ihr Admiräle und Seeoffiziere verjagt. Hier gibt es keine Admiräle, auf unserer kleinen Ill, wir haben keine Schiffskapitäne. Preußen sind da. Sie ziehen aber schon ganz alleine ab. Am einundzwanzigsten, Punkt zwölf Uhr mittags marschiert der letzte über die Kehler Brücke. Das haben die Franzosen besorgt. Dazu brauchen wir keine Revolution zu machen.»

«So. Und was haben wir dann? Die Franzosen.»

Offen blickte der biedere Peirotes den wilden Goliath in der Matrosenbluse an. Er dachte: Was du für mächtige Arme und haarige Hände hast, du kletterst mit deinen fünfunddreißig Jahren noch wie ein Affe die Masten herauf, mir fallen schon die Haare aus. Aber das muß erst festgestellt werden, wer von uns beiden hier mehr kann. Peirotes sagte zu Thomas:

«Jawohl, die Franzosen. Die Leute im Elsaß haben nichts gegen die Franzosen. Früher war man ja hier französisch. Wie dir bekannt sein wird. 1870 ist erst der preußische Militärstiefel gekommen und hat unsere Eltern kleingetreten. Ihr seid doch Elsässer, habt's zu Hause gehört. Wir haben nicht aufgehört dagegen zu protestieren. Und dann, nachher – laßt euch in der Stadt erzählen, was wir während des Krieges ausgestanden haben. Ja, offen und ehrlich, alle Welt ist hier froh, daß die Franzosen kommen.»

Thomas steckte die Hände in die Taschen, reckte sich auf seinem Stuhl, lachte laut und blickte sich zu seinem Freund Eisenring um: «Was sagst du dazu? Sie wollen ihre Franzosen haben. Da können wir ja gleich zurückdampfen.»

Peirotes: «Die Leute wollen sie haben. Und wir Genossen von Straßburg und vom Elsaß überhaupt, wir wollen sie auch. Ja, sieh mich nur an. Wir sind darin einer Meinung. Und wenn du etwa doch auf den Kleberplatz gehst,

Freund Thomas, und da die elsaß-lothringische Republik ausrufst, so sage ich dir was voraus.»
«Da bin ich neugierig.»
«Wenn du auf dem Platz bist, kein Sozialist ist da und kein Elsässer! Nicht eine einzige Seele! Wer da ist, sind alles – Altdeutsche. Die Altdeutschen. Die Patrioten von Wilhelm. Und die Elsässer werden laut sagen, was sie schon jetzt munkeln: Ihr seid deutsche Abgesandte, man hat euch mit deutschem Geld hergeschickt, von Berlin, damit sie uns weiter unter ihrer Knute haben.»
Thomas schlug die Arme zusammen: «So 'ne Kerle. So 'ne Kerle. Das denkt man von uns. Und das sagt man mir ins Gesicht.»
Peirotes: «Überzeuge die Leute, Genosse Thomas. Geh hin. Wenn's dir Spaß macht, mach die Probe mit dem Kleberplatz.» […]

Der eine schmückt sich, der andere verschwindet

Wie der graziöse Nebel, der immer wieder die Stadt überfiel, ähnlich dem Nebel der neuen Hauptstadt Paris, so wehte nun Rausch nach Rausch über Straßburg, das sich ernst und fröhlich mit seinen vielen lieben kleinen Angelegenheiten beschäftigte und sich für den Empfang der Befreier festlich bereitete. Die Stadt säuberte und schmückte sich, so gut es die Armut der Zeit erlaubte. Sie sah schon lieblich und wunderbar neu aus.
Vor dem Justizpalast, in dem der Arbeiter- und Soldatenrat tagte, sammelte sich an diesem Mittwoch, dem zwanzigsten, gegen Mittag ein kümmerlicher Haufen Menschen. Die Feldküchen rauchten wie sonst im Erdgeschoß, die paar Leute, die da standen, keine Neugierigen und Aufgeregten, warteten friedlich auf ihren Teller Suppe. Es war die Stunde, wo drüben im alten Reich, in Berlin, in

der finsteren aufgewühlten Riesensiedlung, sich der große Trauerzug der Männer und Frauen vom Tempelhofer Feld her in Bewegung setzte. Vor knapp einer Woche waren in Straßburg die revolutionären hundertachtzig Matrosen hinter ihrer roten Fahne am Finkmattstaden anmarschiert, nachher sperrten Soldaten mit quergehaltenen Gewehren den Eingang (wir wissen, zu den Abgewiesenen gehörte auch der Pfarrer unseres elsässischen Städtchens und die Oberleutnantswitwe). Da hockte im Schwurgerichtssaal das letzte Häuflein der Revolution beieinander und sprach einander Trost zu. Ein gutes Dutzend von ihnen mußte sich beeilen, um über die Grenze zu kommen, die Rheinbrücke mußten sie bis morgen mittag zwölf Uhr passieren, aber nach zwölf würden sie gefangen.
In einem wehmütig milden Aufruf baten sie um gutes Wetter: «Der jahrelange Krieg», so behaupteten sie, «hat den Revolutionsgedanken auch bei denen zur vollsten Reife gebracht, die sich nie um Politik kümmerten. Die hauptsächliche Pflicht besteht darin, Ruhe und Ordnung zu bewahren. Die Sozialdemokratie, welche die Bewegung hervorgerufen hat und die Macht vorläufig in Händen hält, verlangt von jedem Genossen, am Aufbau der neuen Ordnung mitzuarbeiten. Ohne Ruhe und Ordnung gehen wir der Auflösung und dem Hungertod entgegen. Haltet Euch von Ausschreitungen fern. Maßt Euch keine Rechte an. Haltet Euch nicht unnötigerweise auf der Straße auf. Kinder und Jugendliche sollen nicht mit Feuerwerk spielen, jede Knallerei führt zur Erregung der Bevölkerung.» Es waren gut erzogene Revolutionäre, die das schrieben. Die Bürger der Stadt lasen mit Interesse und Wohlgefallen, man wollte sie nicht aufregen. Die rote Fahne wurde darauf am Münster, ohne Widerstand, um drei Uhr nachmittags, heruntergeholt. Um diese Zeit traf auch, unbemerkt, eine mehrköpfige Kommission höherer französischer Gendarmerieoffiziere in Straßburg ein, um

sich über die Sicherheitsverhältnisse in der Stadt zu orientieren.
Letzte Sitzung des Soldatenrats unter dem Sergeanten Rebholtz, dem langen ernsten Mann. Er gab einen Rechenschaftsbericht über die zehn Tage seiner revolutionären Regierung, dankte dem Nationalrat, erklärte, daß Briefe über die Schweiz gingen, und versicherte zum zehntenmal, jedoch unter absolutem, sturem Schweigen der Anwesenden, die größtenteils Elsässer waren, daß die französische Delegation versprochen habe, es bei der bisherigen Zivilgewalt zu belassen. Er blickte auf seine Art lange und Antwort heischend, beinah bittend in den großen, ehemals von Getümmel erfüllten, jetzt öden Saal, der sich schon kräftig wieder in einen Schwurgerichtssaal zurückverwandelte und auch das Urteil über Rebholtz sprach: Nämlich er, der so gerne bleiben wollte, müßte wandern. Er setzte sich verbissen. Einer aus dem Nationalrat dankte ihm und allen andern. Er wünsche der Deutschen Republik Glück in Bausch und Bogen. Das Samenkorn der Internationale werde in den Herzen der Menschen aufgehen. Was sollte man groß sagen.
Darauf sprachen laut diejenigen, die bald verschwinden würden, die Elsässer weniger laut. Aber sie dachten alle dasselbe: Was haben wir geschafft? Die rote Fahne am Münster ist schon herunter, unsere Versammlungen waren schlecht besucht, man hat Sicherheitsdienst getan – ein schäbiges Resultat. Sie legten einer dem andern in diesem großen Saal ans Herz, die Revolution zu schützen, sie ist die Völkerverbrüderung. Sie waren gute Leute, die Zeit war beschränkt, um zwei sollte der Saal frei sein für eine gründliche Säuberung. Und ein Mitglied drängte besonders auf Pünktlichkeit, ein Straßburger Tischler, er sollte die Bänke reparieren, die man im revolutionären Elan zerstört hatte.
Die Hierbleiber trösteten die Abwanderer. Sie schworen: Ja, die Saat der Internationale wird im Herzen der Elsässer

aufgehen. Sehr wahrscheinlich kam es ihnen nicht vor, aber es war die Stunde des Gelobens, und man mußte etwas für die Erinnerung tun. Übrigens hatten sich unheimlich viele von dieser Schlußsitzung gedrückt.

Einige Soldaten äußerten die Befürchtung, man werde sie beim Abmarsch überfallen. Herzhaft erhoben sich die Obmänner der Bürgerwehr und verpflichteten sich, die letzten Truppen bis zum Rhein zu begleiten. Ein Hauptmann war anwesend, er rief, er werde ohne Sorge als letzter deutscher Soldat das Elsaß verlassen.

Noch einmal redeten einige Altdeutsche, deren Revolution ja, wie sie mutig verkündeten, jetzt erst richtig losgehen sollte. Und darum würden sie Mann für Mann freudigen Herzens über den Rhein ziehen. Sie hielten den Elsässern, die den Mund aufrissen, vor, worin in Zukunft deren Aufgabe bestünde: Elsaß-Lothringen zur Brücke zwischen Frankreich und Deutschland zu machen, auf der die internationale Revolution marschiere. Dreimal hoch ließ man darauf diese Revolution leben.

Eine Resolution wurde zum Schluß verlesen: «Es war nicht möglich, in Elsaß-Lothringen die Anfangserfolge der Revolution zu sichern. Aber keine Gewalt kann uns zwingen, unsere internationalen Bestrebungen zurückzustellen.» (Im Entwurf stand «die Revolution fortzusetzen», aber das nahmen die Elsässer nicht an, das könnten sie nicht ausbaden, eine neue Kommune mochten sie nicht.) Dann forderte der Soldatenrat die Angestellten, Arbeiter und Bauern auf, sich geschlossen unter dem Banner des internationalen Sozialismus zu sammeln. Ein Reichsdeutscher brüllte: «Das hat man doch schon vor dem Krieg gesagt.» Ein anderer nahm seine Mütze und ging: «Wenn das der historische Materialismus ist, dann müssen wir auch mal mit dem aufräumen.» Rebholtz schwang finster die Arme auf der Rednertribüne: «Vorwärts zu Kampf und Sieg.»

In eine benachbarte Brasserie ging danach eine stark verminderte Zahl der Elsässer, nachdem man noch beschlossen hatte, gemeinsam in den Arbeiterrat überzutreten. Ein Doktrinär, ein jüngerer Lehrer, der keiner Partei angehört hatte, erklärte plötzlich, nach Toresschluß, alles für feigen Kompromiß und verlangte nun in der Brasserie, man solle es im Arbeiterrat besser anfassen. Sie kamen in der folgenden Woche auch wirklich noch manchmal heimlich zusammen, wurden aber weniger und weniger.
Zuletzt saß der Lehrer nur noch mit einem einzigen, und zwar mit dem, für den er das Glas Cider bezahlte, nämlich mit sich selbst. Stumm saßen sie eine geschlagene Stunde in dem durch und durch revolutionären, sonst friedlich holzgetäfelten Zimmer.
Und Roß und Reiter sah man niemals wieder.   1937–39

BAND 2: VERRATENES VOLK

Ein junger Mensch kehrt aus dem Krieg zurück, gewinnt dem Leben in Berlin keinen Reiz ab und trifft andere, denen es ebenso geht. Einige aufgeregte Leute stürmen das Polizeipräsidium und können danach besser schlafen.
Es ist der 22. November 1918.

Berlin war eine Häuserwucherung, die sich flach und düster in der sandigen Mark ausbreitete. Ein armseliges Rinnsal, die Spree, durchzog sie. Das Flüßchen nahm schwarze und schillernde Farben an von den Abwässern, die man hineinleitete, die Häuser wandten ihm den Rükken zu, Schuppen und Kohlenlager bedeckten seine Ufer. Im Hansaviertel, im Tiergarten öffnete sich die Welt ein wenig um das trübe, proletarische Gewässer; es sah Bäume und Boote und war glücklich, die Steinmassen verlassen zu können, aus denen der Unrat troff. Aber noch lange

draußen in der Ebene stellten sich Fabriken um das Flüßchen, Anlagen groß wie eine Stadt, und darin abermals Menschen, die arbeiteten.
Die Stadt Berlin wucherte auf Sand, der in Urzeiten Meeresboden war. Wo früher Fische schwammen, lebten jetzt Menschen, und in so großer Zahl und auf so karger Erde, daß der größte Teil von ihnen entbehrte und schwer fronen mußte, um am Leben zu bleiben. Im Norden, Süden und Osten der Stadt, im ganzen weiten Umkreis standen die Fabriken, die man für entfernte Städte und Länder errichtet hatte. Viele von ihnen waren im Krieg entstanden, in dem nun verlorenen Krieg von 1914 bis 1918, und viele hatten sich auf Kriegsbedarf umgestellt. Aber da war kein Krieg mehr. Was sollte man mit den Fabriken? Die Besitzer und der Staat hatten kein Geld, um wieder Friedensfabriken aus ihnen zu machen. Es fehlten auch die Rohstoffe. Es gab hungrige Abnehmer, aber keinen, der bezahlen konnte, und das Ausland war verschlossen.
Da brachen Streiks aus. Der Haß der Arbeiter gegen die Fabrikherren machte sich Luft. Es bestand die Gefahr von Fabrikbesetzungen.
Im Osten und Norden der Stadt drängten sich die Menschen, die aus dem Krieg kamen, es kamen immer neue, die Demobilmachung war noch im Gange. Schreckliche Wohnungsnot herrschte. Wer eine Wohnung wollte, mußte hunderte Mark bezahlen, das nannte man Abstandsgeld.
Im Westen, wo der Reichtum und der Luxus saß, waren die prächtigen und vornehmen Kaufläden zwar geöffnet, aber Kostüme, Schuhe und Hüte in diesen Läden kosteten viel, dazu war ihr Glanz nur scheinbar: Die Kostüme bestanden aus Kriegsstoffen, die sich rasch auflösten, wie das Papier der Zeitungen und Bücher, das nach kurzer Zeit gelb wurde.
Der abendliche Glanz der Straßen und Plätze hatte nach-

gelassen; man sparte Kohlen, jede dritte Laterne brannte. Über einen großen Teil der Stadt breitete sich ein ängstlich unsicheres Halbdunkel, als ob man Fliegerüberfälle erwartete.

An diesen Novembertagen, wo sich die Finsternis von Niederlage und Zusammenbruch auf die wimmelnde Stadt niederließ, fühlten viele in ihr das Verhängnis, die nahende Gefahr. Und wie im Krieg, bei Epidemien sich in den Dörfern die Zettel an den Mauern und Scheunen verbreiteten: «Achtung! Cholera», «Warnung! Flecktyphus», so zeigten sich mehr und mehr an Häusern und Villen Schilder: «Sechszimmerwohnung, Achtzimmerwohnung, Zehnzimmerwohnung, mit Garten, Balkon, mit Mobiliar, ohne Mobiliar, ganz und geteilt zu vermieten, zu verkaufen.» In manche dieser Villen und Wohnungen zogen schon die speckigen Götter ein, die der Krieg hervorgebracht hatte, die sich von der neuen Not der Menschen nährten, die Götter mit den Köpfen von Aasgeiern – die Spekulanten und ihr Anhang.

Verdrossen irrt an diesem Freitag, dem 22. November, der ehemalige Leutnant Maus in den Berliner Straßen herum. Sein Vater ist Legationsrat, einer von der alten Sorte, der ihn täglich nach Heldentaten ausfragt, um damit im Amt zu prunken; die Mutter macht es nicht besser. Er hat ein halbes Jahr in einem elsässischen Lazarett gelegen, seine linke Schulter ist steif und noch nicht ganz geheilt, über Naumburg ist er nach Hause gekommen, und nun ist er da und weiß in der Stadt mit sich so wenig anzufangen, wie die Zehntausende, die noch anmarschieren. Wie dünner Schlamm werden sie alle, diese unbeschäftigten Massen, abends von ihren Häusern aufgesogen und bleiben nachts unsichtbar, aber morgens werden sie wie von einem Riesenschlauch auf die Straße gespült und rieseln da lange Stunden.

Maus mit seinem jungen rotbäckigen Gesicht ist ein unauffälliger, freundlicher Mensch, der es noch zu nichts gebracht hat. Er hat kräftige Glieder, die sich regen wollen, seine graublauen Augen blicken offen, seine Hoffnungen sind nicht mehr auf Karriere gerichtet. Er möchte nur wissen, ob er auf der Welt noch irgendwie von Nutzen ist.
Man hat im ehemaligen «Lunacafé» am Kurfürstendamm eine Stelle für «behelfsmäßige Entlassung von Heeresangehörigen» eingerichtet. Maus gerät mittags hinein. Im Gedränge tappt ihm jemand auf den Rücken und steckt den Kopf von hinten über seine Schulter. Es ist Karl Ding, genannt das Große Ding, ein ehemaliger Schul- und Studienkamerad, der im Krieg Hilfsdienst tat und auch nicht weiter weiß. Er sieht sich hier wie Maus um. Sie schütteln sich die Hände. Maus denkt: Den gibt es also auch noch. Das Große Ding lächelt gewinnend von oben herunter, ein sanftes Känguruh, aber Maus ist es nicht zum Lachen, die andern blicken auch trübe, man ist hier wie in einem Trauerhaus, bei der Beerdigung eines Mannes, der viele Schulden hinterlassen hat. Das Ding tritt Maus auf den Fuß und flüstert: «Wenn du glaubst, hier etwas zu finden, völlig aussichtslos.»
Er selbst ist auch nur hier, weil man bei ihm zu Hause nicht heizt, hier zwar auch nicht, aber man bewegt sich, und die vielen Menschen. Die beiden drängen hinaus.
Das Ding schiebt einen Arm unter Maus' rechten. Er beschnüffelt Maus und fragt plötzlich: «Was machst du eigentlich, Maus? Wo stehst du?»
Maus bittet, ihn mit solchen Fragen zu verschonen. Das Ding ist außer sich, aber nicht beleidigt. Daß sich dieser Kerl an mich hängt, denkt Maus. Schwatzend trabt die lange herzliche Gestalt, zuletzt Armierungssoldat, neben ihm bis zur Uhlandstraße. Da stellt sich an der Haltestelle der Elektrischen ein jüngeres ernstes Weib gegenüber.

Nicht uneben, denkt Maus, obwohl sie eine Stahlbrille trägt. Sie nähert sich dem überraschten Ding. Sie küssen und umarmen sich. Maus vermutet, es ist seine Schwester, er hat sie seit seiner Einberufung nicht gesehen. Aber glückselig und als wenn sie ein Geschenk wäre, präsentiert ihm der lange Bursche dieses Fräulein als Grete Gries, seine Verlobte, von der er sich gestern abend verabschiedet hat – sie können sich vor Glück nicht fassen, daß diese schmerzliche Trennung zu Ende ist.
Maus zieht seinen Hut und will gehen. Aber da hat er nicht mit dem Großen Ding gerechnet, der über zu viel Seligkeit verfügt, um sie allein genießen zu können. Der Lange flüstert mit seinem Fräulein, und dann hängt sich schonend an Maus' kranken linken Arm das Fräulein, das Ding geht rechts, und so wird der traurige Soldat eskortiert von einem jungen Brautpaar. Er muß mit ihnen marschieren und hat gedacht, heute wie immer trübe seines Wegs zu ziehen.
Man dirigiert ihn in seine eigene Wohnung, von der man, wie man strahlend gesteht, voraussieht, daß sie geheizt ist. Maus nimmt daran keinen Anstoß. Er hat nichts dagegen, mit dem Großen Ding und seiner Flamme bei sich zu Hause zu sitzen und eine Stunde totzuschlagen.
Es war bei ihm wirklich geheizt. Die Mutter schlief, so blieben sie von Bewunderung und Mitleid verschont. Die beiden Gäste begannen abzulegen und sich in der Wohnung umzusehen. Darauf überschütteten sie sich mit Beweisen ihrer unersättlichen Zärtlichkeit. Schließlich machten sie es sich in den beiden Polstersesseln von Maus' Zimmer bequem und saßen nun da, wie seit Urzeiten, umschlungen. Maus ließ es mit einem Gemüt, das sich immer mehr verhärtete, geschehen. Er mußte sich mit einem einfachen Rohrstuhl begnügen.
Bald spann sich ein Gespräch an. Das Fräulein beliebte ihn nach seiner Schulter und seiner Rente auszufragen.

«Wieviel Geld bringt Ihnen eigentlich Ihre steife Schulter ein?»

Er erwiderte, ohne sich etwas merken zu lassen: Das Verfahren schwebe noch, die Rente richte sich nach dem Grad der Versteifung. – Ob er vor dem Krieg einen körperlichen Beruf ausgeübt habe? – Er hätte die Absicht gehabt, Offizier zu werden, aber damit sei es natürlich aus, wegen des Arms und überhaupt.

«Und Sie machen es also wie die andern», schloß das Fräulein, welches dieses Verhör leitete, «Sie laufen herum, haben schlechte Stimmung, verbreiten schlechte Stimmung und warten ab.»

Maus zuckte die Achseln.

«Ich glaube», verkündete das Große Ding, «du wirst noch lange so laufen können.»

«Das glaube ich auch», sekundierte ernst und ohne Mitleid Fräulein Gries, «es kommen immer mehr Leute, für Anfang Dezember wird das ganze Frontheer erwartet.»

«Dann wird sich einiges ändern», meinte hoffnungsvoll Maus.

Das Fräulein stimmte zu: «Dann wird das ganze Heer auf dem Kurfürstendamm, in Tempelhof, in der General-Pape-Straße stehen, und überall werden sie Karten bekommen und man wird ihnen einen schönen Stempel aufdrücken.»

«Es wird ein mächtiges Gedrängel geben», dröhnte das Große Ding. «Und wie soll es auch anders werden, von wo? Die reichen Herren werden sich einen Schwung geben und sich samt der gnädigen Frau und den Jöhren in die Autos verladen und mit ihren Geldmappen in die windstille Schweiz fahren, und dann werden wir hier unter uns sein und an den Knöpfen abzählen, wer die Kriegsentschädigung zahlt.»

Das Fräulein meinte: «Sie wird hoch sein.»

Das Große Ding resümierte milde: «Es ist einfach aus-

sichtslos. Es geht nicht weiter. Wo man hinblickt, sind die Wege versperrt.»
Maus blickte die beiden gereizt an. Sie saßen in seiner Stube auf seinen Fauteuils. Wozu waren sie eigentlich heraufgekommen? Um ihm zuzusetzen? Da wäre er besser alleine geblieben.
Das Fräulein öffnete wieder den Mund, sie hatte mit dem Ding einen Blick gewechselt und schlug plötzlich einen andern Ton an: «Es gibt eine Lösung, Herr Maus.»
Und merkwürdig, wie sie so anfing, legte sich sein Ärger, und sie und das Große Ding waren nicht mehr Verlobte, die ihn belästigten. Er sah plötzlich den trüben Ernst, der auch über die beiden floß, denselben Ernst, den alle Leidensgenossen auf der Straße trugen, die nicht wußten, wohin. Und er hörte die Stimme von jemand, dem es wie ihm ging, von Fräulein Gries, sagen:
«Wir können nicht hoffen, daß für uns Brot und Arbeit vom Himmel fällt. Keiner nimmt sich unserer an. Alle wollen sich von der Verantwortung drücken. Wer einen Posten hat, ist froh, daß er drin sitzt. Klopfen Sie in den Büros an: Man weiß keinen Rat, man hat kein Geld. Man sagt: Gehen Sie da hin, gehen Sie da hin, um Sie abzuwimmeln. Da müssen wir schon unsere Sache allein in die Hand nehmen.» Das hörte Maus, und ihm kam vor, er hörte es zum erstenmal, er sperrte die Ohren auf: «Leicht gesagt, aber wie?»
«Wie?» wiederholte ernst und bestimmt das Fräulein, stellte ihren Ellenbogen auf das Knie und stützte den Kopf darauf. «Es wird Ihnen schwerfallen, sich das vorzustellen.»
Sie ist eine saubere ernste Person, dachte Maus, als er auf ihren glatten blonden Scheitel blickte. Sie trägt ein billiges Wollkleid, vielleicht ist es nicht einmal Wolle.
«Wie denken Sie überhaupt für sich auf einen Einfall zu kommen, Herr Maus? Sie Männer überhaupt. Im Frieden

hatten Sie es nicht nötig, und im Krieg mußten Sie gehorchen. Aber ich habe Karl gesagt: Du bist jetzt zu Hause, und es bleibt dir nichts weiter übrig, als deine eigenen fünf Sinne zusammenzunehmen. Erzählt bloß nichts von euren Heldensoldaten. Seht euch an, was ihr damit erreicht habt. – Verzeihen Sie, Herr Maus, wenn ich so offen rede.»
«Sie meinen wegen meiner Schulter? Pah.»
Aber die Schulter tat ihm doch sehr weh, das viele Herumlaufen bekam ihm nicht.
«Was hat mir Karl alles erzählt vor drei Monaten, wie es in Deutschland werden würde nach eurem Sieg, und siegen würdet ihr ja gewiß. Ich hab' das geglaubt. Warum es leugnen? Aber die Lüge, Herr Maus, die hab' ich schon vorher bemerkt. Die Lüge, wissen Sie was davon?»
Maus kam sich wie ein kleiner Schüler vor: «Was meinen Sie damit?»
Fräulein Gries: «Haben Sie Liebknecht gehört?»
Maus: «Gott sei Dank, nein. Ich spucke auf die Revolution.»
Ihm stand vor Augen der kümmerliche Kriegerverein, der sich seinem Lazarettzug auf der Rückfahrt vom Elsaß nähern wollte, biedere Männer in guter Ordnung mit einer roten Fahne. Sein Freund Becker stand auf Stöcken neben ihm, sie staunten beide, daß sich dies für Revolution ausgab.
Und während die Frauenstimme weiterredete, hörte Maus seinen Freund Becker sprechen, im Zug, in der Nacht der Abfahrt:
«Die Nacht. Die Nacht kommt, und jetzt ist Friede, der liebliche Friede. Wir wollen ihn uns niemals entreißen lassen.»
Wie hatte man in den Tagen geträumt und gehofft. Ach, wie hatte Maus auch von Hilde geträumt, von ihr, die nicht schrieb, deren Liebe sich Maus nicht aus dem Her-

zen reißen konnte, seine Krankenschwester im Lazarett. Sie schrieb nicht. Sie hatte ihm also doch nicht verziehen, daß er am letzten Tage, beim Abschied, in der Aufgewühltheit des Abschieds, sie so wild, wahrhaftig wie ein Tier, an sich riß. Sie schrieb nicht, seine Geliebte. Das war das Schlimmste. Es war zum Verzweifeln. Er lag in einem schwarzen Brunnen.
Das Fräulein öffnete ihre Handtasche und zog ein Büchlein heraus. Sie sprach sanft, Maus achtete auf, weil ihre Stimme zitterte:
«Sie müssen mir zuhören, Herr Maus. Sie müssen wissen, wie es bei uns zuging. Wie man uns durch den Krieg schleppte. Man hat uns erstickt in Lügen. Wenn Sie sich durch irgend etwas verdächtig machten, eine unüberlegte Frage stellten, wurden Sie bewacht, als wenn Deutschland feindliches Ausland wäre. Für wen geschah das? Für Sie, für euch Soldaten draußen? Nein, für den Kaiser und seine Generale. Die wollten ihren siegreichen Krieg führen. Wir, das Zivil, mußten dazu unsere Brüder, Männer und Söhne hergeben und hatten sonst stille zu sein. Sie ließen uns nicht mal wissen, was draußen vorging. Sie taten immer so, als ob da eine heilige Sache, eine hohe Wissenschaft sei, von der wir doch nichts verstünden. Sie wollten nur nicht, daß man ihnen in ihr Spiel schaute. Und dann haben sie alles verspielt. Und uns und unsere Zukunft mit. Und darum laufen wir so herum.»
Das ist erstaunlich, dachte Maus. Das kann doch nicht wahr sein. Wir haben eben Krieg geführt, und wir haben ihn verloren.
Das Fräulein hob ihr Büchelchen: «Sehen Sie sich dieses Heft an. Ich bin Lehrerin in einer Volksschule. Das hat man uns gegeben und wir mußten den Kindern daraus vorlesen. Die Kleinen saßen da, in ihren dünnen Kleidchen, mit leeren Mägen, mit hohlen Augen und blassen Gesichtern, Opfer der Blockade. Weil der Kaiser mit Eng-

land Krieg führen wollte, mußten die Kleinen hungern. Die Generale schrien über die Blockade. Aber auf diesen zarten Schultern der Kinder hockten die dicken Generale, der ordenbehängte Große Generalstab, und von da kämpften sie herunter. Und damit die Kleinen die Generale trugen und es gern taten, mußten wir ihnen Geschichten erzählen, wie die hier. Sehen Sie schon den Umschlag. Hier steht: ‹Deutsche! Fordert deutsche Erzeugnisse. Deutschen Kognak, deutschen Likör Hindenburg. Die besondere Genehmigung zur Führung des Namens Hindenburg ist von Seiner Exzellenz dem Herrn Generalfeldmarschall von Hindenburg erteilt worden.› Und dann die Geschichten: Hindenburg im Leben des Kindes. Vor der Siegessäule steht ein großer hölzerner Hindenburg. Ein Engelchen steigt vom Himmel herunter und klopft einen Nagel ein. Und dazu hat man gedichtet: ‹Aus des Himmels hochgewölbtem Bogen hat ein Engel in der blauen Nacht einen Sternennagel still gezogen und zur Erde mitgebracht.› Das mußten wir vorlesen.»
«Aufhören!» schrie das Große Ding. «Es ist nicht zu ertragen, Grete.»
Aber sie sprach leise weiter und hielt das Heft: «An diesen Schurkereien haben sich deutsche Intellektuelle beteiligt. Herr Maus, die Werke der deutschen Literatur liebe ich unverändert. Aber ich habe jedes Vertrauen zu unsern Intellektuellen verloren.»
In Maus krampfte es sich zusammen. Was ist das alles. Mir ist das alles gleich. Soll sie mir doch sagen, wie es weitergeht. Das Gerede der Frau entfachte in ihm einen düstern Zorn, der verschlang die Erinnerung an Becker und an das Schluchzen im rollenden Eisenbahnwagen: Friede. Süßer Friede. Er blickte zum Großen Ding herüber: «Also was machst du, Karl?»
Der runzelte die Stirn und hob beide Fäuste: «Ich stehe zur Revolution.»

Das Fräulein: «Wissen Sie eine andere Rettung? Wer soll hier strafen, den Unrat beseitigen, das Volk aufklären, Ordnung schaffen? Die Regierung von heute kann nicht. Sie will auch nicht.»
Das Große Ding war aufgestanden und schwang seine Arme. Er zitierte: «Die Hohenzollern hatten gehofft, bei Kriegsende siegreich durch das Brandenburger Tor zu ziehen, statt dessen ist das Proletariat eingezogen. Alle Throne in Deutschland sind gestürzt. Die Fürsten, die Generale, die Krautjunker, die Massenmörder haben sich in die Mäuselöcher verkrochen.»
Das Fräulein: «Das hat Liebknecht gesagt.»
Wieder klangen in Maus' Ohr Beckers Worte: «Die Nacht. Die Nacht. Jetzt kommt der Friede. Ich bin glücklich, daß wir dies erleben konnten.»
Der düstere Zorn in Maus. Er flüsterte: «Wir an der Front haben getan, was wir konnten. Wir sind nicht daran schuld, wenn andere hinten es so getrieben haben.»
Und er fühlte seine kranke Schulter, dachte an den sterbenden Flieger Richard im Lazarett neben seinem Zimmer, und die ferne Hilde. Er hatte plötzlich Tränen in den Augen, über den ganzen Jammer, und von aller Welt war man im Stich gelassen.
Die junge Lehrerin sah sein Gesicht blaß werden, seine Lippen zucken. Sie kam auf ihn zu und nahm seine Hand. Ja, sie strich seine Hand, als er den Kopf auf die Brust fallen ließ.
Ein Kanarienvogel sang im Nebenzimmer. Das vermehrte den Schmerz des armen Maus. Er zog seine Hand weg.
In Maus erfolgte ein plötzlicher Umschlag. Ein Entschluß fuhr wie ein Blitz durch ihn: Mit dieser ganzen Jämmerlichkeit mach' ich ein Ende.
Und er ging, ohne seine beiden Gäste zu beachten, zur Kommode hinter den Fauteuils, in einer raschen Bewegung, wie sonst, wenn er von der Kommode seinen Gürtel

und die Revolvertasche nahm. Als ihm der Spiegel sein Bild, sein verbissenes Gesicht zuwarf, sagte er mit heiserer Stimme, indem er die Haare mit einem Ruck aus der Stirn warf: «Also bitte. Was soll sein? Ich stehe zur Verfügung. An mir soll's nicht fehlen.»
Während sie aufbrachen, trieb es ihn noch einmal zur Kommode. Er bückte sich, zog die unterste Schublade auf und stopfte sich den Revolver in die Tasche. Auf der Straße neben den beiden, den Revolver in der Tasche, in seiner Hand, war ihm wohl. Zum erstenmal, seit er wieder in Berlin war, war ihm wohl. Er war eigentlich eben erst angekommen, zurück aus dem Feld. Er erkannte jetzt alles wieder, die Straßen, die Häuser, Geschäfte. Es war Berlin, furchtbar verkommen.

Sturm auf das Polizeipräsidium

In eine merkwürdige Versammlung am Gesundbrunnen führten das Große Ding und Fräulein Gries den gewesenen Leutnant Maus. Am Abend, in Sturm und Regen fuhr man hinaus.
Der Saal war gedrängt voll. Auf dem Podium, neben dem Vorsitzenden und dem Redner, saßen mehrere Männer, die ständig ihre Gesichter mit der Hand bedeckten. Es hieß, man sei hinter ihnen her. Nach allerhand Hin- und Hergerede über die «Intrigen» der Herren Ebert und Scheidemann, die sich «Sozialdemokraten schimpfen», unterbrach sich plötzlich der Sprecher, der erklärt hatte, keiner Partei anzugehören. Der Vorsitzende hatte ihm etwas zugeflüstert. Die geheimnisvollen Männer, die sich das Gesicht verdeckt hatten, verschwanden im Hintergrund. Der Vorsitzende erklärte, eine kurze Pause einlegen zu müssen, und verschwand auch. Nach einer guten Weile kam der Vorsitzende wieder, mit einem einfachen

Soldaten, und stellte sich an den großen Tisch, an dem noch immer der einsame Redner saß, den man unterbrochen hatte.
Im Saal war inzwischen eine bedeutende Veränderung eingetreten, als ob von den leisen Gesprächen auf der Bühne etwas durchgesickert sei. Die Leute hatten sich größtenteils erhoben. Man schob Bänke zusammen, um Platz zu schaffen. Man sammelte sich in einem Haufen vor der Bühne. Es wurde «Verrat» gerufen.
Der Vorsitzende schwang oben seine Glocke, man schrie Ruhe, es trat keine ein. Sie trat erst ein, als er selbst zu schreien aufhörte und der Soldat neben ihm aufstand.
Kurz und knapp, mit ostpreußischem Tonfall, verkündete der Mann: «Im Polizeipräsidium sitzen politische Gefangene. Am 9. und 10. November hat man nicht alle Zellen geöffnet. Es sitzen jetzt noch immer eine ganze Anzahl alte, aber auch – neue. Neue politische Gefangene.»
Ungeheure Erregung. Rufe: «Zum Präsidium. Befreit die Gefangenen!»
Im Augenblick waren die Türen des Saals geöffnet. Die Menge flutete hinaus. Man kletterte über Bänke, schrie, drohte.
Damals war alles möglich. Die Menge hatte nicht unrecht. Wie man aus Versehen erschoß, konnte man auch an irgendeiner Stelle unbequeme Leute festsetzen. Man war wehrlos dagegen, und da noch keine gegründete Ordnung bestand, mußte man selber Ordnung schaffen. Man war, wenn man in Massen zusammenstand, in einem Urzustand: zugleich Gesetzgeber und Richter.
Der Alarmruf «Politische Gefangene im Polizeipräsidium!» lief auch in andere Versammlungen. Es traten am späten Abend dieses 22. November, im Norden des finstern, dumpfen, niedergeschlagenen Berlins, dieses Rumpfes, dessen Organe sich krampfhaft zusammenzogen, geschlossene Züge von Männern auf die Straße und beweg-

ten sich die Brunnenstraße, Rosenthaler-, Münzstraße herunter auf den Alexanderplatz zu.
Dem ehemaligen Leutnant Maus war eigentümlich zumute, als er sich in einem dieser Haufen fand, der ohne weiteres in Viererreihen marschierte, wie eine Kompanie. Übrigens trugen viele Gewehre. Die Lehrerin, Fräulein Gries, und ihr Bräutigam, das Große Ding, waren von seiner Seite gerissen. Es machte ihm nichts aus. Gefangene sollten befreit werden. Er hatte keine Ahnung, worum es sich handeln konnte.
Man marschierte ohne Singen. Am Alexanderplatz, vor dem Warenhaus Tietz, hielt man. Man wartete. Maus fror und drehte seinen kleinen Revolver in der Manteltasche. Sie duzten ihn. Man spitzte die Ohren: Gesang aus der Landsberger Straße, «Brüder, zur Sonne, zur Freiheit». Eine Kolonne mit einer Fahne trat auf den Platz.
Drüben erhob sich die rote Zwingburg, das Polizeipräsidium.
Sie gingen darauf los. Sie waren jetzt mehrere hundert Mann. Am Eingang, gegenüber der engen und finsteren Kaiserstraße, machten sie halt. Das große Eisengitter des Präsidiums war verschlossen, kein Posten draußen. Man hatte offenbar den Zug gemeldet. Die Demonstranten riefen durch das Gitter. Soldaten zeigten sich drin. Sie schrien, wenn man etwas wolle, solle man am Seitenportal, «Aufgang für Pässe», klingeln. Da ließ man einige Leute ein und führte sie, als sie den Polizeipräsidenten oder seinen Vertreter verlangten, vor einen Beamten im ersten Stock, der mit Pantoffeln und wirrem grauem Haar nach einer Weile anschlurfte. Er trug einen Schafspelz, betrachtete auf dem eisigen Korridor grimmig die Deputation. Er fragte, was sie wollte. Als die Leute von Gefangenen sprachen, blickte er von einem zum andern – sie trugen Gewehre – und machte einen schiefen Mund: Welche Gefangenen sie meinten. – Die hier widerrecht-

lich festgehalten würden, die politischen. – Davon wüßte er nichts, es seien keine da. Er sagte: «Nein» und «hier gibt es keine Politischen». Damit war die Unterhaltung beendet. Erst wie die Leute die Treppe hinuntergingen und auf die Straße traten, kam ihnen vor, als ob man sie übers Ohr gehauen hätte. Und die Kameraden draußen begriffen sofort: Man hatte Vertreter des Volks einfach weggeschickt und hohe Obrigkeit gespielt. Eigentlich war damit alles bewiesen.

Und während man noch darüber am geschlossenen Haupttor debattierte, fuhr vom Alexanderplatz ein Lastauto mit bewaffneten Matrosen an. Denen schrie man zu, was es hier gab. Da sprangen die Matrosen ab, riefen durch das Gitter, und als man nicht öffnete, schossen sie.

Auf dem Hof hielt eine Sicherheitskompanie. Einer der Schüsse fuhr in eine Gruppe, die ein Maschinengewehr aufstellte, und tötete einen Mann. Da merkten die Leute drin, daß es ernst wurde, nahmen Deckung hinter Säulen und Türflügeln, rückten schießend gegen das Gitter vor; einige schossen von den Seitentreppen. Die Menge draußen stob auseinander. Das dauerte aber nicht lange. Matrosen erbrachen das Seitentor, liefen durch den beleuchteten Gang des Erdgeschosses, verjagten die Soldaten von der Treppe, gelangten auf den Hof, öffneten das große Gitter, und nun strömten Scharen herein. Die Sicherheitswehr hatte keine ernsthafte Absicht zu kämpfen, sie ließ sich leicht entwaffnen.

Man konnte links in den Gefängnisbau eindringen. Der wachhabende Kommissar trat aus seinem Büro, sie schrien ihn nieder, er mußte öffnen. Sie liefen durch die Gänge, alle Türen mußten aufgeschlossen werden, sie ließen sich auf keine Debatten ein. Alle Gefangenen, die man fand, wurden in Freiheit gesetzt, Unter Hallo und Drohrufen zog man ab. Der Wachkompanie hatte man die Gewehre und das Maschinengewehr abgenommen.

Das Ganze dauerte eine knappe halbe Stunde. Am Alexanderplatz, der völlig leer lag, trennte man sich. Man traf Verabredungen für den nächsten Vormittag und Abend.
Maus hatte einer den Revolver mit einem Gewehrkolben aus der Hand geschlagen. Er rannte in Wut dem Soldaten über die Treppen nach, der Mann ließ das Gewehr fallen und entkam in dem Labyrinth der dunklen Korridore. Maus hob das Gewehr auf. Als die Truppe sich wieder zurückbewegte, nahm er eine Droschke und fuhr nach Hause.
Er war in prachtvoller Stimmung. Der Schmerz in der Hand gehörte dazu. Leise, ohne Licht zu machen, betrat er sein Zimmer und stellte sein Gewehr in die Ecke, gutes altes preußisches Modell, genannt Knarre.
Ich bin Infanterist geworden. Morgen ziehen wir in die Brunnenstraße zur Beratung.
Wie nach einem Saufgelage riß er sich Mantel und Jacke ab und zog die Stiefel aus. Er warf sich aufs Bett. [...]

Kabinettssitzung

Straßen und Plätze stehen in Berlin am Vormittag des 22. November 1918 bewegungslos herum, friedlich, wie es ihre Natur ist, und der graue Novemberhimmel blinzelt sie ohne Interesse an. Man könnte diese Straßen und Plätze lethargisch nennen, wenn man sie so zu jeder Tages- und Nachtzeit am selben Fleck antrifft, immer mit der gleichen Fensterzahl, derselben Etagenhöhe und mit nur geringen Veränderungen an den Fenstern, an den Läden, die aber auch nicht von ihnen selber ausgehen, sondern von andern, von Menschen, die in ihnen wohnen. Aber dann erinnert man sich, daß sie aus schwer beweglichen, langsamen Elementen gemacht sind, aus Stein, Mörtel, Lehm und Beton, die über größere Zeit als wir verfügen. Man ist ihnen dankbar, daß sie nicht an der allgemeinen Raserei der Zeit teilnehmen und ohne Nervenkrise zu jeder Stunde dasselbe Gesicht zeigen.

Wie jeden Tag, so fahren auch heute Autos und winden sich von Straße zu Straße.

Wir sehen von Treptow nach Berlin ein Auto durch die Köpenicker Straße rollen, über die Inselbrücke, den Mühlendamm. Es lenkt in die Breitestraße ein. Wir sehen, wie es tapfer rudert, den Schloßplatz nimmt und in die Linden eintritt. Da begrüßen es historische Gebäude und Statuen. Das Taxi aber nimmt keine Kenntnis davon. Sein Fahrbedürfnis ist noch nicht erschöpft, der Chauffeur wankt und weicht nicht, denn er ist ein Mann, dem ein bestimmter Straßenname und eine Hausnummer vor Augen steht. Man hat sie ihm in Treptow zugerufen und sein Gehirn hält sie fest. Nun ist er in der Wilhelmstraße und hält.

Er hält vor einem mit Gittern verschlossenen Gebäude, auf dessen Vorplatz Soldaten und Matrosen ein Durcheinander bilden. Aus dem Auto steigen zwei jüngere Männer mit steifen Hüten, die sie beim Passieren der Autotür abnehmen, um sie nicht einzubeulen. Jeder drückt fest, aber ohne Liebe, eine dicke Aktenmappe an sich, und einer von ihnen bezahlt den Chauffeur nach einem Blick auf die Autouhr. Auch an dieser Uhr ist die Strecke von Treptow bis hier vorbeigeglitten. Die Uhr hat nur auf den Boden gestiert und gezählt, wieviel Meter unter ihr wegliefen. Die reine Wegeslänge beschäftigt die Uhr, auf ein so abstraktes Ding konzentrierte sich ihr Interesse, sie arbeitete in philosophischer Schau. Nach einem Blick auf diesen Philosophen strich der Chauffeur das Geld ein, addierte das Trinkgeld, und dann kam für ihn, auch für das Auto und die Uhr, wieder der Weg um die stillen Häuser herum.

Hinter den beiden jüngeren Leuten stieg ein dritter Mann aus dem Wagen, gemäß dem Sprichwort: «Das dicke

Ende kommt nach.» Es war in der Tat ein kleiner dicklicher, gedrungener Herr, der sich hinter den ersten beiden gradeswegs auf das Gittertor zubewegte, das prompt vor ihm aufsprang: Sesam öffne dich! Er war in einen braunen Wintermantel gehüllt, der seinen Körperumfang noch vermehrte, den Kragen hat er frostig hochgeschlagen, auf dem Kopf saß auch ihm ein steifer runder Hut. So stieg er zwischen seinen Begleitern die Stufen zu der Baulichkeit hinauf, ohne die militärischen Evolutionen der Soldaten und Matrosen zu beachten, die offenbar auf Ehrenerweisungen hinausliefen.

Diese Männer, die von dem Auto hertransportiert nun in das Haus eindrangen, waren rüstige, ausgewachsene Personen, die eine ruhige Nacht hinter sich hatten, obwohl im übrigen Revolution war, und die darangingen, ihre Arbeit zu verrichten. Als Arbeitsstätte war ihnen im Verlauf der Ereignisse, Krieg und Revolution, dieses Haus zugefallen. Daher bewegten sie sich hier mit vollkommener Sicherheit. Um niemanden im unklaren darüber zu lassen, wo wir uns befinden, machen wir darauf aufmerksam, daß es sich um die sogenannte Reichskanzlei handelt, also um ein Gebäude, das sich früher deutsche Kaiser und Könige hatten errichten lassen, um ihren obersten Beamten in Greifweite zu haben; sie selbst wohnten am Schloßplatz. Jetzt aber, wo sich Kaiser und Könige verflüchtigt haben, standen noch ihre Gebäude hier herum, und es war unvermeidlich, daß die Überlebenden, die Hinterbliebenen, sich Gedanken darüber machten, was mit diesen Gebäuden geschehen sollte, und daß sie selber leckere Vorstellungen von Macht und Herrlichkeit daran knüpften.

Wir verfolgen den kleinen dicken Mann und seine Begleitung durch das Gebäude. Wie er, eingerahmt von den beiden, ein Vorzimmer durchschreitet, das dicht besetzt ist, läuft ihm der Diener nach, der sich seit der Kaiserzeit hier befindet. Und sofort, wie von einem magischen Fin-

ger berührt, vom Hauch der Vergangenheit angeweht, knöpft sich der kleine Mann den Mantel auf, reicht seinen Hut hin, und der Diener hilft ihm aus dem Mantel, was nicht leicht geht. Dann übergeben ihm die beiden Männer ihre dicken Aktenmappen, und er verschwindet damit in dem Sprechzimmer.
Es ist ein Volksbeauftragter, der bekannte Sozialdemokrat Ebert. Kaum steht er allein in dem großen, mit weißem Holz ausgelegten Raum, vor den Konsolen mit den Marmorbüsten von Staatsmännern und Feldherren, als er die Aktenmappe auf den Tisch wirft, eine fällt auf den Teppich, er plaziert sich wütend hinter einen Stuhl, einen gewöhnlichen, freilich goldlackierten, und faßt sich ans Kinn. Es funktionierte noch immer nicht mit dem Hereintreten und dem Ausziehen des Mantels. Man gab ihm noch immer die Aktenmappen, statt daß der Diener sie hinter ihm her trug. Diese kümmerlichen Parteisitten. Als wenn es sich noch immer um eine Sitzung des Parteivorstandes in der Lindenstraße handle.
Er setzte sich in den großen Präsidentenstuhl, in dem Fürst Bismarck, der eiserne Kanzler, gesessen hatte. Unsere Leute lernen nichts. Es liegt auch an mir, ich muß ihnen nicht die Arme hinhalten, daß sie mir den Mantel ausziehen. Und dann das Gehen, den Kopf halten.
Er klingelte: «Ferdinand, wir sind doch früher, kommt mir vor, anders gegangen, nicht durch das Vorzimmer. Ist der Seitenkorridor verschlossen?»
«Zu Befehl, Exzellenz. Den Schlüssel hat Herr Volksbeauftragter Haase.»
«Warum?»
«Der Korridor führt zum Zimmer Eurer Exzellenz, und früher hatte der Herr Reichskanzler auch den Weg genommen, aber vor dem Korridor liegt das Sprechzimmer von Herrn Volksbeauftragten Haase, und der Korridor muß ihm als Vorraum dienen.»

«Aha. Wenig Platz.»
Der Diener wiegte respektvoll lächelnd den Kopf.
Ebert: «Man sitzt sich auf der Pelle.»
Der kaiserliche Diener: «Die Räume sind groß, aber früher saß bloß einer hier.»
Ebert winkte ab: «Danke, danke. – Jedenfalls nehmen Sie in Zukunft die Aktenmappen und tragen sie herein, und den Mantel und Hut lege ich hier ab.»
Der Diener verneigte sich und ging.
Der Volksbeauftragte fluchte vor sich hin und zog die Zigarrenkiste heran. Was mußte das für einen Eindruck machen, wenn man sich hier so auf die Füße trat. Partei, Partei, und so wollte man regieren. Er ärgerte sich noch, als er schon die rauchende Zigarre im Mund hatte. Und plötzlich stand er auf, unter einem neuen angenehmeren Gedanken und begann langsam, langsam, den Kopf mit der rauchenden Zigarre zurückgebogen, auf dem Teppich hin und her zu schreiten. Er sagte sich: Immer Schritt für Schritt, links – rechts, links – rechts, und nicht die Miene verändern. Bei dem Gedanken: nicht die Miene verändern, blickte er sich im Raum um; natürlich kein Spiegel, um sich zu kontrollieren. Er zog seine silberne Uhr; der Deckel spiegelte, aber verzerrt. Ich brauche einen Taschenspiegel. Darauf zog er ein Notizbuch und schrieb unter das Datum 22. November ein: «Taschenspiegel, Pikkel.» «Pickel» schrieb er dazu, damit ein anderer, der etwa neben ihm in das Buch blickte, gleich zur Erklärung «Pikkel» las. Wie er mehrfach gravitätisch hin und her geschritten war, fiel ihm ein: Jetzt lass' ich einen herkommen und probiere es direkt aus. Er klingelte.
Als der erste eintrat, stand er vor einem Aktenschrank hinter dem Tisch, versunken, nickte, ließ den Herrn sprechen. Dann fing er an, wie vorhin, die Hände auf dem Rücken, ernst auf und ab zu gehen. Sein Gram: Ihm kam vor, gehen ist überhaupt schlecht bei meiner kleinen Fi-

gur, besser ist stehen. Und plötzlich war er auch darüber so unklar, daß er sich auf seinem Sessel niederließ und sich fragte: Mit wem kann man denn das einmal besprechen, mit dem Schneider oder mit dem Friseur?
Inzwischen redete der Herr, Ebert nickte verdrossen. Wenn er über diese Frage «Würde» nicht bald hinwegkäme, konnte vieles schiefgehen. Was quatschte dieser langbärtige Herr? Er drückte, ohne daß der Redner es merkte, auf einen Knopf unter der Tischplatte. Bald klopfte es heftig, und es stürzten zwei Männer herein, drängten den Langbärtigen beiseite und flüsterten etwas mit Hinweis auf ein Aktenstück, das der eine geöffnet hinhielt. Der Herr wurde gebeten, draußen zu warten.
Die beiden Männer, die sonst mit einem beliebigen leeren Aktendeckel hereinkamen, hatten diesmal wirklich etwas darin: die eben eingelaufene Liste der in der Nacht befreiten Gefangenen, darunter einige politische. Ebert brüllte, Schweinerei, den Polizeipräsidenten wollte er sprechen.
«Wer hat diesen Mist gemacht?»
Als einer der Männer antwortete: «Matrosen», brüllte Ebert: «Es gibt keine Matrosen. Es gibt überhaupt keine Matrosen. Nächstens kommen Sie mir mit dem lieben Gott.»
Mitten im Brüllen beruhigte er sich. Die Sache, bemerkte er, hatte etwas Gutes: Es waren auch Einbrecher und Taschendiebe mitbefreit, das fiel auf die Bande. Darauf ließ er den langbärtigen Herrn wieder hereinkommen. Es stellte sich heraus, daß es sich um einen Geheimen Justizrat handelte, der vortragen sollte, daß seine Juristenvereinigung der «Sache des Friedens und der Ordnung» ergeben sei, die grade Ebert mit solcher Festigkeit vertrete.
Dasselbe hatte der Herr schon vorhin ausführlich und mit Schwung gesagt, nahm aber keinen Anstoß daran, es noch einmal vorzutragen.

Ebert fragte mißtrauisch, was seine Gruppe vorhabe.
«Alles zu tun, was dem Frieden und der Ordnung dient, in unserm engen Rahmen. Wir sind für eine Bürgerwehr, damit Berlin wieder in den Ruf einer zivilisierten Stadt kommt.»
«Ich bitte, nichts Selbständiges zu unternehmen. Die Aktion könnte mißverstanden werden. Sie werden mit dem Polizeipräsidenten und dem Stadtkommandanten Fühlung nehmen müssen.»
«Natürlich, natürlich», beteuerte der Geheime Justizrat. «Es liegt uns an nichts so sehr, als daß die Legalität bewahrt wird, und zwar nach jeder Seite hin.»
Der Volksbeauftragte nickte würdevoll. Mit diesem Geheimen Justizrat gelang es ihm. Er machte seinem Herzen Luft: «Das Bandenwesen in der Stadt. Man überschwemmt uns mit Verbrechern. Man will unsere Sache diskreditieren. Sie werden von dem Anschlag heute nacht gehört haben.»
Der Geheime Justizrat hatte nichts gehört.
Ebert sprach nunmehr, neben seinem Stuhl, eine Hand fest auf dem Tisch, die gesamte Juristengruppe hinter diesem ehrerbietigen Vertreter an und endete, es gelang glatt: «Wir wollen jedenfalls in bezug auf Straßensicherheit hinter dem alten Kaiserreich nicht zurückstehen.»
Der Justizrat war fest davon überzeugt. Er verneigte sich mehrfach. Ihm lag auf der Zunge, von dem neuen Stahlgitter zu berichten, das er selber gestern an seiner Bürotür hatte anbringen lassen, und wenn Ebert noch eine Minute so freundlich zu ihm war, würde er es erzählen. Aber da drückte ihm der die Hand. Strahlend zog der langbärtige Herr ab, im Kopf die Worte «Männerstolz vor Fürstenthron» und «Fühl in des Thrones Glanz».

Zu seinem Abscheu sah der Volksbeauftragte, wie sich gleich hinter dem Justizrat der Parteigenosse Wrede her-

einschlängelte. Vor dem nahm er sich nun gar nicht zusammen. «Ich bin der Nächste», lachte der in der Tür und näherte sich ohne weiteres; Ebert konnte es nicht verhindern, da haben wir den Salat, das mit dem Vorzimmer muß anders werden.
Nervös tippte er auf den Tisch: «Also? Ich bin im Druck (er zog seine Uhr), um zwölf haben wir Sitzung.»
«Nichts für ungut, Genosse, ich sitze schon seit neun und warte auf dich. Im Polizeipräsidium stinkt es.»
«Was heißt das?»
«Da sitzen Politische.»
«Quatsch. Hab' ich schon gehört. Ihr seid alle verrückt.»
Seine Hand zuckte wieder nach der Uhr. Da zog der Genosse einen Zettel aus der Brusttasche: «Hier hast du die Adressen und Namen von den Leuten, die sich bei uns in der Lindenstraße gemeldet haben, und die im Polizeipräsidium gesessen haben.»
Ebert, puterrot vor Zorn darüber, schlug auf den Tisch: «Ich sage, ihr seid verrückt. Wer soll denn verhaftet haben? Die Leute sind Schwindler. Hier ist eine ganz andere Liste.»
Und er griff nach dem Blatt, das man ihm eben gebracht hatte. «Das sind Leute, die man rausgelassen hat, Kriminalverbrecher, ganz gewöhnliche Einbrecher, zwei rückfällige Taschendiebe, die hat man befreit. Gratuliere zu dieser Bereicherung der Revolution.»
Der Genosse friedlich: «Zeig deine Namen. Die kenn' ich nicht. Unsere hab' ich vorhin selbst gesprochen.»
Ebert stemmte die Fäuste in die Hüften: «Und? Ich schenk' dir deine Namen. Jedenfalls, du willst die Sache decken? Diesen unerhörten Überfall auf das Präsidium, wodurch Berlin wieder einmal vor dem Reich bis auf die Knochen blamiert wird?» Wrede: «Von uns waren jedenfalls eingeschriebene Mitglieder unserer Partei dabei. Denen darf man nicht mit ehrenrührigen Sachen kommen.

Da sind Leute vom Präsidium, natürlich nicht Eichhorn, mit im Spiel.»
Darauf wurde der Volksbeauftragte ruhiger, schrieb sich die Namen der Leute auf: «Möchte bloß wissen, wer ein Interesse daran haben soll, diese Leute einzusperren.» Der Besucher zwinkerte Ebert zu: «Man hat schon mal was von Reaktion und von Offizieren gehört, Genosse.»
Er hörte nicht, als er die Tür hinter sich zuzog, wie der kleine Volksbeauftragte, an seinem Platz sitzend, den Kopf in beide Hände aufgestemmt, hinter ihm zischte: «Idioten. Idioten.»
Ebert hob den Telephonhörer, verlangte die Stadtkommandantur. Der Kommandant war nicht da; er fuhr den Diensttuenden an: «Was war das für eine Schweinerei heute nacht im Präsidium?»
«Wir hatten nicht mehr zuverlässige Leute zur Verfügung.»
«Frage ich nicht. Wer hat Politische eingesteckt?»
Drüben langes Räuspern. Ein anderer meldete sich, stellte sich militärisch forsch als Offizierstellvertreter Barthaupt oder Bartau vor: «Von Politischen ist diesseits nichts bekannt.»
Der Volksbeauftragte hieb den Hörer hin und rief den Polizeipräsidenten an. Nicht da. Der Geheimrat meldete sich. Die Verhafteten seien ordnungsmäßig eingeliefert. Er bat um die Erlaubnis, eine Bitte vortragen zu dürfen, nämlich, daß die Sicherheitswache im Präsidium verstärkt werde.
«Wird geschehen!» lachte Ebert giftig.

Die Beratung der Volksbeauftragten fand im Kleinen Konferenzsaal statt. Von den Männern, die eintraten, nahmen nur wenige Kenntnis von dem hoheitsvollen Charakter dieses Raums. Um so mehr Ebert.
Da Ebert annahm, daß man bald mit dem Sturm auf das Präsidium kommen würde, ging er, was ihm als Vorsit-

zendem leicht war, zum Angriff über, noch vor Eintritt in die Tagesordnung. Er wetterte über den Unfug der Ausweise an alle möglichen Personen, die sich Räte nannten und dann irgendwelche Soldaten auf der Straße für irgendwelche Zwecke requirierten. Zum Beispiel haben sich unter den Befreiten von heute nacht tatsächlich Politische befunden, und zwar, wie er nicht verheimlichen wolle, Politische von der Sozialdemokratischen Partei. Er donnerte: «Man will die Revolution diskreditieren.»
Wer die Leute verhaftet habe, wollte ein skeptischer Unabhängiger wissen.
Herr Scheidemann, Eberts Freund und Nachbar, bemerkte, daß man zwei Fragen zu unterscheiden habe: Wer verhaftet habe – natürlich Leute mit gefälschten Ausweisen – und wer mit Gewalt befreit habe. Über das letztere sei man jedenfalls im klaren. Aufgehetzte Massen mit Spartakus an der Spitze.
Der Frager murrte: Hier seien dunkle Kräfte am Werk; man verhafte, um unangenehme Personen zu beseitigen, und das Präsidium sei mit im Spiel, und wenn man das Volk reize, würde noch mehr geschehen als ein Sturm auf das Präsidium.
Scheidemann wog ernst den Kopf: «Rätselhafte Anspielung. Sprechen Sie doch deutlicher.»
Da man keine genauen Angaben machen konnte, blieb nichts weiter übrig, als einen Beschluß anzunehmen, wonach zum zweitenmal alle bisherigen Ausweise für ungültig erklärt wurden, außer solchen, die den Kommandanturstempel trugen.
Dann war man bei der Tagesordnung. Es wurden zwei Herren beauftragt, den Aufruf an die heimkehrenden Truppen zu entwerfen. Stolz, Bewunderung seien an die erste Stelle zu setzen. Anerkennung der Leistungen des Feldheeres, Ankündigung des neuen Aufbaus auf einer gerechten Grundlage («Das walte Gott!» rief drohend ein

Unabhängiger, die Sozialdemokraten sahen ihn beleidigt an), schließlich Bemerkungen, daß man nicht im Überfluß schwimme, daß man schwer werde arbeiten müssen.
«Schwer, schwer!» bestätigte Ebert bekümmert. «Voraussetzung ist natürlich Ordnung, keine Störung der Lebensmittelversorgung. Da kommen wir gleich zu einem andern Punkt (er hob ein Schriftstück). Der Feldmarschall Hindenburg aus Schloß Wilhelmshöhe bei Kassel (Zwischenruf eines älteren Unabhängigen, der entweder schwerhörig war oder so tat: «Von wem?»). Von Feldmarschall Hindenburg aus Schloß Wilhelmshöhe, Genosse.» – «Ah, der. Was tut denn der da?» – «Das ist das Hauptquartier.» – «Kassel? Das ist gut. Da hat auch Napoleon gesessen, wie er den Krieg verloren hatte.» (Mißbilligendes Schweigen und Lächeln, Räuspern.) «Das Telegramm von Hindenburg lautet: ‹Es ist nicht ausgeschlossen, daß die Franzosen sich Rechtstitel für eine Wiederaufnahme des Krieges verschaffen wollen. Ich muß ausdrücklich betonen, daß das deutsche Heer infolge der Härte der Waffenstillstandsbedingungen und unter dem Einfluß der Ereignisse in der Heimat nicht in der Lage ist, den Kampf wieder aufzunehmen.›»
Der schwerhörige Unabhängige (immer die Hand am Ohr) benutzte die tragische Pause, um loszulegen: «Der gute Onkel will uns Moralpredigten halten? Der soll sich lieber an die eigene Nase fassen. Da schiebt er uns nächstens noch seinen verlorenen Krieg zu. Da soll mit einmal das Heer bloß wegen Waffenstillstandsbedingungen oder Revolution nicht mehr kämpfen können. Das ist doch allerhand.»
Der Sozialdemokrat rechts von dem Vorsitzenden, der seriöse, gepflegte Mann mit braunem Vollbart, also Scheidemann, ließ seine ölige Stimme vernehmen: «Wir haben jedenfalls keinen Grund, uns der Waffenstillstandsbedingungen zu erfreuen.»

Der Schwerhörige, den Kopf vorgebeugt: «Von mir können sie alle Knarren und Kanonen kriegen, und die Generale dazu.»
Der ölige Herr: «Jedenfalls freuen sich andere nicht derart über unerhörte Waffenstillstandsbedingungen.»
«Wohl auch nicht über die Revolution, was?»
Indigniertes Kopfschütteln um den Vorsitzenden Ebert: «Genosse, so kommen wir nicht weiter. Ich bin beim Verlesen des Telegramms des Feldmarschalls Hindenburg.»
Der Schwerhörige: «Der sollte mal lieber den Mund halten.»
Ebert seufzte geduldig, seine Nachbarn taten verzweifelt.
Ebert: «Ich denke, wir waren uns einig, daß wir zufrieden sein können, daß er sich uns zur Verfügung gestellt hat.»
Der Schwerhörige: «Wenn der sich nicht zur Verfügung gestellt hätte, dann säße er nicht in seinem feinen Schloß Wilhelmshöhe, sondern in Spandau oder Magdeburg im Gefängnis, mit Ludendorff und Genossen und hätte sich zu verantworten.»
Ebert sah sich dem empörten Ansturm seiner Nachbarn ausgesetzt, die ihn zu einem energischen Auftreten veranlassen wollten. Aber er hob die Hände: «Wofür, Genosse? Du wirfst Hindenburg technische Fehler vor, in der Heeresleitung? Welche, wenn ich fragen darf?»
Der Schwerhörige erbittert: «Du verteidigst den? Wilhelms Hindenburg? Wozu sitzt du hier?»
Ebert drehte sich mit einem ratlosen Lächeln, quasi um Verzeihung für die Taktlosigkeit bittend, zu seinen Nachbarn.
Der Oppositionelle schickte, bevor er sich in seinem geräumigen Stuhl zurücklegte, um seinen Grimm zu verdauen, noch einen Tusch nach: «Da können wir ja gleich Hindenburg bitten, herzukommen und für uns alles zu machen. Wären wir ja ganz überflüssig.»

Ebert, das Blatt in der Hand, verlas weiter mit sachlicher Stimme: «'Ich halte es für meine Pflicht, dies deshalb zu betonen, weil aus Äußerungen der feindlichen Presse hervorgeht, daß die feindlichen Regierungen nur mit einer deutschen Regierung, die sich auf die Mehrheit des Volkes stützt, Frieden schließen werden.› Nun», beendete der Vorsitzende diese Verlesung, «hiergegen wird sich wohl von keiner Seite Widerspruch erheben.»
Der Schwerhörige fraß in seinem Stuhl an seinem Ärger.
Aber der angesehene Volksbeauftragte Haase, ein kluger, vorsichtiger Mann, machte nun eine Bewegung, hob seinen kleinen gelben Bleistift, der Vorsitzende nickte verbindlich – wir verstehen uns doch –, aber Haase erwiderte den Ausdruck nicht: «Natürlich wird kein Widerspruch erhoben, weder gegen die Gedanken noch gegen die Form, in der sich der Feldmarschall äußert. Wir stellen mit Genugtuung fest, daß sich der Feldmarschall zu der Ansicht bekehrt hat, daß zum Regieren die Zustimmung der Mehrheit des Volkes notwendig ist. Er bekennt sich, wie es sich für einen Funktionär der Republik von selbst versteht, zur Demokratie. (Ebert saß, die Augen auf dem Papier, unbeweglich; der Schlag mußte erst kommen.) Was veranlaßt aber den Generalfeldmarschall zu diesem Telegramm? Die Militärherrschaft, weiß er, ist zu Ende, schon seit der Flucht Ludendorffs. Für Einmischung des Militärs in zivile Geschäfte dürfte heutzutage die Öffentlichkeit sehr empfindlich sein.»
Ebert wechselte mit seinem Nachbarn einige Flüsterworte; Haase blickte hin und unterbrach sehr höflich: «Beliebt etwas?»
Ebert ebenso höflich: «Entschuldigung. Ich vergaß, worauf man mich eben aufmerksam machte, in der Tat das Begleitschreiben vorzulesen, worin der Feldmarschall direkt bittet, seine Äußerung oder Kundgebung zur Veröffentlichung der Presse zu übergeben.»

Ein Unabhängiger, rotes jugendliches Gesicht: «Aber ich bin absolut dagegen.»
Ebert resigniert: «Darf ich meine Ansicht formulieren? Was mich (und er legte vertraulich seine Hand auf den Handrücken seines Nachbarn, der zusammenzuckte) und meinen Freund veranlaßte, die Meinungsäußerung des alten Feldmarschalls vorzulegen, war die unbestreitbare, noch heute auf große, uns fernstehende Volksmassen wirkende Popularität des Mannes. Wir können natürlich das Telegramm einfach liegenlassen. Aber wenn Hindenburg die Augen darüber aufgegangen sind, daß nur Demokratie die Basis einer Regierung bilden kann – womit er seine ganze Vergangenheit desavouiert, wie Genosse Haase richtig bemerkt hat –, warum sollen wir das nicht an andere gelangen lassen, die vielleicht noch nicht so weit sind. Es leistet uns gute Dienste. Wenn er hier öffentlich seinen alten Standpunkt widerruft und uns unterstützt – warum die Hilfe ablehnen? Wir sind auf viel guten Willen in der nächsten Zeit angewiesen. Je breiter unsere Basis ist, um so sicherer wird die deutsche Demokratie sein.»
Haase, nachdem er einen Blick mit dem Vorsitzenden ausgetauscht hatte: «Es wäre wünschenswert, wenn sich noch andere Genossen äußerten.»
Der elegante Sozialdemokrat mit dem schöngeistigen Bart: «Ich bin für Schluß der Debatte, da doch Übereinstimmung darüber besteht, daß man für die Demokratie eine breite Basis braucht.»
«Wer wünscht sich noch zu äußern?»
Der verärgerte Unabhängige aus seinem Stuhl: «Ich bin dagegen.»
Ebert unbewegt: «Wer sonst?»
Abstimmung. Vier Stimmen für, eine gegen die Veröffentlichung, Haase enthielt sich.
Ebert steckte das Blatt in die Aktenmappe neben sich: «Kleine Unstimmigkeiten, Genossen, Geschmacksunter-

schiede. Wenn es nach mir ginge, sitze ich auch lieber mit Genossen in einem Bierlokal zusammen und lasse mich von Marx, Engels und Lassalle führen. Zur Demokratie muß man besonders in Deutschland leider erst die Leute erziehen.»
Der finstere Unabhängige: «Und nachher paßt du dich an.»
Ebert mit gutmütigem Blick zu ihm herüber, während er schon das nächste Blatt ergreift: «Wollen's nicht hoffen.»

Geheimlinie 998

Abends sprach Ebert, wie gewöhnlich, mit Kassel, Schloß Wilhelmshöhe, auf Geheimlinie 998, die noch vom Krieg her aus der Kanzlei in das Hauptquartier führte.
Groener, der Generalquartiermeister, meldete sich sofort.
Ebert: «Nichts Besonderes. Aber ich wollte mich bedanken, daß Sie die Kundgebung des Herrn Generalfeldmarschalls, die ich anregte, so rasch erledigt haben. Sie wird uns nützlich sein.»
«Das Ding ist in Ihren Händen? Hindenburg hat glatt unterhauen. Er sieht einen bei solchen Papieren bloß groß an, lesen tut er nicht lange, und knurrt: ‹Wenn's nicht gegen meine Ehre geht.›»
Ebert fröhlich: «Nein, das tut es gewiß nicht. Die Kundgebung steht heute abend in allen Zeitungen. Nochmals ergebenen Dank. – Und dann (er zögerte), Spartakisten haben uns hier heut' nacht einen bösen Streich gespielt. Sie haben einen Sturm auf das Polizeipräsidium gemacht und Gefangene befreit.»
«Schweinerei. Hab' davon gehört.»
«Es fehlte nicht viel, daß sie das Präsidium nahmen. Uns fehlen Leute.»
«Was macht ihr für Geschichten. Sie haben doch nicht

Furcht, lieber Reichskanzler? Wollen Sie, daß ich Truppen schicke?»
Sehr rasch, überstürzt kam die Antwort: «Vielen Dank, durchaus nicht, nein, ich danke.»
«Aber Sie wollen doch nicht, daß Ihnen die Kerle die Bude über dem Kopf anstecken?»
Gezwungenes Lachen: «Gewiß nicht, Exzellenz.» Kurze Pause.
Die Stimme von Wilhelmshöhe gleichmütig und unverändert wohlwollend: «Ist mir jedenfalls recht, daß Sie mich informieren. Sie erleben da, verehrter Reichskanzler, wie es im Krieg zugeht, mal rauf, mal runter. Wer die besten Nerven hat, siegt.»
Er sprach über den Rückzug des Feldheeres. Alles vollzöge sich diszipliniert, in der größten Ordnung. Anfang Dezember würden die Berliner Regimenter einziehen. Ebert dankte für die Aufklärung. Er hängte gedankenvoll ab.
Drüben der württembergische General auf seinem Sessel spielte mit dem Globus, der vor ihm neben dem Apparat stand. Er runzelte die breite Stirn und schlug die Arme übereinander.
Macht dieser Mann in Berlin schon jetzt Schwierigkeiten?
1940/41

BAND 3: HEIMKEHR DER FRONTTRUPPEN

Der 10. Dezember. Wenn die Truppen durch das Brandenburger Tor marschieren, erscheinen sie wie Gegenwart und Zukunft. Je tiefer sie in die Stadt eindringen, um so mehr altern sie und werden schließlich ganz unwirklich.

So war dieser Dienstag gekommen, den man zum ersten Einzugstag der deutschen Fronttruppen in Berlin bestimmt hatte.

Als der strömende Regen am Morgen nachließ, belebte sich der Westen Berlins, die Gegend zwischen Wilmersdorf und Schmargendorf. Scharen von Kindern versammelten sich auf dem Heidelberger Platz. Händler mit schwarz-weiß-roten Fahnen erschienen. Aber die Kinder, die geschlossen anrückten, hatten ihre schwarz-weiß-roten Fahnen, Überbleibsel des Krieges, schon selber mitgebracht. Die Händler verkauften mit Erfolg Ansichtskarten mit Bildern der ehemaligen Fürsten.
Zuerst rückte eine Abteilung der Gardekavallerieschützen an. Sie hatten auf dem Rittergut Düppel gelegen. Früh um neun setzten sie sich in Bewegung. Frauen und Mädchen putzten ihnen die Sättel, halfen die Geschütze mit Wollappen putzen. Junge Bürgermädchen gingen zwischen den aufgestellten Truppen hin und her und verteilten Maiglöckchensträuße. Die Mannschaften befestigten an jedem Wagen eine schwarz-weiß-rote Fahne. Pferde, Wagen und Maschinengewehre schmückten sie mit Tannengrün.
Dann brach man auf nach Berlin, an der Spitze die Musikkapelle der vierten Kürassiere aus Münster, dann die Regimentsstandarte, eskortiert von Offizieren und Fahnenjunkern. Mit Trompeten und Gesang ging es vorwärts.
Vom Heidelberger Platz ab waren die Straßen schwarz von Menschen. Eine große Erregung lag auf ihnen. Die Spannung wuchs. Man glaubte ferne Paukenschläge zu hören. Eine Welle von Rufen wogte über die Straßen. Die Schutzleute bildeten eine Kette, um die Masse zurückzuhalten. Jetzt näherten sich wirklich Trompeten.
Und nun das Schauspiel, bei dem viele in der Masse weinten, Männer wie Frauen, im Gefühl des menschlichen Schicksals, eingedenk des langen Krieges und aller Toten.
Sahen die Menschen die Truppen? Sie blickten auf den langen Krieg, auf Siege und auf die Niederlage. Da zog an

ihnen vorbei ein Stück des eigenen Lebens mit Wagen und Pferden, Maschinengewehren und Kanonen.

Ein unendliches Hochrufen schlug um den Zug. Die Kinder schwenkten ihre Fahnen. Aus Fenstern und von Balkonen winkte man mit Taschentüchern. Mannschaften und Offiziere hatten ihre Maiglöckchen an der Brust angesteckt, manche trugen das Eiserne Kreuz, alle schwarz-weiß-rote Rosetten und Schleifen.

Hinter den Gardekavallerieschützen marschierten die Gardeulanen, Jäger und kombinierte Jägerabteilungen, mit frischem Tannenbruch geschmückt. Jede Abteilung hinter ihrer kaiserlichen Fahne.

Es kamen rauchende Gulaschkanonen, zur Freude des Publikums, dann Ärzte, Zahlmeister, Feldgeistliche.

In Autos fuhren höhere Offiziere. Bayern, Sachsen und Württemberger in einem Bataillon zusammengestellt. Der Divisionsstab mit General Hoffmann. Die Gardemaschinengewehrabteilung, das Gardeküirassierregiment, das Leibküirassierregiment, die Dreierdragoner, die Achter- und Elferhusaren, die Fünferulanen, das zweite und sechste Jägerregiment zu Pferd.

Es zog auch, ohne der Masse aufzufallen, das vierte Küirassierregiment vorbei und war achtundvierzig Mann stark. Alle andern lagen an der Aisne in Frankreich.

Zuletzt eine Radfahrerkompanie.

Sie erreichten die Kaiserallee mittags um halb zwölf. Von allen Häusern wehten Flaggen. Kinder saßen vor den Reitern auf den Pferden und lachten – die Jugend, die Zukunft des Landes, jetzt mußte es besser werden. Alle Elektrischen hielten. Auf den Straßen ein dichtes Menschengewimmel. Die Häuser, voller winkender Menschen und mit wehenden Fahnen überschüttet, hatten ihre Starre verloren. Die Soldaten sangen und sangen: «In der Heimat, in der Heimat, da gibt's ein Wiedersehn.» Die Masse, die sich vor Erregung nicht halten konnte, sang mit. Wagen und Wagen, Reiter und Reiter. Die Spitze des Zugs erreichte den kahlen Tiergarten.

Den Pariser Platz und das Brandenburger Tor hatte der Maler Sandkuhl ausgeschmückt. Die Säulen des Tors waren mit Tannengirlanden umwunden. Über dem Mitteltor hing ein Transparent mit der Inschrift: «Friede und Freiheit.» Auf dem Platz hatte man eine Reihe hoher Masten errichtet, die Kränze trugen. Vor dem Eingang zur Mittelpromenade der Linden standen zwei riesige Obelisken, mit Friedenspalmen auf den Vorder- und Seitenflächen. Die Rednertribüne, denn hier sollte der offizielle Empfang stattfinden, hatte man auf der Südseite des Platzes aufgebaut.

Es schien, als wollte man den Zuschauern – an hunderttausend Menschen, sie füllten Kopf an Kopf den Platz und drängten von den Linden nach – den Aufenthalt auf dem Platz so unangenehm wie möglich machen und den einziehenden Truppen einen Vorgeschmack von der Berliner Unordnung geben. Es waren viel zu wenig Schutzleute da. Furchtbar waren die Menschen eingekeilt. Viele kämpften und schlugen um sich, um aus dem erstickenden Gedränge herauszukommen. Kinder wurden über die Köpfe hinweggehoben. Man hörte Hilferufe, kreischende Frauen. Mit Gewalt mußten sich Sanitäter zu Ohnmächtigen durchdrängen.

Als sich die Musik näherte, bildeten Soldaten eine Kette und machten den Truppen den Weg frei. Es war, nach dem Regen der Nacht, trübe geblieben, und ein weicher Nebel lag über der Stadt.

Da stiegen mehrere Männer hinten zu der kleinen Tribüne hinauf. Und vor den schweren Girlandengewinden wurde ein kleiner rundlicher Mann in dickem Mantel sichtbar, er hatte einen schwarzen Knebelbart und hielt einen Zettel in der Hand. Dies war der Volksbeauftragte Ebert, der erstaunt auf die ungeheure Masse blickte und

sich fragte, wie er hier mit seiner Stimme durchdringen sollte. Aber die Masse hatte andere Sorgen. Man trug jetzt grade zwei verwundete Frauen aus dem Gedränge durch die Gassen, die man für die Truppen freigemacht hatte.
Neben den kleinen behäbigen Mann stellte sich ein älterer hoher Offizier. Auf dem Kopf trug er die Pickelhaube mit einem feldgrauen Bezug. Dies war der General Lequis, den das Große Hauptquartier mit dem Sonderkommando Berlin beauftragt hatte.
Sehr feierlich und übel gelaunt kletterte nach ihm noch ein überlebensgroßer Herr auf die Tribüne. Er hatte einen kräftigen Schnurrbart auf der Oberlippe und auf dem Kopf einen Zylinder, die Angströhre. Es sollte der Oberbürgermeister von Berlin sein, der den trüben, aber nur zu berechtigten Namen Wermuth trug.
Sie standen zu dritt nebeneinander, der kleine Volksbeauftragte mit der Fliege, der General mit der Pickelhaube und der Oberbürgermeister mit der Angströhre. Sie standen auf der Tribüne vor dem schäumenden Menschenmeer und warteten.
In breiten Schwaden schwamm der Nebel vom Tiergarten her über das Brandenburger Tor, auf dem noch immer das siegreiche Viergespann seinen Einzug in die Stadt hielt, jedoch in Bronze, ohne von der Stelle zu kommen.
Musik, Pauken und Trompeten, Tücherschwenken, Hochrufe. Unter den Fanfarenklängen des «Hohenfriedberger Marsches» schlängelte sich die Vorhut des Zuges durch die Masse. Es wirkte enttäuschend. Die Truppen waren trotz ihrer vielen Fahnen in diesem Menschenmeer kaum sichtbar. Ihre Musik ging in den Hochrufen unter. Dann wurde das Signal: «Das Ganze halt!» gegeben, und die Spitze hielt vor der Tribüne, wo neben einem General zwei bürgerliche Herren offenbar etwas Rednerisches von sich geben wollten.

Für die Menge gab es dann eine Weile weiter nichts als das erstickende Schieben und Stoßen. Kinder und Erwachsene schrien. Die Soldaten standen, die Fahnen bewegten sich nicht. Es hieß, daß man auf der Tribüne redete.
Die Journalisten in der Nähe der Tribüne und einige andere bemerkten, wie erst der baumlange Oberbürgermeister und dann das Staatsoberhaupt vortraten, sich gewaltig anstrengten, um vernehmlich zu sprechen, es dann aufgaben und mit ihrer gewöhnlichen Stimme vorlasen, was sie auf ihrem Blatte fanden:
«Seid gegrüßt daheim, tapfere Krieger. Liebe Brüder.» Es kam dann etwas von «unauslöschlicher Dankbarkeit» und der schamhafte Hinweis: «Ihr verließet ein Altes und findet ein Neues.» Es endete mit einem: «Willkommen in Berlin.»
Der Zylinder verzog sich. Was an ihm lag, hatte er getan.
Nun schob sich das rundliche Staatsoberhaupt vor. Es begann da, wo der Zylinderhut aufgehört hatte.
«Willkommen in der deutschen Republik», rief Ebert, «willkommen in der Heimat.» Und er mischte nun nach Belieben freudige Willkommensgrüße mit politischen Hinweisen und Warnungen.
Er schmeichelte den Truppen: «Erhobenen Hauptes dürft ihr zurückkehren. Nie haben Menschen Größeres geleistet.»
Er warf sich mächtig an die Soldaten heran, die aber, soweit sie überhaupt etwas hörten, von der ganzen Sache nichts hielten.
«Eure Opfer sind ohne Beispiel», verriet ihnen das frisch gebackene Staatsoberhaupt. «Kein Feind hat euch überwunden. Erst als die Übermacht der Gegner an Menschen und Material erdrückend wurde, habt ihr den Kampf aufgegeben.»
Danach rieb er ihnen unter die Nase, was inzwischen vorgefallen war:

«Die alte Herrschaft, die wie ein Fluch auf unseren Taten lag, hat das deutsche Volk abgeschüttelt. Auf euch ruht die Hoffnung der deutschen Freiheit. Unser unglückliches Land ist arm geworden. Es geht um den Wiederaufbau der Zukunft.»
Gegen den Schluß ließ er etwas fallen von der «sozialistischen Republik», die ein «Heimwesen der Arbeit» sein werde. Er ließ dann «das deutsche Vaterland, den freien Volksstaat Deutschland» hochleben, was sich jedoch auf die nähere Umgebung der Tribüne beschränkte.
Nach einer Weile setzte sich die Spitze des Zuges wieder in Bewegung. Das Schieben und Drängen in der Masse nahm einen größeren Umfang an. Man bekam einige Soldatenköpfe zu sehen, die sich, Lanzenspitzen neben sich, nach den Linden zu bewegten, offenbar Reiter. Andere Helmspitzen bewegten sich in derselben Richtung zu zweien nebeneinander. Das mußten Soldaten auf Wagen und Kanonen sein. Der Zug wälzte sich die Linden hinunter.
Und da begann sich der fürchterliche Menschenknäuel zu lösen. Die Menschen fluteten den Soldaten nach. Sie ließen hinter sich ein förmliches Schlachtfeld. Auf dem Asphalt und den Trottoirs des Pariser Platzes lagen zerrissene Schals, zerbrochene Schirme, Taschentücher, zertretene Äpfel, Aktenmappen und Damentaschen. Man fand sogar einzelne Schuhe, wahrscheinlich von Verwundeten, die man weggetragen hatte.
Leer stand wieder die kleine Rednertribüne an der Südseite mit ihren Tannenreisern und Rosetten. Sie war nur kurze Zeit benutzt worden. Ihre Gäste hatten sich schon wieder in die Gebäude geflüchtet, wo sie ihrer Sache sicherer waren, das Reichsoberhaupt in die Wilhelmstraße, der Oberbürgermeister in sein Rathaus, der General Lequis in das Stabszimmer.
Wahrscheinlich aßen sie jetzt alle drei zu Mittag.

Je mehr sich aber die Soldaten von ihrer Ausgangsbasis, Schmargendorf, und dem Durchgangspunkt, Pariser Platz, entfernten, um so weniger Menschen sammelten sich um sie. Sie hielten noch einmal am Opernplatz. Dann lösten sie sich auf, um getrennt in ihre Kasernen zu marschieren.
Als Truppen am Schloß vorbeimarschierten, waren da rote Fahnen herausgesteckt. Und vor den Toren patrouillierten bewaffnete Matrosen, Gewehr am Riemen auf dem Rücken, das Flintenrohr abwärts. Sie nahmen von den vorbeimarschierenden Regimentern nicht Notiz.
Lustig klingelten die Elektrischen im Zentrum Berlins. An den Bordschwellen gab es noch Gruppen von Neugierigen, aber selten Leute, die winkten. Interessiert und wenig erfreut betrachtete man die Uniformen, diesen ganzen militärischen Aufputz. Höhnische Worte bekamen die Soldaten zu hören. Und nicht eine einzige schwarz-weiß-rote Fahne an den Häusern, deren graue Reihen nicht enden wollten.
Die Regimenter zogen durch den Nebel. Ihre Wagen trugen die kaiserlichen Fahnen. Man hatte noch an der Brust die Maiglöckchen von Schmargendorf und Wilmersdorf. Auch hier standen Kinder herum, aber keins wollte auf einen Wagen. Kinder und Erwachsene schwiegen beim Anblick des schwarz-weiß-roten Heerwurms.
Und so ging es in die Kasernen im Süden und im Norden. Sie marschierten schon lange ohne Musik. Keinem fiel mehr ein zu singen: «In der Heimat, in der Heimat, da gibt's ein Wiedersehn.» Feindselig blickten die Leute hinter ihnen her.
Wie alt war man geworden, wie unwahr mit den Flinten, Kanonen und Offizieren.
Das wanderte durch die Straßen Berlins wie ein Fetisch aus dem Urwald, mit Spießen und Klappern. Der Wind wehte Staub um sie.

Während sie in die Stadt einzogen, tagte in der Prinz-Albrecht-Straße der Vollzugsrat und beriet über die Munition, die diese Truppe mit sich schleppte. Mehrere Formationen hatten achtzigtausend Schuß pro Maschinengewehr mitgebracht. Man beschloß, die Munition zu konfiszieren und leitete diesen Antrag sofort an die Regierung.
Im Tiergarten waren noch vor dem Einmarsch Beschädigungen an den Denkmälern der Preußenkönige Friedrich Wilhelm I. und Friedrich II. vorgenommen worden. Es fehlten mehrere Bronzekronen. Wie die Dinge aber in Berlin lagen, konnte es sich auch um einfachen Metalldiebstahl handeln. 1940/41

BAND 4: KARL UND ROSA

6. Januar: Der Revolutionsausschuß konstituiert sich

Der Morgen war gekommen, und es war Zeit, an die Ausführung der Pläne zu gehen, die die Nacht hervorgebracht hatte.
Es wurden einige hundert Bewaffnete im Hof des Marstalls zusammengestellt, und sie erhielten den Auftrag, nach dem Kriegsministerium, Leipziger Straße, zu fahren und die Übergabe des Gebäudes zu verlangen. Einem von den Leuten gab man zur Legitimation die Proklamation mit, die man in der Nacht verfaßt hatte.
An dreihundert Matrosen schwangen sich nun auf die Lastwagen, von denen jeder Maschinengewehre trug, und so sausten sie in die stille Stadt hinein, die Breite Straße hinunter über die Gertraudenbrücke, den Spittelmarkt, in die Leipziger Straße hinein, lauter friedlich bürgerliche Straßen, die nicht ahnten, welchem Schauspiel sie jetzt beiwohnten, der ersten, unbeachteten Szene eines abgrundtiefen Trauerspiels, am Abschluß dessen auch viele

dieser Häuser in Flammen aufgehen werden. Auch die Lastwagen mit den munteren dreihundert Matrosen fuhren ruhig und suchten das Gebäude, das sie haben wollten, das Kriegsministerium. Es war ein älteres, langgestrecktes, nichtssagendes Haus, glatte Wände, Fenster und Türen.
Wie sie unten absprangen, einer die Glocke zog und man kam, ihnen aufzuschließen, stand da ein Trupp von Matrosen, Gewehr umgehängt, und verlangte durch ihren Anführer, vor den Kriegsminister oder seinen Vertreter geführt zu werden.
Man ließ den Trupp, mit dem nicht zu spaßen war, ein und führte ihn durch lange Gänge, bis sie zu dem Büro des Unterstaatssekretärs Hamburger kamen. Da traten sie ein. Ein Matrose zeigte dem Herrn, der sie nach ihrem Anliegen fragte, den Zettel, den man ihm gegeben hatte und auf dem stand, daß die Regierung Ebert-Scheidemann abgesetzt sei und der Revolutionsausschuß die Regierungsgeschäfte vorläufig übernommen hätte. Von alledem war hier nichts bekannt. Der Matrosenführer verlangte die Übergabe des Gebäudes.
Der Unterstaatssekretär war ein Beamter und wollte eine solche Sache natürlich nicht auf eigene Kappe übernehmen. Er entschuldigte sich und erklärte, sich über die Angelegenheit erst mit seinen anderen Kollegen im Haus unterhalten zu müssen. Dagegen hatten die Matrosen nichts einzuwenden. Er sollte sich nur ruhig unterhalten.
Da ging er in den Nebenraum und sprach mit andern Beamten, die nicht weniger konsterniert waren als er. Was sollte man machen? Natürlich telephonieren, um zu wissen, was eigentlich los wäre. Aber viel Zeit würden einem die Matrosen nicht lassen. Es war ja ein regelrechter Überfall. Da lasen denn die Beamten zusammen noch einmal den Zettel durch, und weil sie Brüokraten waren, stellten sie sofort einen Formfehler fest. Drei Mann sollten unterzeichnen, Ledebour war vorgezeichnet, aber er hatte nicht

unterzeichnet. Nein, das stimmte nicht, darauf konnte man sich nicht einlassen. Und Hamburger begab sich mit seinen Mitbürokraten in sein Zimmer, wo die Matrosen geduldig warteten, um das Kriegsministerium zu übernehmen.

Aber Hamburger zeigte eine gerunzelte Stirn und wies ihnen ärgerlich auf dem Papier nach, daß und warum die Sache nicht ginge. Das Papier sei nicht ordnungsgemäß unterschrieben. Da könne ja jeder kommen und die Übergabe des Kriegsministeriums verlangen.

«Bitte, sehen Sie selbst, Ledebours Unterschrift fehlt.»

Sie sahen es und mußten es zugeben. Einer erklärte, das läge bloß daran, daß der alte Ledebour nicht die ganze Nacht im Marstall ausgehalten habe und nach Hause gegangen sei.

«Tut mir furchtbar leid», antwortete Hamburger, «kann ich völlig verstehen. Aber wenn man was will, muß man eben dableiben. Jedenfalls: Ohne die Unterschrift geht es nicht.»

Er gab ihnen entschieden den Zettel zurück. Sie sollten die dritte Unterschrift besorgen.

Darauf zogen die Matrosen verdutzt mit ihrem Zettel ab. Sie schimpften über die Schweinerei. So liederlich arbeiteten die im Marstall, nicht einmal ein Schriftstück konnten sie richtig ausfüllen. Und jetzt müßten sie die Fahrt hin und her noch einmal machen.

Sie sprangen unten alle wieder mit kriegerischem Elan in die Wagen, Gewehr in der Hand, die Maschinengewehre drohend auf die Straße gerichtet. Sie sausten ab.

Hinter ihnen aber, im Kriegsministerium, spielten jetzt alle Telephone. Alarmrufe gingen nach allen Seiten hinaus. Seit der Nacht standen schon einige hundert sozialdemokratische Arbeiter vor der Reichskanzlei, im Reichstagsgebäude lagen angeworbene Soldaten. Sie eilten sofort herbei.

Und wie nun nach einer halben Stunde die treuherzigen Matrosen vom Spittelmarkt wieder anrasselten, gewaltig, Wagen hinter Wagen, mit Gewehren und Mitrailleusen und jetzt ihren Zettel wieder vorzeigen wollten und jetzt stimmte er, und Liebknecht hatte ihn in Vertretung von Ledebour unterzeichnet, da sah die Leipziger Straße schon ganz anders aus. Die Matrosen staunten schon am Dönhoffplatz, da hinten mußte etwas los sein, alles schwarz von Menschen. Und dann war es das Kriegsministerium, und da konnten sie überhaupt nicht heran, und die Wagen mußten halten, und sie mußten abspringen. Sie sahen sich um. Die Situation war klar. Wenn man hier etwas wollte, mußte man kämpfen.
Sie versuchten es noch einmal, friedlich durchzukommen. Sie erklärten, dem Unterstaatssekretär Hamburger ein Schreiben bringen zu müssen.
«Wir wollen zum Unterstaatssekretär Hamburger.»
Was Hamburger, wer ist Hamburger? Königsberger Klopse.
Eine völlig verkorkste Angelegenheit. Verflucht, einem so etwas einzubrocken, einen herzuschicken mit so einem Wisch, zweimal hintereinander, bloß damit man sich lächerlich macht. Die drüben schienen auf alles gefaßt zu sein. Aber schießen? Warum? Dazu war man nicht hergeschickt worden. So standen denn die Matrosen wütend bei ihren Wagen und debattierten. Und dann fluchten sie auf den Hamburger, den feinen Herrn, der bloß ein Gauner war und sie eingeseift hätte. Aber damit kam man auch nicht weiter. So machten sie sich dann wieder auf die Socken und sausten zum zweitenmal nach dem Marstall zurück. Schön gelackmeiert waren sie. Im Marstall sprangen sie ab, schimpften auf dem Hof herum und meldeten sich im Büro, um den Wisch auf den Tisch zu werfen.
Draußen verteilt man gerade neue Flugblätter. Auf dem Fetzen steht:

«Arbeiter, Soldaten, Genossen! Mit überwältigender Wucht habt ihr am Sonntag euren Willen kundgetan, daß der letzte, bösartige Anschlag der blutbefleckten Ebert-Scheidemann-Regierung zuschanden gemacht würde.
Um Größeres handelt es sich nunmehr.
Es muß allen konterrevolutionären Machenschaften ein Riegel vorgeschoben werden. Deshalb heraus aus den Betrieben.
Erscheint in Massen heute elf Uhr vormittags in der Siegesallee. Es gilt, die Revolution zu befestigen und durchzuführen.»
Die drei revolutionären Organisationen hatten unterzeichnet.
Die Matrosen zerknüllten das Papier und warfen es zu Boden. [...]

Mitternacht in der Siegesallee

Der breite Fahrdamm lag im Dunkeln. In der leeren, weiten Siegesallee ließen um Mitternacht die Markgrafen, Kurfürsten und Könige ihre Marmorgelenke krachen und gingen spazieren. Sie gingen immer um Mitternacht spazieren. Aber heute waren sie aufgeregt, hier auf der Chaussee war etwas vorgefallen, sie begriffen es nicht.
Albrecht der Bär, nahe dem Rolandbrunnen, war schon vor zwölf Uhr nicht auf seinem Sockel zu halten. Er glaubte, es handle sich um einen Slawenüberfall. Sie seien in die Burg eingebrochen und hätten sich in der Nähe verschanzt. Er kletterte herunter, um Hilfe zu holen.
Nun hängt beim Erwachen von Marmorstatuen viel davon ab, ob sie richtig hergestellt sind. Zum Beispiel haben es expressionistische Figuren immer schwer und schweben in ständiger Lebensgefahr wegen ihrer übernatürlich langen und gewundenen Gliedmaßen, die schwer zu dirigie-

ren sind. Albrecht der Bär, der alte Recke, merkte wieder einmal beim Herabsteigen vom Sockel, daß mit ihm etwas nicht stimmte. Er hinkte, er hinkte greulich. Er hatte zeit seines Lebens nie gehinkt. Wie hätte er sonst solche Fehden bestehen können. Aber der Künstler hatte der Perspektive wegen oder aus Irrtum von seinem rechten Bein mehrere Zentimeter weggelassen. Nun stand Albrecht schräg unten, schnellte links in die Höhe und sank rechts herunter. Wie sollte man in dieser Weise stürmen und den Kampf beginnen. Er heulte vor Wut; mit Toten kann man sich alles erlauben. Aber er bezwang sich und hoppelte los.

«Alarm, Alarm, Feuerjo!» schrie er. Er besaß einen kolossalen Brustkorb, in dem der Bildhauer nachgeholt hatte, was er an den Beinen versäumte.

Ein Lebender kann sich schwer in die Ideen einer Steinfigur hineinversetzen. Dieser Albrecht der Bär sprengte die Allee entlang und staunte, obwohl er schon Hunderte Male hier entlanggelaufen war, über die unbewegliche Reihe der Steinfiguren, seiner Leidensgenossen und Kollegen, die noch schliefen. Was machten die Kerls da oben? Die Slawen waren eingefallen, und sie stellten sich auf Sockel und rührten sich nicht. Er brüllte: «Hallo! Feuerjo! Alarm!»

Der erste, der seinen Balkon verließ, war Friedrich von Hohenzollern, Burggraf von Nürnberg, den sein Künstler mit großen Ohren versehen hatte, die jeden Schall enorm verstärkten und ihm das Leben im Stein verbitterten. Er hörte Albrecht den Bären schreien und stellte ihn mit der üblen Laune eines Nervösen: Was es hier zu schreien gäbe. Albrecht schnellte an seinem linken Bein wie an einer Stange in die Höhe, brüllend:

«Jaczo von Köpenick. Feuerjo, hoho! Alle Mann an Deck. Die Luken schließen. Die Slawen sind da. Sie sind über die Havel. Die Slawen sind eingefallen.»

Friedrich staunte: «Wieso? Welche Slawen?»
«Jaczo von Köpenick! Hoho! Alle Mann an Bord. Luken schließen.»
Friedrich von Nürnberg betrachtete den Mann, der sein Schwert schwang. Er schalt ihn: «Du bist betrunken. Hier gibt's keine Slawen.»
Überrascht ließ sich Albrecht auf sein linkes Bein herunter, stierte seinen Partner an und versetzte ihm einen Stoß vor die Brust: «Jaczo, Jaczo von Köpenick.» Und rannte brüllend weiter. Der leidende Friedrich hielt sich die Ohren.
Und da wackelten schon und taperten, während Albrecht auf dem Fahrdamm weiter brüllte und hopste, die andern an, die von ihren Sockeln gekrochen waren. Sie suchten mit ihren Gebeinen fertigzuwerden, sich zu biegen und zu beugen, zu verkürzen und zu verlängern. Die Armen stöhnten und beklagten sich über den Zustand, in den sie die Kunst versetzt hatte. Sie seufzten oder fluchten je nach dem Temperament und der erlittenen Behandlung. Da erschienen nacheinander unter den Bäumen der Siegesallee: Albrecht Achilles, Johann Cicero, Joachim der Erste, Joachim der Zweite, Joachim Friedrich, Johann Sigismund, Johann Georg. Die ganze Ahnentafel, die ganze Geschichtstabelle hatte sich knarrend und krachend in Bewegung gesetzt, und sie lärmten durcheinander und wollten alle wissen, was heute hier vorgefallen war. Denn alle hatten etwas gefühlt und ängstigten sich. Sie mühten sich, von der Stelle zu kommen. Bewegungen in Marmor sind allemal schwierig. Aus einem Gebüsch ließ sich eine kreischende Stimme vernehmen:
«Au secours, au secours, aidez-moi, je vous en prie. Will mir nicht einer behilflich sein?»
Das war der Große Kurfürst, der mit seiner Allongeperücke im Astwerk eines Baumes hängengeblieben war. Zwei Herrschaften rannten herbei, schlugen mit ihren

Schwertern die Äste ab, worauf dieser Friedrich Wilhelm endlich herabsteigen konnte. Aber ein abgehauener Ast hing noch an der Perücke. Wütend riß der Kurfürst daran und stand plötzlich mit einer mächtigen Glatze da, schwer verändert, wahrhaftig, und wenig kurfürstlich, und schämte sich. Wütend ließ er sich auf der Seitenbank nieder, hielt sich den blanken Schädel und stöhnte:
«Ich habe genug.»
An seiner Bank war der General Derfflinger angebracht. Der, obwohl selber völlig lebensunfähig, weil nur aus Kopf, Brust und dem linken Oberarm bestehend, nahm sich seiner an und suchte ihn zu bewegen, sich die Perücke wieder aufzusetzen, er würde sich erkälten. Der Kurfürst aber schimpfte: «Nein, ich habe es satt. Wer waren bloß diese Esel, die nicht einmal einen Ast richtig abhauen können?»
«Ihre Ahnen, hoher Herr, Ihre Vorfahren.»
Da sank Friedrich Wilhelm völlig in sich zusammen.
Im Mittelgang ereignete sich inzwischen vieles. Es spazierte prächtig und allein der erste König Friedrich von Preußen, zwar klein und schief, aber in einem langen, schweren, schleppenden Königsmantel, und in den Händen trug er seine Krone. Die betrachtete er entzückt und schmunzelnd wie eine Torte, die er anbeißen wollte. Andere hielten ihn für verrückt, aber davon machte man hier nicht viel Aufhebens. Dieser König fragte nicht, worüber sich die andern aufregten. Er liebäugelte bloß mit seiner Torte. Wie Albrecht der Bär mit seinem Feuergeschrei in den obern Teil der Allee gelangte, geriet er an einen dürren spitznäsigen Herrn, der ihm die Passage versperrte:
«Was schreit der Kerl hier? Wie benimmt Er sich?»
«Jaczo von Köpenick», ächzte Albrecht atemlos und wies zurück nach dem Rolandbrunnen.
«Nehm Er den Hut ab, Er ungewaschener Bauer, wenn ich mit Ihm rede.»

Darauf konnte Albrecht nichts weiter, als wirklich verblüfft nach seinem Helm greifen, um ihn abzunehmen. Wie er ihn aber in der Hand hielt und ihn Friedrich anfuhr: «Wie heißt Er eigentlich, was hat Er hier zu suchen?», da ging dem alten Recken die Galle über: «Wer, ich? Wie ich heiße? Du Dreckkerl, du Stiefel, du altes Weib mit deinem Zopf.»
Und stülpte sich seinen Helm wieder auf, raste davon, schwang sein Schwert und schrie:
«Feuerjo, Alarm, die Slawen, Jaczo von Köpenick.»
Der milde König Friedrich Wilhelm der Vierte neueren Datums lächelte den Alten Fritz an, der den schreienden Recken mit giftigen Blicken verfolgte. Der Alte Fritz bemerkte grämlich:
«Was hat man von dem ganzen Nachleben, wenn es darin besteht, daß einen bei Tag ungewaschene Schulbuben und Kindermädchen angaffen, und bei Nacht muß man dies Geschrei ertragen.»
Der jüngere Friedrich Wilhelm der Vierte: «Die Nachwelt ist nie ein Vergnügen. Wir haben hier als Vorfahren und ehemalige Regenten auf Sockeln herumzustehen, gewiß, ein bißchen wie Affen in der Menagerie. Aber wir sind für den Staat verantwortlich und bleiben es auch in effigie nach dem Tode. Der Marmor bringt zweifellos viel Unbehagen mit sich. Aber nehmen Sie die andern, die bloß und glatt Gestorbenen. Die machen einen umständlichen Verfaulungs- und Raffinierungsprozeß durch. Schön ist das auch nicht.»
Der Alte Fritz: «Haben Sie eine Ahnung, Verehrtester, was heute hier vorgegangen ist?»
«Ich denke», antwortete der milde Friedrich Wilhelm der Vierte. «Es handelte sich um eine Pöbelveranstaltung, eine Straßenrevolte. Der alte Trottel da, der von den Slawen schreit, irrt sich natürlich. Die Berliner haben sich nicht verschanzt, sie sind längst nach Hause gegangen.»

Da schwirrte von der Siegessäule her ein Schatten. Ja, unter die Steinfiguren mischte sich ein wirklicher Schatten. Die Marmorstatuen erkannten das Wesen sofort an seiner ungehinderten Beweglichkeit, an seinen fließenden Konturen, an dem gelegentlichen Phosphoreszieren und ach, an der himmlischen Ordnung, in der sich seine Gliedmaßen befanden. Der Schatten flog zwischen den Marmorkolossen nach der Charlottenburger Chaussee. Sie umringten ihn, sie stellten ihn und fragten ihn aus, was es gäbe, wohin er wolle, ob er was wüßte.

Er hauchte: «Ich will bloß sehen, was die andern machen, meine Freunde, die heut mittag hier waren.»

Friedrich Wilhelm der Vierte meinte jovial:

«Geh zu Bett, mein Sohn. Deine Freunde sind längst nach Hause gegangen, wie es sich gehört, und wie kommst du her?»

Das durchsichtige Wesen schwang sich, warf die Arme hoch und antwortete:

«Wir kämpfen. Wir sind die Richter, die Rächer. Wir haben den ganzen Tag hier gestanden, und jetzt kämpfen wir.»

«Wer? Und wofür kämpft Er?»

«In den Straßen, wo denn. Für die Revolution. Gegen die Junker und Offiziere und die Reichen. Gegen die Kriegsverbrecher. Für das Volk.»

«So, so», meinte der milde Friedrich Wilhelm der Vierte, Fachmann in Revolutionssachen, «mein Sohn, dazu gehören wohl zwei. Die Hohenzollern sind wohl auch noch da.»

«Die Hohenzollern? Mensch, was ist mit dir los, bei dir stimmts's wohl nicht. Wilhelm mit seiner ganzen Sippe ist weg, in Holland. Die haben den Krieg gründlich verloren.»

«Blödsinn. Hören Sie sich doch nicht den Kerl an», mekkerte der zweite Friedrich. «Lassen wir ihn laufen.»

Der Schatten: «Seit wann Blödsinn? Ich war doch im Krieg. Ich werd's doch wohl wissen.»
Der Alte Fritz höhnte: «Aber jetzt bist du erschossen.»
«Für die Revolution. Und das ist besser als für den Krieg.»
Der dürre König hob den Stock: «Er ist erschossen, Kerl. Danke Er seinem Geschick dafür. Sonst würde ich Ihn hängen lassen.»
Der Schatten huschte über den Fahrdamm und flatterte davon.
Er flatterte in Richtung Brandenburger Tor. Und es dauerte nicht lange – während die Bildsäulen noch verdattert über die unglaublichen Meldungen diskutierten –, da ließ sich von der Stadt ein Rauschen und Scharren vernehmen. Das verworrene Geräusch wie von einer großen Menschenmenge, die sich näherte, nahm an Stärke zu. Man hörte das Klappern und Stampfen. Ein gleichmäßiger Marschschritt, begleitet von dumpfen Trommelwirbeln und Pfeifenschall, ließ sich vernehmen.
Die Marmorfürsten horchten fröhlich auf. Das waren Bataillone, Preußen, das waren ihre Soldaten. Sie kamen aus der Stadt, um sie zu begrüßen und sie nach den Pöbelexzessen des Tages zu feiern. Daraufhin rotteten sich die Steinfiguren von allen Seiten zusammen und drängten nach der Charlottenburger Chaussee, von wo der Zug kommen mußte, und blickten gespannt nach dem Brandenburger Tor.
Und da kamen sie. Aber wie, und wie viele! Sie waren so viele, daß sie nicht alle zugleich auf der Chaussee marschieren konnten. Und so marschierten sie übereinander in Etagen, die einen auf dem Asphalt, die andern ihnen zu Häupten, die nächsten in Höhe der Bäume und welche über den Baumwipfeln. So quoll es vom Brandenburger Tor her in der Finsternis der Nacht, und waren alle Schatten, Geister, Tote, Gefallene der Regimenter, die

vom 10. zum 12. Dezember nach Berlin zurückgekehrt waren und mit denen, ungesehen und ungefeiert, die Gefallenen miteingezogen waren, Garde, Feldartillerie, Infanterie, Gardereserven, Jägerbataillone Graf Yorck.
Jetzt verließen sie die Stadt. Sie zogen wieder aus. Sie hatten ihre Kameraden begleitet, die Maiglöckchen im Knopfloch trugen und fröhlich sangen: «In der Heimat angekommen, fängt ein neues Leben an, eine Frau wird dann genommen, Kinder bringt der Weihnachtsmann.»
Die Schatten sangen nicht. Sie folgten dem schweren und matten Schlag der Trommeln, Kavallerie saß auf Pferden, Feldartillerie hinter ihren Kanonen, Infanterie setzte Bein an Bein. Achtundvierzig Mann stark war das vierte Kürassierregiment am 10. Dezember einmarschiert, alle andern lagen draußen in Frankreich an der Aisne. Jetzt kamen sie, alle außer den achtundvierzig.
Man trat an, so gut man konnte: der eine ohne Arm, der andere ohne Kopf. Viele glasartig durchsichtig; das kam daher, weil ihre Leiber von Granaten ganz und gar zerrissen waren. Neben ihnen liefen lose Haufen von Zivilisten und Matrosen, nicht besser dran wie sie.
Im feierlichen Schritt näherten sie sich mit wehenden Fahnen. Sie breiteten sich rechts und links in die Siegesallee aus; die am Boden nahmen die Plätze ein, auf denen sich am Tage die Revolutionäre gesammelt und die langen Stunden gewartet hatten. Kapellen spielten: «Nun ade, du mein lieb Heimatland.» Einige Kapellen bliesen in einer sonderbaren Verzerrung den Hohenfriedberger Marsch.
Im Augenblick, wo sie standen, die auf dem Fahrdamm, die zu Häupten, in der Höhe der Baumwipfel und höher, riß die Musik ab. Ein langer Trommelwirbel rollte, scharf, dreimal hintereinander.
Eine klare militärische Stimme ließ sich vernehmen:
«Achtung! Stillgestanden!»
Der Befehl lief von Glied zu Glied, von unten bis nach

oben: «Achtung! Stillgestanden! Achtung! Stillgestanden! Achtung! Stillgestanden!»
Darauf: «Rührt euch! Rührt euch! Rührt euch!»
Die Befehlsstimme klirrte:
«Kameraden, wir haben Berlin verlassen. Wir waren gekommen mit unsern Regimentern, um die Ehren entgegenzunehmen, die uns gehören, und um uns zu vergewissern, daß der Krieg, wenn auch verloren, in unserm Sinn beendet wird. Wir ziehen aus. Wir halten Gericht. Ankläger, was hast du zu sagen?»
An der Kreuzung der Charlottenburger Chaussee und Siegesallee saß auf einem starken Pferd ein Kürassier ohne Kopf. Den Kopf trug er am Sattelknopf. Er steckte ihn auf seine Lanze. Da fing der Kopf zu reden an, so schallend, daß man ihn überall hörte und daß die Lanze hin und her schwang und zwei Männer sie festhalten mußten:
«Regierung, Heer und Beamte, die sind nichts als eine Schande. Man rühmt uns und stößt uns ins Leere, denn sie sind ohne Ehre. Die Niedertracht herrscht, die Habgier rafft, der Knüppel regiert. Sie haben's geschafft. Sie haben Deutschland zunichte gemacht. Wir haben den Krieg umsonst geführt. Kameraden, man hat uns irregeführt.»
Darauf schoß der Kopf senkrecht in die Höhe, von der Lanzenspitze, und fiel mit Krachen zu Boden. Sie warfen ihn dem Kürassier wieder zu.
Die Befehlsstimme:
«Achtung! Stillgestanden! Achtung! Stillgestanden! Achtung! Stillgestanden! Die Fahnen zusammen! Die Fahnen zu Boden! Werft Feuer auf die Fahnen!»
Die Fahnentücher lohten, das Holz knatterte.
Die Befehlsstimme:
«Drei Salven über den Gräbern der Fahnen.»
Die Salven krachten.
Der Befehl: «Gewehre auf einen Haufen! Pulver darüber! Legt die Zündschnüre! Alles auseinander.»

Explosion, ein Blitz und Schlag, eine schwere schwarze Rauchwolke, rot durchleuchtet, erhob sich.
Sie rotteten sich wieder zusammen.
Der Befehl: «Abmarsch, Abmarsch! In die Gräber. Weh den Lebenden! Weh den Verrätern! Wir kehren wieder. In die Gräber.»
In den rotflammenden Himmel schwangen sie sich auf und flossen auseinander unter schrecklichem Schreien und Krächzen.
Vom Boden heulten Stimmen: «Da sind sie, die Schuldigen, die Verbrecher. Faßt sie, sie haben sich versteckt, zerschlagt sie.»
Sie hatten, schon im Abfliegen, die weißen Steinfiguren entdeckt, die sich verängstigt im Strauchwerk verkrochen. Aber man hatte sie gesehen, und nun gab es kein Entrinnen. Von allen Seiten drängten die wilden Scharen der Schatten, der Richter und Rächer an und schwangen sich über sie:
«Die Alten, die Vorfahren, die Stolzen, schlagt sie in Stükke!»
Und sie warfen sich über die Steinfiguren, von oben, von allen Seiten, sie hingen wie Trauben an ihnen und rissen und würgten an ihnen. Ein stummes Ringen und Schlagen hob im Strauchwerk an. Was können Schatten gegen Stadtmarmorfiguren ausrichten? Sie haben es schon schwer mit lebenden Menschen, die aus weichem Fleisch bestehen. Aber einiges konnten sie doch, wie man hier sah, um ihnen das Leben beziehungsweise den Tod schwerzumachen. Sie erschreckten die Denkmäler, die vor ihnen ausrückten. Aber sie waren natürlich rascher. Die Denkmäler versuchten vor ihnen die Bäume hinaufzuklettern, aber auf den Ästen saßen schon die Schatten, und wenn einer heraufkam, fuhren sie ihnen ins Gesicht, und sie stürzten ab. Die Markgrafen und Kurfürsten warfen, um sich zu erleichtern, auf ihrer Flucht ihre Embleme, Waffen

und Rüstungsstücke ab, so daß der Rasen bald nur so besät von Schildern, Schwertern und Hoheitsabzeichen war.
Mit dem Königsmantel des ersten Friedrich tanzte eine Horde Gespenster herum. Der König, der drin gesteckt hatte, stand kläglich an einem Baum, mit dem Gesicht gegen den Stamm, und ängstigte sich. Sie bombardierten ihn mit seiner Krone und dem Zepter. Friedrich war schon von Natur ein schwächlicher und schiefgewachsener Herr, ihn strengte das Abenteuer sehr an. Er schwor sich: Wenn ich aus diesem Malheur lebend herauskomme, beschreite ich kein Denkmal mehr. Man hat es sich wirklich verdient, endlich tot zu sein.
Und der dürre spitznäsige zweite Friedrich, der König des Siebenjährigen Krieges, den sie den Großen nannten und der sich bei Lebzeiten als ein engagierter Atheist und Voltairianer aufgeführt hatte, wie zahlte man es ihm jetzt heim. Wie mußte er unter den Bäumen vor den Schatten rennen, die sich mit ihm Spaß machten. Er mußte über seinen Krückstock springen, den sie ihm hinhielten. Da ließen sie ihn Kobolz schießen und verwalkten ihn, bis er atemlos dalag. Dann bliesen auch schon die Trompeten der Schatten das Abmarschsignal, die Trommeln wirbelten dringend, und die letzten Schatten erhoben sich und flatterten davon. Ihr Geschrei verlor sich.
Da rafften sich die Steinfiguren vom Boden auf, verschnauften und blickten betrübt um sich. Man hatte ein böses Spiel mit ihnen getrieben. Sie heulten und greinten wie alte Weiber, sammelten ihre Lumpen auf und suchten sie sich wieder anzulegen, die Arm- und Beinschienen, die Schwerter, den Harnisch und die Orden.
Aber wie sollte Marmor auf Marmor sitzen? Es war schon ein Kunststück gewesen, bei der Flucht vor den Schatten das schwere Zeug abzureißen. Wie sollte es jetzt wieder zusammenpassen? Aber es ging. Es klebte, es haftete. Man kann es beinah ein Wunder nennen.

Da hätte man jetzt unsere Markgrafen und Kurfürsten und Könige, die Denkmäler, schon von der Kunst her mit vielen Fehlern behaftet, sehen müssen, wie sie sich nach der Siegesallee zurückschleppten. Ach, es war eine Niederlage. Jeder schleppte seinen Pack von Ornamenten, die nicht gleich auf Anhieb saßen, und das fiel immer wieder hin, und sie mußten sich bücken und bücken, und wie schwer einer Marmorfigur das wird, kann man sich ausmalen.

Aber sonderbar, die Rückkehr auf die Sockel verlief doch nicht so schlimm, wie es zuerst aussah und wie die Fürsten es sich vorgestellt hatten am Ende der Schlacht, mit all den schweren Insignien, auf die sie fluchten und die sie dauernd zu tragen hatten, bei Tag und bei Nacht, und schließlich doch nur für die Schulkinder und für ein paar Besucher aus der Provinz. Aber sie fühlten sich unerwarteterweise frischer und reger. Sie waren gelenkiger, elastischer. Die Massage, die ihnen die Gespenster verabfolgt hatten, hatte ihnen wohlgetan. Sie waren schon halb gewillt, als sie in die Nähe ihrer Denkmäler kamen und heraufblickten, überhaupt unten zu bleiben und das ganze langweilige Herumstehen oben zu lassen und in die Stadt hineinzuspazieren, nach Berlin, in ein Café, in eine Bar, man hatte von Passanten so viel davon gehört, und niemand wußte etwas genauer.

Da schrie aber die Viktoria von der Siegessäule herunter: «Zwölf Uhr achtundfünfzig, zwölf Uhr neunundfünfzig, ein Uhr, Achtung! Ein Uhr, ein Uhr eins.»

Die Viktoria auf der Siegessäule, vergoldete Bronze mit kolossalen Flügeln, war eine lebende Uhr, und vor der hatten sie Angst, wenn sie herunterflog und mit ihren Palmzweigen und Lorbeerblättern auf einen losschlug und säumige Spaziergänger und Nachtwandler auf ihre Sockel trieb. So hüpften die alten Herren mit ungewöhnlicher Eleganz wieder an ihren Platz. Einige hüpften munter wieder zurück und genossen ihre neue Gelenkigkeit.

«Schluß», schrie die Viktoria, «jetzt komm' ich aber bald.»
Übrigens waren einige auf falsche Sockel geklettert, und da blieben sie jetzt gehorsam, und so kam es, daß in den nächsten Tagen mehrere Fürsten über verkehrten Jahreszahlen standen, was aber keinem auffiel.
Albrecht der Bär, der Bärenbeißer, der, wenn möglich, noch weniger begriffen hatte als die andern, hockte noch nach Toresschluß eine Weile auf der Stufe von seinem Denkmal und horchte in die Stadt hinein. Er hielt noch immer bei den Slawen und bei Jaczo von Köpenick. Dann beschäftigte ihn sein kurzes Bein. Und als er auch damit nicht fertig wurde, packte er entschlossen den Rand seines Sockels an und hangelte sich hoch. Er war ein kräftiger Bursche.
Er beeilte sich. Er hörte flüstern. Das mußten Kundschafter Jaczos sein.
Nach einem Ruck stand er oben und schielte hinunter.
Es waren ein Soldat und eine Köchin aus der Regentenstraße. Sie kamen von einem Witwenball. Umschlungen setzten sie sich auf die Marmorbank und schoben sich ins Dunkel.
Albrecht der Bär erstarrte dezent. [...]

Abends nach zehn Uhr, im Edenhotel und im Tiergarten

Wie sie ankamen, waren im Hotel schon alle Vorbereitungen bis in die Details für ihren Empfang getroffen.
Der erste Wagen brachte Karl. Als er, den Hut auf dem Kopf, die Hände in den Taschen, das Hotel betrat, standen zwei Soldaten am Eingang und schlugen ihm ihre Gewehrkolben über den Kopf. Er taumelte und blutete. Man führte ihn dem Hauptmann P. vor. Verbandszeug wurde ihm verweigert.

Bald danach kamen Rosa und Pieck an. Sie wurden von Soldaten der Division mit Drohungen und Beschimpfungen empfangen. Während man Pieck abseits in eine Ecke führte, trieb man Rosa vor denselben Hauptmann P., der sie nur kurz ansah, ihren Namen notierte, dann den Soldaten zunickte. Das Weitere wußten sie schon.
Ein Matrose stand am Ausgang des Hotels. Der schlug Karl, wie er herausgeführt wurde, mit dem Gewehrkolben nieder. Die Soldaten schleppten ihn dann in ein großes Militärauto, das vor dem Hotel hielt. Mehrere Offiziere, dazu ein Jäger, stiegen ein.
Karl wurde in eine Ecke des Wagens gestoßen. Er hielt sich aufrecht und saß vornübergebeugt.

Surre – surre – surre machte der Motor, die Räder knirschten, der Wagen lief. Es war vor Mitternacht.
Das Blut rann ihm über die Ohren und tropfte auf den Mantel zu Boden.
Die Offiziere waren guter Laune.
Herrjeh, der Mann blutet. Was fehlt dem Herrn bloß? Dem ist nicht wohl. Der versaut uns das ganze Parkett. Wenn dem nicht was passiert ist. Wenn er aber nicht gleich damit aufhört, werde ich saugrob.
Sachte, sachte, ist ein älterer Herr, den haben welche verwundet, das kommt von diesen Straßenunruhen in Berlin, man ist heutzutage schon seines Lebens nicht mehr sicher. Man muß die Kriminalpolizei benachrichtigen. Und daran ist der Liebknecht schuld, Liebknecht schuld, Liebknecht schuld. Und Rosa, seine rote Sau.
Surre – surre – surre, um die Ecke, in den schwarzen Tiergarten hinein. Wer hat dich, du schöner Wald, aufgebaut so hoch da droben. Und daran ist der Liebknecht schuld, Liebknecht schuld, und daran ist der Liebknecht schuld.
Herr, wir werden Sie wirklich schadenersatzpflichtig ma-

chen, wenn Sie sich nicht gleich besser benehmen. Wollen Sie nun wirklich aufhören, uns mit Ihrer dämlichen Jauche zu begießen?

Gib ihm mal einen Stoß, ob er stehen kann. Hüh, stehen kann er. Bringen wir ihn mal an die frische Luft, lassen wir ihn ein bißchen laufen. Halten, Jäger.

Raus, Kerl! – Sie rissen Karl, der halb bewußtlos war, hoch und stießen ihn aus dem Wagen. Er fiel vom Trittbrett herunter und raffte sich auf. Man war am Neuen See.

Lauf, Kerl. Kann der Kerl nicht laufen? Gib ihm einen Tritt, dann geht's besser. Hüh, keine Müdigkeit vorschützen. Du willst wohl in den Neuen See springen. Hilfe, ein Selbstmörder, ha, ha.

Die Schüsse krachten. Karl hatte schon vorher wie ein Betrunkener geschwankt. Jetzt fiel er leicht um und lag. Man beugte sich über ihn. Man verabfolgte ihm noch einen Schuß.

Das Auto kam langsam näher. Was machen wir mit ihm? Liegen lassen geht nicht. Auf der Flucht erschossen, das ist klar.

Sie schleppten ihn zu viert in den Wagen. Los, abfahren. Wohin? Ich habe eine Idee, eine großartige Idee: Unfallstation am Zoo, wir liefern ihn ab, wir sind die feinen Leute, Samariter, haben ihn unterwegs auf der Chaussee irgendwo gefunden, blutend. Haben solche Angst, ist er vielleicht noch zu retten?

Surre – surre – surre. Helle Straßen, die Gedächtniskirche, strahlende Cafés, der Zoo, die Unfallstation.

Ein Mann raus, wer am besten eine ernste Fratze schneiden kann. Und nicht viel Umstände gemacht. Mein Name ist Hase, ich weiß von nichts. Aus der Unfallstation kamen die Schwestern und der Heilgehilfe mit einer Bahre. Drin verband der Doktor gerade einen, den man in einer Schlägerei übel zugerichtet hatte.

Vorwärts, heute blüht das Geschäft. Berlin, wie es weint und lacht. Stillgestanden. Hacken zusammen, Hände an die Hosennaht. Herr Doktor im weißen Mantel, Herr Pflasterkasten, hier ist ein Mann, den fanden wir im Tiergarten im Dreck. Hätten ihn beinahe überfahren, den haben sie auf die Straße geschmissen, das rote Pack. Tot ist er wohl auch, oder etwa nicht?
So, so. Unbekannter Mann, im Tiergarten gefunden. Gerade frisch scheint er auch nicht zu sein. Kopfwunden. Wollen mal Herztöne suchen.
Leider keine Zeit. Mann ist in besten Händen. Denken, haben unsere Pflicht getan. 'n Abend.
Heraus, zum Auto. Gratuliere, ging fix, wie geölt. Den sind wir los. Unbekannter Mann, auf der Straße im tiefsten Tiergarten gefunden, eine harte Nuß für Kriminalisten.
Im Ernstfall haben wir ihn auf der Flucht erschossen. Panne, mußten aussteigen, er will heidi, so daß wir pflichtgemäß von der Dienstwaffe Gebrauch machen mußten.
Bitte mir aus: nach dreimaligem Anrufen.
Versteht sich, nach dreimaligem Anrufen, und nach kniefälliger Bitte, doch bei uns zu bleiben, weil es doch gerade so schön ist.
Über den Damm zum Edenhotel.

Rosa hatte ihn bluten gesehen, Soldaten führten ihn ab.
Sie werden ihn erschlagen, sie sind schon dabei.
Die Soldaten hielten sie fest, sie schrie: «Laßt ihn los, laßt ihn los!»
Die Soldaten kämpften mit ihr. Und währenddessen schlich Pieck unbemerkt auf die andere Seite der Halle und ging hinter zwei Soldaten her, die sich entfernten, den Kragen hochgeschlagen, eine Zigarette im Mund, keck zur Türe hinaus, an den Posten vorbei.
Man stieß Rosa zurück. Sie raste: «Man schlägt ihn tot.»

«Halt's Maul.»
Man drückte ihr von unten den Kiefer zu. Sie konnte nur stöhnen und ihnen zornglühende stumme Blicke zuwerfen. Sie lachten: «Die möchte uns am liebsten auffressen.»
Die Soldaten wurden wütend, als sie feststellten, daß Pieck verschwunden war, sie suchten nach ihm in der Halle. Sie blieb bewacht und wartete, kochend vor Empörung.
– Warst du nicht die Rosa, die sich mir entzog und sich unterwarf? Die bis zu den Knien in himmlischer Seligkeit watete? Schön, daß du dies hier noch erlebst. Dieser Kelch wird nicht an dir vorübergehen, du wirst ihn bis zum Grund ausleeren. Er wird zur Korrektur deiner himmlischen Auffassung beitragen. Du antwortest nicht? Ich hoffe, du durchschaust als intelligente Person schon jetzt die furchtbare Mogelei und vermagst, Traum von Wirklichkeit zu unterscheiden.
Sie begriff nicht, daß er schon am hellen Tage zu reden wagte. Hörten ihn die anderen nicht?
Sie dachte: Man wird mich ins Gefängnis bringen, und das erste, was ich tun werde, ist, wegen Karl Alarm zu schlagen. Sie haben ihn mißhandelt. Ich verlange Untersuchung und Bestrafung der Schuldigen. Solche schändliche Mordbande, einen hilflosen Gefangenen zu schlagen.
– Warst du nicht die Rosa, die sich und mich verraten wollte an den Herrn der Gerechtigkeit? Du hast seine Gerechtigkeit, wie sie dir schon tausendmal in deinem Leben begegnet ist, nun handgreiflich vor dir. Sie wird an dir ausprobiert, damit du sie gut erkennst. Gib dich nur keinen Illusionen hin über Gefängnis und Beschwerden. Man bläst dir das Licht aus, wie man es eben mit Karl tut. Und das wird der großen Mühen gerechter Lohn sein, Rosa, unter welcher Fahne willst du jetzt fechten und fallen?
Sie antwortete nicht.
– Warst du nicht die Rosa, die bettelte: Herrlicher, mich nicht von dir ablösen, ich will nicht mehr zurück? Da wä-

ren wir rasch zurück, aus der Lyrik in die Prosa. Aber für dich gehört sich die Prosa. Nun siehst du den zauberhaften Schwindel dieser Welt, das Pfuschwerk, den Plunder in seiner ganzen Schönheit. Nun wird dir nicht mehr einfallen, darüber Parfüm zu gießen.
Sie antwortete nicht.
– Ob du noch die fünf Schritte bis zur Tür machen wirst? Ich habe eine dunkle Ahnung, Rosa, daß du sie erreichst, aber wie. Meine Stimme wird das letzte sein, was deine Ohren aufnehmen. Mach es kurz, Rosa, entschließe dich, damit wir dir ein Fest geben können, wenn du kommst, wie es sich für dich gehört als eine der unseren. Wir werden dich mit königlichen Ehren empfangen. Du wirst die größten Geister der Menschheit bei dem Bankett begrüßen, das wir dir zu Ehren veranstalten werden. Streng dich nicht an. Laß es sein, sei du, nur du. Ich bin Satan, der Herr der Welt.
Das Auto war am Hotel vorgefahren, sie hatten Karl abgeladen und stiegen aus. Sie waren guter Laune, die zweite Fuhre sollte kommen. Sie gaben den Posten einen Wink.
Die Posten ließen Rosa vorausgehen. Der Leutnant V. führte sie aus dem Hotel. Die Tür hatte sie passiert. Da standen draußen mehrere Soldaten, und rechts stand einer allein und vor den anderen, und auf den mußte sie den Blick richten. Magnetisch zog er sie an.
Denn – sie erkannte ihn.
Liebe Sonja, es waren schöne rumänische Büffel, sie waren an Freiheit gewohnt, das eine Tier blutete und schaute vor sich wie ein verweintes Kind, das nicht weiß, wie der Qual entgehen. Aber so ist das Leben, Sonja. Man muß es tapfer nehmen, trotz alledem.
Der Soldat mit dem jungen roten Gesicht unter dem Stahlhelm erwartete sie, das Gewehr vor sich am Boden, beide Hände am Lauf. Er war untersetzt, semmelblond und hatte einen kleinen Schnurrbart. Und auf seiner rech-

ten Wange, gerade über dem Backenknochen, senkte sich eine blutrote, strahlige Narbe wie ein Trichter ein. Es war der Jäger Runge, der es in seinem Leben noch keinem recht gemacht hatte. Aber diesmal tut er es.
Er sieht sie auf sich zukommen. Wo habe ich die Watschelente mit den weißen Haaren schon gesehen?
Und er hebt sein Gewehr beim Lauf und schwingt es hoch und läßt den Kolben wie einen Hammer auf ihren Schädel niederfallen.
Da verändert sich sein Gesicht. Es wird undeutlich und breiter, mächtig und schwarz. Hoch wirbelt er auf.
Er steht als eine düstere Wolkenmasse vor einem strahlenden hellen Hintergrund. Nur seine Umrisse sind zu erkennen und der scharf geschnittene Mund, um den ein zynisches Lächeln spielt, die weit offenen, erstorbenen Augen des Hochmuts und die furchtbaren Armmuskeln, die eisernen Schultern: der gefallene Engel des Hasses, der in ihre Haare greift und sie zerrt.
Sie speit ihm in sein tyrannisches Gesicht. Sie sucht sich loszureißen und schreit ihm ihren Abscheu entgegen: Du hast keine Macht über mich.
Da holt der Soldat, die Beine breitgestellt, schon zum zweiten wuchtigen Hieb aus. Er schwingt den Kolben über sich und schmettert ihn über ihren Schädel mit solcher Wucht, daß es kracht und sie wie ein gefälltes Tier zugleich mit dem Kolben zu Boden geht. Wie ein Sack liegt sie da und bewegt sich nicht mehr.
Er nimmt sein Gewehr wieder an sich, dreht es und prüft es, ob nicht das Holz gesprungen ist. Er nickt den beiden anderen zu, die sich über den schwarzen stummen Körper bücken, und sagt befriedigt: «Es hat gehalten.»
Sie packten die Leblose bei Schultern und Beinen und warfen sie in den Wagen hinein. Soldaten und Offiziere stiegen nach.

Surre – surre – surre machte der Motor. Die Räder knirschten. Der Wagen zog an. Mitternacht war vorbei.
Die Soldaten hinten zogen die Beine hoch vor dem Blut, das von ihr lief und unten Pfützen bildete.
Wo geht's hin? Wer weiß? Wer viel fragt, kriegt viele Antworten. Wohin? Wo's schön ist, zu Mutter Grün. Die Mutter ist nicht grün im Winter. Wo's schön ist, wo's düster ist.
Vorwärts, Jäger, Tempo, mehr Gas, nächster Gang.
Die blutige Rosa, die rote Sau, jetzt liegt sie da, man kann sich freuen.
Das Auto rasselt und schüttelt. Die Hupe bläst und schreit die Häuserfassaden an.
Scharen von Verdammten und Verruchten lockt der Lärm an. Sie hängen sich an den Wagen und hatten ihr ein Fest bereiten wollen. Sie drehen sich mit den Speichen, heulen, johlen und jauchzen in den Reifen.
Der Landwehrkanal, zur nächsten Brücke, machen wir uns das Leben nicht so schwer. Das arme Kind wird sich noch ganz verbluten. Dagegen soll man was tun. Da hast du – eine Kugel. Und da ist die andere. Macht zwei, nach Adam Riese. Und jetzt bist du tot, und so soll's allen gehn, allen Schweinen und Juden und deiner ganzen Sippe. Jetzt reißt du dein Maul nicht mehr auf und spritzt dein Gift, du Schlange. Zur nächsten Brücke, ins Wasser, um das Gift zu verdünnen.
Die Fische, da lernt sie, was sie nie gelernt hat: das Maul halten.
Halten, hier, Herrschaften, ran, zugefaßt, keine Müdigkeit vorschützen. Das alte Vieh will zu den Fischen in die Schule gehn. Raus aus dem Wagen mit dem Bündel. Übers Geländer, Schwung, eins – zwei – drei, da fliegt sie. Plumps, da fällt sie, und ward nicht mehr gesehn. Ein Prosit, ein Prosit der Gemütlichkeit.
Es ist die Liechtensteinbrücke. Man atmet die eisige

Nachtluft und zündet sich Zigaretten an. Man vertritt sich die Beine und steigt wieder ein. Und singen wir, solang wir noch im Freien sind, ein schönes Lied zu Ehren der Verstorbenen: Es wär' so schön gewesen, es hat nicht sollen sein. Bitte Chor: Es wär' so schön gewesen, es hat nicht sollen sein. 1942/43

*So erleben wir denn jetzt,
wenn auch noch nicht das Ende dieses Krieges,
so doch den Sturz des Nazitums.
Geht es Ihnen so wie mir: ich kann mich beinah
kaum darüber freuen. Daß diese Bestie
endlich daliegt, gut; aber was hat sie angerichtet.*

1945

Hamlet

Die Mutter auf dem Montmartre

Aber er rief sie zurück, er zwang sie, bei ihm zu bleiben, sie schloß die Tür. Er bat:
«Und was wirst du mir erzählen?»
Sie zitterte:
«Ich weiß nichts. Was soll ich dir denn erzählen?»
Er ließ sie nicht los:
«Erzähle, was du weißt.»
«Ich weiß nichts.»
Aber ihre Augen sprachen anders. Da fing die Mutter, die zarte Alice, zu sprechen an:
«Als der Krieg zu Ende ging und ich nichts von dir hörte, fuhr ich, um dich zu suchen, nach Frankreich. Da ging ich in Paris herum. Ich wanderte auf den Montmartre, oft. Ich sah viele Menschen. Ich will dir von einer Mutter erzählen, die auf dem Montmartre auf ihren Sohn wartete.
Und da stand eine Frau auf der Treppe. Und das war Paris, die grellbeschienene Steintreppe zum Sacré-Cœur auf dem Montmartre.
Die Hitze war groß. Wenige Menschen zogen die Straße herauf. Im Kirchgarten spielten die Kinder, Frauen und Arbeitslose lasen die Zeitung und unterhielten sich.
Sie stand auf der Treppe an der steinernen Balustrade und ging nicht herunter, um sich in den Schatten auf eine Bank zu setzen.
Sie stand und blickte auf den Weg. Manchmal ließ sie sich auf eine Stufe nieder, aber auch dann verlor sie den Weg nicht aus den Augen.
Sie wartete.
Denn der Krieg war aus.

Die Gefangenen sollten aus den Lagern kommen, aus den Lagern mit den finsteren Namen, wo man sie seit dem Schreckensjahr hielt.
Der Krieg war zu Ende. Es hieß, man hätte gesiegt. Wer konnte Freude aufbringen? Die Gefangenen, die sollten kommen. Man würde zusammen weinen.
Sie stand auf der Treppe zum Sacré-Cœur in Paris und blickte auf die grelle Straße. Hier sollte er sich zeigen. So hatte man verabredet. Denn wenn einem irgend etwas passieren sollte, wenn einer dahin oder dorthin verschlagen wurde und man sich nicht auf die alte Adresse verlassen konnte, dann wollte man sich auf dem Montmartre treffen.
Denn der Montmartre, an dessen Fuß du geboren wurdest, wird noch stehen, und die weiße ragende Kirche über Paris, in die wir jedesmal gingen, bevor wir Paris verließen.
Da will ich, mein Sohn, stehen nach dem Krieg und will auf dich warten, wenn ich lange nichts von dir vernehme.
Verlaß dich darauf, ich werde da stehen. Denn unsere Felder können verwüstet sein, unser Dorf verbrannt und wir alle evakuiert, wer weiß wohin – da müssen wir einen Treffpunkt verabreden, wo wir uns nicht verfehlen können. Und das soll der Montmartre sein, unter der Kirche vom Heiligen Herz.
Und da stand sie geduldig, geduldig. Denn die Nachforschungen hatten nichts ergeben. Es konnte an tausend Dingen liegen.
Philippe Chardron – unter dem Namen findet sich keine Meldung in unserm Register. Er steht nicht bei den Lebenden und steht nicht bei den Toten. Man führt ihn daher jetzt unter den vielen tausend Männern, von denen man nicht weiß, wohin sie geraten sind.
Natürlich haben Sie recht, liebe Frau, die Leute sind irgendwo hingekommen. Irgendwo ist gewiß, irgendwo

werden die Vermißten schon sein. Ein Mann von 60, 70 Kilo kann nicht einfach ins Leere verschwinden wie ein Tautropfen, ein Regentropfen in der Sonne. Sie können sich auch nicht alle mit Absicht unsichtbar gemacht oder versteckt haben. Denn warum sollten sie der Heimat den Rücken kehren und woandershin gehen, etwa nach Rußland, und aus Philippe Chardron Petrow Iwankowitsch werden oder Cesare Pontine oder Friedrich August Schulze? Solche Späße sind möglich in einem oder dem anderen Fall. Im ganzen kann man das aber vernachlässigen.
Es gibt viele Möglichkeiten, weshalb sich eine Rückkehr unter den heutigen Verhältnissen verzögert, unnötig, sie alle aufzuzählen. Sie können die meisten allein erraten. Also wir denken, Sie versuchen's mit der Geduld, liebe Frau. Wir haben seinen Namen notiert, das Regiment, das Bataillon, die Kompanie und die Nummer seiner Erkennungsmarke. Da, sehen Sie, hier steht alles, in einem besonderen Akt, unter einem besonderen Aktendeckel, unter dem Buchstaben C. Da finden wir alles schnell, wenn etwas kommt.
Und passen Sie auf: Wenn erst für einen Mann die Akten angelegt sind und alle Punkte schön beieinanderstehn, dann dauert es nicht lange, und der Mann stellt sich ein. Es ist kurios, Sie werden es nicht glauben, manchmal dauert es bloß ein paar Wochen, manchmal auch einige Monate und länger, aber es ist wirksam – als wenn man in eine Falle ein Stückchen Speck legt, und schon riecht es die Maus, und schon ist sie da.
So tröstete man die Frau auf den verschiedenen Ämtern. Und überall, wo sie hinausging, verblieb ein Blatt Papier mit oder ohne Aktendeckel und mit einer Nummer, und das Ganze wurde in eine der hundert Mappen geschoben und in Reih und Glied an der Wand aufgestellt. Die Wände waren von oben bis unten von Mappen und Pappkästen zugedeckt, und es waren so viele, daß man

Regale schon durch den Raum zog, so daß man sich zu den Tischen im Hinterzimmer durchschlängeln mußte. Der Raum wurde davon dunkel, aber über jedem Regal brannte eine elektrische Lampe, ein Licht der Hoffnung. Es brannte für alle, die in den Mappen ruhten, und für die, die den Namen hergetragen und dazu ihren eigenen hinterlassen hatten.

So verließ die Frau die verschiedenen Ämter und wußte: Das habe ich für meinen Philippe getan. Und bevor er auf den Montmartre geht, klopft er hier an und findet sich vorgemerkt und wo ich wohne und daß ich lebe und daß ich ihn nicht vergessen habe.

Und wenn sie draußen war und sich nach dem grauen niedrigen Gebäude umdrehte, da war es ihr auch nicht mehr so fremd. Denn in ihm gab es jetzt etwas von ihrem Philippe. Gewiß, er wohnte nicht da, aber ein bißchen wohnte er doch da. Es war für ihn da ein Platz eingeräumt, und sie hatte eine Mutterpflicht erfüllt. Sie würde bald wiederkommen, um zu sehen, wie sich alles verhielte.

Worauf sie sich mutiger fühlte und froher nach Hause ging für die Mittags- und die Abendstunde in das dürftige Zimmer, das sie sich in der Stadt gemietet hatte. Und jeder Soldat, der ihr begegnete, trug etwas von ihrem Sohn Philippe Chardron.

Und sie glichen alle Bienen, die über ein Blütenfeld summten und sich bald über der, bald über jener Blüte niederließen, in deren Kelch Honig steckte, der für sie bestimmt und bereitet war.

Und das ganze große Paris war solch Blütenfeld, und für ihren Philippe Chardron war auch solche Blüte bereitet. Paß auf, mein Junge, deine Mutter hat dich nicht vergessen. Summ, summ, Bienchen, summ.

Die Tage verstrichen, die Wochen verstrichen. In der Mutter trieb nicht die Hoffnungsgier des Abenteurers, der sich etwas ausgedacht hat und dort einen Goldklumpen zu finden erwartet, und er stürzt sich auf die Stelle hin, und er gräbt und wühlt und findet nichts. Die Hoffnung ist hin, die Enttäuschung bringt ihn zum Toben, er beißt sich in die Hände vor Grimm und Wut. Die Mutter war keine Abenteurerin.

Sie wartete, wie der Landmann auf den Regen wartet. Er kennt seinen Boden, er hat ihn bestellt. Er weiß, daß die Saat im lockeren Acker ruht. Aber es fehlt Regen. Dem Boden fehlt Regen, der Himmel ist da, daß er Regen gäbe, und man bestellt den Acker, weil man weiß, es stellt sich Regen ein: alles ist darauf angelegt, auf diesen selbstverständlichen Regen. Auf dies notwendige Glied in der Kette wartet er. Und es kann schlimme und trockene Zeiten geben – sie sind selten –, aber man lebt, man hat gearbeitet, man weiß, es wird regnen.

So stand die Mutter und hatte ihr Feld bestellt. Sie wußte, der Boden würde Frucht tragen.

Manchmal verließ sie ihren luftigen Aussichtspunkt auf dem Montmartre und ging, ohne ein Amt aufzusuchen, in die wimmelnde Stadt herunter. Das tat sie, um sich umzuhören und zu erfahren, wie es andern ging. Und um dies zu erfahren [und um auch etwas in sich zu übertönen, das sich manchmal doch in ihr meldete, ganz von selbst, ein Weh, ein schreckliches, unerträgliches Weh, so daß sie sich plötzlich in Tränen fand und schluchzte – aber warum nur?], mischte sie sich unter die Leute, stand auf den Plätzen an der Seine, wo man Blumen verkaufte, und wanderte die Quais entlang und forschte.

Sie konnte auch zu den Bahnhöfen laufen. Vom Osten und vom Norden kamen Leute zurück, aber auch vom Süden, weil sich der Krieg über andere Erdteile erstreckte und die Menschen hin und her geschoben wurden. Ja, noch immer kamen Züge an und entließen Rückkehrer in die Stadt. Sie quollen beladen aus den stickigen Waggons, in denen sie Tag und Nacht gefahren waren, und mancher

hockte da noch eingeschlafen und bemerkte nicht, daß er schon am Ziel war. Und manche waren auch noch nicht angekommen, sie wollten woandershin, sie schliefen weiter, weil sie dachten, es ginge nach einem kurzen Aufenthalt hier weiter. Aber sie mußten alle heraus, alle mußten heraus aus den stickigen Wagen, die Wagen blieben in Paris, die Wagen mußten gelüftet und gesäubert werden und würden dann umrangiert werden, und es war noch nicht heraus, in welche Richtung man dann fuhr und wann und von welchem Perron. Also heraus, alle Mann aus den Wagen, mit Sack und Pack.
Und da ließen sich viele auf dem Bahnsteig nieder und dachten, da weiterzuschlafen. Aber man trieb sie auf und bugsierte sie in die Wartesäle und in die Schlafräume, die schon während der vergangenen Kriegsjahre dazu gedient hatten. Und da, in den Räumen, wo Eisenbetten übereinanderstanden und wo man schnarchte, warfen sie sich auch auf die Matratzen und schliefen ein und schnarchten auch und warteten auf ihren Zug.
An den Bahnhöfen ereigneten sich außerordentliche Dinge. Durch die Massen des Militärs schoben sich Krankenträger mit Bahren und drängten sich zu den Ambulanzen. Wer lag auf den Bahren? Man möchte es wissen. Wo fuhr man ihn hin? Man konnte sich erkundigen. In welches Hospital? Aber wie soll man alles erfahren?
Es kamen Kriegsgefangene zurück, aber auch Zivilisten, die vielleicht Soldaten waren, die schon ihre Kleidung gewechselt hatten, wohl in irgendeiner Garnison, wo man ihnen ihre Kleidung vorausgeschickt hatte; sie konnten sie da auch aufbewahrt haben, bevor sie ausrückten. Es gab auch die Deportierten, die Fronarbeiter, aber zu denen gehörte Philippe nicht, er war ein rechtschaffener Soldat und hatte nicht nötig, noch für andere zu arbeiten. So viele Menschen und Menschen, Soldaten und Zivil und Männer und Frauen. Es hat keinen Sinn, sie zu beobachten.

Freilich könnte der Zufall spielen – wenn man sich plötzlich umdreht und Philippe steht da! Plötzlich ist er der Mann, der drüben gerade am Kiosk sich eine Zeitung aussucht, sie knifft und in die Tasche schiebt und nun auf dich zukommt.

Man kann es auch anders versuchen. Man geht, als hätte man nichts vor, und schlendert durch die Bahnhofshalle und stellt sich an den Fahrplanständer und studiert die Abfahrt und Ankunft auf dieser Seite. Man kann nicht wissen, wer gerade neben einem steht. Wer fischen will, muß viele Züge machen und versucht es an verschiedenen Stellen. Es heißt beim Angeln: Nicht die Geduld verlieren; und da schwimmen ergebnislos Fische und Fische vorbei, bis die Angel endlich zuckt und die Leine sich strafft und sinkt, und ein Fisch hat angebissen.

Oh, die Mutter ließ es sich nicht verdrießen. Wenn ein Angler schon Geduld hat, um ein Fischlein zu fangen, wieviel Geduld wird nicht die Mutter haben, die ihren lieben einzigen Sohn erwartet und sucht.

Sie hatte Geduld. Sie wußte, sie hatte ihre Saat bestellt, der Regen würde fallen.

Der Sohn hatte sich Vögel und Goldfische gehalten. Die Goldfische waren längst eingegangen, und sie hatte keine neuen in das Becken getan. Aber die beiden lustigen grünen Finken hatte sie im Bauer nach Paris gebracht, und die fütterte und pflegte sie, für ihn. Und wenn sie von einer Suche nach Hause kam, flatterten die Tierchen, um sie zu begrüßen. Und das war eine Aufregung, ein Zwitschern und Lärmen, Freudenschreie; und sie brachte ihnen frisches Wasser und füllte die Futternäpfchen und streute neuen Sand. Und dann fing sie an, zu ihnen zu sprechen und ihnen Bericht zu erstatten vom heute verflossenen Tage. Sie sagte ihnen nichts Trauriges, nur dies und das, was sie alles gesehen hatte. Die Vögelchen antworteten mit einem freundlichen Piep-piep, und die Mutter erzähl-

te auch sonst, was ihr einfiel und was wohl solche kleinen Tierchen interessieren konnte und was sie auch verstanden:
Zum Beispiel, daß es draußen heißer, viel heißer als hier in der Stube wäre, aber hier wäre es dumpf, und man müßte jetzt das Fenster weit aufmachen; aber hoffentlich würden die Leute vom Oberstock nicht gerade jetzt den Staub von ihren Teppichen herunterschütteln. Und sie berichtete, was sich da so heute auf den Bahnhöfen ereignet hätte und wieviel Menschen und Tiere und Wagen sich auf dem Bahnhofsplatz drängten, sie könnten sich davon keine Vorstellung machen. Und alle tun etwas: man möchte eigentlich wissen, was jeder tut und wohin er will und warum sie alle so eilig sind. Bloß die vor den Cafés gönnen sich einige ruhige Minuten und trinken ihren Apéritif und rauchen eine Zigarette; ja, die sind doch vernünftig. Sonst sucht jeder was und will was, immer in einer anderen Straße, auf einem anderen Platz. Und darum laufen sie so durcheinander, kreuz und quer, und die Schutzleute müssen das alles regeln. Die Schutzleute tragen einen kleinen weißen Stock in der Hand und lassen einen über den Damm. Und von der einen Seite kommen die einen, und von der anderen Seite kommen schon andere entgegen, die wollen wieder auf diese Seite, wo man eben gewesen ist. Und manchmal denkt man, man geht ihnen nach und sieht, was da ist und was sie da suchen. Aber da gehen sie schon weiter oder steigen in den Autobus.
Und so laufen die Menschen in Paris herum, und weil das alle wissen, hat man in vielen Straßen Geschäfte aufgemacht, mit Glasscheiben und Auslagen, die locken die Leute an, doch einmal stillzustehen und sich etwas anzusehen und einzutreten und etwas zu kaufen. Es sind schöne Sachen, aber die meisten zu teuer. Und dann gehen die Leute weiter. Schließlich werden sie sich ja wohl hinsetzen und was zu sich nehmen, denn das muß ja erschöpfen.

Aber weil sie so viel laufen, darum trifft man auch keinen, wenn man etwas will. Nur die Behörden sitzen in den Ämtern still, in den Bürostunden, die sie an der Türe anschreiben. Und drin herrscht Ruhe, und viele warten, man schreibt alles auf, man kann sich erkundigen, es besteht Hoffnung, daß man etwas erfährt.

Von unserem Philippe haben sie weiter nichts gewußt. Aber sie kennen mich schon und sind sehr freundlich zu mir. Es kamen auch andere Frauen, die ich schon kenne. Wir kennen uns alle, die Frauen und die Beamten. Manchmal sieht man auch Neue. Die alten fallen gleich über sie her und fragen sie aus, und das ist ein Gerede, weil die Neue doch auch fragt und noch nicht weiß, wie es den anderen geht; man sagt ihr, welche Papiere sie braucht und wo sie sich hinstellen soll, und wir zeigen ihr die hohen Regale und die hundert Kästen, wo alles aufbewahrt wird. Man gibt ihr Rat, und sie soll Geduld haben: Ihr kommt und klagt, wir sind schon Wochen und Wochen da, was sollen wir sagen. –

Die Vögelchen tranken ihr Wasser aus den Näpfchen. Sie piepsten und schluckten und dankten für alles, was sie erfuhren. Sie pfiffen und tauschten unter sich ihre Ansichten aus über die eben erfahrenen Neuigkeiten. Dann setzten sie sich still nebeneinander, um es zu überdenken, es gut zu verdauen, und nach einer Weile schoben sie das Köpfchen unter den Flügel und schliefen ein.

Man mußte immer wieder unter die Menschen, um zu hören, zu fragen, zu suchen, zu sehen – zu warten und nicht zu verzagen –, um dann von Zeit zu Zeit doch zu verzagen und sich wieder aufzuraffen und zu fragen und sich wieder beim Kragen zu nehmen, weil man doch gescheit sein mußte und weil ein Monsieur auf dem Amt einer anderen gesagt hatte, daß man sich hüten solle, schon jetzt ein endgültiges Urteil zu fällen über das Schicksal einer vermißten und bis jetzt unauffindbaren Person. Es sei noch

viel zu früh dazu, und es würde noch geraume Zeit viel zu früh sein. Es könne auch einer zum Beispiel in einem Hospital liegen und alle seine Daten vergessen haben. Das gibt es. Er weiß nicht, wer er ist. Es gibt Fälle, wo sich welche sogar draußen so verheiratet haben, und vielleicht waren sie schon verheiratet. Und andere und andere...
Und all das verkündete der Beamte, der Monsieur, den alle kannten, mit sehr lauter Stimme, damit es nicht bloß diese Frau, sondern auch alle anderen erführen, die hierherkamen und einen Angehörigen vermißten. Die Beamten taten gewiß, was sich tun ließ, aber natürlich, man mußte verstehen, sie konnten nicht mehr hergeben, als sie hatten, und wenn die Frauen auch die Ämter stürmten.
Aber wir werden doch nicht gleich die Ämter stürmen. Was gehen uns die Ämter an. Wir wollen nur unseren Sohn. Unseren Sohn wollen wir.

Stand die alte Frau auf der Treppe zur Kirche Sacré-Cœur, auf der Treppe des Montmartre in Paris, blickte auf die grellbeschienene Straße herunter, wo sich ab und zu ein Passant heraufschleppte. Im Kirchgarten unten spielten die Kinder, die Männer und Frauen plauderten, und manche rauchten, und manche lasen Zeitung.
Die Frau sah es und fühlte und dachte:
Wie schwer, wie mühsam ist es, ein Kind auszutragen. Es ist nicht leicht, ein Kind zu gebären und in die Welt zu setzen. Es ist auch nicht leicht, eines wiederzufinden, wenn man es einmal verloren hat. Philippe, mein Philippe ist mir entglitten. Nun ist es mir, als müßte ich ihn noch einmal gebären. Das schmerzt, es sind die Wehen, oh, es ist schwer.
Man steht auf der Straße und spricht zusammen. Ja, es waren schon manche aus der Gefangenschaft entwichen, die haben sich dann zum Maquis geschlagen. – Sie sagen doch, Ihr Sohn war ein mutiger Junge [natürlich war

Philippe ein mutiger Junge!], da sehen Sie es, da haben sich viele zum Maquis geschlagen, um es den Nazis heimzuzahlen. Und da und da...
– Was für ein ‹da›? –
Da ist es wie im Krieg gegangen. Da hat man gekämpft. Wer weiß, wie es vielen erging. Da sind auch manche von den Nazis gefaßt worden oder von den Milizen.
– Und da, was ist denn da, was geht mich das an? –
Ich erzähle es bloß, damit Sie alle Möglichkeiten wissen. Aber wenn einer denen zum zweitenmal unter die Finger kam, da können Sie sich denken, was dann passiert.
– Was geht mich das an? –
Sie vergräbt sich auf ihrer Stube, verstopft sich die Ohren und verflucht die Leute, die ihr solche Geschichten erzählen. Denn solche Geschichten, wenn einmal erzählt, erzählen sich immer wieder, im Kopf, im Herzen, und drehen das Herz um.
Mein Junge, sie haben dich nicht gefaßt. Du bist ihnen nicht in die Hände gerannt. Da könnte einer ebensogut erzählen, du bist mit einem Flugzeug nach Afrika geflogen und stehst noch heute in der Fremdenlegion, weil du nicht weißt, wo du hinsollst – wo Philippe doch weiß, wo ich wohne und was wir verabredet haben, wenn wir uns nicht finden.
Ich habe seit fünfzehn Jahren keinen Mann und habe keine Tochter, und das ist mein einziger Sohn, was setzt man mir zu, was setzt man mir zu – warum will man mir meinen Sohn Philippe entreißen?
Wann kommt der Moment, wo ein Glaube wankt? Wann können sich Zweifel in der Seele einnisten? Es kann nicht daran liegen, daß das Haus zu rutschen beginnt. Am Fundament muß etwas geschehen sein. Was kann einen Glauben zum Wanken bringen?
Sie spricht sich vor:
Man vertröstet mich nur. Man hält uns auf den Ämtern

hin, und viele kommen schon nicht mehr, um zu fragen.
Ich sehe viele neue Gesichter. Entweder haben sie ihren
Sohn gefunden, oder sie haben es aufgegeben. Aber ich,
ich? Was werde ich tun? Ich werde es aufgeben?
Wenn ich, wenn ich Philippe nicht finde, wenn er nicht
zurückkehrt – dann ist es aus mit mir, mit Louise Chardron. Ich will nicht daran denken, es kann nicht sein, aber
dann ist es aus mit mir.

Und die Tage beginnen mit Schrecken über sie zu fallen.
Es waren nicht mehr Tage wie früher, wo man sich aufmachte, um dort zu spähen, hier zu fragen, sich umzusehen, sich hinzustellen. Die Tage waren nicht mehr einfach
und leer; du konntest in sie hineinlegen, was du wolltest.
O nein. Sie weckten dich mit einem Knirschen und Fletschen, und das taten sie, um dir anzuzeigen – frühmorgens, wenn es draußen noch still war –, anzuzeigen: ein
neuer Tag fängt an. Und dann füllten sie Säcke mit Kieselsteinen und verrostetem altem Eisenabfall, den schütteten
sie mit furchtbarem Lärm auf den Boden, dir vor die Füße,
um dich zu erschrecken, noch mehr zu erschrecken, als du
schon bist, und um dich zu verdrängen, wegzudrängen,
damit du davonrennst, und es machte ihnen nichts aus,
daß dir die Steine und das Eisen auf die Füße fielen.
Ja, wenn es Abend wurde, nahmen sie überhaupt keine
Rücksicht mehr und rasselten mit ihrem scharfen Zeug,
und sonst war es im Haus doch totenstill und du saßest
und dachtest und blicktest auf die lieben Vögel. Du fährst
hoch, du bettelst, du schreist: Seht euch doch vor, seid ihr
verrückt? Sie schütten ihre Last, ihren Dreck über dich
aus, sie wollen dich begraben, ersticken, bist du hinsinkst
auf dein Bett und weinst. Und tun so, jeden Tag von neuem, und tun dir soviel Böses an, jeden Tag von neuem, sobald sie dich mit ihrem Knirschen geweckt.
Ich will jetzt nicht mehr an der Kirche stehen. Meine

Knochen sind müde. Ich will mich bei Tag auf meine Stube setzen und mich legen, und nur dann und wann auf den Montmartre gehen, nur dann und wann. Ich möchte mich legen und ein wenig bei seinen lieben Vögeln sein und ihnen zuhören. Es ist etwas von ihm in ihnen.
Nun stehe ich doch wieder an der Kirche. Es ist Abend, jetzt ist es kühler. Warum bin ich eigentlich hiergegangen? Was hat es für einen Sinn, sich hier heraufzuschleppen und sich Stunde um Stunde hinzustellen, wie ich es die langen Monate getan, und auf ihn zu warten, wo ich nicht einmal weiß – wo er vielleicht schon –
Was träume ich? Was rede ich mir vor?
Er kommt nicht. Er kommt nicht. Du siehst es doch. Du stehst hier wie ein Baum im Herbst, der noch die kahlen Äste ausstreckt, an die Luft, an die Sonne, aber der Baum hat ja schon keine Blätter mehr, was können seine kahlen Äste leisten?
Nur stehen. Nur stehen.
Und sie stand und hielt sich grade. Sie öffnete lange nicht die Augen, und es schien, als ob sie im Stehen eingeschlafen, aber sie schlief nicht – sie stand und wartete auf ihren Sohn, der irgendwo krank und verwundet war und zu ihr kommen wollte, so gern, so gern, aber nicht konnte, er war sehr weit fort.
Er erzählte ihr von früheren Dingen, und manchmal war er nur sieben Jahre alt und wurde von ihr zur Schule gebracht, und manchmal war er älter, und sie war stolz auf ihn, und als der Vater wegstarb, war er ihr ganzer Trost und ihre Stütze; er arbeitete auf dem Feld und machte alles. Und sonntags ging man zusammen in die Kirche, und er war so schmuck wie nur einer. Und nachmittags kamen Nachbarn, und man sprach allerhand, und die jungen Leute gingen tanzen.
Sie öffnete die Augen und blickte ins Leere. In einem silbernen Nebel versank die Stadt.

Was kann einer Mutter und ihrem Kind denn geschehen?
Man ist zusammen, man ist eines. Und sowenig einem das Herz aus der Brust fallen kann, kann ein Kind von einer Mutter gerissen werden. Und wenn ich hier stehe oder auf meiner Stube sitze – du bist da, wie ich da bin.
Ich ziehe dich an mich, wenn ich die Luft aufnehme. Und du, du drängst zu mir, du hängst dich an mich, weil du ja auch nicht ohne mich sein kannst.
Und dann stand man wieder in der Stube, um die Vögel zu betrachten, sie flatterten, man fütterte sie wieder, man warf sich aufs Bett – um zu schlafen, dem neuen Tag entgegen.
Ich kann nicht mehr.
Ich ertrage es nicht mehr. –

In Paris, als der Waffenstillstand kam und der lange Krieg ein Ende nahm, da setzten sich viele in Bewegung. Der eine, der hatte zu feiern, der andere wollte sein Haus erneuern, und manche kehrten aus der Fremde zurück, besahen sich den Schaden, stiegen herum und fluchten. Es gab aber auch viele, welche suchten.
Stand auf dem Hügel eine weiße Kirche, eine glänzende Wolke, die sich vom Himmel heruntergelassen. Stand in Paris über den Straßen; man sah sie von weitem; sie schien über die Stadt hinwegzufliegen.
Der Hügel Montmartre, die Kirche Sacré-Cœur. Da steht die Mutter sorgenschwer, lange Wochen.
Sie steht, bis ihr Herz bricht –

Erwarte keine Folge.
Erwarte keine Folge.
Es ist das Ende, das grausige.» 1945/46

*Und als ich wiederkam,
da – kam ich nicht wieder.*

1946

Wieder zurück

Wir fuhren über den Ozean nach Europa. Das Letzte, was wir 1940 bei der Ausreise sahen, waren die Lichter von Lissabon. Nachts sind wir ausgefahren. Nachts kehrten wir wieder heim.

Das gewaltige schwarze Schiff hielt an dem künstlichen Pier von Le Havre. Der alte Pier war im Krieg zerstört.

Und dies war das erste, was ich von Europa sah, vom Schiffsdeck aus: Unten, in der Finsternis, fuhr ein Wagen mit einem starken Scheinwerfer an. Er warf sein blendendes Licht auf die untere Partie unseres Schiffes. An die offene Tür des Laderaumes dort wurde eine breite Leiter gelegt. Und nun kroch, im Lichtkegel des Scheinwerfers, eine Schar Männer, alle gleich gekleidet, die Treppe hinauf. Sie sahen von oben wie Gnome aus. Sie verschwanden im Bauch des Schiffes, tauchten wieder auf, schleppten Kisten und Kasten, kletterten damit, immer zwei nebeneinander, die Treppe herunter, setzten ihre Last ab und begannen wieder den Weg. Es verlief ganz maschinell wie bei einer Theateraufführung inszeniert; man hörte kein Geräusch. Das waren Deutsche, Kriegsgefangene. So sah ich sie wieder. Ich hing fasziniert an dem Bild.

Als wir ausstiegen, standen sie in einem Haufen beieinander. Sie betrachteten uns Wanderer von jenseits des Ozeans, stumm, ohne Ausdruck. Die Leute gingen an ihnen vorüber, als wären sie nichts. Das war die erste, die furchtbare, niederdrückende Begegnung.

Der unheimliche Eindruck (die Geschlagenen, die Gestraften) verließ mich nicht.

Ich sah das arme, leidende Paris, das sich abends nicht gegen die Finsternis wehrte und froh war, seinen Schmerz in der Schwärze der Nacht zu verbergen.

Dann brach ich auf, nach Norden. Meine Frau blieb noch in Paris bei unserem Jüngsten.
Ich fuhr allein, wie bei der unbekümmerten Ausreise Februar 1933. Was ich dachte, was ich fühlte, als ich die Nacht über fuhr und mich der Grenze näherte? Ich war wach und prüfte mich. Nein, da war nicht das Gefühl, das ich früher kannte, wenn bei der Rückkehr nach Berlin die Lichter der Stadt aufblitzten: ich atmete auf, fühlte mich wohl, ich war zu Hause. Ich erinnerte mich meiner ersten Reise nach Frankreich vor zwanzig Jahren; ich hatte ein Manuskript mit, ich wollte daran schreiben, unterwegs. Aber ich mußte es wieder schließen, und erst als wir am Ende der Ferien Halt in Köln machten, konnte ich es wieder öffnen und konnte schreiben, als hätte ich gestern aufgehört; ich war zuhause. Jetzt – suche ich in mir. Ich befrage mich. Aber da meldet sich kein Gefühl. Es meldet sich allerhand, aber nicht das von früher. Ich bin nicht mehr der, der wegging.
Am Bahnhofsplatz in Straßburg sehe ich Ruinen, wie im Inland: Ruinen, das Symbol der Zeit.
Und da fließt der Rhein. Was taucht in mir auf? Rhein war früher ein Wort voller Inhalte. Jetzt fällt mir ‹Krieg› und ‹strategische Grenze› ein, nur Bitteres. Da liegt wie ein gefällter Elefant die zerbrochene Eisenbahnbrücke im Wasser. Ich denke an die Niagarafälle, die ich drüben, dahinten in dem verschwundenen großen, weiten Amerika sah, die beispiellos sich hinwälzenden Flutmassen.
Still, allein im Coupé, fahre ich über den Strom.
Und dies ist Deutschland. Ich greife nach einer Zeitung neben mir: Wann betrete ich das Land wieder? Am 3.3.33 fuhr meine Familie über die Grenze. Welches Datum heute? Die Zufälle, die Zeichen, die Winke! (ich dachte, das hätte mich losgelassen), – betroffen lasse ich das Blatt sinken und betrachte die Zahl noch einmal: der neunte November! Revolutionsdatum von 1918,

Datum eines Zusammenbruchs, einer verpfuschten Revolution.
Wird alles wieder so kläglich wie damals verlaufen? Soll und muß es nicht hier, auch hier eine Erneuerung geben?
Ich fahre in das Land, in dem ich mein Leben zubrachte, und aus dem ich hinausging, aus einer Stickluft, das ich floh, in dem Gefühl: es wird mir zum Heil.
Und dies ist das Land, das ich ließ, und mir kommt vor, als ob ich in meine Vergangenheit zurücksinke. Das Land hat erduldet, wovon ich mich losreißen konnte. Ein Moloch ist hier gewachsen, man hat ihn gespürt, er hat sich hochmütig gespreizt, gewütet, gewüstet. Sie haben ihn mit Keulen erschlagen.
Du siehst die Felder, wohlausgerichtet, ein ordentliches Land. Sie haben die Wiesen gesäubert, die Wege glatt gezogen. Der deutsche Wald, so viel besungen! Die Bäume stehen kahl, einige tragen noch ihr buntes Herbstlaub. (Seht euch das an, ihr Californier, ihr träumt unter den wunderbaren Palmen am Ozean von diesen Buchen und Kastanien. Da stehen sie.)
Nun wird es deutlicher: Trümmerhaufen, Löcher, Granat- oder Bombenkrater. Da hinten Reste von Häusern. Dann wieder Obstbäume kahl, mit Stützen. Ein Holzschneidewerk intakt, die Häuser daneben zerstört.
Auf dem Feld stehen Kinder und winken dem Zug zu. Der Himmel bezieht sich. Wir fahren an Gruppen zerbrochener und verbrannter Wagen, verbogenen und zerknickten Gehäusen vorbei. Drüben erscheint eine dunkle Linie, das sind Berge, der Schwarzwald, wir fahren weit entfernt von ihm an seinem Fuße hin.
Dort liegen in sauberen Haufen blauweiße Knollen beieinander, ausgezogene Rüben. Der Ort heißt Achern. Unberührt Fabriken mit vielen Schornsteinen, aber keiner raucht. Es macht alles einen trüben toten Eindruck. Hier ist etwas geschehen, aber jetzt ist es vorbei.

Schmucke Häuschen mit roten Schindeldächern. Der Dampf der Lokomotive bildet vor meinem Fenster weiße Ballen, die sich in Flocken auflösen. Wir fahren durch einen Ort Ottersweier, ich lese auf einem Blechschild ‹Kaiser's Brustkaramellen›, friedliche Zeiten, in denen man etwas gegen den Husten tat. Nun große Häuser, die ersten Menschengruppen, ein Trupp Soldaten, eine Trikolore weht. Ich lese ‹Steinbach, Baden›, ‹Sinzheim›, ‹Baden-Oos›. Der Bahnhof ist fürchterlich zugerichtet; viele steigen um.
Baden-Baden. Ich bin am Ziel. Am Ziel, an welchem Ziel?
Ich wandere mit meinem Koffer durch eine deutsche Straße.
(Angstträume während des Exils: ich bin durch einen Zauber auf diesen Boden versetzt, ich sehe Nazis, sie kommen auf mich zu, sie fragen mich aus.)
Ich fahre zusammen: man spricht neben mir deutsch! Daß man auf der Straße deutsch spricht! Ich sehe nicht die Straßen und Menschen, wie ich sie früher sah. Auf allen liegt, wie eine Wolke, was geschehen ist und was ich mit mir trage: die düstere Pein der zwölf Jahre. Flucht nach Flucht. Mich schauderts, ich muß wegblicken und bin bitter.
Dann sehe ich ihr Elend und sehe, sie haben noch nicht erfahren, was sie erfahren haben.
Es ist schwer. Ich möchte helfen. 1948

An Bertolt Brecht

Adresse. ADoblin GMZF-DGAA (Edu)
S. P. 50403 BadenBaden
(french zone Germ)   Baden-Baden 25. 11. 45

Lieber Brecht, da bin ich also seit ca 2 Wochen hier, sitze in einem Büro und Amt und habe zur Zeit die Aufgabe, eine richtige literarische Zeitschrift auf die Beine zu stellen, deutschsprachig natürlich, die zunächst einmal in größeren und mehr oder weniger geschlossenen Proben im Lande zeigen und vorführen will, was man draußen gearbeitet hat, wer da ist, und dazu die Produktion im Lande, soweit man sie findet; also die gegenwärtige deutschsprachige Litteratur, wo auch immer sie sitzt, mit alleiniger 100%er Ausschließung alles Nazistischen oder Profaschistischen. Lieber Brecht, ich brauche Sie, für Lyrik und Dramatik, und Sie sollen Platz finden. Der Hunger nach geistiger Nahrung ist ebenso groß wie die Ahnungslosigkeit (begreiflich nach der Aussperrung) und die Desorientierung. Es muß hier alles umgeprägt werden, und man ist willig. Überall Ansätze und Projekte von Z[ei]tungen, von Verlagen, alles noch nebulos und durch die Verkehrsnot gehemmt (gesprengte Brücken, langsamer Post- und Eisenbahnverkehr; aber die Post geht principiell durch alle Zonen, wie auch die Mark überall gilt). Diese kleine Stadt hat kaum gelitten, das Kurtheater spielt billige Provinzstücke; die größeren Bezirke haben eigene Einblatt-tageszeitungen, in Neustadt Schwarzwald bereitet Reifenberg von der Fr[an]kf[urter] Zeitung eine Halbwochensch[ri]ft vor, welche sich zur neuen Frkf. Zeitung auswachsen soll. Die Läden teils geschlossen, teils recht leer, fast kein Buch zu kaufen, nur Kunstbücher und antiquarische Fetzen. Es wird sich da bis zum nächsten Jahr und in ihm vieles ändern, zum Bessern. Ich hörte nichts von der russischen Zone; noch immer sollen Menschenmassen von Osten nach Westen zur Repatriierung fluten; diese schreckliche Wanderung ist noch nicht zu Ende. In der Züricher Zeitung las ich einen gut belegten Aufsatz über die Seuchen und das Sterben in der Mark; die Zahlen sind erschütternd; es erinnert an den 30jähr[igen] Krieg. In dieser Zone sind die meisten Schulen geöffnet, die Univers[itäten] Freiburg u[nd] Tübingen geöffnet, man hat provis[orische] Schulbücher (aus der Schweiz) und Schulhefte. – Es ist auch nicht leicht in Paris. Wieviel Zerstörung sah ich beim Durchfahren des Landes; sehr schmal sind die Zuteilungen für die Pariser; das Elend betrifft ganz Europa. In den 3 Wochen, die ich mich in Paris aufhielt, fand ich als das Schlimmste die Kälte: einlogiert in Räumen wohnen, die nicht heizbar sind. Ich legte mich manche Nachmittage einfach ins Bett. Meine Frau wohnt jetzt noch da, mit Stefan (der arbeitet u[nd] verdient, aber was lernen soll); (Adresse chez Tonnelat, 95 bld Jourdan, Paris XIV.), sie reist zur Zeit nach den Vogesen zum Grab unseres Jungen, dann nach Nizza zum Besuch des andern. Ich wohne in einem winzigen Studentenzimmer (aber geheizt), esse mit den andern (recht gut u[nd] ausreichend); Privatleben, auch Schreiben, z.Z. beiseitegelegt. Lieber Brecht, antworten Sie mir mit einer principiellen Zustimmung sofort, sehen Sie bitte auch, daß die andern dort (ich schrieb auch n[ach] New York) davon wissen u[nd] mir zustimmend schreiben. Bald hören Sie dann Details über techn[ische] Dinge.

Herzlichst Ihnen, der Helly und den Kindern Ihr
Alfred Döblin

Wiedersehen mit Berlin

Vierzehn Jahre war ich abwesend, 1947 sah ich zum ersten Male Berlin wieder, wo ich seit 1888 gelebt hatte. Damals war Berlin schon Großstadt, Hauptstadt Preußens und des Bismarckischen Reiches. Aber die eigentliche riesenhafte Entwicklung kam erst später über die Stadt. Es gab noch keine Elektrische, keine Autos auf den Straßen, die Wohnungen hatten Gas und das Gasglühlicht war ein großer Fortschritt. Es gab noch kein Telefon, welch selige Zeiten. Dies alles fiel uns dann zu. Ich sah auch noch auf dem Tempelhofer Feld das erste Flugzeug der Brüder Wright aufsteigen: Siehe, sie kamen wahrhaftig mit ihrem Kasten in die Höhe und hielten sich eine Weile oben. Das war ein Spiel. Später wird man anders zu Flugzeugen aufblicken. Es kamen auch die Warenhäuser und die Untergrundbahn.

Als ich 1933 diese Stadt verließ, stand sie reich und prächtig, geräuschvoll, quasi gemästet da, mit einem Übermaß von Leben. Berlin war wirklich eine Kapitale, ein Zentrum, ein Umschlagsort für Geistiges und Politisches, auch für die Wirtschaft geworden, für den Fremden eine tosende Stadt. Aber, wer hier lebte wußte, daß sich durch alle Veränderungen hindurch der Berliner Menschenschlag in seiner Art erhielt: Trocken wie der Sand der Mark, auf dem sich die Häuser erhoben, zu Ironie und Scherz geneigt, durchaus nicht roh, wenn auch nicht hoch gebildet, nüchtern, skeptisch und arbeitsam, ein regsamer, sehr anstelliger Menschentyp, den man in allen Schichten finden konnte. So war dieser Menschenschlag schon in der Fritzischen Zeit beschrieben worden.

Draußen im Lande, im Westen und Süden, aber auch in der Provinz, war Berlin nicht beliebt. Er war der Wasserkopf und erschien protzenhaft. So verließ ich damals Berlin. Es war mein wirkliches Zuhause, ich hatte dieses frohe Gefühl des Zuhause jedesmal, wenn ich von kürzeren Reisen zurückkehrte. 1947 aber fuhr ich zögernd nach Berlin zurück. Ich lebte schon eineinhalb Jahre auf deutschem Boden. Ich wußte, las und hörte: Dort oben gab es Berlin, aber ich scheute mich, ich ängstigte mich beinahe hinzufahren. Warum alles aufreißen? Ich wußte ja, da drüben waren nicht die, die ich verließ, und ich selber, war ich noch derselbe?

Durch eine Hintertür trat ich ein, von Frohnau. Und dann die Stadt. Ich wußte schon alles. Es ist keine große Phantasie nötig, nachdem man ein Dutzend zertrümmerter Städte gesehen hat, sich auch diese vorzustellen. Verstümmelung ist Verstümmelung, also auch hier die traurigen Reihen der Häuserskelette, die leeren Fassaden, die Schutthaufen, alles, was die Kriegsfurie und der Brand übriggelassen hatten. Eine Anzahl intakter Häuser, überfüllte Elektrische, trübe bepackte Menschen, die rollenden S- und U-Bahnen, abends Finsternis in den Straßen, menschenleere Plätze. Die Realität gibt mehr als die Phantasie.

Ich wohnte in Hermsdorf. Dahin fuhr man früher öfter, Sonntag nachmittags. Jetzt wohne ich hier mit meiner Frau.

Doch ein wunderbares Gefühl, hier zu sein. Langsam traten die Häuser und Bäume aus ihrer gleichgültigen Haltung hervor und rührten an etwas in mir. Ich erkannte die Bäume, ich erinnerte mich an sie, und sie erinnerten mich an mich. Hier in Hermsdorf war es gut und wurde von Stunde zu Stunde besser. In mir vibrierte etwas, ein sonderbares, ungewöhnliches Gefühl.

Es kam vieles zusammen. Die Luft war besser, mir angepaßter, genehmer. Übrigens die Bäume hier: Unten an ihren Stämmen hängen Zettel. Man bietet allerhand an, man will kaufen, verkaufen, tauschen. Und diesen Anblick kenne ich, er ist mir unvergeßlich, – das war doch vor sieben Jahren, im Schicksalsjahr 1940, da war ich auf der Flucht in Toulouse, und da drängten sich viele Flüchtlinge zusammen, man hatte sich verloren und suchte sich, und da hatten auf dem Hauptplatz der Stadt, an den Rathauswänden, die Flüchtlinge solche Zettel angeheftet. Suchzettel – ich habe es erzählt. Und das bot einen merkwürdigen Anblick, weil die ganze Front des Gebäudes rund herum von einer gewissen Höhe an solche Zettel trug. Wenn der Wind kam, flatterten die Blättchen auf, und das sah aus, als wenn sich Federn sträubten, das Gebäude schien sich aufzuplustern und davonfliegen zu wollen.

Daran erinnerten mich die Papiere an den Bäumen von Hermsdorf. Ein Abgrund liegt zwischen damals und heute, – ich staune, daß ich gerettet wurde und den Abgrund heraufkriechen konnte.

Von hier führt eine Bahn nach Berlin. Sie war früher die Vorortbahn, mit Dampfmaschinen. Jetzt läuft sie elektrisch wie die Untergrundbahnen. Es lassen sich enorm viele Menschen hineinstopfen. Was sind das für Menschen, die in die Stadt wollen. Sie sind schlecht gekleidet, schleppen Säcke, Pakete, – armseliges Volk, das sich müht, ein Notstand, man sieht es auf einen Blick. Das hat es früher hier nicht gegeben. Viele Kinder dabei. Der Ausdruck der Erwachsenen unfroh und stumpf. Es geht ihnen nicht gut, darum können sie nicht froh sein.

Man fährt nach dem Stettiner Bahnhof. Es ist merkwürdig für mich, daß ich jetzt, wo ich nach langer Abwesenheit hier wieder auftauche, die Stadt an demselben Platz betreten soll wie vor sechzig Jahren, als ich sie zuerst sah. Eine schon traumhafte Kindeserinnerung taucht auf, so weit werde ich zurückversetzt. Wir kamen von Stettin, meine Mutter und wir Kinder, nachher fuhren wir mit der Stadtbahn weiter, und wie ich von einem Stadtbahnhof zum andern fuhr, einer genau wie der andere, da dachte ich, wir fahren nur hin und her. Dahin also geht es jetzt.

Unterwegs zeigen sich Bilder von einer fürchterlichen Verwüstung, einer maßlosen Zerschmetterung. Es hat beinahe nicht mehr den Charakter des Wirklichen. Es ist ein unwahrscheinlicher Alptraum bei hellem Licht.

Die Stadt muß sich in der Finsternis in einen fürchterlichen Kampf eingelassen haben und ist daraus so hervorgegangen, verstümmelt, mit greulichen Verletzungen. Was war das für ein Kampf, was hat sich hier abgespielt? Es geht so von Station zu Station. Gut, daß die Bahn rasch vorbeisaust.

Zuletzt wird die Fahrt unterirdisch. Über finstere Treppen schieben wir uns nach oben.

Tageslicht. Wir sind in Berlin. Durch eine zerbröckelte Bahnhofshalle gelangt man ins Freie. Dieses hier war immer eine graue, armselige und unsichere Gegend. Und da stehen also die bekannten, alten finsteren Mietskasernen. Ich sehe sie wieder, am Bahnhofsplatz. Ja, das ist Berlin. Hinten die Seitenstraßen, in denen es die Lokale mit den roten Laternen gab. Dieselbe Faust, die ganze Fabriken von oben nach unten zerquetscht hat, hat auch diesen schmutzigen Bauwerken furchtbar mitgespielt. Den alten verrotteten Vetteln sind die Zähne eingeschlagen worden. Aber das steht noch herum, in der Mitte und im Innern zusammengesunken, ohne Eingeweide. Aber es steht Gerippe, hat noch die Gestalt von Häusern und gibt sich nicht auf. Lange Straßenreihen, ein jämmerlicher Zustand, tot und nicht tot.

Manches Haus trägt noch außen Bilder, Ankündigungen, Plakate – Erinnerungen an die Zeit, wo man noch lebte – eine Leiche, die noch eine bunte Schürze und ein Armband trägt. Wie ich mich vor dem Bahnhof umsehe,

schallt eine gewaltige Stimme aus einem Lautsprecher, der hier irgendwo angebracht ist, an der Haltestelle der Elektrischen hier, wo sich viele arme Leute sammeln und auf die Elektrische warten, die sehr selten kommt. Was ruft diese Stimme? Ein billiger Conférencier trägt seine Späße vor, in trauriger Umgebung. Es soll die Leute erheitern. Und nachher singt jemand aus dem Lautsprecher Verdi. Ja, am Stettiner Bahnhof singt er laut Verdi, vor diesen Fensterhöhlen, in denen, wie es im Gedicht heißt, der Schrecken und das Grauen wohnen. Der Gesang ist grauenhaft. Wir machen, daß wir weiterkommen.
Der weite Platz vor dem ehemaligen Vorortbahnhof ist leer. Er ist von halbverfallenen Häusern umgeben. Wir nähern uns der Chausseestraße. Drüben auf der andern Seite ein merkwürdiger Anblick! In einem leidlich intakten Haus ein elegantes Restaurant mit Kronleuchtern und hellen Gardinen, draußen russische Zeichen. Es wird für Offiziere sein. Und dies ist die Chausseestraße, die breite Straße, die sich nach Süden über die Weidendammer Brücke in der Friedrichstraße fortsetzt. Wir müssen weiter zu Fuß gehen, es ist noch immer keine Elektrische gekommen, um uns zum Lehrter Bahnhof zu bringen. Oh, dies ist ein tausendmal von mir begangener Weg, zur Charité und zu den Naturwissenschaftlichen Instituten. Wir gehen an dem U-Bahnhof-Schacht Invalidenstraße vorbei, über den Damm. Man muß vorsichtig gehen, der Asphalt hat gebrannt und ist löchrig. Das Naturwissenschaftliche Museum, das archäologische, beherbergte einmal auch Tierreste aus Vorzeiten; es hat sich nun selber in solch Gebilde verwandelt. Verkohlt, zusammengebrochen die Institute. Hier ist man ein- und ausgegangen, vor Jahrzehnten; gerade die Fassaden stehen da, die Treppen führen noch hinauf, ja, ein Flügel scheint noch erhalten, im Untergeschoß. Über den Rest ist die Zeit weggegangen. Hier herrscht jetzt am frühen Nachmittag ein un-

heimliches Schweigen. Man stelle sich vor, in einer Riesenstadt wie Berlin, eine breite Straße ohne Wagen, mit wenigen Menschen und kein Laut. Links drüben der Luisenplatz, früher eine Grünfläche; auf den Bänken saßen Menschen, da spielten Kinder. Jetzt blickt man die leere Luisenstraße hinunter, wo es früher von Studenten und Wagen wimmelte. Einzelne russische Soldaten begegnen uns. Sie haben ernste, ruhige Gesichter und blicken an uns vorbei. 1948

An Theodor Heuss

[Diktat] Mainz, den 28. April 1953
Philippschanze 14

Hochverehrter Herr Bundespräsident, lieber Herr Heuss,

Vor etwa sieben Jahren meldete ich mich bei Ihnen, der damals in Stuttgart saß, von Baden-Baden aus und kündigte Ihnen meine Rückkehr nach Deutschland an. Es war ein übereilter Brief. Es wurde keine Rückkehr, sondern ein etwas verlängerter Besuch. Ich kann nach den sieben Jahren, jetzt, wo ich mein Domizil in Deutschland wieder aufgebe, mir resumieren: es war ein lehrreicher Besuch, aber ich bin in diesem Lande, in dem ich und meine Eltern geboren sind, überflüssig, und stelle fest, mit jeder erdenklichen Sicherheit: «Der Geist, der mir im Busen wohnt, er kann nach außen nichts bewegen.» Stellen Sie sich vor, lieber Herr Heuss, daß schon vor dreiundeinhalb Jahren mein Verleger Keppler in Baden-Baden mir meine Werke quasi zurückgab und daß jetzt bei der Jahreswende der Herder-Verlag mir mitteilt: «Ihre Sachen bleiben bei uns liegen, wir können Ihrem Werke keine Heimat bieten.» Ich habe es schon lange gemerkt. Ich kenne den politischen Wind, der da weht. Aber keine Polemik, ich habe meinen Entschluß gefaßt, und meine Frau ist glücklich darüber, daß ich mich nach langem Widerstreben doch dazu durchgerungen habe. Ich hatte die französische Nationalität, wie Sie wissen, die Deutschen sprachen sie mir 1933 ab, 1936 sprang Frankreich ein, ich habe viel François Poncet zu danken, dem ich in Berlin oft in der französisch-deutschen Gesellschaft von Otto Grautoff begegnet bin.

Die letzten Werke konnten in Deutschland überhaupt

nicht erscheinen, sie können in Paris in meiner Wohnung im Schreibtisch würdiger ruhen als in Mainz.

Haben Sie Dank, lieber Herr Heuss für alle Liebenswürdigkeit und Güte und auch direkte Hilfe, die Sie mir zuteil werden ließen. Ihre Schrift «Das Mahnmal von Bergen-Belsen» liegt auf meinem Tisch, hätten wir nur tausend solcher Redner. Sie sahen, ich bin krank, aber ich bin nicht matt. Wie herzlich denke ich auch immer an Ihre Frau, die gute, selige. Ich freue mich, daß ich zwar nicht Deutschland wiedergefunden habe, aber Sie beide traf.

Ihr
[gez.] Döblin

Der Baum

Hier sitze ich in einem Lehnstuhl, auf den man mich geführt hat. Man hat eine Klingel an meinem Stuhl befestigt, damit ich mich bemerkbar machen kann, das Zimmer ist ein einfaches enges Krankenzimmer einer Klinik, von meinem Platz aus blicke ich auf ein mächtiges Baumgebilde, einen wahren Goliath von Baum, der sich da aufgepflanzt hat und mit seinen Büscheln von Kronen, Nadeln da Wache hält. Es ist unbeschreiblich anregend, dieses Pflanzenungeheuer, das über vier Stock in die Höhe ragt, zu betrachten. Natürlich ist an ihm im einzelnen nicht zu viel zu sehen, aber das Ganze, was er ist und darstellt und wie er da draußen vor der Tür lebt, das läßt sich nur in einem ausführlichen epischen Bericht melden. Es ist eine Zypresse. Ihr knorriger Stamm ist dick und von oben bis unten geriefelt, und an manchen Stellen platzt und schilfert die Borke. Aus diesem Boden brechen etagenweise die kurzen und längeren Stämme, die Äste heißen. Einige treten senkrecht zum Stamm empor, aber die meisten biegen sich und lassen sich in einer Kurve herunter. Auf Schritt und Tritt aber entsenden sie schon bei diesem Weg dünnere Äste, ich möchte sagen, Ausfallmannschaften, zum größten Teil sind die Mannschaften schon gefallen, der kurze Ast ist leer, aber nach der Spitze zu wuchert es um so stärker. Das Ganze, vom Boden in die Höhe strebend, stellt sich als eine Burg, ja als eine Festung hin, und so steht es, so steht diese gewaltige Zypresse, dieser Gigant und hebt seine Nadelbüsche dem Regen und der Sonne entgegen und entfaltet seine Macht, für jeden sichtbar beim Nahen des Sturms und bei der Bedrängung durch die Winde. Dies aber, diese Art Ansturm wächst sich zu einem ebenso großartigen wie kaum beachteten Schauspiel aus. Denn was geschieht? Der Wind hebt die unteren Astkreise. Die Nadelbüsche spreizen sich. Die untere Etage alarmiert, wird vom Wind, dem unsichtbaren Gegner, beiseite gestoßen, die obere Etage fängt an zu zittern und zu flimmern, sie wogt leicht von rechts nach links. Und siehe da, wenn ich den Blick nach oben richte, bemerke ich, die ganze untere Hälfte des Baumes nimmt an dem Wogen teil und ganz oben nicken die Äste herunter und zeigen ihre Gegenwart an. Und wenn sich der Wind verstärkt, so haben wir ein Riesenkarussell vor uns. Im Schwung drehen sich die unteren Astkreise. Der Wind nimmt an Stärke zu, er bläst auch und rüttelt an den Rängen oben und unten, und jetzt wird die Spitze aufmerksam, beugt sich nieder, und schon ist sie selber von einem Windbataillon getroffen, gezaust, tiefer gerissen, und es gelingt ihr gerade, sich aus dem luftigen Strudel zu reißen. Und da umkreist ein allgemeines Wogen den Baum. Er selber, der Stamm, nimmt an nichts teil, er hält seine Armeen fest, und was bedeutet ihm dieses Heulen und Zischen, das Surren und Pfeifen der erbosten Sturmmassen. Und das geht eine Weile so, schwillt und flaut ab, bis zuletzt nur ein Zittern durch die Büschel läuft, die Büschel flüstern miteinander, sie hängen schon schlaff. 1955

An Walter von Molo

[Diktat] Buchenbach b/Frbg i/B.
Sanat. Wiesneck
12.12.56

Lieber Molo, heute will ich Dir selbst für Deinen Brief danken, in dem Du von meiner Neuerscheinung des Hamlet schreibst, ich habe den Brief, der auch an Erna gerichtet war, gleich an sie weiter geben lassen und nehme an, sie hat Dir selbst geschrieben. Du mußt wissen, dies Buch habe ich beendet vor langen Jahren, nämlich 1945/46 in Baden-Baden, es hat bei dem und jenem Verleger gelegen. Dann als ich schon recht krank war und mich im Kurhaus «Höchenschwand» befand, erhielt [ich] einmal den Besuch von einigen Herren aus der Ostzone, dabei den Herrn Huchel und den Literatur-Professor Hans Mayer. So kam ich in das Gespräch mit der Ostzone, Huchel lud mich ein, wenn ich etwas Neues hätte, es an Rütten & Loening zu schicken, einen Verlag, der aber jetzt zwei Verlage ist, mit demselben Namen, einer östlich einer westlich. Die Herren waren sehr nett, von westlicher Seite hatte ich noch nicht solchen Besuch empfangen, ich saß nachher staunend da und dachte über die merkwürdige Erfahrung nach: Dies sollen Herren aus der Ostzone sein, hinter dem Eisernen Vorhang, und kamen mich zu besuchen, aber wer saß hinter einem eisernen Vorhang? nämlich unser Verleger. Tatsächlich werden ja meine Bücher nicht mehr verlegt, die Bestände werden verramscht etc. etc. Ich war verblüfft, als ich jetzt das Buch in die Hand bekam. Stelle Dir vor, lieber Molo (ich puste eben meiner Sekretärin ins Ohr und sie glaubt, ein Fenster ist aufgegangen, aber es ist mein Mund): Die haben von drüben 50 Exemplare an mich abgesandt, nichts ist angekom-

men, ein eiserner Vorhang muß also doch da sein. Ich habe weder Korrekturen noch Umbruch von dem Opus gelesen, ich werde mich hüten, es jetzt zu tun.
Aber nun etwas anderes, Neuigkeiten, Neues vom Tage, um Gottes willen nicht Ungarn. Wie geht es Deiner Gesundheit, wie geht es Anne? Ich hause schon ¾ Jahr hier im südlichen Schwarzwald in einem Sanatorium, einem anthroposophischen, Erna kommt ab und zu auf einige Tage aus Paris herüber, mit mir ist nicht viel los, ich kann nicht gehen stehen auch nicht schreiben, und sonst gibt es noch mehrere «und nicht». Weißt Du, als 1940 der selige Adolf in Frankreich eindrang und auch wir uns auf die Flucht begaben, da erschienen in jeder Stadt in den Schaufenstern besonders für Lebensmittel kleine Schilder mit den Worten «Pas de» – auch nicht, etwa Brot, Butter. So stehe ich, ein entlaubter Stamm. Jetzt will ich aber Schluß machen, die Schwester, die mir schreibt, haucht: «Herr Dr. es ist ½ 7 Uhr» und sie muß das Essen holen gehen. Ich wollte Dir und Anne noch erklären, was anthroposophisch ist, aber ich verschiebe es auf das nächstemal. Jetzt habe ich Dir das weitschweifige Lebenszeichen eines Mannes Ende der 70 gegeben, der sich freut, mit Dir wenigstens noch in Korrespondenz zu stehen. Du gehörst also nicht zu den «Pas de». Und eben erfahre ich von Erna, daß der gen. Hamlet italienisch herauskommen soll.
Sei recht herzlich gegrüßt und bewahre Dir eine gute Gesundheit, eine noch bessere, ja die allerbeste, im Wettbewerb mit Deiner Anne, der auch meine Wünsche gelten.

                        Dein alter Freund vor dem
                        eisernen Vorhang
                        Alfred Döblin.

Das Ende

Am 24. Mai 1957 schrieb Erna Döblin an Harald Kohtz: «Sie können sich aber kein Bild machen, lieber Herr Kohtz, von der Grausamkeit der Umstände. Der körperliche Zustand meines Mannes hat sich so verschlechtert, daß die eine Pflegerin für viele Zwecke nicht mehr genügt und viele Male am Tage 2 Menschen nötig sind – – – er kann ja auch garnichts mehr tun, auch nicht stehen, nur unter Führung von 2 Personen wenige Schritte stolpern – das Höchste: denken, ist ihm geblieben – sonst garnichts. / Und diese hochgradige Pflegebedürftigkeit machte seine Unterbringung überall unmöglich. Ich mobilisierte alle Beziehungen, schrieb, machte Fahrten. Mit dem Resultat, daß ich überall aus Mangel an Pflegepersonal abgewiesen wurde und mir nur zur Wahl blieb, das schöne Sanatorium Kreuzlingen, dessen Arzt wir seit langer Zeit kennen – zu dem unerschwinglichen Preis von 2500 M im Monat – – oder das Landeskrankenhaus in Emmendingen (Baden) 15 km von Freiburg [...] So stellte ich meinem Mann die Wahl: Kreuzlingen – und das bißchen was uns geblieben ist verkaufen, hineinstecken und hoffen, daß wenn alles verbraucht ist, eine neue Tür sich öffnet – – oder eben die große Anstalt. Mein Mann erwiderte: ‹Als Anstaltsarzt habe ich meine Laufbahn begonnen, so kann ich sie auch abschließen. Ich wähle Emmendingen.›»
Am 1. Juni wurde Alfred Döblin nach Emmendingen gebracht. Dort ist er am 26. Juni 1957 gestorben. Zwei Tage später fand die Beisetzung statt: auf dem Friedhof von Housseras, einem lothringischen Dorf in den Westvogesen, neben dem Grab seines Sohnes Wolfgang († 1940). Erna Döblin ist ebenfalls dort begraben; sie hatte sich am 15. September 1957 in Paris das Leben genommen.

Editorischer Hinweis

Die vorliegende Auswahl geht chronologisch vor. Maßgebend für die Datierung der jeweiligen Werke ist deren Entstehungszeit, nicht das Jahr der Drucklegung. Bei einigen Werken konnte nicht zweifelsfrei geklärt werden, wann sie entstanden sind. Es handelt sich dabei zumeist um Veröffentlichungen in Zeitungen bzw. Zeitschriften. Anders als bei Buchveröffentlichungen, die nicht selten mehrere Jahre bis zur Imprimatur brauchten, ist bei kleineren Manuskripten davon auszugehen, daß sie nur kurze Zeit in den Redaktionen gelegen haben; Jahr der Entstehung und Jahr der Veröffentlichung dürften weitgehend identisch sein. Die Chronologie wird gelegentlich durch ein Motto durchbrochen, wenn dies thematisch gerechtfertigt schien, oder durch autobiographische Notizen. Derartige Rückblicke, z.B. in die Kindheit, sind in dem Zeitrahmen plaziert, in den sie nach der Biographie gehören. Offensichtliche Druckfehler in den Druckvorlagen wurden stillschweigend korrigiert. Eigentümlichkeiten Döblinscher Grammatik, Orthographie und Interpunktion blieben dagegen unangetastet. Wenn nicht anders angegeben, sind die Texte bzw. Textauszüge der im Walter-Verlag erscheinenden Ausgabe der «Ausgewählten Werke in Einzelbänden» entnommen. Die im Quellenverzeichnis verwendeten Siglen (AW) beziehen sich auf diese Ausgabe:

Alfred Döblin. Ausgewählte Werke in Einzelbänden, begründet von Walter Muschg (†), in Verbindung mit den Söhnen des Dichters herausgegeben von Anthony W. Riley. Olten u. Freiburg i.Br.: Walter, 1960ff.

AW 1: Die drei Sprünge des Wang-lun. Chinesischer Roman. 1960 (^{2}1980).

AW 2: Pardon wird nicht gegeben. Roman. 1960 (^{2}1962).
AW 3: Berlin Alexanderplatz. Die Geschichte vom Franz Biberkopf. 1961 (^{4}1972).
AW 4: Manas. Epische Dichtung. 1961 (^{2}1972).
AW 5: Babylonische Wandrung oder Hochmut kommt vor dem Fall. Roman. 1962.
AW 6: Die Ermordung einer Butterblume. Ausgewählte Erzählungen 1910–1950. 1962. (Später ersetzt durch: Erzählungen aus fünf Jahrzehnten. 1979.)
AW 7: Amazonas. Roman. 1963.
AW 8: Aufsätze zur Literatur. 1963.
AW 9: Unser Dasein. 1964.
AW 10: Wallenstein. Roman. 1965 (^{3}1980).
AW 11: Hamlet oder Die lange Nacht nimmt ein Ende. Roman. 1966 (^{4}1983).
AW 12: Reise in Polen. 1968.
AW 13: Briefe. 1970.
AW 14: Schriften zur Politik und Gesellschaft. 1972.
AW 15: Der deutsche Maskenball, von Linke Poot. Wissen und Verändern! 1972.
AW 16: Berge Meere und Giganten. Roman. 1977 (^{2}1980).
AW 17: Der Oberst und der Dichter oder Das menschliche Herz. Die Pilgerin Aetheria. Zwei Erzählungen. 1978.
AW 18: Der unsterbliche Mensch. Ein Religionsgespräch. – Der Kampf mit dem Engel. Religionsgespräch (Ein Gang durch die Bibel). 1980.
AW 19: Autobiographische Schriften und letzte Aufzeichnungen. 1980.
AW 20: Jagende Rosse, Der schwarze Vorhang und andere frühe Erzählwerke. 1981.
AW 21: Wadzeks Kampf mit der Dampfturbine. Roman. 1982.
AW 22: Drama Hörspiel Film. 1983.
AW 23: Kleine Schriften I. 1985.

Quellenverzeichnis

Die mit einem Asteriskus (*) versehenen Titel sind nicht werküberliefert

*Mein Vater**. Aus: «Erster Rückblick». In: Alfred Döblin. Im Buch – Zu Haus – Auf der Straße, vorgestellt v. Alfred Döblin u. Oskar Loerke. Berlin: S. Fischer, 1928. Auch in: AW 19, Seite 42–44.

*Meine Mutter**. Aus: Ebenda, Seite 49–50 u. 53–54.

*Jüdische Erziehung**. Aus: Alfred Döblin. Schicksalsreise. Bericht und Bekenntnis. Frankfurt a. M.: Josef Knecht, 1949. Auch in: AW 19, Seite 206–207.

*Die Schule**.
(1928) Aus: «Erster Rückblick», a. a. O. Auch in: AW 19, Seite 72.
(1927) Aus: «Wider die abgelebte Simultanschule». In: Die Weltbühne. Wochenschrift für Politik, Kunst, Wirtschaft, begr. v. Siegfried Jacobsohn, hrsg. v. Kurt Tucholsky, 23 (Berlin, 1927), 1. Halbjr., Seite 821.

Die Ermordung einer Butterblume. Aus: Der Sturm. Wochenschrift für Kultur und die Künste, hrsg. v. Herwarth Walden, 1 (Berlin, 1910/11). Auch in: AW 6, 1979, Seite 22–32.

*Es ist uns klar, Marinetti**. Aus: «Futuristische Worttechnik. Offener Brief an F. T. Marinetti». In: Der Sturm, 3 (1912/13). Auch in: AW 8, Seite 9 u. 15.

Die drei Sprünge des Wang-lun. Aus: Alfred Döblin. Die drei Sprünge des Wang-lun. Chinesischer Roman. Berlin: S. Fischer, 1915. Auch in: AW 1, Seite 42–51, 128–134, 216–219 u. 224–234.

An Romanautoren und ihre Kritiker. Aus: Der Sturm. Halbmonatsschrift für Kultur und die Künste, 4 (Berlin u. Paris, 1913/14). Auch in: AW 8, Seite 15–19.

An Herwarth Walden. Aus: AW 13, Seite 61–63. (Herwarth Walden war als Herausgeber der Zeitschrift «Der Sturm» einer der wichtigsten Vermittler der damaligen Avantgarde; er war zudem 1912 Trauzeuge bei der Hochzeit Döblins mit Erna Reiss)

*Ich bekenne**. Aus: AW 13, Seite 105. (Aus einem Brief aus Berlin vom 23. Dez. 1918 an Efraim Frisch, den Herausgeber der Münchener Zeitschrift «Der neue Merkur»)

Es ist Zeit! Aus: Die neue Rundschau, red. v. Oskar Bie, 28 (Berlin, 1917). Auch in: AW 14, Seite 26–29.

Im Roman*. Aus: «Bemerkungen zum Roman». In: Die neue Rundschau, 28 (1917). Auch in: AW 8, Seite 20, 21 u. 22.

Wallenstein. Aus: Alfred Döblin. Wallenstein. Roman. Berlin: S. Fischer, 1920. Auch in: AW 10, Seite 9–13, 239–241, 438–445 u. 489–490.

Wie macht man eine Revolution?* Aus: «Neue Zeitschriften». In: Die neue Rundschau, 30 (1919). Auch in: AW 14, Seite 83.

Freunde der Republik*. Aus: «Republik». In: Die neue Rundschau, 31 (1920). Auch in: AW 14, Seite 126.

Abmarsch aus dem Elsaß*. Aus: «Revolutionstage im Elsaß». In: Die neue Rundschau, 30 (1919). Auch in: AW 14, Seite 69–71.

Architektur*. Aus: «Neue Zeitschriften». In: Die neue Rundschau, 30 (1919). Auch in: AW 14, Seite 96.

Die Drahtzieher. Aus: Die neue Rundschau, 30 (1919). Auch in: AW 15, Seite 36–46.

Berge Meere und Giganten. Aus: Alfred Döblin. Berge Meere und Giganten. Roman. Berlin: S. Fischer, 1924. Auch in: AW 16, Seite 302–303 u. 341–346.

Die Überschätzung des Theaters*. Aus: «Nennt sich Kritik». In: Die Welt am Abend (Berlin), 22. Dez. 1925. Auch in: AW 8, Seite 271.

Eugene O'Neill. Aus: Prager Tagblatt (Prag), 17. Okt. 1923. Auch in: Alfred Döblin. Ein Kerl muß eine Meinung haben. Berichte und Kritiken 1921–1924, hrsg. v. Manfred Beyer. Olten u. Freiburg i. Br.: Walter, 1976 (^{2}1977). Seite 214–217.

An die Schulaufsichtsbehörden! Von einer Elternversammlung*. Aus: Alfred Döblin 1878–1978. Eine Ausstellung des Deutschen Literaturarchivs im Schiller-Nationalmuseum Marbach am Neckar, bearb. v. Jochen Meyer in Zusammenarb. m. Ute Doster. Marbach a. N.: Deutsche Schillergesellschaft, 1978. Seite 222–223.

Ich fand*. Aus: Alfred Döblin. Schicksalsreise, a. a. O. Auch in: AW 19, Seite 211.

Reise in Polen. Aus: Alfred Döblin. Reise in Polen. Berlin: S. Fischer, 1926. Auch in: AW 12, Seite 73–80.

Schullesebücher*. Aus: «Wider die abgelebte Simultanschule», a. a. O. Auch in: AW 14, Seite 505–506.

Döblin über Döblin. Aus: Berliner Volks-Zeitung (Berlin), 8. April 1928. Auch in: AW 8, Seite 359–361.

Man beginnt vielfach*. Aus: «Der Bau des epischen Werks». In: Die neue Rundschau, red. v. Rudolf Kayser, 40 (Berlin u. Leipzig, 1929), Bd. 1. Auch in: AW 8, Seite 122.

Berlin Alexanderplatz. Aus: Alfred Döblin. Berlin Alexanderplatz. Die Geschichte vom Franz Biberkopf. Berlin: S. Fischer, 1929. Auch in: AW 3, Seite 11–15, 92–100, 145–150, 179–183, 417–423, 462–464 u. 499–501.

Katastrophe in einer Linkskurve. Aus: Das Tage-Buch, hrsg. v. Leopold Schwarzschild, 11 (Berlin, 1930). Auch in: AW 14, Seite 247–253.

Wissen und Verändern! Aus: Das Tage-Buch, 11 (1930). Auch in: AW 15, Seite 132–135 u. 140–144.

Aber aus meiner Bahn*. Aus: Alfred Döblin 1878–1978. Eine Ausstellung des Deutschen Literaturarchivs, a. a. O. Seite 340–341. (Aus einem Brief aus Zürich vom 7. Juli 1933 an Bodo Kunke, Döblins unehelichen Sohn)

Als ich Abschied nahm… Aus: «Abschied und Wiederkehr». In: Badische Zeitung (Freiburg i. Br.), 22. Febr. 1946. Auch in: AW 19, Seite 429–431.

Babylonische Wandrung. Aus: Alfred Döblin. Babylonische Wandrung oder Hochmut kommt vor dem Fall. Roman. Amsterdam: Querido, 1934. Auch in: AW 5, Seite 12–30. (Die Illustrationen stammen von P. L. Urban)

Am 10. Mai*. Aus: AW 13, Seite 179. (Aus einem Brief aus Zürich vom 28. April 1933 an den Publizisten Ferdinand Lion)

Pardon wird nicht gegeben. Aus: Alfred Döblin. Pardon wird nicht gegeben. Roman. Amsterdam: Querido, 1935. Auch in: AW 2, Seite 173–179.

An Thomas Mann. Aus: AW 13, Seite 205–208.

Aber wo bei Schriftstellern*. Aus: «Der historische Roman und wir». In: Das Wort. Literarische Monatsschrift, red. v. Bertolt Brecht, Lion Feuchtwanger u. Willi Bredel, 1 (Moskau, 1936), Heft 4. Auch in: AW 8, Seite 184.

Amazonas. Aus: Alfred Döblin. Die Fahrt ins Land ohne Tod. Roman. Amsterdam: Querido, 1937. Auch in: AW 7, Seite 19–27 u. 93–100.

Kleines Märchen. Aus: Das Neue Tage-Buch, hrsg. v. Leopold Schwarzschild, 5 (Paris u. Amsterdam, 1937). Auch in: AW 6, 1979, Seite 377–379.

Bin ich gestrandet*. Aus: Schicksalsreise, a.a.O. Auch in: AW 19, Seite 212.

Schicksalsreise. Aus: Ebenda, Seite 107–108, 130–137, 186–189 u. 335–336.

An Hermann Kesten. Aus: AW 13, Seite 255–256. (Der Schriftsteller Hermann Kesten war für seine Kollegen eine der wichtigsten Anlaufstellen während der Emigration)

November 1918.
Bürger und Soldaten. Aus: Alfred Döblin. Bürger und Soldaten 1918. Roman. Stockholm: Bermann-Fischer u. Amsterdam: Querido, 1939.
Verratenes Volk. Aus: Alfred Döblin. November 1918. Eine deutsche Revolution. Erzählwerk. Vorspiel und erster Band: Verratenes Volk. München: Karl Alber, 1948.
Heimkehr der Fronttruppen. Aus: Alfred Döblin. November 1918. Eine deutsche Revolution. Erzählwerk. Zweiter Band: Heimkehr der Fronttruppen. München: Karl Alber, 1949.
Karl und Rosa. Aus: Alfred Döblin. Karl und Rosa. Eine Geschichte zwischen Himmel und Hölle. Freiburg i. Br. u. München: Karl Alber, 1950.
Auch in: Alfred Döblin. November 1918. Eine deutsche Revolution. Vollständige Ausgabe in vier Bänden, mit einem Nachwort v. Heinz D. Osterle. München: Deutscher Taschenbuch Verlag, 1978. Band 1, Seite 17–22, 158–163 u. 287–290. Band 2, Seite 9–20 u. 26–38. Band 3, Seite 152–158. Band 4, Seite 306–309, 338–348 u. 587–593.

So erleben wir denn jetzt*. Aus: AW 13, Seite 315. (Aus einem Brief aus Hollywood vom 2. Mai 1945 an den Bankier Arthur Rosin und seine Frau Elvira, die nach New York emigriert waren)

Hamlet. Aus: Alfred Döblin. Hamlet oder Die lange Nacht nimmt ein Ende. Berlin (Ost): Rütten & Loening, 1956. Auch in: AW 11, Seite 117–129.

Und als ich wiederkam*. Aus: «Abschied und Wiederkehr», a.a.O. Auch in: AW 19, Seite 431.

Wieder zurück: Aus: Alfred Döblin. Schicksalsreise, a.a.O. Auch in: AW 19, Seite 368–371.

An Bertolt Brecht. Aus: AW 13, Seite 328–330. (Das Zeitschriftenprojekt bezieht sich auf die von Döblin gegründete und herausgegebene Monats- bzw. Zweimonatsschrift «Das Goldene Tor», die von 1946 bis 1951 erschienen ist)

Wiedersehen mit Berlin. Aus: Alfred Döblin. Schicksalsreise, a. a. O. Auch in: AW 19, Seite 394–398.

An Theodor Heuss. Aus: AW 13, Seite 458–459.

Der Baum*. Aus: «Letzte Aufzeichnungen». In: AW 19, Seite 551–552.

An Walter von Molo. Aus: AW 13, Seite 480–481. (Döblin kannte den Schriftsteller Walter von Molo seit der Zeit, als dieser von 1928 bis 1930 der Sektion für Dichtkunst der Preußischen Akademie der Künste in Berlin vorstand)

Das Ende*. Briefzitat aus: AW 13, Seite 658. (Harald Kohtz war zur Zeit der Korrespondenz Studienrat bei Wilhelmshaven)